리아의 나라

THE SPIRIT CATCHES YOU AND YOU FALL DOWN:
A Hmong Child, Her American Doctors, and the Collision of Two Cultures
by Anne Fadiman

앤 패디먼 지음
이한중 옮김
리아의 나라
문화의
경계에 놓인
한 아이에 관한
기록
반비

| 추천의 말 |

앤 패디먼은 탁월한 이야기꾼이다. 처음에 그는 캘리포니아의 한 병원을 무대로 뇌전증을 앓는 어린 소녀와 영어를 못하는 부모, 그리고 이들에게 약 먹이는 법을 가르치려고 애쓰는 미국 의사들을 보여준다. 이어 이 가족이 어쩌다가 미국에 왔는지, 그들이 왜 의사의 말을 듣지 않는지를 설명하며 라오스의 고원지대, 난민캠프, 캘리포니아의 몽족 공동체를 차례로 조명한다. 동시에 전쟁, 인종차별, 문화 간 갈등, 현대의학과 타자의 문제로 주제를 확장한다. 좋은 책이 갖추어야 할 미덕을 모두 갖춘 책이다. 유려한 번역 덕택에 마술처럼 책장이 넘어간다.—김현경(인류학자, 『사람, 장소, 환대』의 저자)

미국 의료 체제와 몽족 치유 주술 간의 폭력적인 왕복 운동 사이에 끼인 몽족 난민 아동 리아. '비문명적' 존재로 낙인화되어 언어와 대표성을 박탈당한 난민은 어떻게 자신과 가족의 신체 결정권을 가질 수 있을까? 저자는 권력의 비대칭성이 수반되는 문화 간 만남에서 고통받는 리아를 통해 새로운 세계를 열어가자고 호소한다. 그곳은 문화, 정체성과 질병이 배제와 혐오의 근거로 활용되지 않는 '공동의 세계'다.—김현미(연세대학교 문화인류학과 교수)

처음 소개되었을 때, 사람들은 이 책을 소통에 노력을 기울이지 않는 의료 문화에 대한 비판으로 읽었다. 그러나 책의 목표는 다른 곳에 있다. 이 책은 사이에 문화의 높다란 장벽이 있어 소통할 방법을 모르던 부모와 의사가 서로 다른 방식으로 한 아이를 소중하게 여길 때 발생하는 비극을 그린다. 비극이 반복되지 않으려면 서로가 이해의 자리로 나와야 하고, 뛰어난 통역이 필요하다. 『리아의 나라』와 같은 그런 통역 말이다.

—김준혁(의료윤리학자, 『우리 다시 건강해지려면』의 저자)

이 책은 겉으로는 베트남전쟁으로 난민이 된 한 몽족 가족이 미국 의료진과 만나는 과정을 다뤘지만 실은 문화 간 만남에 관한 책이자 '서구 과학주의 의료 체계'에 대한 성찰이다. 인간에 대한 존중, '다름'에 대한 인식이 없는 의료 문화 체계가 어떻게 생명을 살리기는커녕 무심하게 죽이고 있는지를 생생하게 보여준다.

1970년대 초, 평화봉사단으로 한국에 왔다가 무당을 연구하게 된 내 친구 로럴 켄들은 한국의 굿이야말로 가장 발달한 형태의 가족 치료라고 역설하곤 했다. 무당의 굿판에서 벌어지는 것은 아픈 이를 위해 바쁜 와중에도 친구·친지들이 모두 모여 고통을 분담하려는 행위이며 실은 환자뿐 아니라 그 자리에 있는 모든 이가 지친 삶을 위무 받고 다시 살아갈 이유와 활기를 얻는 일이다. 그렇기에 한국의 전통적 민간 의료 문화와 서구의 의료 문화는 서로 배워야 한다고 촉구했다.

이 책이 의과대학의 필수교재가 되어야 하는 이유가 여기에 있다. '다문화 시대'를 열겠다는 이야기가 무성하게 커지고 있는 지금, 소통과 상호 이해가 없는 행위는 점점 더 많은 불행을 자초할 것이다. 인간에 대한 존중이 살아있는 의료계의 회생을 기원한다. 의료 문화에 관심을 가진 모두에게 필요한 책이다.—조한혜정(연세대학교 문화인류학과 명예교수)

불편한 공존을 해야 하는 두 문화에 대해 영감을 주는 흥미진진하고 특별한 탐사 보도다. 이 책이 특히 놀라운 점은 두 개의 전혀 다른 문화와 사고방식을 치우침 없이 정밀하게 포착해냈다는 사실이다. 모든 이슈에 대하여 양측의 입장을 냉정하고 무심하게 보려는 공평함이 아니라 온정과 열정을 갖고 껴안으려는 자세가 있었기에 가능한 일이었다. 탁월한 문화인류학 보고서다. 우리의 시야를 트여주고 잘 읽히며 대단히 매력적이다.
—캐럴 혼,《워싱턴 포스트》

인간 삶의 한 현장을 면밀히 살핀 뒤 남들에게 전달하는 데 뛰어난 재능을 보이는 작가들이 있다. 제임스 에이지나 조지 오웰처럼 말이다. 앤 패디먼도 그런 부류에 속한다.—로버트 콜스(아동심리학자, 하버드대학교 교수),《커먼윌》

서정시의 우아함과 스릴러의 긴장감을 갖고 쓴 매우 인간적인 인류학 보고서.—애비 프룩트,《뉴스데이》

살 생각 없이 책 한 권을 집어 들었다. 그리고 여덟 시간 뒤 나는 책값을 지불했고, 책에서 눈을 떼고 고개를 든 건 집으로 차를 모는 잠시 동안뿐이었다. 『리아의 나라』를 덮고 난 뒤에는 친구들에게 전화를 돌리기 시작했

다.—완다 A. 애덤스, 《호놀룰루 애드버타이저》

너무 훌륭해서 어떻게든 더 읽히도록 하고 싶다. 『리아의 나라』는 문화, 이민, 의료, 전쟁을 빼어난 솜씨로 파고들고 있어 책을 내려놓는 게 거의 불가능했다.—리니아 래넌, 《디트로이트 프리 프레스》

사무치는 비극을 이야기하는 책이다. 여기엔 영웅도 악한도 없는 대신 죄 없는 고난이 있으며 확고한 교훈이 있다. 슬프면서도 탁월한 책이다.
—멜빈 코너(에모리대학교 인류학, 신경정신학과 교수), 《뉴욕 타임스》

미국 의료의 현 실태에 대해 잠시나마 생각해본 적이 있는 사람이라면 읽고서 몹시 심란해질 수밖에 없는 책이다. 하지만 그보다 훨씬 중요한 게 있다. 작가는 여기 등장하는 사람들의 치부와 연약함과 함께 고귀함을 그려내고 있다.—셔윈 B. 눌랜드(예일대학교 의과대학 교수, 『사람은 어떻게 죽음을 맞이하는가』의 저자), 《뉴 리퍼블릭》

앤 패디먼은 서양 의학과 몽족 문화라는 두 세계의 충돌을 비상한 솜씨로 묘사하고 있다.—《뉴요커》

앤 패디먼은 우리에게 스릴러처럼 강렬한 이야기를 들려준다. 이 작품은 우리 의료 기관들에게 이민자 환자들이 건강과 질병에 대해 어떻게 사고하는지를 생각해보도록 촉구하는 열정 넘치는 옹호론이다. 이 놀라운 책은 다른 문화에 대해 배우는 것이 우리 문화를 더 잘 이해하는 길이기도 하다는 점을 가르쳐준다. 그뿐 아니라 육신과 영혼의 신비로운 관계에 대하여 우리의 뿌리 깊은 신념을 흔들어놓는다.—《엘르》

1982년 머세드에서 리 부부가 발작을 겪은 리아를 병원에 데려간 뒤로 모두가 지는 싸움이 시작되었다. 리아가 여러 해에 걸친 서양 의술의 처치에도 아무 도움도 받지 못한 이유를 밝힌 앤 패디먼의 이야기는 아프도록 아름다운 산문으로 쓰인 경이로운 기록이다.—스티브 와인버그,《시카고 트리뷴》

정밀한 취재력이 돋보이는 앤 패디먼의 이 논픽션에는 열정과 인간미가 넘쳐난다. 그러면서 그녀는 영어를 못하는 이민자 부모에게도, 아기의 증상을 판독하지 못해 좌절한 의사들에게도 비난의 시선을 던지는 법이없다.『리아의 나라』는 한 가족의 이야기를 치우침 없이 흥미진진하게 전달해준다.
—재하 김(칼럼니스트, 시트콤「프렌즈」의 작가),《클리블랜드 플레인 딜러》

미국 사회에 대한 독특한 인류학 연구서.
—루이스 스테인먼,《로스앤젤레스 타임스》

앤 패디먼의 경이로운 첫 작품인『리아의 나라』는 복지 행정 관료들과 무자비한 의료 전문가들의 횡포로부터 중병을 앓는 어린 딸과 오래된 영적 전통을 지키려고 몸부림치는 가난한 난민 가정의 지극한 부모애가 갖는 위대한 힘에 생기를 불어넣었다.—앨 산톨리(베트남전쟁 참전 용사,『우리가 가졌던 모든

것(*Everything We Had*)』의 저자), 《워싱턴 타임스》

최전선에서 가슴으로 쓴 호소력 강한 작품이다. 다 읽기까지 책을 놓을 수 없었고 다시 읽고 다시 되새겨보기를 거듭했다. 의료가 낳은 비극에 대한 강력한 사례 연구다.—데이비드 H. 마크, 《미국의사협회보》

『리아의 나라』는 캘리포니아 머세드의 중병 앓는 여자아이에 대해 앤 패디먼이 9년에 걸쳐 쓴 인상 깊은 이야기다. 리아 리에게 일어난 일은 대단히 교훈적인 동시에 몹시 불편한 진실이다.—크리스틴 반 오그트롭, 《보그》

앤 패디먼은 섬세한 보도로 방대한 문화적 골을 탐사한다.—《피플》

앤 패디먼은 뛰어난 소설가적 자질을 발휘하여 이야기를 들려준다. 문화 중개인 역할을 하고 서로를 이해하지 못하는 사람들을 이해하고 달리 행동하거나 말했더라면 결과가 달라졌을 것을 인식하는 역량을 보여준다.
—리처드 번스틴, 《뉴욕 타임스》

일러두기

1. 인용문의 이해를 돕기 위해 저자가 덧붙인 내용에는 대괄호([])를 사용했다.
2. 옮긴이 주는 '—옮긴이'로, 편집자 주는 '—편집자'로 표시했다.
3. 본문에 언급된 단행본은 한국에서 번역 출간된 경우 소개된 기존 제목을 따랐다. 그렇지 않은 경우에만 원서명을 병기했다.
4. 본문에 언급된 저술의 저자는 「출처에 대하여」에 원어 이름을 밝혔다.

| 차례 |

| 한국의 독자들에게 |

여러분이 이 책을 읽는다는 상상을 하니 기쁘고도 놀랍습니다.

기쁜 것은 『리아의 나라』가 문화 간의 소통을 다룬 책인데 이 책이 한국에서 출간되는 것보다 더 나은 본보기가 있을까 싶어서입니다.

놀라운 것은 제가 이 책을 취재하고 쓰는 여러 해 동안 제 책을 볼 사람이 과연 있을까 하는 걱정을 하곤 했기 때문입니다. 주제가 워낙 막연했으니까요! 실제로 제 친구들은 이런 말로 절 놀리곤 했답니다.

"뇌전증 앓는 몽족 아이에 대한 책을 쓰느라 9년 세월이라……. 근데 말이야, 앤, 책이 나올 무렵에 뇌전증 앓는 몽족 아이 분야라는 틈새시장이 남아 있을까?"

그때는 이 책이 언젠가 한국어를 포함한 여러 개 언어로 번역되리란 생각을 도저히 할 수 없었습니다. 한국어판이 나오리라는 예상을 할 수 있었더라면 아주 큰 힘이 되었겠지요.

제 친구들의 말뜻은 뇌전증 앓는 아이 이야기는 딱히 베스트셀러가 될 만한 주제가 아닌데 하물며 뇌전증 앓는 '몽족' 어린아이 이야기야…… 하는 것이었는데요. 그만큼 모두의 관심을 벗어난 이야기였으니 제 책을 내겠다는 출판사를 만난 것만으로도 기적이었습니다.

만약 여러분이 지금까지 몽족에 대해 들어본 적이 없다면 여러분은 평범한 사람들과 어울리고 있는 것입니다. 이 책이 출간되기 전만 해도 미국인 대부분은 몽족에 대해 들어본 적이 없었고 지금도 많은 사람이 그러니까요. 몽족은 라오스 출신의 고산민족으로서 베트남전쟁 이후 1970년대와 1980년대에 난민이 되어 미국에 왔습니다. (책의 10장에는 라오스가 어떻게 전쟁에 말려들게 됐으며 몽족이 어떻게 미국의 전사가 되어 고유문화를 잃었고 수많은 몽족이 어떻게 목숨이나 고향을 잃는 희생을 치르게 되었는지 설명되어 있습니다. 제가 사는 나라가 떳떳하지 못했던 시절의 일이었지요.)

제가 이 주제에 관심을 갖게 되었던 것은 우연이었습니다. 제가 보기에 결혼이나 직업 등 아주 중요한 일 중에는 우연히 이루어지는 게 참 많더군요. 1988년 저는 대학 친구인 빌 셀비지라는 의사와 전화를 하게 되었습니다. 그는 캘리포니아주 머세드라는 곳의 군립병원에 근무하고 있었지요. 빌은 당시 머세드에 몽족 난민들이 많이 이주해왔는데 참 좋은 사람들이지만 일반적인 의료의 많은 부분을 거부하는 바람에 까다로운 환자들이기도 하다고 했습니다. 외과 수술이나 마취, 요추천자 같은 의술을 터부 때문에 거부한다는 것이었습니다. 그리고 몽족 환자와 의사 사이의 소통이 워낙 부실한 탓에 문제가 되는 경우가 많다고 하더군요.

저는 제가 그런 사례를 발견하게 된다면, 그리고 양측의 입장을 모두 볼 수 있게 된다면 무엇이 잘못인지를 알 수 있지 않을까 하고 생각하게 되었습니다. 그래서 머세드로 날아갔고 숱한 실수와 오류를 범한 끝에 리아 리를 만나게 되었으며 그 아이는 이 책의 주인공이 되었습니다.

제가 알게 된 것은 리아의 사례라는 비극을 낳은 소통의 부실이 언어 문제만은 아니라는 점이었습니다. 그 시절 병원에 몽족 통역자들이 매우 부족했던 건 사실입니다. 잡역부가 통역을 하기도 하고, 리아의 열두 살 된 언니가 하기도 했으니까요. 하지만 모든 말을 완벽하게 통역했다 하더라도 의사들은 리아 부모의 말뜻을 이해하기가 어려웠을 것이고, 리아의 부모는 의사들의 말을 제대로 못 알아들었을 겁니다. 양쪽 모두에게 필요했던 것은 '문화적' 통역자였으니까요. (나중에 저는 '문화 중개인'이란 말이 있다는 걸 알게 되었습니다.) 말의 행간에 놓인 문화를 해석할 줄 아는 사람 말입니다.

여기서 '문화'란 '몽족 문화'만을 뜻하는 게 아닙니다. 저는 놀랍게도 의료 역시 하나의 문화임을, 다른 문화 못지않게 전통이나 추측이나 터부에 얽매인다는 것을 알게 되었습니다.

여러 달 동안 리 부부를 만나면서 저는 이 이야기가 20년 뒤에 미국의 많은 의과대학에서 교재로 쓰이게 되리라고는 상상도 하지 못했습니다. 리아의 부모는 리아가 커서 '치 넹', 즉 몽족 샤먼이 되기를 바랐습니다. 샤먼이란 치유자이자 스승이 아닙니까? 그렇다면 어떤 면에서 리아는 '정말로' 샤먼이 되었습니다. 문화 간 소통의 어려움이라는 주제에 관하여 수십만 독자를 가르치게 되었으니까요. 저는 그 가르침을 전해주는 하나의 통로일 뿐이고요.

그리고 여러분이(아마도 리아가 사는 곳으로부터 8000킬로미터 이상 떨어져 있고 리아 가족의 언어도, 어쩌면 제가 쓰는 언어도 이해하지 못할 누군가가) 리아의 가르침을 조금이나마 배울 수 있다면 여러분과 저와 이 책의 번역자는 문화 간의 차이를 뛰어넘는 게 가능함을 입증하려는 작은 시도에 동참하여 성공한 협력자일 것입니다.

| 서문 |

충돌의 경계에서

내 책상 밑에는 녹음테이프가 가득 담긴 큰 상자가 있다. 전부 글로 옮기고 난 것이지만 나는 지금도 이따금 그 테이프들을 듣곤 한다.

어떤 것들은 조용하고 이해하기 쉽다. 미국인 의사들의 목소리를 녹음한 것으로, 가끔 커피 잔 부딪치는 소리나 호출기 소리에 말이 중단될 뿐이다. 나머지는 (절반이 넘는데) 아주 시끄럽다. 주로 1980년에 라오스에서 미국으로 온 몽족 난민인 리 가족의 목소리를 담은 테이프들이다. 아기 우는 소리나 아이들 노는 소리, 문이 쾅 닫히는 소리, 접시 달그락거리는 소리, 텔레비전 떠들어대는 소리, 에어컨 소리와 함께 리아의 엄마와 아빠, 통역자의 목소리가 들린다. 엄마의 목소리는 몽족 언어의 여덟 개 성조에 따라 숨소리나 콧소리가 다양하게 섞인 음성이고, 아빠의 목소리는 더 크지만 느리고 박력 있다. 낮고 다소곳한 통역자의 목소리도 있다. 이 소란스러운 소리들을 듣고 있으면 생각나는 것들이 있다. 내가 그 아파트에 도착하면 펼쳐주던 손님용 빨간 철제 접이의자의 서늘함, 천장에 끈으로 매달려 있는 부적이 천천히 흔들리며 드리우는 그림자, 최고(사탕수수 비슷한 식물의 줄기 요리인 달콤한 콰 응차)부터 최악(돼지 생피를 굳힌 응샤 챠)까지 맛본 몽족의 전통 음식…….

내가 리 부부의 빨간 접이의자에 처음 앉은 것은 1988년 5월 19일이었다. 그해 이른 봄, 캘리포니아주 머세드에 있는 군립병원에 가게 된 것은 그곳에서 몽족 환자와 의료진들 사이에 이상한 오해가 벌어지고 있다는 소식을 들었기 때문이었다. 한 의사는 이런 오해를 "충돌"이라고 표현했다. 나는 그 말을 듣고 브레이크를 급히 밟는 소리와 함께 유리 깨지는 소리가 나며 두 부류의 사람들이 정면으로 맞부딪치는 광경을 연상했다. 하지만 알고 보니 둘의 만남은 어지럽긴 했어도 정면충돌은 아니었다. 그리고 둘 다 상처를 입었으나 양쪽 모두 무엇에 부딪친 것인지, 어떻게 충돌을 피할 수 있는지 모르는 듯했다.

나는 언제나 가장 볼만한 것은 중심에서 벌어지는 일이 아니라 다른 무엇과 만나는 가장자리에서 일어나는 일이라고 생각해왔다. 그래서 해안선, 기상전선, 국경이 좋다. 이런 곳에서는 흥미로운 충돌과 부조화가 일어나며 경계에 서 있으면 어느 한 쪽의 중심에 있을 때보다 양쪽이 더 잘 보이는 경우가 많다. 그것이 문화일 때는 특히 더 그렇다고 생각한다.

9년 전 머세드에 처음 갈 때 나는, 내가 조금은 아는 미국의 의료 문화와 내가 전혀 모르는 몽족 문화 사이에서 양측의 십자포화에 피격당하지 않는다면 그 둘을 서로 어떤 식으로든 비출 수 있을 것이라고 기대했다.

그러나 그 기대는 그저 내 생각일 뿐이었다. 머세드 병원 역사상 최악의 분쟁이었던 리 부부의 딸 리아의 사례에 대해 듣고 그 가족과 의사들을 알게 된 후, 나는 진심으로 양쪽 모두를 좋아하게 되었다. 그리고 누군가에게 책임을 지우기가(내가 그렇게 하려고 했다는 건 하느님이 아신다.) 얼마나 어려운지 깨달았다. 나는 상황을 너무 직선적으로 분석해서는 안 된다는 걸 알게 되었다. 달리 말해 나도 모르게 조금 덜 미국인처럼 생각하고, 조금 더 몽족처럼 생각하던 사고방식을 그만두게 되었다.

뜻밖에도 이 책을 쓰는 여러 해 동안 남편과 아버지, 딸과 나 모두 중병을 앓게 되었고 리 부부처럼 나도 병원에서 많은 시간을 보내게 되었다. 병원 대기실에서 기다리며 한 가지 질문을 자주 곱씹어보곤 했다.

'어떤 의사가 좋은 의사일까?'

같은 기간, 나는 두 아이를 낳았고 리 부부의 사연과도 밀접한 관계가 있는 또 하나의 질문을 자주 하게 되었다.

'어떤 부모가 좋은 부모일까?'

이 책에 등장하는 사람들과 이제는 제법 오랫동안 사귀어온 사이가 되었다. 리아의 의사들을 만나지 못했다면 나는 분명 아주 다른 환자가 되어 있었을 것이다. 또한 리아 가족을 만나지 못했다면 나는 아주 다른 엄마가 되어 있었을 게 분명하다.

책상 밑에 있는 상자에서 녹음테이프를 꺼내 아무 데나 듣고 있노라면 어느새 왈칵 밀려오는 회상에 젖는 동시에 미국과 몽족 두 문화로부터 지금도 배우고 있는 교훈들을 되새기게 된다. 이따금 나는 그 녹음들을 밤늦게 들으며 그 둘을 합성할 수 있다면 어떤 소리가 날지 상상해보기도 한다. 만일 그렇게 된다면 몽족의 목소리와 미국인 의사들의 목소리는 같은 테이프에서 같은 언어로 말하게 될 것이다.

(1)

탄생

(Lia)

만일 리아 리가 가족과 친지들의 고향인 라오스 북서부 고지대에서 태어났더라면 그녀의 엄마 푸아 양은 남편 나오 카오 리가 손수 지은 초가집 바닥에 쪼그려 앉아서 그녀를 출산했을 것이다. 초가집의 바닥은 흙이지만 깨끗했다. 먼지가 일지 않도록 푸아가 바닥에 수시로 물을 뿌리고 빗자루로 쓸어주었기 때문이다. 그리고 직접 만든 대나무 쓰레받기에다 아직 밖에서 용변을 못 보는 어린아이들의 똥을 담아 숲에다 버리곤 했다. 푸아가 유난을 부리는 성격은 아니었지만 그렇다고 갓난아기를 내버려둬 바닥 흙이 묻게 하는 일은 절대로 없었다.

푸아는 지금까지도 아이들을 전부 자기 손으로 받아낸 것을 자랑스러워한다. 방법은 다리 사이로 나오기 시작하는 아기의 머리를 우선 손으로 빼낸 다음 나머지 부분을 잡아당기는 것이다. 곁에서 출산을 도와주는 사람은 따로 없었다. 푸아가 분만 중에 목이 탈 때 나오 카오가 뜨거운 물을 갖다주긴 했으나 남편이라도 아내의 몸을 봐선 안 되었다.

푸아는 신음을 내거나 비명을 지르면 출산에 방해가 된다고 믿었기 때문에 이따금 조상들께 기도를 할 때 말고는 소리를 내지 않았다. 밤에 아기를 낳을 때도 너무 조용해서 얼마 안 떨어진 돗자리에서 자던 다른 아이들은 동생이 태어나 우는 소리에 깨곤 했다. 아기가 태어나면 나오 카오는 탯줄을 뜨겁게 달군 가위로 자르고 끈으로 묶었다. 그러면 푸아는 진통 초기에 물지게를 지고 개울에 가서 직접 길어다 두었던 물로 아기를 씻겼다.

푸아는 쉽게 아기를 갖고 쉽게 낳았지만 조금이라도 문제가 생기면 몽(Hmong)족이 흔히 쓰는 다양한 요법에 의지했다. 아기를 낳지 못하는 몽족 부부는 '치 넹(txiv neeb)'◆이라는 샤먼(무당)을 부른다. 그러면 치 넹은 무의식 상태에 빠져들어 산모에게 도움을 줄 귀신들을 불러낸다. 그리고 날개 달린 말을 타고 땅과 하늘 사이에 있는 열두 개의 산 너머로 날아가 용들이 사는 바다를 건너 환자의 건강을 관장하는 영혼(신령)들과 담판을 짓는다.(음식이나 돈으로 달래다가 필요하면 칼을 휘두르기도 한다.) 치 넹은 부부에게 개나 고양이 또는 닭이나 양을 바치게 하여 불임을 치유하기도 한다. 짐승의 목을 자르고 나서 문설주와 부부의 침상을 밧줄로 묶어 이어놓으면 '다(dab)'라는 악령에게 붙들린 아기의 혼이 자유롭게 이승으로 올 수 있게 된다.

애초부터 불임을 피하도록 조심할 수도 있다. 이를테면 임신할 나이가 된 몽족 여성은 절대 동굴에 발을 들여놓지 않는다. 살과 피를 먹기 좋아하는 고약한 '다'가 동굴 안에 살고 있다가 여성을 겁탈해 아이를 못 낳는 사람으로 만들어버릴 수 있기 때문이다.

◆ 몽족은 별도의 문자 체계가 없고 알파벳을 이용한 독특한 표기법을 쓴다. 이 경우 x는 s 발음에 가깝고 이중모음은 '옹' 발음에 가까우며 단어 끝의 자음은 발음하지 않는다. 몽족 언어의 발음에 대한 기본적인 설명과 안내는 509쪽 참조.—옮긴이

몽족 여성은 임신을 하면 원하는 음식을 먹어야 아기의 건강을 지킬 수 있다고 믿는다. 산모가 생강이 너무 먹고 싶은데 먹지 못하면 손가락이나 발가락이 하나 더 달린 아기가 나올 수 있고, 닭고기가 너무 먹고 싶은데 먹지 못하면 귀 가까이 흉이 있는 아기가 나올 수 있다. 또 계란이 너무 먹고 싶은데 먹지 못하면 머리에 혹이 있는 아기가 나올 수도 있다.

몽족 여성은 논이나 양귀비 밭에서 일하다가도 산통이 시작되면 바로 집으로 달려갔다. 먼저 자기 집으로 가고, 아니면 적어도 남편 사촌의 집에라도 가야 했다. 그렇지 않고 다른 데서 아기를 낳다간 '다'에게 해코지를 당할 수 있기 때문이다. 분만 과정이 너무 길어지거나 힘들어지면 열쇠를 넣고 끓인 물을 마셔서 산도를 열어주었다. 가족들이 방 근처에 모여 정화수를 떠놓고 기도를 하기도 했다. 집안 어른을 제대로 공경하지 못해서 문제가 생겼다면 마음이 상한 어른의 손가락 끝을 씻어주며 지성으로 빌어서 "용서하마."라는 말을 들어야 했다.

출산 후 산모와 아기가 화덕 옆에 함께 누워 있는 동안 남편은 바닥을 60센티미터 깊이 정도로 파서 태반을 묻는다. 딸인 경우에는 부모의 침상 밑에 묻었고, 아들인 경우엔 더 중요한 자리인 집 중심에 있는 나무 기둥 밑에 묻었다. 그 자리는 집의 지붕을 떠받치고 가족들을 굽어살피는 가정의 수호신이 사는 곳이다.

태반은 태아가 배 속에 있을 때 얼굴과 맞닿는 부드러운 부분이 위로 향하도록 묻어야 했다. 반대로 묻으면 아기가 자주 토할 수 있기 때문이다. 아기 얼굴에 뾰루지가 많이 돋으면 묻어둔 태반에 개미들이 침입했다는 뜻이므로 그 자리에 뜨거운 물을 부어 개미를 없애주어야 했다.

몽 언어로 태반을 가리키는 말은 '저고리'를 뜻한다. 몽족에게 저고리는 사람이 가장 먼저 입는 옷이자 가장 좋은 옷으로 여겨졌다. 몽족이 죽으면 그 혼은 자기가 살아온 곳을 되짚어 올라가 저고리인 태반이 묻힌 곳까지 가서 그것을 입어야 한다. 태어날 때 입었던 옷을 다시 입어야만 혼이 길을 떠날 수 있다. 흉악한 '다'들과 거대하고 독살스러운 애벌레들을 지나 사람을 잡아먹는 바위들과 넓디넓은 바다를 건너 하늘까지 가야 하는 위험한 여행이다. 혼은 거기까지 가서 조상들과 재결합을 해야 언젠가 다시 아기의 혼으로 세상에 올 수 있다. 죽은 사람의 혼이 자기 저고리를 찾지 못하면 그 혼은 영원히 벌거벗은 외톨이로 이승을 떠돌게 된다.

리 부부(나오 카오 리와 푸아 양)는 1975년 라오스가 공산 세력에 완전히 넘어가면서 살던 땅을 떠나게 된 15만 몽족 가운데 하나이다. 그래서 예전에 살던 집이 그대로인지, 나오 카오가 흙바닥에 묻은 남아 태반 다섯 개와 여아 태반 일곱 개가 아직 남아 있는지 알지 못한다. 하지만 그 태반 중 절반은 이미 마지막 용도로 쓰였으리라 믿고 있다. 아들 넷과 딸 둘이 미국으로 오기 전에 이런저런 이유로 죽었기 때문이다. 리 부부는 남은 가족 대부분의 혼이 언젠가는 머나먼 길을 떠나야 한다는 것을 알고 있다. 미국에서 산 17년 중 15년을 지낸 캘리포니아주 머세드에서부터 이전에 살던 오리건주 포틀랜드, 태국에서 비행기를 타고 와서 처음 내린 하와이주 호놀룰루, 태국의 두 난민캠프를 거쳐 라오스의 고향 마을로 돌아가야 한다.

리 부부의 열세 번째 아이 마이는 태국의 난민캠프에서 태어났고 태반은 그곳 오두막 바닥에 묻혔다. 열네 번째 아이인 리아는 머세드 커뮤니티 의료센터(Merced Community Medical Center)에서 태어났다. 줄여서 흔히들 MCMC라 부르는 이 병원은 몽족이 많이 정착한 캘리포니아 센트럴 밸리의 농촌 지역을 담당하는 현대식 공립병원이다. 리아의 태반은 여기서 소각되었다. 몽족 여성 중에는 의사에게 아기의 태반을 집에 가져가도 되느냐고 묻는 이들이 있었다. 어떤 의사들은 마지못해 태반을 비닐봉투나 병원 카페테리아의 포장 용기에 담아주기도 했지만 대부분은 거절했다. 산모가 태반을 먹을 것이라 짐작하거나 발상 자체가 역겹다고 생각하거나 B형 간염의 감염을(미국에 온 몽족 난민의 15퍼센트가 보균자라고 한다.) 우려했기 때문이다. 푸아는 물어볼 엄두도 내지 못했다. 영어를 할 줄 모르는 데다 주변에 몽족 언어를 아는 사람도 없었기 때문이다. 더구나 리 부부의 아파트는 나무 바닥 위에 빈틈없이 카펫이 깔린 집이었으니 태반을 묻는 것 자체가 어려웠다.

리아가 태어난 1982년 7월 19일 저녁 7시 9분, 푸아는 철제 분만대에 드러누워 있었다. 그녀의 몸엔 멸균 천이 덮여 있었고, 생식기 주변엔 갈색 베타딘 용액이 칠해져 있었으며, 아주 밝은 램프가 회음부를 내리비추고 있었다. 분만실에 가족은 없었다. 분만 담당인 가정의학과 전공의 게리 튜슨은 차트에 해산을 촉진하기 위해 30센티미터 길이의 전용 바늘로 양수막을 파열했다고 기록했다. 아울러 마취는 하지 않았고, 질 입구를 넓혀주는 회음부 절개를 할 필요가 없었으며, 출산 직후 자궁 수축 촉진을 위해 피토신 주사를 놓았다는 기록도 남겼다. 의사는 또 리아가 체중 3.8킬로그램인 "건강한 산아"이며 "회태 기간에 알맞은"(푸아는 산부인과를 다니지 않았고 자신의 임신 기간이 얼마나 되는지 확실히 몰랐으며 알았다 해도 의사에게 말할 수 없었을 터이니 이는 관찰에만 의존한 추정이었다.) 상태를 보이고 있다고 기록했다. 푸아는 자신의 아이 중에 리아가 제일 크게 태어났다고 생각했지만 이것도 확실하지 않았다. 다른 열세 아기의 무게는 달아본 적도 없었다.

리아의 아프가 점수◆는 좋았다. 출생 1분 뒤에는 10점 만점에 7점이었고 4분 뒤에는 9점이었다. 6분 뒤 피부 빛깔은 "분홍빛"이고 근육 운동은 "크게 욺."이라고 할 정도로 활발했다. 의사는 리아를 잠시 푸아에게 보여준 다음 곧장 철과 투명 합성수지로 만들어진 방사보온기에 놓았다. 그리고 간호사는 리아의 손목에다 신원 확인용 플라스틱 밴드를 매고 신생아 신원 확인 서류에 발 도장을 찍었다. 그 뒤 리아는 중앙 신생아실로 옮겨져 출혈성 질환 예방을 위해 한쪽 허벅지에 비타민 K 주사를 맞고 비뇨기에 의한 임균 감염을 막기 위해 양쪽 눈에 질산은 용액을 두 방울씩 적시는 처치를 받은 다음 항균비누로 목욕을 했다.

리아의 분만실 기록에 적힌 푸아의 출생일은 1944년 10월 6일이었다. 사실 푸아는 자신이 언제 태어났는지 정확히 몰랐다. 그래서 그 뒤 몇 년 동안 여러 차례에 걸쳐 MCMC의 의사들이 생년월일을 물을 때면 영어를 할 줄 아는 친척의 도움을 받아 대답했는데 1942년 10월 6일생이라고 말한 적도 있으며 최근에는 1926년 10월 6일생이라고도 말했다. 1926년생이라는 푸아의 말에 의문을 제기하는 접수계 직원은 아무도 없었다. 그건 푸

◆ 신생아의 건강 상태를 심장 박동, 호흡, 근육 운동, 피부 빛깔, 반사 작용을 기준으로 평가하는 방법.

아가 리아를 낳을 때의 나이가 55세라는 뜻인데도 말이다. 단 푸아는 자신이 10월생이라는 것은 확신하고 있었다. 부모님한테서 아편 밭을 두 번째로 김매고 볏단을 거두어 쌓아두던 철에 태어났다는 얘기를 들었기 때문이다. 1980년 미국에 입국할 때부터 써야 했던 숱한 서류 양식에 공란이 있는 것을 싫어하는 미국인들을 만족시키기 위해서 리 부부는 생년은 물론 생일도 지어내야 했다. 대부분의 몽족 사람은 미국인의 이러한 특징에 익숙해져 나름대로 적응했다. 나오 카오 리의 사촌은 이민국 관리들에게 자녀 아홉의 생일이 9년 연속으로 전부 7월 15일이라 했고 영주권 서류에 그대로 기재되었다.

리아 리가 생후 사흘째 되던 날 MCMC에서 나올 때, 푸아는 다음과 같은 서류에 서명을 하라는 요구를 받았다.

> 본인은 퇴원 절차 중 본인의 산아를 살펴보고 본인의 아기인지 확인하였음을 보증합니다. 아기의 손목과 제 손목에 묶어둔 신원 확인 밴드를 살펴보았고 기재된 두 번호가 5043으로 일치하며 그 내용이 정확함을 확인하였습니다.

푸아는 아라비아 숫자를 읽을 줄 모르며 배운 적도 없었기 때문에 그녀가 서류의 내용대로 했을 것 같지는 않다. 하지만 그녀는 미국에 와서 서명하라는 요구를 워낙 자주 받았기에 자신의 이름 푸아 양의 일곱 개 대문자는 알고 있었다. (양 씨와 리 씨는 몽족의 성씨 중 가장 수가 많은 편에 속한다. 다른 큰 성씨로는 차, 쳉, 항, 허, 구, 로, 무아, 타오, 부, 숑, 방이 있다. 라오스에서는 성을 이름 앞에 쓰지만 미국에 사는 몽족은 대부분 미국식으로 성을 뒤에 쓴다. 자녀는 아버지 성씨를 따르지만 여자는 결혼한 뒤에도 남편의 성을 따르지 않고 본래 성씨를 유지한다. 그리고 같은 성씨끼리 결혼하는 것은 엄격히 금기시된다.) 24시간 근무가 끝날 무렵 전공의들의 서명은 뇌파도처럼 구불거린다. 푸아의 서명은 그런 전공의들의 서명보다 알아보기 쉬웠다. 하지만 그 서명은 적을 때마다 매번 달라 보였다. 이번 서명은 한 단어로 이어 쓴 FOUAYANG이었다. FOUA의 A는 왼쪽으로, YANG의 A는 오른쪽으로 기울어져 있었고, Y는 X 같았으며, N은 아이들 그림의 파도 같은 모양이었다.

그녀에게 병원에서 아기를 낳은 것은 썩 유쾌하지 않은 경험이었지만 병원의 방식을 크게 탓하지 않았던 이유는 그녀의 성격이 본래 남을 잘 비난하지 않을 뿐만 아니라 침착했기 때문이다. 그녀가 구체적으론 MCMC에, 전체적으론 미국 의학 자체에 의문을 품게 된 것은 리아가 병원에 자주 가게 되면서부터였다. 리아를 출산할 때 푸아는 의사가 친절하다고 생각했다. 간호사들이 리아를 항균비누로 씻기는 게 라오스의 개울물로 씻기는 것만큼 깨끗할 것 같지는 않았지만 그토록 많은 사람이 자신을 도와준 데에 감동했다. 딱 한 가지 큰 불만이 있다면 병원의 음식에 대해서뿐이었다. 그녀는 출산 직후에 얼음물을 주는 것을 보고 깜짝 놀랐다. 몽족 사람들은 산후조리 기간에 찬 음식을 먹으면 자궁 속 피가 잘 통해 깨끗해지는 게 아니라 굳어버리며, 여성이 이 금기를 지키지 않으면 나이가 들어 피부 가려움증이나 설사병을 앓을 수 있다고 믿는다. 푸아는 뜨겁고 검은 물로 기억되는 것만 몇 잔 받아 마셨는데, 그것은 차였거나 고기 국물이었을 것이다. 푸아는 그게 전에 본 적이 있는 커피가 아니라는 것은 확신했지만 무엇인지 몰랐다. 이 검은 물이 병원에서 나온 음식 가운데 그녀가 먹은 유일한 것이었다. 그런가 하면 나오 카오는 몽족 여성들이 산후 30일 동안 꼭 먹어야 하는 음식을 매일같이 요리해 날랐다. 그것은 쌀밥에다 산후에 꼭 먹어야 하는 다섯 가지 약초(리 부부가 이때 사용할 목적으로 아파트 주차장 주변에다 직접 길렀다.)를 넣고 끓인 닭국이었다. 이 식단은 MCMC의 산부인과 병동 의사들에겐 익숙한 것이었고, 그것에 대한 평가는 그들이 몽족에 대해 어떤 태도를 갖고 있는지 보여주는 꽤 정확한 척도였다. 산부인과 의사인 라켈 아리아스는 이렇게 말했다.

"몽족 남자들은 언제나 은그릇에다 냄새가 끝내주는 닭 수프 같은 걸 담아 들고 병원으로 오곤 했지요."

역시 산부인과 의사인 로버트 스몰은 조금 다르게 말했다.

"그들은 항상 지독한 냄새가 코를 찌르는 국물을 가져왔는데, 죽은 지 일주일은 된 것 같은 닭 냄새가 났어요."

푸아는 남편이 가져온 음식을 절대 다른 사람에게 나눠주지 않았다. 잘못해서 밥알을 닭국에 빠뜨려선 안 된다는 금기 때문이었다. 만약 그럴 경우 갓난아기의 코와 볼에 몽 언어로 '쌀'과 같은 말인 하얀 뾰루지가 날 수 있었다.

머세드에 사는 어떤 몽족 부모들은 아이들에게 미국식 이름을 지어주었다. 거기엔 흔한 이름 말고도 케네디, 닉슨, 파자마, 기타, 메인(머세드의 메인가에서 따왔다.) 같은 것이 있었다. 간호사가 지적해주지 않으면 '베이비보이(남아)'라는 이름을 쓰기도 했다. 어떤 몽족 여성이 자기 아들의 병원 서류에 그렇게 적힌 것을 보고 의사가 아기 이름을 지어줬다고 생각한 경우였다. 리 부부는 딸에게 몽족 이름인 리아라는 이름을 붙여주기로 했다. 리아의 이름은 혼을 부르는 의식인 '후 플리(hu plig)'에서 정식으로 받은 것이었다. 라오스에선 이 의식을 언제나 생후 사흘째에 열었다. 이 의식을 거행하기 전까지 아기는 한 식구로 받아들여지지 않는다. 그리고 아기가 사흘이 차기 전에 죽으면 장례를 치르지 않았다. 이는 영아 사망률이 50퍼센트나 되는 사회에서 출산 도중이나 직후에 아기를 잃기 쉬운 엄마에게 아기에 대한 애착을 덜 갖게 하려는 문화적인 배려였을 것이다. 미국에선 그보다 늦게 의식을 거행하곤 했는데 아기가 출생 후 보통 사흘 동안 병원에서 지내는 경우가 많기 때문이었다. 리 가족은 리아의 혼을 부르는 의식을 치르는 데 필요한 자신들의 생활보조금 수표와 친척들이 선물로 주는 수표를 모으느라 한 달이 걸렸다.

몽족 사람들은 다양한 원인 때문에 병이 난다고 생각한다. 이를테면 음식을 잘못 먹어서, 오염된 물을 마셔서, 날씨가 바뀌어서, 성교 중에 완전히 사정을 못 해서, 조상에게 제사를 제대로 못 올려서, 조상의 죄 때문에 벌을 받아서, 저주를 받아서, 회오리바람에 맞아서, 악령이 몸에다 돌을 심어서, '다'한테 피를 빨려서, '다'가 자는 사람 가슴 위에 앉아서, 용이 사는 못에서 빨래를 해서, 보름달을 손가락으로 가리켜서, 호랑이 닮은 바위에 오줌을 눠서, 집의 수호신이 있는 자리에 오줌을 누거나 발길질을 해서, 머리에 새똥이 떨어져서 아플 수 있다고 생각한다. 하지만 그들이 꼽는 병의 가장 큰 원인은 혼을 잃어버려서이다. 몽족은 사람에게 혼이 정확히 몇 개나 있는지에 대해 의견이 일치하지는 않지만(하나부터 서른둘까지 추정이 다양한데, 리 부부의 경우 하나만 있다고 믿는다.) 혼이 몇이건 건강과 행복을 위해 꼭 있어야 할 생명의 혼을 잃기 쉽다는 점에 대해서는 모두 동의한다. 생명의 혼은 화나 슬픔, 두려움, 호기심, 방랑벽 때문에 몸을 떠나버릴 수 있다. 특히 신생아의 생명의 혼은 떠나버리기 쉽다. 이는 아기가 워낙 작고 약할뿐더러 그 혼이 막 떠나온 보이지 않는 자들의 영역과 산 자들의 영역 사이에 불안정하게 있기 때문이다. 아기의 혼은 밝은 빛깔이나 부드러운 소리나 향긋한 냄새에 이끌려 떠나버리기 쉽다. 아기가 슬프거나 외롭거나 부모의 사랑을 제대로 받지 못해도 떠나버릴 수 있다. 갑자기 큰 소리가 나도 겁이 나서 떠나버릴 수 있다. 그리고 '다'가 그 혼을 훔쳐 달아날 수도 있다. 몽족은 아기가 예쁘다는 말을 크게 하지 않도록 조심한다. '다'가 들으면 안 되기 때문이다. 몽족 아기들은 흔히 정교한 수가 놓인 모자(푸아도 리아에게 여러 개를 만들어주었다.)를 쓴다. 그래야 탐욕스런 '다'가 높은 데서 봤을 때 아기를 꽃으로 착각하기 때문이다. 아기들은 또 '응야(nyias)'라는 포대기(역시 푸아는 리아에게 여러 개를 만들어주었다.)에 싸여 엄마 등에서 많은 시간을 보낸다. 이 포대기엔 혼을 가둔다는 의미를 가진 울타리를 상징하는 돼지우리 같은 것이 수놓아져 있다. 비슷한 의미로 혼을 붙들어 매는 자물쇠 달린 은목걸이를 걸기도 한다. 아기나 어린아이를 데리고 나들이를 갈 때면 부모는 돌아오기 전에 뒤에 남은 혼은 없나 해서 큰 소리로 혼을 부른다. 머세드에서는 몽족이 공원에 소풍을 나왔다 돌아가기 전에 아이의 혼을 부르는 소리를 종종 들을 수 있다. 하지만 이 모든 것이 애초에 혼을 부르는 의식을 제대로 했을 때만 통하는 얘기다.

리아의 후 플리는 아파트 거실에서 열렸다. 손님이 너무 많아(모두 몽족이며 대부분이 리 씨나 양 씨 가문 사람이었다.) 몸을 틀기가 어려울 정도였다. 푸아와 나오 카오는 건강하고 예쁜 딸을 얻은 자신들을 축하해주러 많은 사람이 와준 게 자랑스러웠다. 그날 아침 나오 카오는 조상 한 분의 혼을 모시기 위해 돼지를 잡았다. 배가 고팠을 조상의 혼은 아마도 음식을 차려준 걸 고맙게 생각할 것이며 곧 리아의 몸을 입고 다시 태어날 터였다. 하객들이 오자 양 씨 집안의 어른 한 명이 아파트 현관문에서 이스트 12번가 쪽을 향해 서서 리아의 혼을 반기는 소리를 읊었다. 그의 옆에는 살아 있는 닭 두 마리가 보자기에 싸여 있었다. 이윽고 닭 두 마리를 잡아 털을 뽑고 창자를 빼내 살짝 끓인 다음 솥에서 건졌다. 닭의 머리뼈가 맑은 빛깔인지, 혀가 위로 꼬부라졌는지 확인하기 위해서였다. 그것은 리아의 몸에 혼이 자리를 잘 잡았으며 이름도 잘 지어졌다는 뜻이었다. 이렇게 점을 쳐보고 이상이 없으면 닭들을 다시 솥에 넣었다. 불길한 조짐이 나타났다면 혼을 부르는 사람이 다른 이름을 선택하도록 내놓았을 것이다.

나중에 하객들은 이 닭과 돼지고기를 먹었다. 음식을 먹기 전에 혼을 부르는 사람은 하얀 실 꾸러미로 리아의 손을 쓸며 "병 지나가는 길을 쓸어내리네."라고 말한다. 그러고 나면 리아의 부모와 방에 있는 연장자들이 실을 한 가닥씩 리아의 손목에 묶었다. 아기의 혼을 몸에 단단히 붙들어두기 위해서였다. 푸아와 나오 카오는 딸을 사랑하겠다는 약속을 했다. 어른들은 리아를 축복하면서 아프지 않고 오래 살게 해달라고 빌었다.

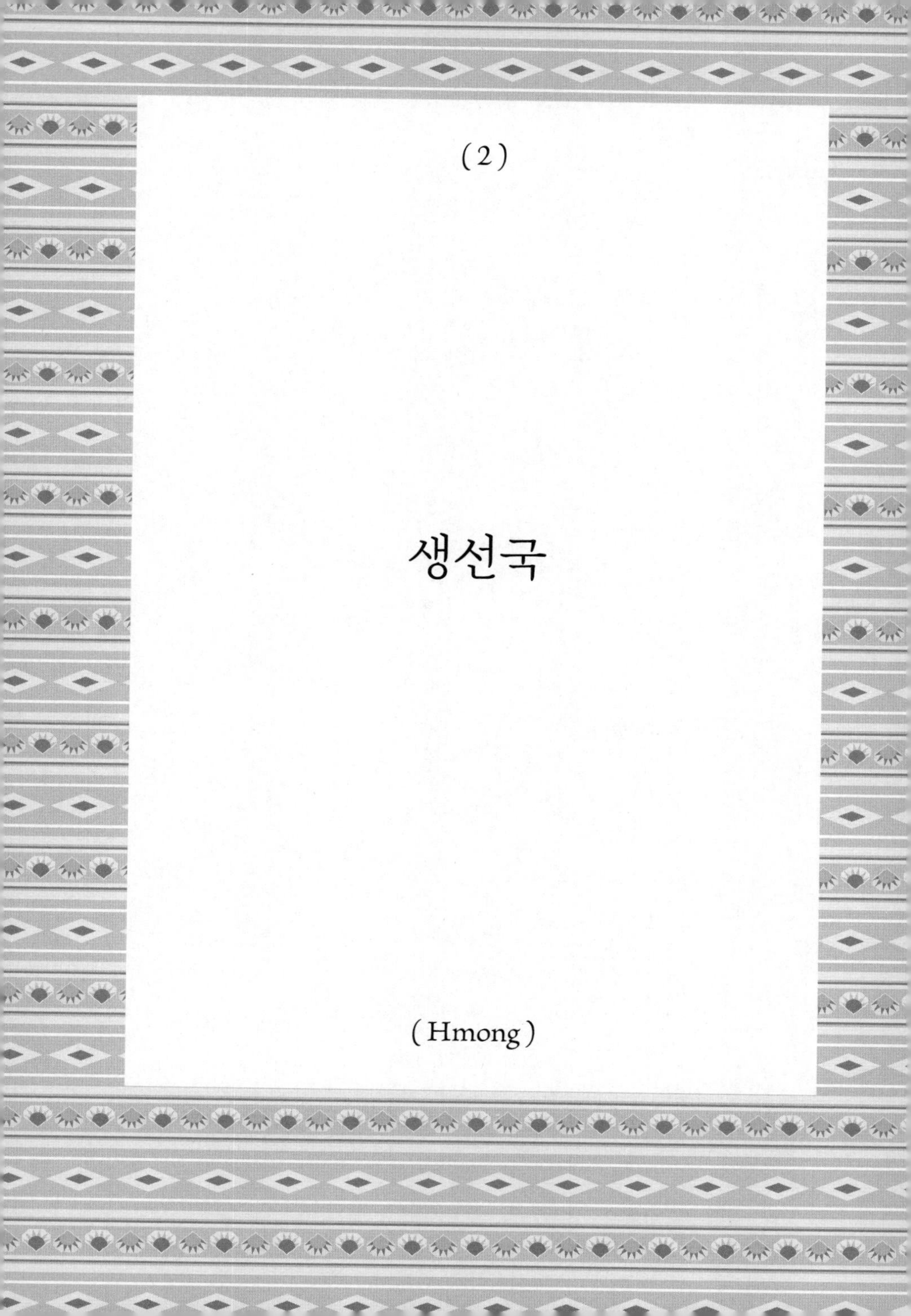
(2)
생선국
(Hmong)

몇 년 전, 머세드대학의 중급 프랑스어 수업 시간에 학생들은 5분 동안 프랑스어로 발표하는 숙제를 준비해왔다. 두 번째 발표자는 몽족 남학생이었다. 그가 택한 주제는 '라 수프 드 푸아송', 즉 생선국의 요리법이었다. 그는 말했다. 생선국을 준비하려면 먼저 생선이 있어야 하고 생선을 구하려면 낚시를 해야 한다. 낚시를 하려면 낚싯바늘이 필요하고 알맞은 낚싯바늘을 고르려면 낚으려는 물고기가 민물에 사는지 짠물에 사는지, 얼마나 큰지, 입 모양이 어떤지를 알아야 한다. 학생은 이런 식의 복잡한 가지치기 설명으로 4분에 걸쳐 칠판을 가득 메웠다. 프랑스어에다 몽 단어를 겹쳐 쓰는 식이었다. 그는 자신의 낚시 경험에 얽힌 여러 가지 일화들을 이야기하기도 했다. 마무리는 다양한 생선을 씻는 법, 자르는 법, 그리고 다양한 향초를 곁들여 국물을 끓이는 법에 관한 설명이었다. 수업이 끝나자 그는 다른 학생들에게 충분한 설명이 됐기를 바라며 몽족 방식으로 생선국을 잘 끓여보라고 말했다. 프랑스어 교수는 내게 이렇게 말했다.

"생선국, 그게 몽족의 본질이에요."

몽족 말 중에 '하이 쫘 추 코 추(hais cuaj txub kaum txub)'라는 말이 있

다. '온갖 것들에 대해 다 말하자면'이란 뜻이다. 이 표현은 이야기를 시작할 때 흔히 쓴다. 이것은 세상은 서로 연결되어 있는 것 같지 않지만 어떤 사건도 개별적으로 일어날 수 없으며 요점에만 주목하면 많은 것을 잃을 수 있고 이야기가 꽤 지루할 수도 있다는 점을 일깨워주기 위한 표현이다. 나는 나오 카오 리가 라오스의 고향 마을에 대해 이야기할 때 이렇게 운을 떼는 것을 보았다.

"그곳은 내가 태어났고 내 아버지가 태어나 돌아가시고 묻혔고 내 아버지의 아버지가 돌아가시고 묻혔던 곳입니다. 그런데 내 아버지의 아버지는 중국에서 태어나셨으니 그 이야기를 다 하자면 밤을 새워야 할 겁니다."

몽족은 옛날이야기, 이를테면 '왜 동물은 말을 못하는가?'라든가 '왜 쇠똥구리는 똥을 굴리는가?' 같은 이야기를 시작할 때면 세상의 기원부터 언급하고 싶어 한다. 찰스 존슨의 『다 넹 몽: 라오스 몽족의 신화, 전설, 민담(*Dab Neeg Hmoob: Myths, Legends and Folk Tales from the Hmong of Laos*)』에 따르면 이 두 이야기는 세상의 '두 번째' 시작까지 거슬러 올라간다. 이는 세상이 뒤집혀 온통 물바다가 되어 모두 빠져 죽고 남매만 살아남은 때로, 둘은 결혼해 계란을 닮은 아이를 낳아 작은 조각으로 썰었다고 한다. 내가 몽족이라면 리아 리와 그 가족이 미국의 의료 시스템과 마주쳤을 때 어떤 일이 벌어졌는지를 이해하기 위해 세상의 '첫 번째' 시작부터 이야기해야만 한다고 느낄지도 모른다. 하지만 나는 몽족이 아니기에 몇백 세대까지만 거슬러 올라가보기로 한다. 그것은 몽족이 중국 중북부의 강가 평야지대에 살던 때를 말한다.

기록에 의하면 몽족의 역사는 유혈낭자한 대결의 장구한 연속으로 평화는 아주 가끔 짧게 찾아올 뿐이었다. 몽족은 자신들을 흡수하려는 박해와 압력에 맞서 투쟁하거나 이주하기를 거듭해왔다. 이 패턴은 워낙 오랜 시간에 걸쳐 다양한 시대와 지역에서 반복되었기에 마치 곧은 머리카락과 작지만 탄탄한 체구처럼 어김없이 이어져 오는 몽족 고유의 특성처럼 느껴진다. 대부분의 충돌은 중국에서 일어났다.

몽족의 선사시대 조상들은 유라시아에서 중국으로 건너왔으며 도중에 시베리아에서 수천 년을 지냈던 것 같기도 하다. 이러한 북방의 뿌리는 몽족의 의례들(일부는 지금도 신년 축하연이나 장례식의 형태로 전승되었다.)에서 고향 땅으로 언급되는 '응두 카이 화(Ntuj Khaib Huab)'를 통해 확인할 수 있다. 이 곳은 (라오스와 통킹에서 교황청 선교사로 있었던 프랑스인 F. M. 사비나의 1924년 기록에 따르면) "언제나 눈과 얼음으로 덮여 있으며 낮과 밤이 한 번에 6개월씩 지속되고, 나무가 드물고 아주 작으며 사람들이 아주 작고 털옷을 뒤집어쓴" 곳이었다. 그러나 최근 학자들은 몽족의 시베리아 기원을 암시하는 이러한 설화에 의문을 제기했다. 사비나의 번역이 불완전했거나, 그가 들은 노래가 지리적인 위치를 말한 것이 아니라 죽은 자들의 땅을 묘사한 것일 수도 있다고 본 것이다. 사비나의 가설은 어쩌면 몽족에 대한 애정과 그로 인해 그들이 다른 아시아 민족보다 훨씬 유럽에 가깝다("백인종과 황인종 사이 중간쯤에 있는 특별한 인종")고, 다시 말해 자신과 더 닮았다고 믿고 싶은, 당대 유럽인으로서는 너무나 참기 힘들었을 충동에서 비롯되었을지도 모른다. 몽족을 아는 이들이 모두 그렇게 그들을 가까이 한 것은 아니었다. 기원전 2세기 중국의 역사가 사마천은 몽족을 "얼굴과 눈과 발과 손은 다른 민족과 비슷하나 겨드랑이에 날개가 있고 날지는 못한다."라고 기술했다. 또한 19세기 말까지 많은 중국인이 몽족에겐 작은 꼬리가 달려 있다고 주장했다.

중국인들은 몽족을 먀오족(苗族, 묘족) 또는 메오족이라 부른다. 역사가에 따라 다르게 보겠지만 묘(苗)는 '오랑캐', '촌뜨기', '고양이 소리를 내는 사람', '야생초'라는 뜻이며 어느 것이든 모욕적인 말이다. 그에 비해 그들이 선호하는 '몽'이란 말은 '자유인'이라는 뜻이며, 일부 학자들은 '이누이트' 같은 세계 각지의 종족 이름처럼 '사람'이란 뜻이라 주장한다.

몽족은 중국인들을 '개의 자식들'이라 불렀다. 중국인들은 몽족을 겁모르고 거칠고 반항적인 존재로 보았다. 몽족이 중국의 선진문화를 받아들이는 데 전혀 관심이 없고, 자기네끼리만 어울리고, 자기네끼리만 결혼하고, 자기네 말을 쓰고, 자기네 고유한 의상을 입고, 고유한 악기를 연주하고, 고유한 신을 섬기는 것은 중국인들에게 모욕이었다. 몽족은 젓가락도 쓰지 않았다. 그리고 몽족은 중국인을 간섭하기 좋아하는 억압적인 존재로 여겼으며 중국의 통치에 저항하여 반발하기가 수백 차례였다. 양쪽 다 폭력적이긴 했지만 서로 비슷한 성향은 아니었다. 몽족은 중국인이건 아니건 누구를 지배하는 데는 전혀 관심이 없었다. 그들이 원하는 건 가만히 내버려두라는 것뿐이었다. 그들의 역사에서도 볼 수 있듯이 그것은 소수민족이 지배민족에게 할 수 있는 가장 어려운 요구일지도 모른다.

몽족과 중국의 관계에 대한 최초 언급은 기원전 2700년경 존재했다고 전해지는 신화 속 제왕 황제(黃帝)와 관련 있다. 그는 몽족이 너무 야만적이어서 다른 종족들을 다스리는 법으로는 통치할 수 없다며 특별한 법으로 다스리도록 했다. 그래서 당장 처형하지 않는 몽족은 다른 범법자들처럼 감옥에 넣는 게 아니라 코나 귀나 고환을 잘라버렸다. 이에 몽족은 반발했고 중국(한족)은 탄압했다. 몽족이 다시 반항하고 중국은 또 탄압하기를 반복하며 몇 세기가 지나는 동안 몽족은 양쯔강과 황허강 유역의 들판에서 서서히 물러나 점점 더 위도가 낮고 고도는 높은 지역으로 이동했다. "이리하여 먀오족◆은 점점 산악민족이 되어갔고 그래서 그들은 이민족들 한가운데서도 나름의 언어와 관습, 그리고 민족정기를 온전히 유지할 수 있었다."라고 사비나 신부는 기록했다.

서기 400년경, 몽족은 허난(河南), 허페이(合肥), 후난(湖南) 지역 일대에 독립 왕국을 세우는 데 성공했다. 자기들끼리조차도 (근대 태국에서 선교사로 활동한 장 모탱 신부가 표현한 바와 같이) "어떤 종류의 권위든 질색이어서" 복잡한 마을별·지구별 회합 체계를 통해 왕권을 제한했다. 왕위는 세습되었지만 새 왕을 뽑을 때에는 왕국 내 무기를 소지한 모든 사람이 모여 선왕의 아들 중에서 골랐다. 몽족은 일부다처제인 데다 왕은 특별히 많은 비(妃)를 두었기에 후보자들의 수가 워낙 많아 거의 민주적이라 할 만큼 선택의 폭이 넓었다.

몽 왕국은 결국 중국에 복속되기까지 500년을 버텼다. 그 뒤 대부분의 몽족은 다시 이주를 시작했고 이번엔 서쪽인 구이저우(貴州)나 쓰촨(四川) 쪽으로 갔다. 그리고 더 많은 반란이 이어졌다. 어떤 몽족 전사들은 독

◆ 사비나가 몽족을 먀오라 부른 것은 일부러 무례하게 표현한 게 아니다. '먀오'나 '메오'라는 명칭은 몽족 학자 양 다오에 의해 '몽'이 널리 쓰이기 시작한 1970년대 초 이전까지 일반적으로 쓰이던 표현이었다. 최근 학자들은 '먀오'와 '몽'이 종종 혼용되기도 했지만, 중국인들이 또한 두 개 이상의 다른 소수민족에게 '먀오'라는 이름을 붙였다고 지적했다.

화살 촉을 쓴 것으로 유명해졌다. 구리와 물소 가죽을 입힌 갑옷을 입고 창과 방패를 들 뿐만 아니라 입에 칼을 물고 싸움에 나서는 전사들도 있었다. 몽족의 석궁 중에는 세 사람이 끌어당겨야 할 정도로 큰 것도 있었다.

16세기에 명나라는 몽족이 구이저우 밖으로 나오지 못하도록 남방장성을 쌓았다. 작은 만리장성이라 할 이 장성은 길이 190킬로미터에 높이가 3미터였으며 무장한 군사들이 수비를 했다. 몽족은 한동안 장성을 벗어나지 못했으나 통제되지는 않았다. 17세기에 중국을 여행했던 예수회 선교사 가브리엘 드 마가이양은 이렇게 쓴 바 있다.

> 그들은 황제에게 조공을 바치지도 않았고 복종하지도 않았다. [……] 중국은 그들을 두려워했다. 그래서 여러 차례 굴복시키려 해봤지만 결국 마음대로 살도록 내버려둘 수밖에 없었다.

그 후 중국은 몽족을 달래거나 동화시키려고 노력했다. 이를테면 무기를 버리고, 중국옷을 입고, 남자는 머리를 짧게 깎고, 물소를 제물로 바치는 일을 금하도록 했다. 따르는 이들을 '숙묘(熟苗, 삶은 먀오)'라 불렀고, 거부한 이들을 '생묘(生苗, 날 먀오)'라 했다. 숙묘보다는 생묘가 훨씬 많았다.

1730년경엔 수백 명의 몽족 전사가 잃을 게 없으면 더 치열하게 싸울 수 있다는 믿음에 따라 처자식을 죽였다. 이런 결의는 한동안 통했다. 짐을 덜어버린 그들은 몇 개의 고개를 장악하며 중국의 보급선을 차단하기까지 했으나 결국 죽거나 생포되고 말았다.

이후 19세기 초 몽족은 중국에선 더 견딜 수 없다고 판단했다. 박해를 당하는 게 지긋지긋했을뿐더러 농토는 점점 줄어들고 전염병이 창궐하는데 조공의 부담은 커져만 갔던 것이다. 몽족 다수는 그대로 남았지만 (지금도 다른 어떤 곳보다 많은 500만 명의 몽족이 중국에 살고 있다.) 50만 명의 몽족은 인도차이나 반도로 이주했다. 가진 것을 전부 챙기고 말과 소를 몰아 산을 타고 넘어갔고 전에도 그랬듯 산악지대로 들어가 지금의 베트남 및 라오스, 그리고 나중엔 태국이 된 곳에 정착했다.

먼저 그들은 아무도 살려고 하지 않는 지역에 마을을 세웠다. 그러다 그 지역의 사람들이 반대하거나 조공을 요구하면 부싯돌 총으로 싸우거나 맨주먹으로 덤벼들었고 대개 이겼다. 모탱 신부가 전하기로 어느 한 관리는 어떤 메오족이 자기 백성 하나를 번쩍 메어꽂아 허리를 부러뜨리는 광경을 봤다고 한다.

1890년대 프랑스가 인도차이나를 점령하자 몽족은 제국의 터무니없는 조세 체제에 여러 번 반란을 일으켰다. 그중 하나로 1919년부터 1921년까지 일어난 '광인의 전쟁(Madman's War)'은 파 차이(Pa Chay)라는 전설적인 인물이 이끌었다. 그는 군사 지휘에 대한 명령을 하늘로부터 받기 위해 나무 위에 올라가곤 했다. 그를 따르는 이들은 나무줄기로 만든 길이 3미터의 대포로 많은 제국 군사를 폭사시켰다.

1920년 프랑스는 몽족을 건드리느니 그냥 내버려두는 게 최선이라고 판단하고 몽족에게 특별 행정권을 부여했다. 그리하여 중국을 제외하고는 가장 큰 무리를 이룬 라오스의 몽족은 수십 년 내리 산비탈에 논을 일구고 양귀비를 재배하며 평화롭게 살았다. 그들은 산 밑에 사는 프랑스인이나 라오스인은 물론 다른 어떤 민족들과도 가능하면 접촉하지 않으며 지냈다.

몽족의 역사는 그들을 대하는 사람이라면 기억하는 게 좋은 몇 가지 교훈을 준다. 먼저 가장 분명한 것은 몽족은 명령받기를 싫어한다는 사실이다. 그들은 지는 것을 싫어한다. 굴복하느니 떠나거나 싸우거나 죽는 쪽을 택한다. 그들은 상대의 수가 많다고 해서 겁먹지 않는다. 그리고 자기네보다 힘이 센 문화일지라도 그 문화가 더 우월하다는 주장에 잘 넘어가지 않는다. 이런 특성들을 괘씸스러워하느냐 존경스러워하느냐는 몽족에게 그들이 바라지 않는 일을 시키려고 해본 적이 있는가에 달려 있다. 몽족을 정복하거나 속이거나 지배하거나 통제하거나 속박하거나 동화시키거나 겁주거나 선심을 쓰려고 했던 사람들은 대체로 몽족을 몹시 싫어했다.

그런가 하면 많은 역사학자, 인류학자, 선교사는 몽족을 대단히 좋아했다. 선교사를 상대할 때 늘 수용적인 건 아니어도 전도가 지나치지 않으면 몽족은 정중한 태도를 보였다. 사비나 신부는 몽족이 "그 어떤 민족보다 용감했다."라고 했는데, 그것은 "그들은 조국을 가져본 적은 없지만 노예가 되어본 적도 없기 때문"이라고 했다.

호주의 인류학자 W. R. 게디스는 1958년과 1959년의 대부분을 태국 북부의 몽족 마을인 파삼리엠(Pasamliem)에서 지낸 바 있다. (몽족은 라오스와 베트남에 더 많이 살았지만 20세기 후반의 서구 연구자들 대부분은 정치가 더 안정된 태국에서 연구했다.) 게디스는 현장 연구가 어렵다는 걸 알게 됐다. 마을 사람들이 자존심이 너무 강해서 먹을 것을 팔려고 하지 않았기에 짐 나르는 말에 식량을 싣고 다녀야 했다. 또 사람을 사서 집을 짓는 게 불가능했기 때문에 산 아래 마을의 태국인 아편 중독자를 고용해야만 했다. 하지만 결국 그는 몽족을 깊이 존경하게 되었다. 그의 책 『산악의 이주자들

(*Migrants of the Mountains*)』에서 게디스는 다음과 같이 말한다.

묘족이 작은 무리들로 쪼개져 이민족들에게 둘러싸이고 방대한 지역으로 흩어졌음에도 이토록 오랫동안 민족 정체성을 유지하고 있는 것은 대단히 놀라운 일이다. 이는 어떤 면에서 유대민족의 업적에 필적할 만한데, 몽족은 문자와 종교라는 구심력도 없고 생김새도 상당히 다양하다는 점에서 더욱 대단하다.

태국 북부에서 몽족 공동체 네 곳의 자원 부족 문제를 2년 동안 연구한 영국인 인류학자 로버트 쿠퍼는 연구 대상에 대해 이렇게 기술했다.

공손하지만 아첨하지 않고, 자부심이 강하지만 오만하지 않다. 환대를 즐기지만 상대에게 부담을 주지 않고, 상대의 사적인 자유를 존중하며 자신의 자유도 존중받기를 원한다. 훔치거나 거짓말하지 않는 사람들이다. 자급자족하며 살기에 비싼 오토바이, 녹음기와 카메라를 소유하고 먹고살기 위해 일하지 않아도 되는 외지인을 조금도 부러워하지 않았다.

역시 태국 북부에 있는 몽족 마을인 켁노이(Khek Noi)에서 일한 모탱 신부는 자신의 책 『몽족 역사(*History of the Hmong*)』에 다음과 같이 썼다.

몽족은 소수민족이지만 위대하다. 특히 놀라운 것은 이 소수민족이 힘센 나라들과 대결하여 번번이 살아남았다는 사실이다. 예컨대 중국의 인구는 몽족의 250배이지만 몽족을 삼키지 못했다. 몽족은 나라를 세워본 적도 없고 이렇다 할 왕도 없었지만 장구한 세월 동안 언제나 바라는 바대로 남아 있었다. 그것은 이 세상에서 몽족으로 살 권리를 가진 자유민이 되는 것이었다. 그런 그들을 어찌 찬미하지 않을 수 있겠는가?

몽족의 민간설화에 거듭해서 나타나는 인물이 있다. 그는 어려서 부모를 여의어 자기 꾀로 혼자 살아남아야 했던 고아였다. 찰스 존슨이 채집한 이야기에 따르면 이 고아는 자신의 누추한 집에서 어느 두 자매에게 환대를 베푼다. 하나는 어질고 또 하나는 고약했다. 고약한 여자가 말했다.

"어쩜 이리도 지저분한 고아 녀석이 다 있지? 나 참! 옷이 다 떨어져서 벗은 거나 마찬가지야! 흙이 묻어서 지저분한 고추가 다 보인다! 넌 소처럼 땅바닥에서 먹고 자야 하는구나! 우리한테 줄 음료도 담배도 없겠지!"

이 고아는 남근이 깨끗하지 않을지는 몰라도 영리하고 힘차고 용감하고 악착같으며 '껭(qeej)' 명연주자였다. 껭은 몽족이 소중히 여기는 악기로, 하나의 나무관에 여섯 개의 굽은 대나무 관을 연결하여 만든 것이다. 그는 모든 이의 비난을 받으며 사회의 변방에서 혼자 살지만 실은 자신을 헐뜯는 이들보다 자신이 낫다는 것을 안다. 찰스 존슨은 이 고아가 몽족을 상징한다고 지적한다. 이 이야기에서 고아 소년은 훗날 자신의 참 가치를 알아보는 어진 여자와 결혼해 자식들을 낳고 번영을 누린다. 고약한 여자는 결국 동굴에 살면서 피를 마시고 여자를 불임으로 만드는 '다'와 결혼한다.

(3)

영혼에게 붙들리면 쓰러진다

(Lia)

리아가 3개월 되던 때, 언니인 여가 아파트 현관문을 쾅 닫은 일이 있었다. 잠시 뒤 리아는 눈이 위로 말려 올라가고 팔이 머리 위로 홱 젖혀지더니 결국엔 기절하고 말았다. 리 부부는 무슨 일이 벌어졌는지 바로 알 수 있었다. 후 플리 의례를 통해 리아의 혼을 조심히 맞이했건만 문소리에 놀란 혼이 리아의 몸을 떠나버린 것이었다.

부부는 그로 인한 증상을 '코 다 페이(qaug dab peg)'로 보았다. 이는 '영혼에게 붙들리면 쓰러진다.'라는 뜻이다. 여기서 영혼이란 혼을 훔치는 '다'를 말하며 '페이'는 붙들거나 친다는 뜻이고 '코'는 벼가 비바람에 눕듯이 땅에 뿌리를 박은 채 쓰러진다는 뜻이다.

몽영사전을 보면 코 다 페이는 뇌전증이라 번역되어 있다. 이 병은 몽족에게 잘 알려져 있으며 이를 대하는 그들의 태도는 양면적이다. 한편에서는 이 병을 심각하고 위험한 질환으로 받아들인다. 1979년부터 1989년까지 머세드 국회의원을 지낸 토니 코엘류는 뇌전증 환자였다. 그는 몽족들 사이에서 인기 있는 인물이어서 몇 년 전 그가 코 다 페이를 앓는다는 사실을 알게 된 일부 몽족 사람들이 걱정스러운 마음에 샤먼인 치 넹에게 제를 올려 코엘류의 떠도는 혼을 되찾게 하자고 나섰다. 하지만 그들의 제안을 들은 몽족 지도자는 정중하게 말렸다. 포르투갈계 가톨릭 신자인 코엘류가 자신을 위해 닭을 (또는 돼지를) 바치는 걸 달가워하지 않으리라 생각한 것이었다.

그런가 하면 몽족은 코 다 페이를 영예로운 병으로 여기기도 했다. 코엘류가 이런 사실을 알았다면 닭 잡는 일 못지않게 놀랐을 것이다. 그는 정계에 입문하기 전 예수회 신부가 되려 했다. 하지만 뇌전증 환자에 대한 사제 서품을 금하는 교회법 때문에 그 꿈은 좌절되었다. 코엘류의 천주교회가 부적격에 해당하는 장애로 본 것을 몽족은 그가 성직에 특별히 적합하다는 증거로 보았다.

몽족의 뇌전증 환자는 흔히 샤먼이 된다. 그들의 발작은 남들이 볼 수 없는 것을 볼 수 있다는 증거로 여겨진다. 또한 그것은 보이지 않는 세계로 떠나는 여행의 필수 조건인 무의식 상태로의 진입을 촉진하는 단계로 간주된다. 자신이 아파봤기 때문에 다른 사람의 고통을 직관적으로 공감할 수 있으며 치유자로서 신뢰를 받기도 쉽다.

치 넹이 되는 일은 선택이 아니라 소명이다. 이 소명은 그 사람이 갑자기 아플 때 드러난다. 이것은 코 다 페이를 통해서도, 비슷하게 떨리고 고통스러운 증상이 나타나는 다른 병을 통해서도 찾아온다. 치 넹은 증상을 보고 그 사람(대개는 남자지만 여자인 경우도 있다.)이 치유의 영혼인 '넹(neeb)'을 받아들일 자로 선택되었는지 판단할 수 있다.(치 넹은 '치유의 영혼을 가진 사람'이라는 뜻이다.) 이는 아픈 사람이 거부할 수 없는 제안이다. 소명을 거부했다간 죽을 것이기 때문이다.

몽족이면서 이런 소명을 거부하려는 사람은 거의 없다. 치 넹이 된다는 것은 여러 해에 걸쳐 스승에게 의례의 절차와 축문을 배우는 고달픈 일이다. 하지만 치 넹이 되면 그 사회에서 엄청난 지위를 부여받게 된다. 그뿐 아니라 상당히 도덕적인 인물로 공인되는데 그도 그럴 것이 치유의 영혼이 변변찮은 사람을 거처로 삼지는 않을 것이기 때문이다. 뇌전증 환자가 알고 보니 넹을 모실만한 인물이 아니라고 해도 병 그 자체로 초현세적인 영기를 뿜어내는 것이기에 그를 중요한 사람으로 본다.

리아의 발작을 바라보는 리 부부의 태도엔 이런 걱정과 자부심이 뒤섞여 있었다. 몽족은 아이들에게 자상한 것으로 유명하다. 1930년대 태국에서 몽족과 여러 해를 함께 지낸 독일인 민속학자 후고 아돌프 베르나치크는 몽족이 아이를 "사람이 가질 수 있는 가장 값진 보물 다루듯" 한다고 기록했다. 라오스에서는 아기가 밤에는 내내 엄마 품에 안겨 있고 낮에는 내내 업혀 있어 엄마 곁을 떠나는 법이 없다고 했다. 어린아이를 학대하는 일은 거의 없으며 아이를 막 다루는 모습을 보면 필요 없는 아인가 싶어 '다'가 데려갈지도 모른다고 믿었다.

미국에 사는 몽족 역시 세심한 부모 노릇을 한다. 미네소타대학교에서 수행한 어느 연구에 따르면 생후 첫 달 몽족 아기들은 같은 시기의 백인 아기들에 비해 짜증을 덜 부리고 엄마와 함께 있을 때 더 안정된 모습을 보였다. 연구진은 이러한 차이가 나는 것을 몽족 엄마들이 예외 없이 아기의 신호에 더 민감하고 세심하고 반응이 빠를 뿐만 아니라 "절묘하게 동조"하는 덕분이라고 했다. 오리건주 포틀랜드에서 행한 다른 연구에 따르면 몽족 엄마들은 백인 엄마들에 비해 아기를 안아주고 만지기를 훨씬 더 자주 했다. 미네소타의 헤네핀 군립병원의 또 다른 연구에 따르면 이제 막 걷기 시작하는 아기를 키우는 몽족 엄마들과 이와 비슷한 사회경제적 지위의 백인 엄마들을 비교했을 때 몽족이 에겔랜드 모자 평가 척도에서 선별한 ('생떼 부리거나 울 때의 반응 속도'에서부터 '기뻐하기'에 이르기까지) 열네 개 항목 전체에서 앞섰다.

푸아와 나오 카오는 리아를 전형적인 몽족 방식으로 키웠다. 에겔랜드 척도로 볼 때 그들은 '기뻐하기'에서 특히 높은 점수를 받고 있었다. 그래서 그들은 아이의 건강과 행복에 지장이 생길 수 있는 일이라면 걱정부터 앞섰다. 당연히 리아의 병 코 다 페이가 낫기를 바라는 마음이 더 컸다. 그러나 한편으로는 이 병을 영예로 여기는 마음도 있었다. 리 부부를 잘 아는 사회복지사 지닌 힐트는 내게 이런 말을 했다.

"그들에게 리아는 마치 선택받은 아이, 무슨 왕손 같은 존재였어요. 리아는 그들 문화에서 아주 특별한 아이였어요. 영혼이 들어와 있었고 장차 샤먼이 될 아이였으니까요. 그러니 부부는 때로는 이걸 질병이라기보다는 축복으로 여겼지요."

내가 만나본 마흔여 명의 미국인 의사와 간호사, 머세드군청 직원 중 이 문제에 '영혼'이 개입되어 있다는 생각을 막연하게라도 한 사람은 몇 되지 않았다. 그중 딸이 아픈 원인이 뭐라고 생각하는지 리 부부에게 실제로 물어본 사람은 지닌 힐트뿐이었다.

리아는 부모의 사랑을 다른 아이들보다 많이 받았다. 사랑의 신비가 그러하듯 그것은 알 수 없는 무의식적인 선택에서 비롯된 일이었다. 아무튼 부모는 리아를 제일 예뻐했고 제일 많이 안아주고 쓰다듬었으며 리아에게 제일 좋은 옷(싸구려 돋보기안경을 쓴 푸아가 현미경으로 봐야 할 정도로 섬세하게 바느질해서 만든 것이었다.)을 입혔다. 리아가 태어난 순간부터 이런 자리를 차지한 것인지, 특별한 영혼을 받은 병 때문에 그런 것인지, 어느 부모든 아픈 자식이 특별히 애틋해서 그런 건지는 푸아와 나오 카오가 분석할 수도 없고, 하고 싶지도 않은 문제였다. 확실한 것은 그런 특별한 사랑의 대가를 언니인 여가 부분적으로 치러야 했다는 사실이다.

"그들은 현관문을 쾅 닫은 여를 탓했어요. 저는 문하고 그 문제는 아무 상관이 없다고 몇 번이나 설명했지만 듣지 않았어요. 제 생각엔 리아의 병 때문에 너무 상심한 나머지 오랫동안 여를 다른 애들하곤 다르게 대했던 것 같아요."

지닌 힐트가 말했다. 그 후 몇 달 동안 리아는 적어도 스무 번의 발작 증세를 보였다. 그중에 두 번은 푸아와 나오 카오가 너무 걱정이 되어 리아를 안고 머세드 병원 응급실로 달려가야 할 정도였다. 대부분의 몽족 난민과 마찬가지로 그들은 서구 의술의 효능을 의심했다. 하지만 그들이 태국의 매 자림(Mae Jarim) 난민캠프에 있을 당시 살아남은 유일한 아들 쳉과 세 딸 계, 메이, 트루가 심하게 앓은 적이 있었다. 결국 계는 죽고 말았다. 그러자 그들은 쳉과 메이와 트루를 캠프 병원으로 데려갔다. 쳉과 메이는 바로 나았고 트루는 큰 병원으로 보내져 회복했다. 이 경험 때문에 병의 원인과 치유에 대한 그들의 전통적인 믿음이 흔들린 건 전혀 아니었지만 때로는 서양 의사들이 부차적인 도움이 될 수 있으며 위험을 분산해서 손해볼 건 없다고 그들은 확신하게 되었다.

군립병원은 보통 붐비고 낡아빠지고 지저분하기로 유명하지만 (이후 몇 년 동안 리 부부에게 너무나 친숙해질) 머세드의 군립병원 MCMC는 전혀 그렇지 않았다. MCMC 병동은 총면적 390제곱미터의 복합 건물로(우아한 초대형 현대식 크루즈선을 닮았다.) 심혈관치료실, 집중치료실과 요양치료실을 두고 있으며 154개의 입원 및 수술 병상이 있다. 여기에다 첨단 진료 장비를 갖춘 의학 연구소와 방사선과가 있으며 혈액은행도 있다. 대기실과 진료실엔 최신호 잡지들이 비치되어 있고 화장실은 깨끗하며 바닥은 반짝반짝 닦여 있다. 이 병원은 UC 데이비스의 자매 병원이기 때문에 의료진의 일부가 가정의학과 교수와 전공의다. 이곳의 전공의 과정은 전국적으로 유명하여 한 해에 여섯 명 뽑는 자리에 150명 이상의 지원자가 몰려든다.

미국 의료 시스템의 위기가 도시에서 본격화되기 전에 먼저 어려움을 실감했던 수많은 다른 시골 군립병원과 마찬가지로 MCMC도 지난 20년 내내 재정적인 문제에 시달렸다. 이 병원은 환자의 병원비 지불 능력과 상관없이 모든 사람을 받아주었다. 환자 중에 민간보험을 든 사람은 20퍼센트에 불과했고, 나머지 대부분은 메디캘◆이나 메디케어◆◆ 같은 주정부나 연방정부의 공공 의료보험 보조를 받았으며, 그 외 나머지 한 줌은 어느 보험의 혜택도 못 받는 사람들이었다.(하지만 병원 입장에선 가장 큰 부담이 되는 부류였다.) 병원은 공공 의료보험의 지원을 받고 있지만 근년 들어 지원이 크게 줄어든 상황이었다. 민간보험 환자를 많이 받는 게 영리적으로 훨씬 더 도움이 되지만 이른바 '지불 유형 구성비'를 향상시키려는 병원 측의 노력은 실패하고 말았다. (머세드의 비교적 부유한 주민들은 MCMC에서 북쪽으

◆ 캘리포니아 주정부가 연방정부의 지원을 받아 제공하는 저소득층 지원 의료보험.—옮긴이

◆◆ 연방정부에서 65세 이상의 시민 등을 지원하는 의료보험.—옮긴이

로 5킬로미터 거리에 있는 사설 가톨릭 병원이나 프레즈노 같은 인근 도시의 더 큰 병원을 찾곤 한다.) 특히 MCMC는 1988년 310만 달러의 적자를 기록하며 1980년대 말을 어렵게 보냈다.

이 시기 MCMC는 환자 구성비에서도 큰 변화를 겪었다. 1970년대 말부터 동남아 난민들이 머세드로 대거 이주해오기 시작한 것이다. 머세드시의 경우, 전체 인구 6만 1000명 중 몽족 인구가 1만 2000명을 좀 넘는다. 머세드 시민 다섯 중 하나가 몽족이란 뜻이다.

많은 몽족 주민이 병원을 무서워하거나 피하는 까닭에 MCMC의 환자 구성비에서 몽족이 차지하는 비율은 상대적으로 낮은 편이나 언제 가봐도 거의 모든 진료과에서 몽족 환자를 볼 수 있다. 몽족 환자들은 지불 유형 구성비를 향상시키는 데 도움이 전혀 안 될 뿐만 아니라(80퍼센트 이상이 메디캘 지원 대상이다.) 다른 극빈층 환자들보다 훨씬 비용이 많이 든다. 대체로 더 많은 시간과 관심을 요하고 수가 워낙 많으며 병원에서 환자와의 의사소통을 위해 양쪽 언어를 다 구사하는 직원을 채용해야 하기 때문이다.

하지만 통역자를 채용할 예산이 따로 없으니 병원은 편법을 강구해냈다. 즉 실험실 조수나 간호 보조나 잡역부 같은 자리에 몽족을 채용해 혈액 검사를 하거나 환자 용변기를 비우거나 수술 침대를 밀고 다니는 도중 짬짬이 불러다 통역을 시키는 것이었다. 1991년엔 연방정부의 단기 보조를 받아 숙련된 통역자를 24시간 대기시킬 수 있었으나 이듬해에 지원 제도가 없어져버렸다. 이후로는 몽족 말을 할 줄 아는 직원이 밤에 병원에 없는 경우가 흔했다. 산부인과 의사들은 제왕절개나 회음절개에 대한 동의서를 받기 위해 학교에서 영어를 배우는 환자의 10대 아들을 통해야 했다. 죽어가는 가족에게 심폐 소생술을 쓸 것인지를 의논하기 위해 열 살 소녀에게 통역을 시켜야 하기도 했다. 그나마 그런 아이조차 없을 때도 있었다.

응급실 밤 근무를 하는 의사들은 환자의 병력을 묻거나 어디가 아프냐고 물어볼 방법이 없는 경우가 많았다. 아픈 지 얼마나 됐는지, 지금은 어떤지, 사고를 당했는지, 토했는지, 열이 났는지, 의식을 잃었는지, 임신했는지, 약을 먹었는지, 알레르기 반응을 일으키는 약이 있는지, 얼마 전에 뭘 먹었는지 물어볼 수가 없었다. 마지막 질문은 응급 외과 수술을 고려할 경우 특히 중요하다. 위가 꽉 찬 환자를 마취할 경우 부분적으로 소화된 음식이 폐로 들어갈 수 있으며 이 때문에 질식하거나 기관지 내벽이 위산에 심하게 손상되면 사망할 수 있기 때문이다. 나는 한 의사에게 그럴 땐 어떻게 하는지 물어보았다. 그는 "스스로가 동물 병원 의사라고 생각하는 거지요."라고 말했다.

1982년 10월 24일, 푸아와 나오 카오가 리아를 처음으로 응급실에 데려갔을 때 MCMC는 어느 시간대에도 통역을 고용하지 않았다. 당시 몽족 환자들을 위해 이따금 통역을 해주던 직원은 라오스 출신 이민자인 청소부 하나뿐이었다. 하지만 그가 쓰는 라오스 말을 알아듣는 몽족은 별로 없었고 그는 몽족 말을 더듬었으며 영어는 더 더듬거렸다. 그날은 그마저도 없었고 응급실 직원들 역시 그를 부를 생각조차 안 했던 모양이다. 때문에 근무 중이던 전공의는 동물 병원 의사가 되어야 했다.

푸아와 나오 카오는 무슨 일이 일어났는지 설명할 방법이 없었다. 병원에 도착할 무렵 리아의 발작이 멈춰버렸던 것이다. 명백한 증세라곤 기침을 하고 호흡이 거칠다는 것뿐이었다. 전공의는 엑스레이를 찍도록 했고 방사선과 의사는 리아가 "기관지 폐렴이나 기관지염 초기"라는 진단을 내렸다. 전공의는 리아의 기관지 호흡 곤란이 발작 도중 침이나 토한 음식물이 호흡기에 들어간 탓일 수 있다는 사실을 알 수 없었기에(이는 뇌전증 환자가 흔히 겪는 문제다.) 항생제인 암피실린 처방만 하고 돌려보냈다. 리아의 응급실 기록부에는 아빠의 성이 "양"으로 적혔으며 엄마의 결혼 전 성은 "푸아"이고 주로 쓰는 언어는 "몽"이라 되어 있었다. 집으로 돌아가면서 나오 카오는(그는 알파벳은 알지만 영어를 말하거나 읽을 줄 모른다.) 한 장의 서류에다 서명했다.

본인은 위와 같은 안내를 받았음을 인정합니다.

안내란 이런 내용이었다.

암피실린 처방대로 복용. 아기 침대 곁 증기 호흡기 비치.
내원 문의 열흘 XXX-XXXX

여기서 "열흘"이란 후속 진료를 예약하기 위해 열흘 뒤에 나오 카오가 가정의학과에 전화를 해야 한다는 뜻이었다. 그러나 그는 무엇에 동의를 했는지 몰랐기에 전화를 하지 않았다. 리아는 11월 11일 다시 심한 발작을 일으켰고 그와 푸아는 다시 아기를 응급실로 데려갔다. 같은 장면이 반복되었고 같은 오진이 거듭되었다.

1983년 3월 3일, 푸아와 나오 카오는 세 번째로 리아를 응급실에 데려갔다. 이번엔 세 가지 여건이 달랐다. 응급실에 도착했을 때 리아는 계속 발작하고 있었고, 영어를 좀 할 줄 아는 사촌이 동행했으며, 근무 중인 의사 중 하나가 가정의학과 전공의인 댄 머피였다. 댄 머피는 이제 MCMC에서 일하는 의사 중에서 몽족에 대한 관심과 지식이 가장 많은 이로 정평이 나 있다. 하지만 당시의 그는 머세드에 산 지 7개월밖에 되지 않았기에 지식보다는 관심이 앞설 때였다. 그와 아내인 신디가 머세드로 막 이사왔을 때, 두 사람은 '몽'이란 단어 자체를 들어본 적이 없었다. 그로부터 몇 년 뒤, 신디는 몽족 성인들에게 영어를 가르쳤고, 댄은 몽족 지도자들을 병원으로 초대해 전공의들에게 난민 체험을 이야기해주도록 했다.

중요한 것은 머피 부부가 몽족인 숑 씨 가정을 가장 친한 친구로 꼽는다는 사실이다. 숑 씨 집안의 딸 하나가 여름 동안 요세미티 국립공원에서 일했으면 좋겠다고 하자 아버지인 샤리 숑은 딸이 사자한테 물려갈지도 모른다며 반대했다. 그러자 댄은 몸소 샤리를 요세미티 공원까지 데려가 사자가 없음을 확인시켜 주었고 그 일이 딸한테 도움이 되리라 안심시켜 주었다. 그로부터 넉 달 뒤, 샤리는 교통사고로 목숨을 잃었다. 신디 머피가 장례식장을 주선했는데 사흘 동안 향을 피우고 북을 울리고 껭을 연주해도 감당할 수 있는 곳을 수소문해야 했다. 그녀는 또 살아 있는 닭 몇 마리를 구해 장례식장 주차장에서 잡아 바치도록 했고 다른 곳에서 잡은 송아지와 돼지를 제물로 올리도록 했다.

댄은 리 부부를 처음 보는 순간 그들이 몽족임을 바로 알아보았고 '이

거 흥미로운데.' 하고 생각했다. 여러 해 뒤 댄은(키가 작고 다정한 그는 아미시◆ 스타일의 수염을 기르고 환한 미소를 짓는 사람이다.) 리 부부를 처음 만난 순간을 이렇게 떠올렸다.

"리아의 부모가 응급실 문 앞에서 얼굴이 동그랗고 통통한 아기를 안고 있던 모습이 기억나네요. 리아는 전신 발작 상태였어요. 눈은 뒤집혀 있고 무의식 상태였으며 팔과 다리는 들썩들썩 경련을 일으켰고 숨을 잘 쉬지 못했지요. 이따금 가슴이 전혀 움직이지 않고 숨소리가 전혀 들리지 않기도 했습니다. 확실히 걱정스러운 상태였지요. 리아는 제가 본 발작 환자 중에 제일 어렸습니다. 부모는 겁먹은 표정이었지만 그리 심해 보이진 않았어요. 같은 처지라면 저는 훨씬 더 두려운 표정이었을 겁니다. 뇌수막염일지 모른다 싶어 요추천자◆◆를 해봐야겠다고 했더니 부모가 펄쩍 뛰더군요. 그들을 어떻게 설득시켰는지 모르겠네요. 저는 저대로 걱정이 앞섰어요. 아기의 상태가 심각해서 부모에게 빨리 설명을 해줘야 하는데 영어가 신통찮은 친척을 통해서는 전달이 어려웠으니까요. 발작을 멈추기 위해 아기 두피에다 신경 안정제인 발륨 주사를 놓아야 했는데, 리아가 다시 심하게 경련을 하는 바람에 주사액이 정맥이 아니라 피부로 들어가 버리고 말았지요. 그래서 다시 주사를 놓느라 애를 먹었습니다. 나중에 저는 그들이

◆ 미국 펜실베이니아주에 많이 거주하는 개신교의 일파. 아미시 남성들은 주로 콧수염을 짧게 깎고 턱수염을 기른다.—옮긴이

◆◆ 신경계통의 진단 또는 치료에 필요한 수액을 채취하거나 약물을 주입하기 위해 척추 사이에 긴 바늘을 꽂는 것.—옮긴이

이전에 응급실에 왔을 때 무슨 일이 있었고 어떤 처방이 부족했는지 알게 되고선 흐뭇해졌어요. 누군가 빠뜨린 걸 찾아내는 스릴이란 게 있잖습니까. 전공의 과정에 있으면서 자신이 다른 의사들보다 똑똑하다는 증거를 찾을 땐 그게 더 크지요."

리아의 병력과 검진에 대한 댄 머피의 기록 중에는 다음과 같은 것들이 있었다.

현 질환의 병력:	환자는 생후 8개월의 몽족 여아로 20분 동안 몹시 떨며 숨을 잘 쉬지 못해서 가족들이 응급실로 데려왔다. 가족의 증언에 따르면 환자는 전에도 비슷한 증상을 여러 번 보였으나 언어장벽 때문에 응급실에 올 때마다 의사에게 제대로 설명을 못 했다. 오늘은 영어를 하는 친척이 동행한 덕분에 환자가 이삼일 동안 열과 기침 증세를 보였다는 설명을 해주었다.
가족력 및 사회력:	언어장벽 때문에 입수하지 못함.
신경 장애:	아이가 고통이나 소리에 무반응이었다. 고개가 왼쪽으로 젖혀진 채 이따금 아주 심한 [처음엔 뻣뻣하다 나중엔 확 젖혀지는] 강직간대 발작을 보였다. 발작을 할 때는 호흡이 곤란했다. 호흡 곤란 증세는 발륨 주사를 3밀리그램 투여하자 진정되었다.

댄 입장에선 푸아와 나오 카오가 딸의 증세를 '영혼에게 붙들려 쓰러진 병'으로 이미 진단했다는 사실을 알 방법이 없었다. 푸아와 나오 카오 입장에선 댄이 리아를 뇌전증으로 진단했으며 그것이 가장 흔한 신경질환 중 하나라는 사실을 알 도리가 없었다. 양쪽 다 증상을 정확히 알아보긴 했으나 그 원인이 혼을 잃어버린 탓이라는 말을 댄이 들었다면 깜짝 놀랐을 것이다. 리아의 부모 역시 리아의 발작 원인이 비정상적인 뇌세포 자극에 의해 머릿속에서 일어나는 전기화학적인 격발이라는 말을 들었다면 깜짝 놀랐을 것이다.

댄은 의과대학에서 뇌전증은 뇌의 돌발적인 기능 부전으로, 정도가 약할 수도 있고 심할 수도 있으며 점점 심해질 수도 있고 더 심해지지 않을 수도 있는 질환이라 배웠다. 원인은 임신 및 출산 과정의 산소 부족, 뇌 손상, 종양, 감염, 고열, 발작, 대사 장애, 약물 알레르기, 유해 물질에 대한 중독 반응 등일 수 있다. 원인이 분명할 때도 있으나(이를테면 환자가 뇌종양을 앓았거나 스트리크닌이라는 흥분제를 복용했거나 자동차 사고를 당한 경우) 열에 일곱은 원인을 전혀 알 수 없다.

뇌전증 발작을 일으키는 동안 대뇌피질의 손상된 세포들은 비정상적인 신경 자극을 마구 내보내게 된다. 뇌의 작은 일부만 문제가 될 경우(이른바 국소 발작의 경우) 환자는 환각이나 경련, 전율 상태에 빠지되 의식은 잃지 않는다. 전기적 장애가 더 넓은 영역으로 퍼지면(이른바 전신 발작의 경우) 소발작의 짧은 기간 동안 또는 대발작이라고 부르는 전면적인 발작 동안 의식을 잃게 된다. 뇌전증은 최후의 수단이라 할만한 위험을 감수해가며 외과 수술을 하지 않는 한 치료할 수 없지만 대부분 경련을 억제하는 약으로 완전히 또는 부분적으로 제어가 가능하다.

몽족만이 뇌전증에 양면적인 감정을 갖는 것은 아니다. 그리스인들은 뇌전증을 “신성한 병”이라 불렀다. 댄 머피의 진단으로 리아 리는 키르케고르나 고흐, 플로베르, 루이스 캐럴, 도스토옙스키 등이 포함된 뛰어난 뇌전증 환자들의 반열에 오르게 되었다. 이들 모두 많은 몽족 샤먼처럼 발작 도중에 강렬한 영적 체험을 했으며 깨어난 뒤에는 강렬한 창조 충동을 느꼈다. 도스토옙스키의 『백치』의 주인공 미쉬킨 공작은 이렇게 말한다.

> 병이면 어떤가? 비정상적인 흥분 상태인들 어떤가? 멀쩡한 상태에서 기억하고 분석해볼 때, 그 흥분의 순간이 결국은 가장 완벽한 경지에 이른 조화와 아름다움이라면! 미처 생각지도 꿈꿔보지도 못했던 생의 지극한 환희감과 신과의 합일을 가져다준다면!

댄은 몽족의 초월적 세계관에 대해 어렴풋이 알게 되면서 나름의 힘과 아름다움을 가진 문화라는 인상을 받긴 했지만 의학 일반과 뇌전증이라는 질환에 대한 그의 견해는 본질적으로 MCMC의 동료들처럼 합리주의적인 것이었다. 기원전 400년경 히포크라테스가 뇌전증의 본질에 대해 남긴 다음의 회의적인 언급은 댄의 관점을 요약해준다.

> 내가 보기에 이 병은 신성한 게 아니다. 다른 병들과 다를 바 없이 자연스러운 이유가 있는 것이다. 사람들이 이 병을 신성시하는 것은 이해하지 못하기 때문이다. 하지만 이해하지 못하는 것을 전부 신성시한다면 신성한

것은 한없이 많을 것이다.◆

리아의 발작은 대발작이었고 댄은 오로지 그것을 멈춰야 한다는 생각밖에 없었다. 그는 리아를 MCMC에 정식으로 입원시켰다. 리아가 그로부터 사흘 동안 받은 검사 중에는 요추천자, CT 촬영, 뇌파도 검사, 흉부 엑스레이, 갖은 혈액 검사가 있었다. 푸아와 나오 카오는 '외과 수술 혹은 특별 진단, 치료 절차에 대한 동의'를 구하는 각종 서류에 서명했다. 이 중 수술과 진단에 관한 서류의 내용만도 각각 수백 단어는 되었다. 누가 그 서류를 해석해 주었는지, 만약 그랬다면 "컴퓨터를 이용한 뇌 단층 촬영을 요청했습니다."라는 말을 몽족 언어로 어떻게 설명했는지는 알려져 있지 않다.

의사들은 리아의 뇌전증을 '특발성', 즉 원인 불명으로 분류했다. 리아는 오른쪽 폐가 굳어지는 현상도 보였다. 이 경우엔 발작으로 인한 흡인성

◆ 이처럼 일찌감치 히포크라테스가 신성이라는 딱지를 떼려는 시도를 했지만 뇌전증은 어떤 병보다도 오랫동안 초자연적 원인을 갖고 있다고 여겨졌다. 의료 역사가인 오세이 템킨은 뇌전증이 역사적으로 마술적 관념과 과학적 관념 사이의 투쟁에서 핵심적인 위치를 차지해왔다고 언급했다. 뇌전증에 대한 처치는 비술과 관련이 있는 경우가 많았다. 이를테면 그리스의 마법사들은 뇌전증 환자들이 민트나 마늘이나 양파를 먹지 못하게 했다. 그뿐 아니라 염소, 돼지, 사슴, 개, 수탉, 산비둘기, 숭어, 장어를 먹는 것도 금지했다. 검은 옷이나 염소 가죽을 걸치는 것도, 손발을 꼬는 것도 금지했다. 이 모든 금기는 다양한 방식으로 지하의 신들과 연결되어 있었다. 로마의 뇌전증 환자들은 찔려 죽은 검투사의 간을 한 조각 먹으라는 처방을 받았다. 중세엔 귀신이 붙어서 뇌전증을 앓는다고 보았고 기도나 금식을 하거나 부적을 품고 다니거나 초를 켜거나 성인의 묘를 참배하거나 환자의 새끼손가락 피로 세 동방박사의 이름을 쓰라는 처방을 받았다. 이런 영적인 치유법들은 (17세기까지 이어져온) 당대 의학의 치료법보다는 훨씬 더 안전했다. 당대 의학의 치료법 중엔 뜨거운 쇠로 머리를 지진 다음 두개골에 구멍을 내어 사악한 기운을 빼내는 것도 있었다.

폐렴이라는 진단이 제대로 내려졌다. 푸아와 나오 카오는 간이침대에서 교대로 자며 리아를 간호했다. 리아가 병원에서 보낸 마지막 날 밤, 간호사가 남긴 기록은 다음과 같았다.

00:01	피부색 좋으며 땀 흘리지 않음. 엄마가 아기를 안고 젖을 먹이고 있음. 엄마에게 아기가 좀 추워하는 듯하니 담요를 덮어주라고 함.
04:00	아기가 괴로워하는 기색 없이 조용히 자고 있음. 엄마가 젖을 먹이다 말다를 반복함.
06:00	자고 있음.
07:30	깨어 있음. 피부색 좋음. 엄마가 젖을 먹임.
12:00	엄마가 안고 있음.

리아는 1983년 3월 11일에 퇴원했다. 리 부부는 영어를 하는 친척을 통해 흡인성 폐렴을 치료하기 위해 매일 두 번 암피실린 250밀리그램을, 그리고 더 이상의 대발작을 억제하기 위해 매일 두 번 20밀리그램의 다일랜틴을 리아에게 주라는 병원 측의 지시를 받았다.

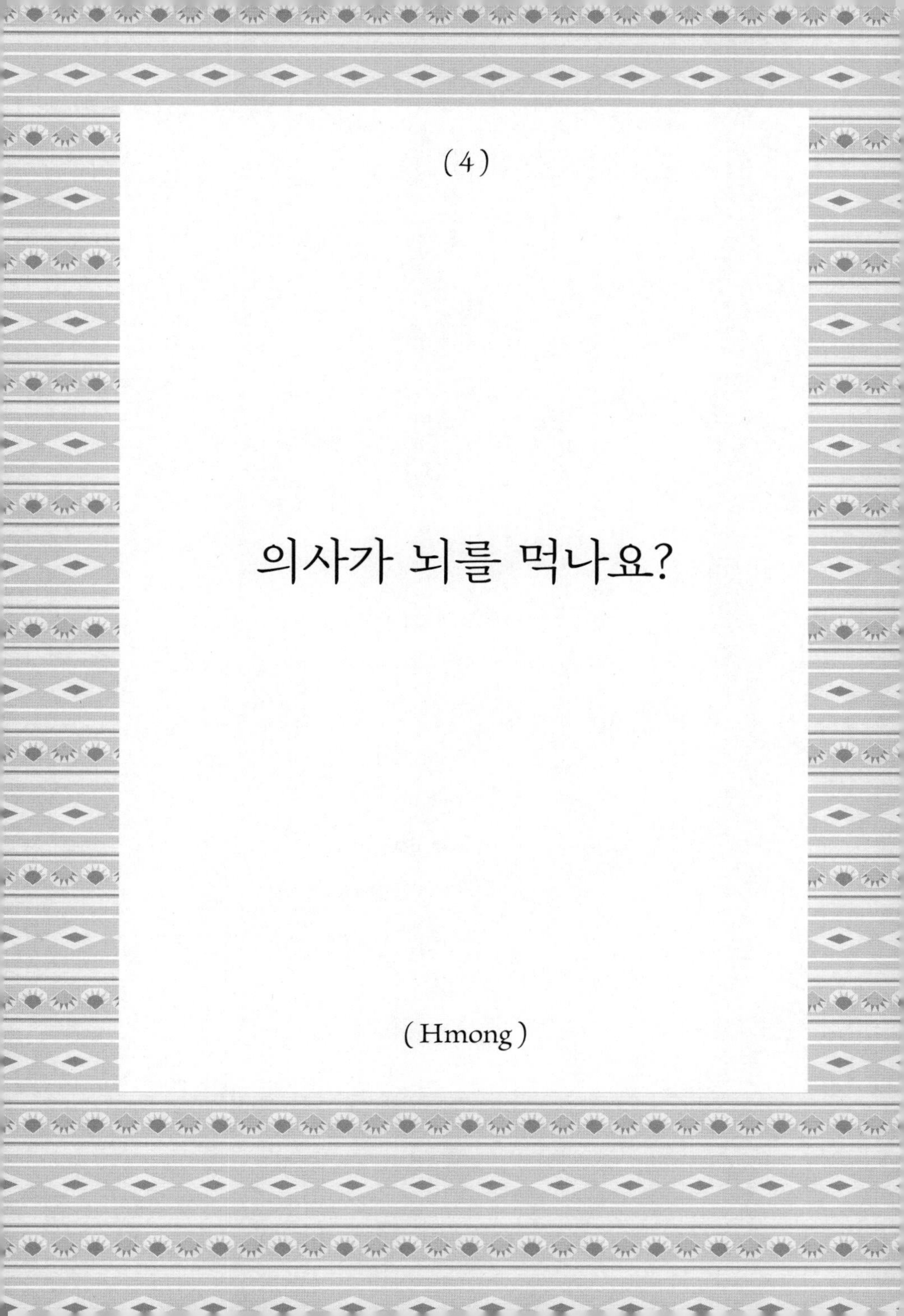

(4)

의사가 뇌를 먹나요?

(Hmong)

1982년 라오스 출신으로 미네소타주 세인트폴에 정착한 몽족 여성 마오 타오는 태국의 난민캠프인 반 비나이(Ban Vinai)를 방문했다. 그곳은 그녀가 1975년 라오스를 탈출한 뒤 1년 동안 머물렀던 곳이었다. 그녀는 그곳으로 돌아온 최초의 몽족 출신 미국인이었다. 캠프를 관리하는 유엔난민고등판무관 소속 간부의 부탁으로 그녀는 미국 생활이 어떠한지 이야기했고 그곳 인구의 3분의 1이 넘는 1만 5000명의 몽족이 축구장에 모여 네 시간 가까이 그녀에게 질문을 했다. 그들의 질문 중엔 이런 것들이 있었다.

미국에선 치 넹을 모셔다가 병을 고치는 게 금지되어 있나요? 왜 미국 의사들은 환자의 피를 그렇게 많이 뽑아내나요? 미국 의사들은 왜 사람이 죽으면 머리를 열어 뇌를 끄집어내나요? 미국 의사들은 몽족 환자의 간이나 콩팥이나 뇌를 먹나요? 미국에선 몽족이 죽으면 토막을 내어 깡통에 담아 식품으로 판다는 게 사실인가요?

이런 질문들은 아시아인들이 미국 보건 시스템에 대해 열광적이지만은 않다는 것을 시사한다. 몽족 사람들은 난민캠프의 병원과 진료소에서 제한적이나마 서양 의술을 체험할 수 있었는데, 이것만으로는 확신을 가질 수 없었다. 특히 이들에게 익숙한 무속적인 치유의 체험에 비한다면 더욱 부족한 게 서양 의술이었다. 치 넹은 아픈 사람의 집에 찾아가 여덟 시간 동안 있기도 했다. 그에 비해 서양 의사는 환자가 아무리 아파도 병원으로 오도록 했고 병상 곁에 와서 기껏해야 20분 머물러 있을 뿐이었다. 치 넹은 정중하고 아무것도 물어보지 않았다. 그러나 의사는 환자의 생활에 대한 온갖 무례하고 은밀한 것들, 심지어 성적 습관이나 배변 습관에 대해서도 물어보았다. 치 넹은 즉각적인 진단을 내릴 수 있었다. 의사는 흔히 혈액 샘플을 요구하거나(심지어 오줌이나 똥을 요구하기도 했고 그것을 작은 병에 담기를 좋아했다.) 엑스레이를 찍었고 연구소에서 결과가 오기까지 며칠을 기다리곤 했다. 그리고 그런 과정을 다 거치고도 문제의 원인을 알아내지 못하곤 했다. 치 넹은 환자의 옷을 벗기는 일이 없었다. 반면 의사는 환자가 옷을 모조리 벗도록 하곤 했으며 때로는 감히 여성의 음부에 손가락을 집어넣기도 했다. 치 넹은 사람 몸을 치유하면서 혼을 다루지 않는다는 게 명백히 어리석은 행위임을 알았다. 의사는 혼에 대해선 언급조차 하지 않았다. 치 넹은 환자가 낫지 않아도 덕망을 잃지 않을 수 있었다. 교섭자의 능력보다는 영혼의 비타협적인 태도가 문제였기 때문이다. 오히려 교섭자가 특히 위험한 상대와 겨뤄야 하는 경우 평판은 더욱 높아졌다. 그에 비해 의사가 환자를 낫게 하지 못하면 의사의 능력 문제였다.

더군다나 어떤 의사들의 방식은 환자의 건강을 회복시키기보다는 위협하는 쪽에 가까워 보였다. 몽족 대부분은 몸속 피의 양은 일정하며 보충할 수 없는 것이라 (특히 어린아이한테) 혈액 검사를 계속하면 치명적일 수 있다고 믿는다. 사람이 무의식 상태가 되면 혼이 자유로워지므로 마취를 하면 병을 얻거나 죽을 수 있다고 생각한다. 몸의 일부가 손상되거나 절단

되면 언제까지나 불균형한 상태로 있게 되며, 그런 사람은 자주 아플 뿐만 아니라 다음번에 태어날 때까지 계속해서 신체적으로 불완전한 상태에 머무르게 된다고 생각하기에 외과 수술은 금기다. 사람이 죽어서 꼭 필요한 장기를 잃게 되면 혼이 새 몸을 입고 다시 태어날 수 없어 살아 있는 친척들에게 해코지를 하므로 부검과 시신 방부 처리도 금기다. 반 비나이 캠프의 축구장에서 나온 질문 중 일정 부분은 미국에서 부검과 시신 방부 처리를 흔히 한다는 소식 때문에 생긴 것이었다. 의사가 사람의 장기를 떼어낸다는 소문을 듣고서 의사가 장기를 먹는다고 믿는 비약을 보이는 것은, 미국의 의사들이 몽족은 태반을 먹는다고 생각하는 것보다 어리석은 일이 아닐지도 모른다. 물론 더 섬뜩한 일이긴 하다.

태국 난민캠프의 몽족 사람 중 일부가 기꺼이 받아들인 유일한 치료는 (복용하거나 주사를 통해 놓는) 항생제 치료법이었다. 몽족은 대부분 바늘을 별로 두려워하지 않는다. 이는 그들의 치료사들(환자의 몸에 절대 손을 대지 않는 치 넹 외의 이들)이 침술로 열이나 독을 빼내기 때문이다. 침술 이외의 치료법은 지압, 꼬집기, 동전이나 숟가락이나 은붙이나 대나무 조각으로 피부 긁기, 부항, 뜸 같은 것들이다. 감염된 곳을 하룻밤이면 낫게 하는 항생제 주사는 환영을 받았지만 아직 앓지도 않은 병에 대비하는 면역 주사는 또 다른 문제였다. 남 야오(Nam Yao) 난민캠프에서 자원봉사자로 일했던 프랑스인 의사 장피에르 빌럼은 자신의 책 『자유의 난파(*Les naufragés de la liberté*)』에서 장티푸스가 돌 때 몽족 난민들이 백신 접종을 거부한 사실을 언급한다. 결국 그들은 접종을 받아야만 쌀 배급을 계속 받을 수 있다는 말을 듣게 되었다. 그러자 1만 4000명이 병원으로 몰려들었으며 그중에 배급을 또 타려고 다시 방문한 사람이 1000명은 되었다.

매 자림 난민캠프에서 푸아와 나오 카오가 아픈 자식들을 병원으로 데려간 일은 몽족 기준에서 정도를 벗어나는 행동이었다. 몽족은 병원을 병이 낫는 곳이 아니라 납골당쯤 되는 곳으로 여겼다. 병원은 그곳에서 죽은 사람들의 영혼이 몰려 있는 곳이며 외롭고 탐욕스런 그 영혼들은 패거리의 수를 늘리느라 혈안일 것이었다. 난민들이 망명국으로 가기까지 대기하던 파낫니콤(Phanat Nikhom)에서 6개월을 일한 공중보건 간호사 캐서린 페이크는 병원 일지를 살펴보고 "다른 난민들에 비해 몽족은 일인당 병원 방문 비율이 가장 낮다."라는 결론을 내렸다. 페이크는 몽족이 무속이나 피부 치료나 약초 치료 같은 전통 치료법 이용률이 월등히 높다는 사실도 알게 되었다. 그녀는 몽족 약초 치료사들의 지도 아래 수집한 약초 스무 가지를 소개하는 글을 《민족생물학 저널》에 발표했다. 이 약초들은 썰어 말린 다음 가루를 내어 달인 뒤, 재나 황이나 계란이나 닭즙과 섞어 다양한 형태, 다양한 용도로 쓰였다. 이를테면 화상, 열, 허약, 시력 감퇴, 골절, 복통, 배뇨통, 자궁탈출증, 모유 부족, 관절염, 빈혈, 결핵, 광견병, 옴, 임질, 이질, 변비, 발기부전, 그리고 '다 웅초(dab ntxaug)'가 일으키는 병 같은 데 쓰였다. 다 웅초는 정글에 살다가 사람 때문에 불쾌해지면 전염병을 일으키는 영혼이다. 다 웅초가 병을 일으킨 경우엔 자트로파 나무의 열매를 짜서 얻은 기름을 그릇에 담아 환자가 아닌 '다'가 마실 수 있도록 내놓았다.

파낫니콤과 반 비나이에서 영양 및 농업 관련 프로그램을 3년간 가르친 교육 컨설턴트 웬디 워커모펏은 몽족이 캠프 병원을 기피한 중요한 이유 중 하나로 의료진 중 상당수가 기독교 자선단체의 열성 자원봉사자였다는 사실을 든다.

"그들은 의료 지원뿐만 아니라 사람들을 개종시키기 위해 그곳에 왔어요. 반 비나이 지역의 병원에서 일할 때 엿들은 대화를 절대 잊지 못할 거예요. 한 무리의 의사와 간호사가 개종해 개신교 목사 안수를 받은 몽족 남자와 얘기하고 있었어요. 그들은 몽족 사람들이 병원에 오도록 전통적인 치료사인 샤먼도 병원에서 치료할 수 있게 해주었지요. 하지만 전 그들이 샤머니즘(무속신앙)을 주술 치료로만 여긴다는 걸 알고 있었어요. 역시나 그들이 몽족 목사에게 말하길, 병원에서 샤먼이 치료할 수 있게 허가해주고 있지만 샤먼은 약초만 써야지 영혼을 다루는 일은 절대 해선 안 된다고 하더군요. 그리고 그 불쌍한 몽족 목사에게 묻는 것이었어요. '당신은 샤먼한테 안 가죠?' 그는 개신교로 개종한 이라 거짓말을 해선 안되는 줄 알고 말했어요. '어, 뭐, 저도 가는데요.' 그 말에 의료진이 어찌나 경악을 하던지 그는 당장 고쳐 말하더군요. '아니, 아니, 아니, 전 가본 적이 없고요. 다른 사람들이 간다는 소리만 들었지요.' 그들이 깨닫지 못한 건(적어도 제가 알기로는요.) 몽족은 절대 완전히 개종될 수 없다는 점이에요."

1985년 국제구호위원회는 무속신앙과 공연 예술에 각별한 관심을 가진 젊은 민속학자 드와이트 캉커궂에게 반 비나이에 도움이 될만한 환경 보건 프로그램을 설계해달라고 했다. 나중에 그는 다음과 같이 썼다.

> 나는 난민들에게서 치료차 병원에 갔다가 끔찍한 일을 당한 사람들의 이야기를 숱하게 들었다. 간호사는 그들이 찬 영혼의 손목끈이 "비위생적이고 병균을 옮긴다."라며 끊어버리고서야 그들을 병원에 들여보내 주었다.

의사는 대담하게도 아기의 생명혼을 붙들어두는 목걸이를 끊어버렸다. 그들은 샤먼과 함께 치료를 하는 게 아니라 매사에 샤먼을 무시하고 그 권위를 훼손했다. [……] 몽족 사람들이 캠프의 병원을 마지막 보건 수단으로 여기는 게 별난 일일까? 이곳 사람들의 가치 위계로 볼 때는 샤먼이나 약초 치료사를 찾아가거나 캠프 정문 바로 앞에 있는 태국 시장에서 약재를 사는 게 캠프 병원에 가는 것보다 훨씬 바람직하고 품위 있는 선택이었다. 친척도 없고 다른 수단도 전혀 없는 제일 가난한 사람들만 마지못해 캠프 병원의 치료에 자신을 내맡긴다고 말한다. 캠프 병원을 충분히 활용하지 않는다고 말하는 것은 정확하지 않은 표현이다.

난민캠프에서 한 시간 거리에 있는 별도의 거주 구역에 사는 다른 자원봉사자들과 달리 캉커굿은 닭 일곱 마리와 돼지 한 마리가 있는 초가 외양간 한구석에서 계속 지냈다. 캠프에 처음 오던 날, 그는 한 몽족 여성이 의자에 앉아 민요를 부르는 모습을 보았다. 그녀의 얼굴은 여러 개의 조그만 파란 달과 금빛 해로 꾸며져 있었다. 자세히 보니 그것들은 캠프 진료소에서 약병에 부착하는 스티커로, 글 모르는 환자들에게 약을 밤에 먹어야 하는지 낮에 먹어야 하는지 구분해주기 위한 것이었다. 이것을 그는 서구 의료에 대한 불복이라기보다는 창조적인 치장술을 보여주는 흐뭇한 사례로 보았다. 그리고 그가 설계한 프로그램은 반 비나이에서 제공한 보건 서비스 중에서 가장 (그리고 아마도 유일하게) 성공한 시도였다.

캠프에 광견병이 발발해 의료진들이 대대적인 예방 접종 캠페인을 벌이기 시작한 지 얼마 안 되어서 그가 첫 프로그램을 시도할만한 상황이 생겼다. 캠프 주민들은 아무도 개를 데려와 주사를 맞히지 않고 있었다. 캠페인을 고안해달라는 요청을 받은 캉커굿은 광견병 대행진을 열기로 했다. 몽족 민간설화의 중요한 세 캐릭터(호랑이, 닭, '다')를 등장시키는 가장행렬이었다. 배역과 관중은 모두 몽족이었다. 행렬이 캠프 안을 뱀처럼 구불구불 도는 동안 호랑이는 춤을 추며 껭을 연주했고 '다'는 노래하며 북을 두드렸고 닭은 확성기로 광견병의 원인을 설명했다. 다음 날 아침, 예방 접종 장소가 개들로 어찌나 붐비던지(사람들은 개를 안고 오기도 했고 줄에 매어 끌고 오기도 했고 수레에 싣고 오기도 했다.) 담당자들이 제대로 접종하기가 힘들 정도였다.

그의 두 번째 작품은 청결 캠페인으로 아이들이 '청결의 여신(입이 찢어져라 미소를 짓는 대나무 인형이었다.)'과 '쓰레기 괴물(쓰레기를 덕지덕지 붙인 다 찢어진 옷을 입었다.)'의 뒤를 따라다니며 간이 화장실 사용과 배설물 처리에 대한 노래를 부르는 가장행렬이었는데 역시 대환영을 받았다.

캉커굿은 반 비나이에서 지내는 5개월 동안 설사와 발가락에 생긴 상처로 힘들 때 몽족 약초 덕을 보기도 했다. 뎅기열에 감염됐을 때는(이때도 그들의 전통 치료법에 의존했다.) 치 넹이 고향을 그리는 그의 혼이 시카고로 떠나버렸다고 알려주었으며 어서 혼이 돌아올 수 있게 닭 두 마리를 잡아 바치도록 했다. 캉커굿은 몽족과 자신의 관계를 일종의 물물교환으로 여겼다. '어느 한쪽이 압도하거나 이기는 법 없는, 생산적이며 서로 힘을 북돋아 주는 대화'였다. 그가 보기에 반 비나이의 의사와 간호사들이 캠프 주민들의 협조를 얻지 못한 것은 그들이 주민들과의 관계를 일방적인 것으로 여겼으며 지식은 서구인에게만 있다는 듯한 태도를 보였기 때문이다. 그는 그들이 계속 그런 관점을 견지하는 한 의료 시설에서 제공하는 것은 계속 거부당할 것이라 믿었다. 몽족은 그것을 선물이 아닌 강압으로 볼 것이기 때문이다.

(5)

지시대로 복용할 것

(Lia)

생후 8개월부터 네 살 반이 될 때까지 리아는 MCMC에 총 열일곱 번 입원했다. 응급실이나 가정의학센터 소아과 진료실을 찾은 것은 백 번이 넘었다. 초기 입원 기록부에는 "몽 우"라고 적혀 있었다. 그러다 "본 병원에 잘 알려진 몽 우"라고 적히기도 했다. 나중엔 "본 병원에 아주 잘 알려진 몽 우"로 적혔다. 때로는 몽을 Hmong이 아닌 H'mond이나 Mong으로 적기도 했으며 전공의의 녹음을 풀어 쓴 어느 기록엔 Mongoloid(몽골인종)라 적혀 있기도 했다. 마지막 경우는 일에 지친 타자원이 의학사전에 안 나오는 이상한 소리를 나름으로 이해하여 적은 것이었다.

기록부의 내원 수단 칸엔 언제나 "엄마 품에"라고 적혀 있었다. 최초 진단 추정 칸에는 "병인을 알 수 없는 발작 장애"가 적혔고 때로는 열병이나 폐렴이나 중이염이라 되어 있었다. 적용 보험은 항상 "메디캘"이었고 환자가 지불한 병원비는 언제나 "제로"였다. 그리고 거의 모든 입원 기록부에 "언어장벽"이란 말이 등장했다. 어느 평가서에는 남미계 성을 쓰는 간호 보조가 "영어 아는 친척 없어요."라고 써놓기도 했다. 그리고 이후 한 간호사가 "몽"이라고 적음으로써 한 단어로 상황을 정리했다.

푸아와 나오 카오는 발작이 언제 시작될지 항상 정확히 알았다. 리아가 알았기 때문이다. 뇌전증이나 편두통이나 협심증을 앓는 사람들이 흔히 느끼는 전조는 다양한 형태를 띤다. 약간 별난 느낌(갑작스런 맛이나 냄새, 울렁임, 달아오름, 기시감, 미시감)일 수도 있고 죽을 것만 같은 공포감일 수도 있다. 18세기 의사들은 이 무시무시한 조짐을 '앙고르 아니미(angor animi)'라 불렀는데, 이는 '혼의 고뇌'라는 뜻으로 몽족도 충분히 알아볼 법한 개념이었다.

리아는 쓰러지기 전에 안아달라며 부모한테 달려오곤 했다. 리아는 기분이 좋을 때에도 안아달라고 할 때가 많았는데 부모는 그게 평소와 어떻게 다른지 알았다. 리아가 묘하고 신성한 표정을 짓기 때문이었고 그러면 부모는 리아를 사뿐히 안아다가 매트리스에 눕혔다. 매트리스는 그런 용도로 거실 바닥에 늘 펼쳐져 있었다.

어떤 때는 리아 몸의 한쪽, 주로 오른쪽에서만 경련이 일었다. 때로는 어딘가를 몹시 노려보기도 했고 때로는 허공을 빠르게 훑어보며 보이지 않는 무언가를 잡으려는 환각 증세를 보이기도 했다. 리아가 커갈수록 뇌의 비정상적인 전기 활동은 점점 더 큰 부분으로 번져나가 대발작을 더 자주 일으켰다. 리아가 고개를 위로 하고 있으면 등이 어찌나 심하게 휘는지 발뒤꿈치와 머리 뒷부분만 매트리스에 닿을 정도였고 그럴 때면 1분 남짓 근육이 뻣뻣하게 수축하다가 갑자기 팔다리가 도리깨질하기 시작했다. 발작의 첫 단계 동안 리아의 호흡기 근육은 몸의 나머지 부분과 함께 수축했고 리아는 자주 호흡을 멈추곤 했다. 입술과 손톱 밑은 퍼렇게 변했다. 때로는 몹시 헐떡이기도 하고, 입에 거품을 물거나, 토하거나, 소변을 보거나, 대변을 보기도 했다. 때로는 몇 번의 발작을 연이어 하기도 했는데 사이사이 몸이 몹시 굳어지거나, 발가락을 곧추세우거나, 묘하게 낮고 굵은 울음을 터뜨리기도 했다.

발작이 아주 심할 때는 의식을 되찾지 못하고 계속해서 경련을 일으켰다. MCMC 응급실 의사들은 '뇌전증 지속상태'라고 하는 이 상태가 20분 이상 지속되는 것을 가장 두려워했다. 리아는 빈번히 이 상태에 빠졌고 그때마다 엄청난 양의 항경련제를 정맥주사로 맞았다. 경련을 일으키는 아기의 정맥에 바늘을 찔러넣는 일은 움직이는 아주 작은 표적을 맞추려고 하는 것과도 같다. 당직을 서다 운 나쁘게 걸린 젊은 전공의들은 주사기를 들고 곡예를 해야 했다. 그들 모두 경련으로 리아의 호흡이 멈추는 매 초마다 뇌에 산소 공급이 중단된다는 사실을 너무도 잘 알고 있었다. 어느 간호사에게 그럴 경우 뇌가 어떻게 되느냐고 물어봤다.

"5분 동안 그런 발작을 겪는 게 어떤 건지 알고 싶으시면 5분 동안 물동이에다 머리를 밀어 넣고 숨을 크게 쉬려고 해보세요."

몇 해에 걸쳐 리아는 MCMC의 모든 전공의로부터 적어도 한 번 이상의 처치를 받았다. 새벽 3시 리아가 실려 올 때 당직을 서는 것은 끔찍한 일이었다. 하지만 이렇게 3년을 지내고 나면 미국 어느 곳의 가정의학과 전공의보다도 소아 대발작을 익숙히 다루게 되었다.

그러나 이런 전공의들은 방어의 최전선에서 잠시 버티는 이들일 뿐이었다. 리아가 응급실에 실려올 때마다 가정의학과 전공의 과정의 소아과 지도 교수인 닐 언스트와 페기 필립 두 사람 중 하나는 아무리 늦은 때라도 호출을 받고 병원으로 차를 몰아야 했다. (제한 속도로 달리면 7분 만에 도착할 수 있는 거리였다.) 페기 필립은 리아가 MCMC에 처음 입원했을 때 댄 머피가 의견을 구한 의사였다. 다음은 리아가 퇴원한 지 6일 뒤에 그녀가 남긴 기록 일부다.

> 우측 국소 발작 병력이 있는 아주 흥미로운 소아다. 이 국소 발작은 대발작으로 이어지곤 한다. 대발작이 흡인성 폐렴과 무호흡 증상을 일으킨 것으로 보이며 그래서 입원 당일 응급실에 나타났을 때 몹시 괴로워했던 것으로 보인다. 우뇌에 약간의 국소 발작이 계속되고 있긴 하지만 항경련제 다일랜틴을 먹고 꽤 진정이 된 듯하다. [……] 내 느낌에 이 아이는 양성 소아 국소 발작을 앓고 있는 것 같다. 딱히 일반적이지는 않아도 악성은 아닌 것으로 판명되는 경우가 많다. 단 전신 발작으로 이어질 위험이 있어 보이므로 대발작을 억제하기 위해 다일랜틴 치료를 유지할 필요가 있어 보인다. 치료 효과가 있을 정도로 다일랜틴 수준을 유지하도록 할 것이다. [……] 아이의 지적 발달에 대한 예후는 좋을 것으로 보인다.

몇 년 뒤, 이 낙관적인 기록을 돌이켜보며 페기는 이렇게 설명했다.

"대부분의 뇌전증 환자는 항경련제로 증상을 비교적 쉽게 억제할 수 있어요. 리아의 병은 전형적인 뇌전증보다 훨씬 심했어요."

리아의 차트는 결국 다섯 권 분량으로 늘어났다. 이는 MCMC에 입원한 어느 소아의 차트보다 많은 양이었다. 무게는 6.2킬로그램으로 리아가 태어날 때의 체중보다 훨씬 무거웠다.

닐과 페기는 시간을 내어 나와 함께 리아의 차트를 몽땅 복사했다. 여러 날 밤, 두 의사는 진단 검사를 할 때와 다를 바 없이 민첩하고 효율적으로 작업에 임했다. 그냥 복사만 하는 게 아니라 반듯이 쌓아놓은 수천 페이지의 차트를 정리하고 불필요해 보이는 것들은 버리고 미처 다른 각도로 보지 못한 세부사항을 확인하고 이런저런 실수에 허탈한 웃음을 터뜨리며 살폈다. 실수는 하나같이 타자원이나 간호사나 다른 의사가 저지른 것이었다. 그들이 한 실수는 경미한 데다 대개 당장 바로잡을 수 있었다.

"'아이의 코에서 이(lice)가 나오는 게 보였다.'라니, 당치 않아. 얼음(ice)? 생쥐(mice)? 아, 쌀(rice)! 이런, 그럼 그렇지. 밥알이 나왔다는 거야!"

이따금 닐은 내가 보기엔 아무 재미도 없는 차트를 한동안 노려보다 고개를 가로젓고 한숨을 쉬었다.

"아, 불쌍한 리아!"

리아가 응급실에 처음 왔을 때의 기록을 살펴볼 때였다. 닐은 신경질적으로 차트를 두드리며 보기 시작했다. 리아가 진단을 받고 약을 처방받기 5개월 전부터 뇌전증을 앓았다는 사실을 잠시 잊고 있었다고 그는 전했다. 병원에서 리아에게 애초부터 최선의 처치를 했더라면 리아의 삶이 달라지지 않았을까 싶어 애석한 것이었다.

닐 언스트와 페기 필립은 부부다. 그들은 야간 호출 대기를 번갈아가며 맡았다. 리아 때문에 호출이 오면 침대에서 기어나올 차례가 상대방이길 기도했다. 닐과 페기는 둘 다 의사 부모를 두었고 고교 수석 졸업생이었으며 UC 버클리의 엘리트 사교클럽인 파이베타카파 졸업생이었다. 각각 열아홉, 열여덟 살에 만난 두 사람은 키 크고 인물 좋고 운동 잘하는 상대방을 이상주의와 일중독이 조화되는 서로의 짝으로 보았다. 이런 조화 덕분에 둘은 성공할 수 있었으며 동시에 다른 동료들과 별도로 독자적인 생활을 할 수 있었다. 리아를 만나면서부터 두 사람은 서로의 경험과 조언을 공유하게 되었다. 그뿐 아니라 사무실도, 호출기도, 의학지에 발표하는 글의 필명도 공유했다.

학문적으로나 직업적으로 수상 경력이 화려한 닐의 이력서에는 내가 본 여러 이력서 가운데 유일하게 배우자 및 자녀 항목이 제일 먼저 적혀 있었다. 부부는 두 아들이 학교에서 돌아오는 오후에 한 사람은 반드시 집에 있도록 일정을 짰다. 매일 아침 5시 45분에 자명종이 울리면 월·수·금요일은 닐이 일어나 13킬로미터를 달렸다. 화·목·일요일이면 페기가 일어나 13킬로미터를 달렸다. 토요일은 교대로 일어났다. 두 사람에게는 달리는 동안만이 몇 분 이상 혼자 있을 수 있는 유일한 시간이기에 하루도 건너뛰는 법이 없었다. 병원 호출 때문에 밤을 거의 새운 경우라도 마찬가지였다.

"제가 강박증이 좀 있는 편이지요."

깨끗한 농가 스타일의 집 거실에서 닐이 한 말이었다. 둘은 청소도 정확히 반으로 나누어 했다. 페기는 그날 호출을 받고 병원에 가 있었다.

"페기는 저랑 아주 비슷해요. 우린 정말이지 너무 사이가 좋지요. 의사로서는 서로 모자라는 부분을 채워주고요. 저는 감염, 천식, 알레르기 전문입니다. 페기는 혈액학 전문이고 소아 발달에 대해 저보다 많이 알지요. 어려운 결정을 내려야 할 땐 판단을 존중할만한 사람한테 물어보는 게 좋죠. 내 생각이 맞나? 다른 방법을 알려주겠어? 그렇게 하면 될까? 제 자신이 머저리 같다는 기분이 들면 그녀도 함께 그러니 위안이 되지요. 우린 서로 폼을 잡을 필요가 없어요. 그녀가 내 인생에 없었다면 글쎄요……. 멀쩡히 살아 움직이고 있었을까요?"

나는 테레사 캘러헨과 베니 더글러스에게 닐과 페기를 어떻게 생각하느냐고 물어본 적이 있다. 두 사람은 부부로 닐과 페기 밑에서 전공의 수련을 받았고 두 스승과 마찬가지로 일에 대해 서로에게 조언을 해주는 사이다. 테레사가 말했다.

"두 분은 떼어놓고 생각하기 어려워요."

베니는 이렇게 말했다.

"우린 '닐과 페기'라고 붙여놓고 하나로 생각한다고나 할까요. 닐과 페기는 모르는 게 없고 절대 실수를 하지 않아요. 두 분은 완벽해요. 문제가 생기면 닐과 페기에게 전화를 하기만 하면 됐고 두 분이 다 해결해줬죠."

테레사는 또 이렇게 말했다.

"닐과 페기는 자기 관리가 철저했어요. 특히 닐은 지나치다 싶을 정도였지요. 심지어 그는 화를 내거나 우는 것도 편치 않아서 못한다고 했어요. 정이 없어서 그런 건 절대 아니에요. 환자들과 좋은 관계를 맺는 걸 자랑으로 여겨요. 그중엔 아주 까다로운 사람도 있고, 스페인어를 쓰는 사람도 있지요. 그리고 환자들 대부분은 그와 페기의 말을 성경 말씀처럼 여기고 무엇이든 잘 따라요. 그들처럼 리아에게 정성을 다하는 의사는 제가 알기론 별로 없어요. 그들은 언제나 리아 생각을 하고 있었어요. 병원을 떠날 때마다 전공의들 앞에서 이렇게 말하곤 했어요. '자, 이 작고 통통한 몽족 아가씨가 또 소란을 피우면…….'"

리아는 정말 통통했다. 리아의 신체 발육 기록을 보면 키는 또래 중에서 백분위수로 하위 5퍼센트 안팎(몽족 아이들에게 드물지 않은 정도다.)인데 비해 체중은 상위 25퍼센트에 들었다. 리아의 피하지방이 두껍다는 사실은 응급실 의사들이 당할 시련이 더욱 무거워진다는 것을 의미했다. 닐 언스트는 소아과 진료 기록에 발작과 함께 "상당히 우려스런 리아의 다른 문제는 과체중 때문에 발작이 심할 때 정맥주사를 놓기 어렵다는 점"이라며 "아이의 체중 조절을 위해 상당한 노력을 기울였지만 아버지는 리아의 지금 상태를 좋아하고 문제를 문제로 보려 하지 않는 듯하다."라고 적어놓았다. (먹을 게 부족했던 라오스에서 통통한 아이는 보살핌을 잘 받은 건강한 아이로 여겨졌다.)

지방 밑에 숨은 정맥은 만져서 찾아내기가 어렵다. 자꾸 바늘을 찔러서 정맥이 안 보이는 마약 중독자처럼 리아는 결국 양팔 오금의 전주정맥과 왼쪽 발목 위의 복재정맥을 찾기가 어렵게 되었다. 의사들이 정맥을 찾느라 허둥대며 주사 찌르기를 반복한 탓이었다. 입원해 있는 동안 정맥주사선을 꽂은 리아의 팔이나 다리는 고정판에 묶여 있었고 때로는 몸 전체가 유아용 침대에 매여 있었다. "리아의 정맥주사선은 정말 어렵사리 연결한 귀한 것"이라며 "아이가 덜 움직일수록 주사선이 오래갔지요."라고 닐은 설명했다.

어느 간호사의 기록부엔 이렇게 적혀 있었다.

24:00	우측 전주 부위에 정맥주사 주입함. 펌프로 시간당 30시시 꼴. 아빠가 함께 있다. 좌측 팔에 부드러운 고정판 댐.
00:05	아빠가 고정판을 풀고 아이를 바닥 간이침대에 내려놓았다가 아이를 병상에 되돌려놓음. 이때 우측 팔에 부드러운 고

정판 댐. 아빠에게 이유를 설명하려 했지만 언어장벽 때문에 어려움.

나오 카오는 왜 간호사들이 딸을 자꾸 묶는지 알 수 없었다. 리아를 돌보는 간호사들의 능력에 대한 그의 믿음은 이날 아침에 더욱 흔들렸다. 그는 새벽 4시에 집으로 가서 두세 시간 자고 7시 반에 병원으로 다시 돌아왔다가 리아의 이마에 거위알만 한 혹이 나 있는 것을 보았다. 잠시 자리를 비운 사이 침대에서 떨어진 것이다. 환자의 건강에 대해 리 부부보다 잘 안다고 주장하는 사람들이 살피고 있었는데도 리아는 떨어져 다쳤다. 이외에도 리 부부가 보기에 사고에 대한 병원의 대응책은 가학적이라 할만했다. 푸아와 나오 카오는 아이를 (특히 아플 때) 안전하고 편안하게 돌봐주는 최선의 방법이 집에서 늘 그랬듯이 바로 곁에 재우는 것이라 믿고 있었다. 그래야 아이가 울 때마다 바로 안아주고 편하게 해줄 수 있기 때문이다. 하지만 간호사들은 또 떨어지는 사고가 나지 않도록 리아의 침대에 그물을 쳐 안에 가둬버렸다. 부모가 손을 쓸 수 없도록 말이다.

"병원이란 데가 부모로서는 끔찍한 곳이지요."

프레즈노에 있는 밸리 아동병원 의사 본다 크루스의 말이다. 머세드 병원의 가정의학과 지도 교수인 그는 또 이렇게 말했다.

"곤히 잠든 자기 아이를 누가 와서 깨우더니 혈압이니 체온이니 맥박이니 호흡이니 하는 걸 재니까요. 아이한테 비닐봉지를 대놓고 소변이나 대변을 받아가기도 하지요. 아이가 입원을 하면 갑자기 남이 아이를 먹이고 바지를 갈아입히고 언제 어떻게 씻길 것인지를 결정해요. 병원에 가면 부모로서의 자율성을 다 박탈당하게 되지요. 그건 병원 경험이 많은 부모라도 마찬가지예요. 그러니 다른 문화권에서 와 모든 게 어떻게 돌아가는지 도무지 모르는 사람은 그만큼 더 힘들겠지요."

리아가 떨어져 머리를 다친 때를 제외하면 리아가 병원에 있는 동안 리 부부 둘 중 한 사람이 항상 곁에 24시간 붙어 있었다. 간호사들의 전형적인 기록은 다음과 같다.

- 엄마와 떨어지는 걸 싫어함. 엄마가 안아야 긴장을 풀었음.
- 엄마가 안아주면 얌전하지만 아닐 때는 대부분 마구 욺.
- 장난감을 가지고 놀며 즐거워 옹알이함. 엄마가 곁에 있음. 아기가 편안해함.
- 아빠가 아기를 포대기에 싸서 업어줌.
- 엄마가 곁에 있다 젖을 먹임. 침대 곁을 계속 돌며 아기 소리를 내기도 함.
- 잠이 깨서 아빠 손을 잡고 복도를 돌아다니다 돌아옴. 아빠가 재우려고 함.
- 아기가 유모차에 앉아 있다 전신 발작을 1분 동안 일으킴. 아빠가 바로 붙들어줘 다치지 않음.
- 엄마가 안고 있음. 이번 교대 근무 시간엔 발작 없었음. 엄마 품에 안겨 바이바이 손을 흔들었음.

MCMC의 간호사들은 리아를 잘 알게 되었다. 그것도 그들 대부분이 바라던 것보다 더 잘 말이다. 무슨 말이냐면 리아가 꽤 자라서 침대를 벗어나 걷기 시작할 정도가 됐다는 뜻이다. 리아는 언제나 소아과 복도를 마구 뛰어다니며 문을 쾅쾅 두드리기도 하고 다른 아이들 병실에 불쑥 들어가기도 했다. 또 간호사실의 서랍을 활짝 열어놓고 연필이며 서류며 처방전을 끄집어내 바닥에 내팽개치기도 했다.

"리아를 찾으러 응급실로 쫓아가는 소리가 들리곤 했죠."

간호 보조인 샤론 예이츠가 회상했다.

"'리아, 리아! 아, 제발 걔 거기 가면 안 돼요! 어휴, 벌써 갔네!' 하는 소리가 들리곤 했지요."

간호사인 에벌린 마시엘은 이런 말을 했다.

"리아는 예쁘고 순하고 귀엽고 빠른 애였어요. 엄마가 젖을 떼지 않아서 애가 엄마 젖에 의존해서 살았죠. 리아는 작은 후디니였어요. 어디서든 잘도 빠져나왔지요. 손목을 묶어놔도 풀고 나와 다치곤 했으니까요. 그러니 가만히 내버려 둘 수가 없었어요."

"리아는 주의 지속 시간이 아주 짧았어요."

간호사인 글로리아 로드리게스가 말했다.

"우린 잘 가라는 인사나 짝짜꿍 놀이, 미소 짓기, 손뼉 치기 같은 걸 가르쳤지만 리아는 언제나 안아달라고만 했어요. 언제나 팔을 들고 안아달라는 시늉을 했지요. 부모가 그렇게 키웠기 때문이에요. 다른 몽족 가정에서는 아들이 사랑을 받았어요. 몽족 아빠들은 '딸 죽어도 오케이, 아들 많아야 좋아.'라고 말하곤 했지요. 하지만 리아의 부모는 딸이 살기를 간절히 원했고 딸을 숭배하다시피 했어요."

의사들도 리아에 대해 애정 어린 기억을 갖고 있었다. 리아가 다른 소아과 환자들과 달리 언제나 신체적인 친밀감을 보였기 때문이다.

"리아는 피부 접촉을 좋아했어요."

리아를 돌봤던 전공의 중 하나인 크리스 하트윅은 이렇게 말했다.

"심지어 제가 정맥주사를 놓으려 할 때에도 리아는 제 팔을 만지작거리고 있었으니까요. 안아달라고 하면 언제나 안아주는 게 리아였고요."

페기 필립은 이런 말을 했다.

"병원에 와서 온갖 걸 다 겪어본 어린아이들은 엉엉 울면서 한구석에 숨곤 하는 게 보통이에요. 그런데 리아는 아주 대담해서 우릴 두려워하지 않았어요. 좌절이나 슬픔을 너무 안겨줘서 밉긴 해도 좋아하지 않을 수 없었지요."

리아는 약 먹기를 아주 싫어했다. 어느 간호사는 이런 기록을 남겼다.

약을 줬지만 좋아하지 않음.

페노바비탈[진정제]을 주자 뱉으려 함. 이 약을 주면 입을 꼭 다묾.

페노바비탈 알약을 으깨 사과 소스에 섞어서 줘도 안 먹고 뱉음.

팔을 붙들고 다문 입을 벌려 약을 조금씩 넣어줬지만 잘도 뱉어냄.

으깬 약을 섞은 아이스캔디를 뱉어내서 딸기 아이스크림에 섞어서 줬더니 뱉지 않음.

리 부부는 간호사들보다 리아에게 약을 먹이기가 훨씬 힘들었다. 그들은 딸의 팔을 못 움직이게 하거나 억지로 뭘 삼키게 하기를 꺼렸다. 게다가 리아가 협조적이라 해도 푸아와 나오 카오는 딸에게 정확히 무얼 주면 되는지 모를 때가 많았다. 시간이 흐를수록 리아가 먹어야 할 약들은 너무 복잡해지고 자주 바뀌어서 영어를 읽을 줄 아는 사람일지라도 처방대로 하기 어려울 정도였다. 리 부부의 경우는 더욱 혼란스러웠다.

원래 페기 필립이 처방해준 항경련제는 대발작을 억제하는 데 흔히 쓰이는 다일랜틴이었다. 리아가 MCMC에 다니기 시작한 지 3주 뒤, 병원 대기실에서 열이 직접적인 원인인 듯한 발작을 일으키자 페기는 처방약을 페노바비탈로 바꿨다. 열성 경련을 억제하는 데는 다일랜틴보다 페노바비탈이 낫기 때문이었다. 리아는 그 뒤 2주 동안 발작을 몇 번 일으켰는데 어느 약도 하나만으로는 듣지 않아 페기는 둘을 동시에 처방했다. 신경과 고문 의사들은 나중에 항경련제 두 가지를 더 처방했는데 하나는 테그레톨(처음엔 다일랜틴, 페노바비탈과 함께 먹도록 했으나 나중엔 페노바비탈하고만 먹도록 했다.)이었고 또 하나는 데파킨(이전의 모든 항경련제를 대체하는 용도였다.)이었다. 리아가 발작을 할 때면 흔히 폐와 귀의 감염도 동시에 나타났기 때문에 항생제, 항히스타민제, 기관지 확장제를 함께 처방하곤 했다.

리아가 네 살 반이 되었을 때, 부모가 여러 번에 걸쳐 지시받은 약은 타이레놀과 암피실린, 아목시실린, 다일랜틴, 페노바비탈, 에리스로마이신, 세파클러, 테그레톨, 베나드릴, 페디아졸, 철분이 함유된 복합 비타민, 앨루펜트, 데파킨, 발륨이었다. 이 약들은 다양한 조합과 다양한 양, 다양한 일일 복용 횟수로 처방되었다. 4년이 안 되는 기간 동안 처방은 스물세 번이나 바뀌었다.

비타민이나 항경련제 같은 약은 리아의 상태가 어떻든 매일 먹이고 다 먹이고 나면 처방을 연장해야 하는 종류의 약이었다. 항생제 같은 약은 일정 기간 동안만 복용해야 하는 것이었다. 이 약들은 리아가 특정 증상을 보일 때에만 먹는 것으로, 증상이 사라지면 처방을 일단 중단하고 다시 연장하지 않는 것들이었다. 열성 경련을 미연에 방지하기 위해 처방한 해열제들은 리아가 열이 날 때만 먹여야 했다. 리 부부가 온도계를 읽을 수 있었다면 그럴 수 있었을 것이다.

약은 다양한 형태로 제공되었는데 일부는 물약(전부 분홍빛이거나 붉은빛이었고 둥근 병에 담아주었다.)이었고, 일부는 알약(대부분 흰색이었고 둥근 병에 담아주었다.)이었다. 물론 푸아와 나오 카오는 약병에 뭐라 써놓았는지 알 수 없었다. 리 부부가 약병을 받을 때 친척이나 병원 청소부가 가까이 있어 해석을 해준다 해도 그걸 받아 적을 방법이 없었다. 둘은 영어는 물론이고 몽족 말도 읽고 쓸 줄 몰랐다. 그리고 처방이 하도 자주 바뀌었기 때문에 의사들이 하는 말을 잊어버리는 경우가 많았다.

정확히 복용량을 재는 것도 문제였다. 물약은 특히 어려웠는데 리 부부가 물약 스포이트나 계량스푼의 눈금을 읽을 줄 모르기 때문이었다. 리아가 두 살일 때 하루에 두 번씩 네 가지의 알약을 먹여야 했는데 약 크기가 전부 어른 기준이었기 때문에 약을 조각내야 했다. 그리고 리아가 알약 삼키기를 싫어해 약을 전부 가루로 만들어 음식에 섞어줘야 했다. 그런데 약이 섞인 음식을 리아가 다 먹지 않으면 실제로 복용한 약의 양이 얼마나 되는지 알 도리가 없었다.

처음에 의사들은 리 부부가 약을 처방대로 먹이지 못할 것이란 생각을 미처 하지 못했다. 처음 몇 번의 처방은 그냥 "지시대로 복용할 것"이라 되어 있었다.

1983년 5월, 리아가 처음 입원한 지 두 달이 되던 때 혈액 검사 결과에서 리아의 체내 페노바비탈 농도가 치료 수준 이하로 나타났다. 페기 필립은 약이 처방대로 투여되고 있는데 효과가 없는 줄 알고 처방량을 늘렸다. 그러나 다음 달 검사 결과도 똑같이 나왔다. 그녀는 푸아가 처방대로 약을 먹이고 있다고 하는 것이 착각 아니면 거짓이라는 의심을 하기 시작했다. 뒤늦게 깨달은 게 원망스러웠다. 리아에게 가장 알맞은 항경련제의 종류와 양을 판단할 유일할 방법은 발작의 정도를 관찰하고 약의 혈중 농도를 반복해서 검사하는 것뿐이었다. 그러나 리아가 복용하는 약이 정확히 얼마인지 의사가 알 수 없다면 검사 결과는 믿을 수 없게 된다. 페기가 말했다.

"리아는 계속해서 발작 증세를 보였어요. 그렇다면 페노바비탈 농도가 충분하지 않아서였을까요, 아니면 페노바비탈 농도가 충분한데도 발작을 일으킨 것일까요? 부모가 우리가 처방한 대로 약을 주지 않았다면 이해하지 못해서였을까요, 원치 않아서였을까요? 도무지 알 수가 없었어요."

훌륭한 통역자가 없다는 건 의사소통 문제의 일부에 불과했다. 닐은 나오 카오가 "돌담"을 쳐두었으며 때로는 일부러 속인다고 느꼈다. 페기는 푸아가 "아주 어리석거나 완전 바보"인 줄 알았다. 통역을 정확히 해줄 경우에도 그녀의 대답은 말이 안 되는 경우가 많았기 때문이다.

두 의사는 자신들이 해결하지 못하는 부분 중 어느 정도가 의사소통이나 부모의 인격에서 비롯된 것이고 어느 정도가 문화적인 장벽 탓인지 알 길이 없었다. 나중에 닐은 이렇게 회고했다.

"그들과 우리 사이에 무슨 랩 같은 게 씌워져 있다는 느낌이었어요. 그들은 저쪽 편에 있고 우린 이쪽 편에 있어서 우리가 다가가도 정작 그들 손을 잡을 수는 없는 느낌이었지요. 그러니 우리가 정말 해내고자 하던 것,

즉 리아의 건강을 보살피는 일을 성공할 수 없었지요."

1983년 6월 28일, MCMC는 머세드군 보건과에 리아의 집으로 간호사와 통역자를 보내달라는 요청을 했다. 리아가 처방대로 약을 먹을 수 있도록 가족을 도울 필요가 있었기 때문이다. 이렇게 공중보건 간호사가 방문하기 시작한 뒤로 4년여에 걸쳐 리아에 집엔 간호사의 방문이 끊이지 않았다. 그중 가장 오래 방문한 간호사 에피 번치는 내게 이렇게 말했다.

"의뢰서를 뒤적여보니 다 똑같았어요. 전부 열성 경련인데 엄마가 비협조적이라 처방을 따르지 않는다는 얘기였어요. 간호사들의 기록부도 다 똑같은 내용이었어요. 전부 '계획은 이러이러했으나……'로 시작됐지요. 우리 모두 리아를 위해 한번 해보자 하고 갔다가 데어버린 셈이었어요."

방문 간호사들은 약병에다 스티커를 붙여보았다. 아침에 먹을 약에는 파랑 스티커, 낮에 먹을 약엔 빨강 스티커, 저녁에 먹을 약엔 노랑 스티커를 붙이는 식이었다. 리아가 물약을 먹을 때는 정확한 양을 가늠하기 좋게 주사기나 스포이트에 선을 그어놓기도 했다. 리아가 알약을 먹을 때는 달력에다 떠오른 해와 지는 해와 달을 그려놓고 그 위에 샘플을 테이프로 붙여두기도 했다. 그리고 매일 먹을 양을 칸칸이 나눠져 있는 플라스틱 통에다가 담아두기도 했다. 에피 번치는 또 이렇게 말했다.

"한번은 리아 집에 가서 엄마한테 약을 다 보여달라고 했어요. 부엌 한 구석, 토마토와 양파를 장식처럼 매달아둔 곳에 약병을 쌓아뒀더군요. 부모가 병원 처치에 대해 아주 못마땅해한다는 걸 쉽게 알 수 있었어요. 리아는 약을 워낙 많이 먹고 있었기 때문에 거의 매주 필립과 언스트를 만나러 가야 했고 그러려면 이삼일 전에 혈액 검사를 해야 했어요. 만나고 나서 이삼일 뒤에도 혈액 검사를 해야 했고요. 게다가 워낙 바뀌는 게 많았으니까 정신이 없었을 거예요. 전 리아의 엄마와 아빠가 발작과 그것이 뇌에 끼치는 영향의 상관관계를 제대로 이해한 적이 한 번도 없다고 생각해요. 어떻게 하면 부모를 설득해 약을 잘 먹일 수 있었을지는 저도 모르겠어요. 아무튼 제가 전체적으로 받은 인상은 그들은 우리를 전부 간섭하는 사람으로 보고 있었고 그들이 생각하기에 아이한테 최선이다 싶은 것을 해주면 아이가 나을 거라고 믿고 있었다는 거예요. 그들은 정중하면서 완고했어요. 우리가 듣고 싶은 말을 해주었지만 우리가 그들에 대해 아는 것은 정말 바닥 수준이라 안다고 말할 정도도 못 될 거예요."

리아의 첫돌부터 두 돌 사이에 머세드군 보건과의 방문 간호사들이 남긴 기록 중에는 다음과 같은 것들이 있다.

> 통역자와 함께 가정방문을 함. 부모는 아이가 여전하다고 함. 오늘 소아과 진료 예약이 되어 있는 줄 몰랐다고 함. 무슨 약을 얼마나 주면 되는지 혼동함. [……] 냉장고에 있는 약 중 날짜가 지난 것에 아목시실린과 암피실린도 있음. 어떤 약병은 라벨을 읽을 수 없음. 언스트 선생님이 페노바비탈과 다일랜틴의 적정 사용량에 대해 설명해줬다고 함. 올바른 투약법을 알려 줌. 날짜 지난 약은 폐기 처분함.

> 엄마가 혈액 검사 때문에 예약 일정대로 MCMC에 갔으나 통역자가 없어 온 이유를 설명하지 못하고 연구소도 찾을 수 없었다고 함. 다른 날짜를 잡는 것에 기꺼이 동의함. 아이가 다시 발작하는 일은 없었다고 함. 항생제

다 떨어짐. 부모가 페노바비탈을 더 못 주겠다고 함. 복용 직후 설사를 하기 때문이라고 함. 엄마는 MCMC의 복합 건물이 무섭지만 거기서 계속 치료를 받겠다고 함.

약을 먹이는 게 싫지만 페노바비탈과 테그레톨은 줘도 다일랜틴은 못 주겠다고 함. 먹으면 아이의 "영혼"이 바뀌어버리고 얼굴이 달라져 버리기 때문이라 함. [……] 모든 약이 날과 때에 맞춰 통에 칸칸이 나눠져 있으나 맞춰 투약을 하지 못함.

통역자와 함께 다시 방문하여 엄마에게 매일 정확한 때에 약을 세 번 다 주는 게 중요하다고 설명해줌. (엄마에겐 먹일 약의 종류와 양과 때를 알아보기 좋게 설명해주는 벽걸이가 있음.) 약을 안 먹이면 다시 발작이 찾아올 수 있다는 말도 해줌. 엄마는 이해하는 듯하며 페노바비탈과 테그레톨은 계속 먹일 것이라 함. 단 다일랜틴은 아침에 25밀리그램, 저녁에 50밀리그램 주는 대신 아침저녁에 각각 25밀리그램만 먹이겠다 함. 소아과 진료실은 계속 나오기로 함.

통역자와 함께 방문함. 메디캘 카드가 없어 병원에 못 갔다 함. 카드가 어디 있는지 아직도 못 찾았다 함. 엄마는 이제 테그레톨은 아침에 200밀리그램, 다일랜틴은 아침에 25밀리그램, 페노바비탈은 밤에 60밀리그램만 먹이기로 했다고 함. 엄마가 상당히 흥분한 듯함.

아빠가 쇼핑하러 가서 집을 비움. 엄마는 아직도 딸에 대한 처방을 내리는 의료진이 대단히 못마땅한 듯함. 통역자는 엄마가 '정말' 못마땅한 상태라고 전했으며 공중보건 간호사 역시 엄마의 목소리 톤과 몸짓으로 볼 때 같은 의견임. 메디캘 카드가 없어도 월요일 소아과 진료실에 아이를 데려온다는 다짐을 받음.

통역자와 함께 방문하여 아빠와 아이 문제를 의논함. 통역자는 아빠 역시 의료기관을 불신하며 다른 방법을 바라지만 어디의 누구면 좋겠다는 말은 안 함. 엄마가 그날 오전에 병원에 다녀왔다고 함. [……] 엄마는 그날 아침에 아이한테 테그레톨과 페노바비탈을 먹이긴 했는데 아무 효과도 없으니 먹일 필요가 없다고 생각하며 (전에 처방받은) 다일랜틴 때문에 아이가 거칠어진다고 말함.

공중보건 간호사들은 리 부부가 처방을 잘 따르느냐는 페기 필립의 질문에 동일하게 대답했다. 어려울 게 없었다. 리아의 부모는 처방을 이해하지 못했거나, 약을 먹이고 싶지 않거나, 둘 중 하나 아니면 둘 다였다. 그들은 리아가 디프테리아와 백일해와 파상풍에 대한 예방 접종을 받은 후 다른 아이들처럼 열이 나고 상태가 나빠지는 반응을 잠시 보이다 마는 것을 보았다. 하지만 이런 경험이 서구 의학을 더 신뢰하게 만들지는 않았다. 리아가 처방받은 모든 항경련제가 그보다 훨씬 더 심각하고 장기적인 부작용을 일으킨 탓이었다.

페노바비탈은 경우에 따라 과잉 행동을 유발할 수 있으며 (리아가 입원

할 때마다 간호사들이 목격했듯이 에너지가 너무 넘쳐났던 것도 그 탓일 수 있다.) 최근 여러 연구에서는 낮은 지능지수와 관련이 있는 것으로 나타났다. 다일랜틴은 온몸에 털이 비정상적으로 나는 증상을 유발할 수 있으며 잇몸에 출혈이나 염증을 야기할 수 있다. 페노바비탈, 다일랜틴, 테그레톨 같은 약을 많이 투약하면 불안정과 무의식 상태를 유발할 수 있다. 푸아와 나오 카오는 리아가 거칠어진 탓을 페노바비탈이 아닌 다일랜틴으로 잘못 돌리긴 했어도, 약이 무해하지 않다는 점만은 제대로 알아본 것이었다. 이런 관점에서 1984년 4월 3일, 리 부부가 도달한 결론이 그렇게 비합리적인 것은 아니었다. 그날 그들을 방문한 공중보건 간호사는 이런 기록을 남겼다.

아빠가 갈수록 무슨 약이든 먹이길 꺼림. 약 때문에 발작과 열이 난다고 봄.

병을 치유하거나, 아니면 적어도 저지하려고 처방하는 약이 실은 병을 '유발'한다는 생각은 의사 대부분이 깨닫지 못하는 개념이다. 의사들은 종종 약 때문에 불쾌감을 느낀다고 호소하는 환자들을 만나며, 약의 불쾌한 부작용 때문에 환자가 복용을 중단하는 경우도 흔하다. 그러나 대부분의 환자는 자신이 아픈 이유에 대한 의사의 설명을 먼저 받아들이며 의사가 권하는 처치에 저항감이 있다 해도 의사가 선의에서 그런 처방을 한 것이지, 자신을 해치려고 그러는 건 아니라는 신뢰를 갖고 있다. 하지만 몽족을 대하는 의사들은 그런 신뢰를 받을 수 없었다. 더구나 몽족 입장에서 볼 때 해로워 보이는 투약 지시를 따르라고 계속 강요하는 것은 수천 년 동안 복종하느니 죽음을 택해온 몽족의 완강한 기질을 자신도 모르게 거스르는 섬뜩한 과오를 저지르는 것과 같았다.

머세드의 가정의 존 에일먼은 황달을 심하게 앓는 몽족 아기를 입원시킨 적이 있었다. 그는 광선요법으로 충분할지 아니면 부분 교환 수혈을 할지 알아볼 필요가 있었고, 그러자면 아기의 빌리루빈 농도를 측정하기 위해 반복적으로 혈액 검사를 해야 했다. 혈액 샘플을 두세 번 채취했을 때 부모는 피를 더 뽑아내면 아기가 죽을지도 모른다고 말했다. 의사는 통역자를 통해 아기한테 새 피를 만들어낼 능력이 있으며 티스푼에다 물 1시시를 따라 채취량이 얼마나 미미한지를 설명했다. 그런데 놀랍게도 그의 논리적인 주장은 그들의 반감을 강화할 뿐이었다. 그들은 의사가 또 한 번 피를 뽑는다면 둘 다 자살해버리겠다고 선언했다. 다행히 여기서 에일먼은 몽족 통역자에게 한 가지 부탁을 했다. (이 방법은 리아가 병원을 드나들던 초기에는 쓸 수 없는 작전이었으니, 유능한 통역자가 없었기 때문이다.) 통역자는 자원해서 서구식 교육을 받은 몽족 지도자에게 전화를 했고 이 지도자는 의사의 계획을 잘 이해했다. 지도자는 아기 집안의 제일 큰 어른한테 전화를 했고 그 어른은 아기 아버지의 아버지에게 전화를 했다. 아버지의 아버지는 아버지에게 전화를 했고 아버지는 아기 엄마에게 이야기했다. 이렇게 친숙하고 납득할만한 위계를 통해 요청을 받아들인 부모는 체면을 깎이지 않으면서 물러설 수 있었다. 그래서 아기는 혈액 검사를 몇 번 더 받았고 광선요법으로 낫게 되었다.

1987년엔 프레즈노에 살던 두 살배기 몽족 남아인 아니 방이 밸리 아동병원에서 고환암 판정을 받았다. (아니의 본명은 후 플리 의례에서 받은 통이지만 아빠는 미국 이름과 비슷한 발음의 아니라고 부르기를 좋아했다.) 아니의 부모는 미국에서 고등학교를 다녀 영어를 제법 잘하고 읽을 수 있는 10대였다. 그들은 못마땅하긴 하지만 암이 퍼진 고환을 제거하는 수술에 동의했다. 수술이 끝나자 아니의 담당 의사인 인도 출신의 종양 전문의(몽족 환자를 처음 대해본 의사였다.)는 다음 단계인 화학 요법을 행하려 했다. 그녀는 부모에게 종이 한 장을 건네주며 거기 적힌 약을 아기가 먹어야 하며 나름의 부작용이 있을 수 있다는 설명을 했다. 그녀의 예견은 현실로 드러났다. 수술 뒤에 멀쩡해 보이던 아니는 1차 화학 요법을 받고 난 지 3주가 못 되어 윤기 흐르던 검은 머리가 다 빠져버리고 말았고 약을 먹을 때마다 토했다. 아니의 부모는 화학 요법 때문에 아기가 아프다고 결론짓고는 더 이상 아기를 병원에 데려가지 않기로 했다. 의사는 아니의 부모에게 세 차례 경고한 뒤, 아동 학대 문제를 다루는 주정부 기관인 아동보호국에 신고했다. 아동보호국은 아니의 집에 두 명의 사회복지사와 두 명의 경찰을 보냈다.

아니의 엄마인 디아 숑은 나중에 내게 이렇게 설명했다.

"그 사람들 왔을 때, 내 남편 없어요. 내가 말해요. 남편 올 때까지 기다려요. 하지만 그 사람들 못 기다린다고 해요. 난 말해요. 제발 가주세요. 난 아들 안아요. 아들 꽉 안고 말해요. 내 아들 데려가면 안 돼요. 경찰 둘이 내 손을 등 뒤로 잡아서 난 못 움직여요. 난 무서워요. 딸 둘은 막 울어요. 경찰이 내 손을 잡고 내 아들을 데려가요! 나 막 소리 지르고 울어요. 그래서 나 벽장에서 남편 총을 꺼내와요. 긴 총 두 개예요. 다람쥐하고 사슴 잡으려고 산 거예요. 사람 잡으려고 산 거 아니에요. 나 아들 안 돌려주면 나도 죽고 어린 딸들도 죽인다고 해요. 막 소리 질러요. 제발 내 아들 돌려줘요. 아들만 돌려줘요! 내 아들 안고 싶어요!"

경찰 기동대가 출동했고 이웃들은 세 시간 동안 교통 통제를 받았다. 마침내 경찰 몇 명이 병원에서 아니를 데려왔고 디아 숑은 아들을 보자 총두 자루를 내려놓았다. 그리고 수갑이 채워져 인근 병원 정신과로 끌려갔다. 이튿날 그녀는 풀려났고 당국은 그녀에게 형사 책임을 묻지 않았다.

아니의 의사는 남은 세 단계의 화학 요법 중 하나를 받게 한 다음 일반적인 기준에서는 벗어나지만 남은 두 단계를 중단하는 데 동의했다. 아니는 지금도 남은 치료를 받지 않고 있다. 의사는 한 사람의 목숨을 건지기 위해 세 사람이 목숨을 잃을 뻔했다는 생각에 몇 년 동안 시달렸다.

"그 한 목숨을 위한 치료도 100퍼센트 확실한 게 아니었어요."

그녀가 눈물을 글썽이며 떨리는 목소리로 내게 한 말이었다.

어느 날 밤 리아가 몇 번째인지 모르게 MCMC 응급실로 왔을 때, 마침 통역해줄 사람이 있어 당직이던 댄 머피는 항경련제 얘기를 꺼냈다. 리아의 엄마는 다시는 약을 줘선 안 된다고 생각한다는 뜻을 댄에게 전했다. (푸아와 나오 카오가 난민캠프에서 봤던 약은 효과가 빠른 항생제뿐이었을 가능성이 높다.) 그 순간을 댄은 이렇게 떠올렸다.

"저는 그들을 멍하니 바라보기만 할 뿐이었어요. 그들이 아주 결연한 표정을 지었던 게 기억나네요. 말하자면 '우린 우리가 옳다고 생각하는 대로 하고 있다.'라는 표정이었어요. 허튼수작 말라는 태도였지요. 전 그들이 리아를 정말 아낀다는 느낌을 받았어요. 아이를 돌보기 위해 부모로서 할 수 있는 최선을 다한다는 느낌이었지요. 적어도 전 그렇게 느꼈어요. 화가 났던 기억은 없어요. 그보다는 서로 세상을 보는 방식이 이렇게 다를 수 있구나 하며 약간의 경외감을 갖게 됐지요. 전문가의 의견에 단호히 맞설 수 있는 그들의 행동은 저한테는 아주 생소한 것이었어요. 닐과 페기는 모두가 인정하는 이 지역 최고의 소아과 의사인데도 리아의 부모는 조금의 주저도 없이 아니라고 말할 수 있었어요. 약 복용량을 바꿔달라고 하는 등 자신들이 보기에 옳은 것을 거침없이 주장할 줄 알았지요. 또 하나 그들과 제가 달랐던 건 그들은 제가 보기엔 큰 재앙이다 싶은 것을 순순히 받아들이는 듯했다는 점입니다. 그 사람들이 보기에 문제는 치료였지 뇌전증이 아니었어요. 저는 발작은 멈춰야 하고 다시 일어나지 않도록 해야만 한다는 엄청난 책임감을 느꼈는데, 그들은 그럴 수도 있다는 태도였어요. 우리가 모든 걸 통제할 수는 없다는 식이었지요."

충돌이 있었던 직후인 1984년 1월 20일 늦은 오후, 댄 머피는 또 당직을 서다 응급실로 실려 온 리아를 보게 되었다. 이번엔 대발작이 한창일 때였다. 그가 남긴 구술 기록 중에 다음과 같은 게 있었다.

> 환자는 발작 병력이 오래된 생후 18개월의 몽족 여아다. 아이 부모는 환자가 잘 지내고 있어 약을 3개월 동안 끊었다고 한다.

댄은 이 놀라운 소식에 대해 곰곰이 생각해볼 겨를이 없었다. 리아에게 페노바비탈 정맥주사를 주고 입원시키자마자 다시 응급실로 호출되어 응급 환자 처치를 도와야 했고(그 사람은 응급실에서 숨을 거두고 말았다.) 곧이어 산부인과로 불려가 분만을 도와야 했다. 그러다 밤 11시 20분, 33시간제 근무 교대 중 열세 시간이 흘렀을 때 다시 댄의 호출기가 울렸다. 리아가 다시 발작을 일으켰는데 이번 증상은 몹시 심했다. 리아가 페노바비탈에 잘 반응했기 때문에 댄은 닐 언스트와 페기 필립을 병원으로 부르지 않았다. 때문에 그는 리아가 겪은 중 최악의 뇌전증 지속상태를 혼자 감당해야 했다. 그는 다량의 페노바비탈을 두 번 더 투약했다.

"발작을 멈추기 위해 투약을 너무 많이 하면 호흡이 멈춰버리는 경우가 종종 있습니다. 그리고 그런 일이 벌어지고 말았지요."

리아의 얼굴이 파래졌다. 댄은 리아에게 인공호흡을 했다. 그래도 제 힘으로 호흡을 하지 못하자 그는 인공호흡관을 기관에 삽입하기로 했다.

"상태가 위급한 어린아이한테 호흡관을 삽입해본 건 리아 이전에 딱 한 번뿐이었습니다. 그러니 그다지 자신이 없었지요. 길쭉한 손전등 같은 기구를 다뤄 혀에 막히지 않도록 밀어 넣어야 하는데 문제는 잘못하면 호흡관을 기관이 아니라 식도에다 넣을 수 있다는 것이죠. 그러면 산소를 공급해도 환자의 호흡기에 들어가질 않죠. 그러니 상황은 죽기 아니면 살기가 되는 겁니다. 호흡관을 제대로 밀어 넣어 환자가 살거나, 아니면 잘못해서 환자가 죽거나 둘 중 하나인 거죠. 그때 제가 집중을 잘했는지 관이 제대로 들어갔고 산소 공급이 잘됐지요. 얼마나 기뻤는지 모릅니다. 아, 나도 이제 의사가 되는구나 싶더군요."

댄이 리아에게 인공호흡관을 넣는 동안 리아의 부모는 병동 밖에 서 있었다.

"그들이 들어왔을 때 리아는 무의식 상태였고 입엔 테이프로 호흡관이 고정되어 있었지요. 그걸 보고 그들은 몹시 언짢은 표정이었어요. 그때 엄마의 불쾌한 표정이 아직도 생생하네요."

MCMC에는 어린아이한테 맞는 인공호흡 장치가 없었다. 댄은 수동식으로 임시 산소 공급을 받고 있는 리아를 구급차에 태워 지원 병원인 밸리 아동병원에 보내기로 했다. 아동병원이 있는 프레즈노는 머세드에서 남쪽으로 105킬로미터를 가야 했다. 리아는 그곳에서 의식을 회복했고 인공호흡장치에 24시간 의존하다 자기 힘으로 숨을 쉴 수 있게 되었다. 리아는 프레즈노에서 9일을 지내는 동안 흡인성 폐렴과 위장염으로 엄청난 고열 증상을 보였으나 발작은 일으키지 않았다.

당시의 병력 및 신체 검사서를 보면 리아의 이름은 라이 리(Lai Lee)로 되어 있었고 퇴원 양식엔 리 레이(Lee Lei)로 적혀 있었다. 아동병원에서 리아를 입원시킨 전공의는 푸아와 나오 카오를 따라온 영어를 할 줄 아는 사촌을 통해 리아가 (댄 머피가 기록한 바와 같이 3개월이 아니라) 일주일 동안 약을 먹지 않았다는 얘기를 들었다. 약이 다 떨어졌는데 가족이 더 타오지 못했다는 것이 이유였다.

환자 가족의 이야기를 다 믿을 수는 없다고 본다.

비꼬는 뜻 없이 이 전공의가 남긴 기록이다. 두 달 뒤, 페기 필립은 외래 환자에 대한 보고서에 당시 생후 20개월이던 리아가 "(몇 마디를 할 때도 있지만) 말이 없다."라고 적었다. 진단서에는 "발달 장애"가 의심된다고 썼는데, 이는 그녀가 한동안 도달하기 두려워하던 결론이었다. 리아처럼 심하게 자주 발작을 일으키는 아이가 발달 지연 증상을 보이는 것은 놀라운 일이 아니었다. 하지만 닐과 페기가 이 상황을 특별히 비극적으로 인식한 이유는 그런 사태를 막을 수 있다고 보았기 때문이었다. 그들은 리아의 부모가 딸에게 항경련제를 제때 제대로 먹이지 않으면 앞으로 아이의 지적인 능력이 점점 감퇴할 것으로 내다보았다. 그러나 항경련제를 제대로 먹인다고 해서 지적 능력 감퇴를 꼭 막을 수 있는 것도 아닌 듯했다. 처방이 워낙 이랬다저랬다 하는 바람에 입은 뇌 손상으로 인해 이미 리아의 발작은 다루기가 너무 까다로워져 있었다.

닐과 페기는 리아의 발달을 방문 공중보건 간호사들보다 더 더디게 보았다. 한편 에피 번치는 이렇게 말했다.

"의사들은 리아가 아플 때만 보았지 집에 있는 모습을 본 게 아니니까요. 우리가 봤을 때 리아는 페노바비탈 때문에 태엽 감은 장난감처럼 굴 때도 있었고 발작이 지나가고 나면 한구석에 굴러간 작은 밀가루 반죽처럼 가만히 있기도 했어요. 그런가 하면 아주 똑똑하고 귀엽고 신나게 놀 때도 있었어요. 아주 즐거워하며 어딜 기어오르기도 하고 기어다니기도 하고 엄마한테 업혀 잘 웃고 재잘거리기도 했지요."

리아의 지능을 테스트해보긴 어려웠다. 과잉 행동 증상 때문에 정해진 과제에 집중하기 어려운 데다 의사의 지시와 리아의 언어적 반응 모두 실력이 의심스러운 통역을 거쳐야 했다. 닐과 페기는 리아가 생후 14개월일 때 덴버 발달선별검사를 해보았는데 결과는 정상이었다. 22개월 때도 해보았는데 여기서 리아는 '검사자와 함께 공놀이를 한다.', '짝짜꿍 놀이를 한다.', '말소리를 따라한다.', '손으로 건포도알을 잘 집는다.'는 통과했으나 '많이 안 흘리고 숟가락질을 한다.', '손을 씻고 닦는다.', '신체의 일부를 말하면 하나는 제대로 가리킨다.'와 '엄마 아빠 말고 아는 단어 세 개', '정육면체 블록 여덟 개 쌓기'는 통과하지 못했다.

리아가 두 살일 때 신경과 고문 의사는 리아에게 테그레톨을 새로 먹이고 다일랜틴은 계속 먹이고 페노바비탈은 점차 끊으라고 권고했다. 페노바비탈이 과잉 행동을 어느 정도 또는 전적으로 유발하기 때문이었다. 안타깝게도 이때는 리 부부가 페노바비탈을 좋아하고 다일랜틴은 싫어하며 테그레톨은 이도 저도 아닐 때였다.

이 무렵 방문 간호사는 리아가 페노바비탈을 과다 복용하고 멍한 상태로 비틀거리는 것을 보았다. (페노바비탈은 적정량을 복용하면 일부 환자의 활력을 북돋아줄 수 있으나 지나치면 역효과를 낳는다.) 다음 날 리아가 소아과 진료실에 갔을 때 당직 중이던 전공의는(우연히도 리아가 태어날 때 받은 의사 게리 튜슨이었다.) 이런 기록을 남겼다.

> 부모가 페노바비탈이 잘 듣자 두 배로 복용하면 더 좋을 것이라 보고 어제 두 번 먹인 듯함.

1984년 6월 20일, 닐 언스트는 소아과 진료 기록부에 다음과 같이 기록했다. (군 보건과에 복사해 보낸 부분이기도 하다.)

> 엄마가 다일랜틴은 먹이지 않겠다고 한다. 아울러 아이의 페노바비탈 복용량은 하루 두 번, 즉 60밀리그램으로 늘렸다고 한다. 그리고 테그레톨이 다 떨어져 지난 4일 동안 먹이지 못했다고 한다. 엄마가 약병이 가득 든 큰 배낭을 가져왔는데 자세히 살펴보니 반쯤 남은 테그레톨 약병이 세 개 있었다. 엄마는 그것들이 테그레톨 병인지 몰랐다고 한다. 게다가 엄마는 다

일랜틴 약병이 어떤 것인지도 알지 못했지만 약병을 내게 주며 집에서 필요하지 않다고 말했다.

여러 해가 지나 이 기록을 다시 읽으며 닐은 기록을 남길 당시 자신이 느꼈던 분노를 아직도 기억하고 있다고 말했다. 좀처럼 흥분하지 않는 것으로 유명한 그와 페기는 환자 때문에 그만큼 화를 내본 적이 없었다.

"제발 이해를 좀 하라며 부모를 마구 흔들고 싶던 기억이 나요."

페기가 말했다. 닐은 리아가 발작을 일으킬 때 푸아를 안아준 적이 몇 번이나 있었지만 리아가 생후 18개월 이후부터 3년 반이 될 때까지는 너무 화가 나서 리아의 엄마에게든 아빠에게든 별 동정심을 느낄 수가 없었다.

"리아의 엄마에겐 동정만을 표해야 했지만 그러지 못했고 계속해서 못 그럴 것 같았지요. 너무 답답했어요. 벽에다 계속 머리를 들이밀지만 전혀 앞으로 나아가지 못하는 기분이었지요. 한밤중에 호출을 받고 나가 오랜 시간 동안 엄청난 에너지를 쏟고 나도 허탈감밖에 남는 게 없는 과정이 반복됐어요. 그러니 리아를 볼 때마다 뭐랄까, '으윽, 또 한 번 좌절하겠구나!' 하는 심정이었지요. 리아가 뇌전증 지속상태가 되어 응급실로 오면 분노가 머리끝까지 치밀어 올랐어요. 하지만 그런 기분은 정맥주사를 놓기 아주 어려운 위태로운 상태의 아이를 보살펴야 한다는 두려움 때문에 금세 사라져 버렸어요."

그만큼 열심히 하고서 고맙다는 말 한마디 듣지 못하는 것도 힘든 일이었다. 감사는커녕 기껏 애를 써도 매번 원망만 듣기 일쑤였다. 닐과 페기는 리아를 치료하면서 경제적인 문제에 대해서는 한 번도 생각해본 적이 없었다. 그들이 머세드에서 일하기로 한 건 닐의 말에 따르면 "형편이 어떻든 제대로 치료받지 못하는 사람들을 돕기 위해서"였던 것이다. 리아의 가족은 리아가 받은 수백 시간의 치료에 대한 대가를 한 푼도 낸 적이 없다. 그러면서도 메디캘 제도나 닐과 페기의 치료에 고마움을 표시한 적이 한 번도 없었다. 메디캘은 상환률이 낮았기 때문에 그들의 서비스는 사실 자선 행위에 가까웠다. 당시 머세드에서 메디캘 환자를 받아주는 소아과 의사는 그들뿐이었다. 게다가 가장 비협조적인 미국인 환자일지라도 의사에 대해 기본적으로 보이는 공손함을 리 부부는 전혀 보이지 않았다. 닐과 페기가 의과대학에서 보낸 4년과 3년간의 전공의 과정, 그들이 받은 수많은 상과 그들이 쓴 수많은 저작물, 다른 신경과 의사들에게 전화로 구한 자문, 심지어 리아를 위해 머세드 공립도서관에서 몽족에 관한《내셔널 지오그래픽》의 옛 기사들을 읽었던 노력까지 모두 무시하는 듯했다. 그러나 양심적인 의사이자 헌신적인 부모인 그들로서는 (어느 아이에 대해서도 그랬겠지만) 리아가 정상 생활을 하는 데 도움이 될만한 처치를 제대로 받지 못한다는 사실이 가장 가슴 아팠다. 그리고 이런 상황이 언제까지나 계속될 것 같다는 점을 슬퍼했다. 하지만 아무리 좌절이 커도 그들은 리아를 단념한다는 생각은 한 번도 하지 않았다. 리아가 죽지 않는 한, 잘 자라 의사의 손을 떠날 때까지는 자신들이 언제든 한밤중에 응급실로 차를 몰 것임을 알고 있었다.

1984년 6월, 닐과 페기는 푸아가 임신한 사실을 알게 되었다. 그들은 아연실색했다. 그녀의 열다섯 번째 아이였다.(그때까지 잃은 아이만 여섯이었다.) 푸아의 나이는 알 수 없었지만(산모 등록 양식에는 58세라 되어 있었고

MCMC에선 아무도 의문시하지 않았다.) 닐과 페기는 그녀가 이미 폐경기를 지난 줄로 알고 있었다.

"우린 그녀가 또 임신했다는 말을 듣고서 말했어요. '이게 있을 수 있는 일이야?' 수정이 가능한 마지막 난자 하나가 남아 있다가 수정됐다고 밖에 말할 수 없었어요. 우린 이 아기는 또 어떻게 될까 겁부터 났어요. 다운 증후군을 갖게 되진 않을까, 심장병을 타고나진 않을까 걱정이 됐지요. 만일 잘못되면 우리는 한 집의 아픈 아이 '둘'을 봐야 하니까요. 리아의 엄마는 양수 검사를 거부했어요. 검사해서 아기한테 문제가 있는 줄 알아도 임신중단을 할 리 없었겠지만 말이죠."

푸아는 난관결찰 시술도 극구 거부했다. 리아를 알고 있던 간호사가 뇌전증 앓는 아기가 또 태어날까 봐 걱정해 권한 불임 시술이었다. 푸아는 임신 기간 내내 리아에게 젖을 먹였다.

1984년 11월 17일, 리아가 두 살 반 되던 날 팡 리가 태어났다. 건강하고 활기차고 완전히 정상인 여아였다. 산후에 푸아는 리아와 팡 모두에게 젖을 먹였다. 그녀는 너무 지쳐버렸고 군 아동복지과의 보고서에 따르면 "녹초"가 되어버렸다.

1985년 4월 30일, 리아가 MCMC에서 열한 번째로 퇴원한 지 나흘째 되던 날 리아의 집을 방문한 공중보건 간호사는 리 부부가 리아에게 테그레톨을 두 배로 먹이고 있다는 사실을 발견했다. 여분의 테그레톨은 전에 쓰던 페노바비탈 약병에 보관해둔 것이었다. 5월 1일, 간호사는 리아의 아빠가 "이제 테그레톨은 절대 안 주려고 한다."라고 말했다는 기록을 남겼다. 같은 날 닐은 리아가 소아과 진료에 왔을 때 이렇게 기록했다.

가족은 통역자를 통해 5일 전에 페노바비탈을 끊었다고 말했다. 아이는 퇴원한 뒤로 페노바비탈을 복용하지 못한 것으로 보인다. 엄마는 테그레톨과 페노바비탈을 함께 먹이는 건 아이한테 "너무 세다."라며 이젠 약을 안 먹이기로 했다고 말했다.

닐은 이 기록의 복사본을 군 보건과와 주 아동보호국에 보냈다. 거기엔 다음과 같은 내용도 있었다.

투약 지시에 대한 부모의 비협조적 태도 때문에 본 사례는 명백한 아동 학대, 특히 아동 방치의 범주에 드는 것으로 보입니다. [……] 처방 지시를 어떤 식으로든 따르도록 하여 아이의 발작 증세를 제어하지 못한다면 아이는 뇌전증 지속상태로 인해 돌이킬 수 없는 뇌 손상을 입어 사망할 위험이 있습니다. 처방대로 투약이 이루어지도록 하려면 아이를 위탁 가정에 맡겨야 한다는 게 제 소견입니다.

캘리포니아주 고등법원은 닐의 요청을 즉각 받아들여 리아 리를 소년법원 관할 부양 아동으로 선고함으로써 부모의 양육권을 박탈했다.

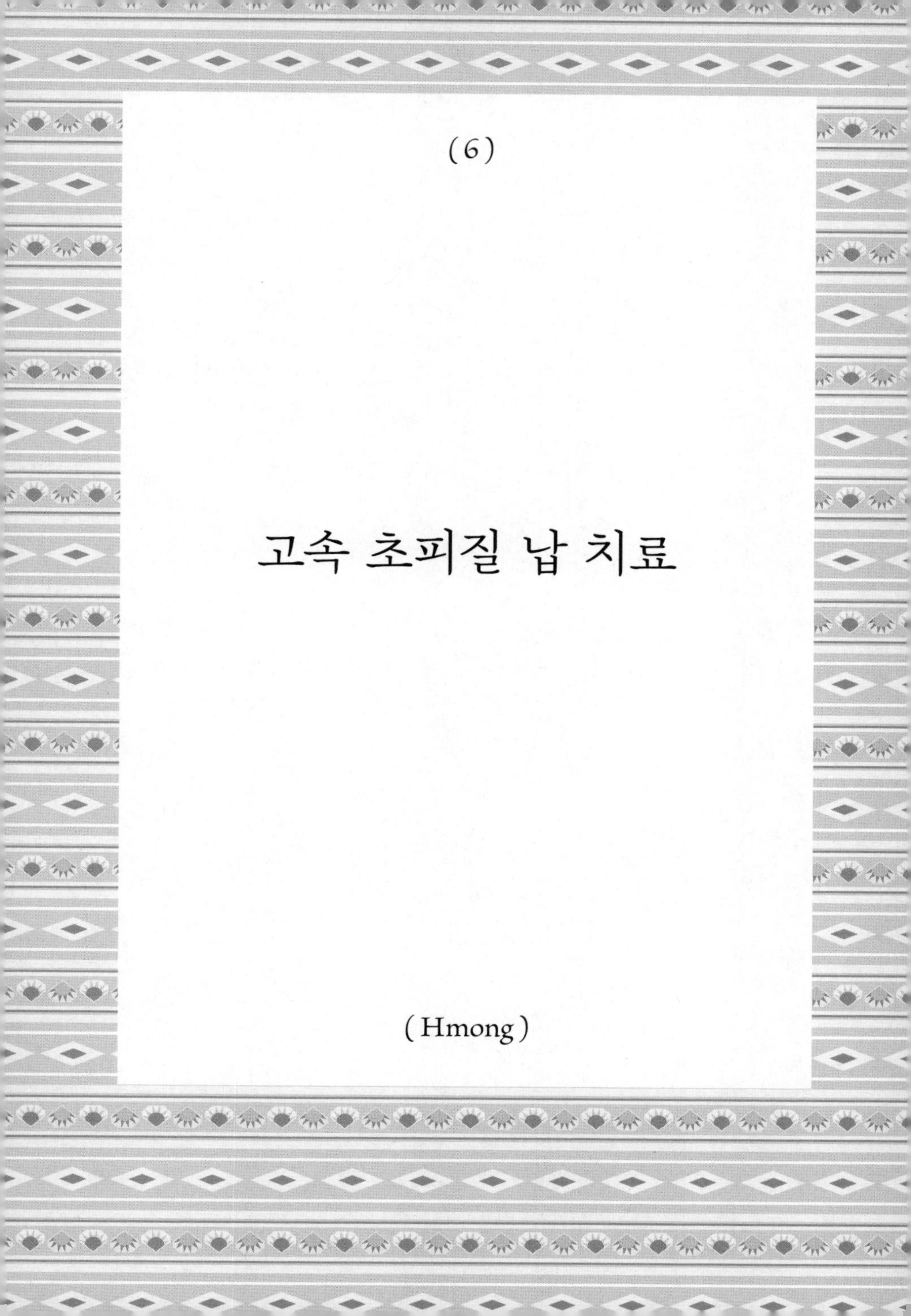

(6)

고속 초피질 납 치료

(Hmong)

태국의 난민캠프에는 미국에 간 몽족은 일자리를 못 구하고 전통 신앙도 마음대로 못 믿고 갱단한테 강탈당하고 얻어맞는다는 소문이 돌았다. 몽족 여성들은 노예로 살며 미국 남자나 짐승과 강제로 섹스를 해야 한다는 소리도 들렸다. 미국엔 유령이나 도깨비나 거인이 살 뿐만 아니라 공룡도 산다고 했다. 그렇다면 미국 생활에 대한 커다란 두려움을 호소하고자 반 비나이의 축구장에 모였던 1만 5000명의 몽족은 걱정할 다른 많은 것들을 두고 왜 하필 '의사'에 특별한 집착을 보였을까?

반 비나이 회합에 대한 자료를 처음 접한 지 1년 뒤 나는 쓰러질 듯 높이 쌓인 메모와 스크랩과 복사물을 여러 개의 서류철로 분류하다 번뜩 한 가지를 깨닫게 되었다. 자료 중엔 딱히 어느 철에 넣어야 할지 몰라 당혹스러운 것이 수백 개는 되었다.

'이걸 어느 철에다 넣는다? 약? 정신건강? 애니미즘(정령신앙)? 아니면 샤머니즘? 사회 구조? 몸, 마음, 혼의 연속성?'

나는 그런 자료를 손에 들고 주저하다 문득 내가 큰 생선국 대접에 빠져 허우적거리고 있었음을 깨달았다. 그랬다. 약이 신앙이고 신앙이 사회였다. 그리고 사회는 곧 약이었다. 그 사이 어딘가에 경제가 섞여 있었고(아파서 희생제의를 하게 되면 돼지나 소를 살 돈이 있어야 했고 없으면 빌려야 했다.) 음악도 마찬가지였다. (장례식 때 껭 연주자가 없으면 혼이 사후 여행길 안내를 못 받아 다시 태어나지 못해 친척을 아프게 할 수 있었다.)

내가 보기에 몽족의 의료관은 미국의 일반적인 그것과는 정반대였다. 미국의 의료는 점점 더 협소한 하위 전문 분야로 핵분열을 했고 각 분야 사이의 교류도 점점 줄어들고 있었다. 이에 비해 몽족은 언제까지나 전체론을 견지했다. 내 서류철 중 상호 참조할 서류들의 관계도가 점점 더 복잡하게 얽혀갈수록 의료 문제에 대한 몽족의 집착이 삶에 대한 집착과 크게 다르지 않음을 알게 되었다. 그것은 죽음에 대해서도, 사후의 삶에 대해서도 마찬가지였다.

성씨가 숑이나 리나 무아인 사람이 위통을 앓아서 가정의학센터로 찾아올 때 실은 그가 온 우주의 조화가 깨진 것을 한탄하고 있다는 것을 깨닫지 못하는 한, 머세드의 젊은 의사들은 몽족 환자를 만족시키지 못할 것이다. 그렇다면 어떻게 만족시킬 수 있을까? 반 비나이에서 드와이트 캉커굿이 했던 것처럼 MCMC의 복도에서 호랑이와 '다'의 가장행렬을 벌일 수는 없는 노릇이었다. 그들이 건강에 대한 몽족 환자의 신념 체계를 '존중'한다는 것도 무리였다. 설령 그게 무언지 알아내기 위한 시간과 통역이 있다 해도 마찬가지일 터였다. 그들이 다녔던 의과대학에선 떠도는 영혼 때문에 병이 날 수 있고 닭의 목을 따 병을 낫게 할 수 있다는 건 가르쳐주지 않았다. 그들 모두는 시신을 해부하는 데 수백 시간을 바쳤기에 얼핏 보기만 해도 무슨 인대와 무슨 인대가 다른지 대번에 알 수 있었다. 그러나 그 누구도 비교문화의학에 대해서는 단 한 시간의 교육도 받아본 적이 없었다. 그들 대부분은 근대 의학의 기본 수단인 혈액 검사나 요추천자, 수술, 마취, 부검 같은 것에 대한 몽족의 금기가 자멸적인 무지라고 느꼈다. 그들은 몽족이 이런 금기들을 자기 정체성, 심지어 자기 혼을 지켜주는 것으로 여긴다는 사실을 알 길이 없었다. 또한 의사들이 진료상의 편의로 본 것을 몽족은 냉담한 오만함으로 보았다. 그래서 의사가 하는 게 금기의 영역을 침범하는 것이 아니라 하더라도 미국에 오기 전부터 부정적인 이야기를 너무 많이 들은 몽족은 의사의 행위를 좋게 해석할 수 없었다.

나는 머세드에 사는 몽족과 얘기할 때마다 자신이나 친지가 받은 의료 처치에 대해 어떻게 생각하느냐고 물어보았다.

"MCMC 의사들은 어리고 처음이에요. 그래서 하고 싶은 것 다 해봐요. 여자 몸을 들여다보고 싶어 해요. 여자가 너무 아파하는데도 의사는 실습하는 것에만 관심이 있어요."

"어떤 여자가 막 펑펑 울어요. 의사가 자기 몸 보는 게 싫어서예요. 하지만 이 나라는 그게 법이에요. 여기 살고 싶으면 의사가 자기 몸을 살펴보는 걸 허락해야 해요."

"사람들은 의사한테 안 가는 게 좋다고 생각해요. 의사가 날 돕는 것보다 날 가지고 연구하는 데만 관심이 있다고 생각해요. 무서워요. 어쩌다 병원에 가서 의사가 하라는 대로 안 하면 의사가 아주 화내요. 의사는 하늘이에요. 의사는 우리가 난민이라서 아무것도 모른다고 생각해요."

"의사 만나려고 한 시간 기다렸어요. 부자인 미국 사람한테는 아주 잘 해주고 기다리게 하지도 않아요."

"어떤 부인이 입 안에 물집이 생겼는데 의사가 수술해야 한다고 해요.

그녀가 '아니, 난 아픈 데 먹는 약만 있으면 돼요.' 해요. 그러니까 의사는 '내가 당신보다 잘 알아.' 하는 거예요. 의사는 그녀가 부탁하는 거 완전히 무시해요."

"제 이복형이 몸이 붓고 가려워서 병원에 갔더니 의사들이 '당신은 암이니 수술해야 한다.' 그래요. 형은 수술하기로 서명을 하긴 했는데 하기가 싫어요. 그런데 저한테 서명을 다 했으니 마음 바뀐 얘기 하면 의사가 자길 감옥에 보낼 거라고 해요."

"몽족은 MCMC에서 아무것도 서명하면 안 돼요. 학생 의사들은 가난한 사람 가지고 실험하고 싶어 하고 그러다 죽이고 하니까요."

"의사가 너무 바빠요. 의사는 아픈 사람을 받아다가 건강한 사람으로 만들어요. 건강하게 못 만들면 적자가 나요. 하지만 몽족은 의사가 차분하게 설명해주고 위로해주면 좋겠어요. 그런데 그렇게 안 돼요. 의사 잘못이 아니에요. 미국 시스템이 죄지요."

여기서 인용한 사람들은 전부 영어를 하는 이들이고 머세드의 몽족 사회에서 교육을 잘 받았으며 가장 미국화된 부류에 속한다. 서양 의학을 가장 잘 이해하고 그 가치를 인정할만한 부류인 것이다. 그럼에도 이들이 본 현실은 의사들의 생각과는 크게 달랐다.

의사들 입장에서 본 현실은 다음과 같았다. MCMC는 일종의 대학 병원인데 그래서 환자에겐 더 유익할 수 있다. 유능한 지도 교수들을 영입해 계속해서 지식과 기술을 최신화하기 때문이다. 젊은 전공의들은 학생이 아니라 모두 정식 의사다. 몽족이 대기실에서 오래 기다리는 건 사실이지만 그것은 다른 사람들도 다 마찬가지다. 환자가 수술에 대해 마음을 바꿨다고 해서 감옥에 가는 건 아니다. 의사들은 환자를 대상으로 실험을 하지 않는다. 환자들이 가끔 죽기도 하지만 의사들이 일부러 그들을 죽이는 건 아니다. 그보다는 몽족이 병원을 다른 모든 방법이 실패하고 나서야 마지막으로 찾는 끔찍한 곳으로 여기기 때문에 사망률이 높다고 봐야 한다.

MCMC의 의사들은 몽족의 불만이 구체적으로 무엇인지 알지 못하지만(의사가 잘 물어보는 것도 아니고, 몽족이 잘 대답하는 것도 아니다.) 몽족이 의사를 싫어한다는 것만큼은 확실히 알며 그래서 더욱 원망스러워한다. 전공의들은 지치기 쉽고(그들은 24시간제 근무 교대를 하는데 얼마 전까지만 해도 33시간제였다.) 시간에 쫓기기 쉽지만(한 사람당 진료 시간이 15분밖에 안 되는 경우가 많다.) 그렇다고 욕심 많거나 심술궂은 건 아니다. 그들이 수입이 제일 적은 가정의학을 전공으로 택한 건 대부분 이타적인 동기 때문이다. MCMC의 전공의였던 빌 셀비지가 내게 말했다.

"물론 우리가 비뇨기과나 안과로 갈 만큼 공부를 잘하지 못해서 가정의학과를 택했다고 말하는 사람도 있지. 비뇨기과 전공의였다면 돈도 많이 벌고 한밤중에 일어날 일도 없었을 거야."

빌은 나의 대학 친구다. 내게 머세드의 몽족 이야기를 처음 해준 이도 그였다. 그는 몽족 환자들이 대단히 도전적이어서 일부 동료 의사들이 그들에 대한 최선의 치료법은 '고속 초피질 납 치료'라는 말을 한다는 얘기도 해주었다. 그게 무슨 뜻이냐고 물었더니 빌은 "환자 머리에 총을 쏴야 한다는 뜻이지."라고 했다. 빌은 동료 의사들처럼 몽족이 까다롭다고 생각하지 않는 것 같았다. 그건 아마도 그가 미크로네시아에서 2년간 평화봉사단 활동을 하며 문화 상대주의에 대해 배웠기 때문일 것이다. 또한 내게 말한 것처럼 몽족이 그의 옆집에 사는 백인 개신교 근본주의자들보다 이상한 사람들은 아니었기 때문일 것이다. 그 백인들은 텔레비전을 부숴버린 다음 그 둘레를 돌며 춤을 추었다. (그리고 그 집 아이들은 빌의 텔레비전도 부숴주겠다고 했고 빌은 정중히 거절했다.) 빌은 내가 항상 가족 주치의로 모시고 싶어할 정도의 의사였기에 머세드에 오기 전까지 나는 몽족 환자들이 왜 그에게 고마워할 줄 모르는지 이해할 수 없었다.

1980년대 초, 라오스 출신 난민들이 머세드에 정착하기 시작할 무렵 MCMC의 의사 중 '몽'이라는 말을 들어본 이는 아무도 없었다. 그들은 새로운 환자들을 어떻게 대하면 좋을지 전혀 몰랐다. 몽족은 인근의 자선단체 매장에서 얻은 이상한 옷을 입고 있었다.(치수만 맞으면 아동복을 입고 있기도 했다.) 검사를 위해 옷을 벗을 때면 여자가 남성용 팬티를 입고 있기도 하고 남자가 비키니 팬티를(그것도 핑크색 나비 무늬가 있는 것을) 입고 있기도 했다. 목에는 부적을 걸고 있었고 팔목에는 무명실을 여러 가닥 감고 있었다. 몸에선 장뇌며 멘소래담, 호랑이 연고와 약초의 냄새가 났다.

닐 언스트의 환자 중에 위통을 앓는 어린 남자아이가 있었는데 아이의 부모가 링거액을 비우고 집에서 만들어 온 녹즙액 같은 것을 담아놓는 일도 있었다. 의사들로선 내용물이 무엇인지 알 길이 없었다.

몽족 환자들은 시끄러운 소리도 많이 냈다. 때로는 병원에서 산 짐승을 잡으려고 할 때도 있었다. MCMC의 전공의였던 톰 슐트는 이런 기억을 떠올렸다.

"그들은 징 같은 걸 두드려 엄청 큰 소리를 냈어요. 그러면 미국인 환자들이 불평을 했지요. 결국 우린 그들에게 말을 해야 했어요. 징을 쳐서는 안 되고 닭 잡는 것도 안 된다고요."

닐 언스트와 페기 필립은 일부 소아 환자들의 배나 팔에 큰 동전만 한 불그스름한 상처 같은 게 있는 것을 보고 깜짝 놀랐다. 불에 덴 자국과 비슷해 보였다. 나은 데도 있고 아직 딱지가 있는 데도 있는 것으로 봐서 상처를 입은 게 한 번만이 아님을 알 수 있었다. 닐과 페기는 당장 아동보호국에 신고해 아동 학대 사례 몇 건을 발견했다고 알렸다. 사건이 법원 관할로 넘어가기 전 그들은 샌프란시스코의 한 의사를 통해 이 상처가 아시아의 여러 민족이 흔히 하는 피부 치료의 자국임을 알게 되었다. 학대의 흔적이 아니라 전통 요법의 자국으로, 조그만 컵 안을 진공 상태로 만들기 위해 동전으로 피부를 마찰하거나 알코올로 적신 솜에 불을 붙이는 일종의 부항이었다.

댄 머피는 전공의 시절 이 자국 때문에 프레즈노의 한 몽족 아빠가 감옥에 간 이야기를 들었다고 했다. 초등학생 아들의 가슴에 있는 부항 자국을 본 학교 선생이 신고를 한 것이었다. 아빠는 감방에서 목을 맸다. 이 이야기가 사실인지는 분명치 않으나 (그래도 아직 널리 떠돌고 있다.) 댄과 다른 의사들은 이 이야기를 믿었고 몽족을 잘못 다룰 경우 얼마나 큰 위험이 뒤따를 수 있는지 깨닫고 충격을 받았다.

하지만 이 밖에도 실수를 범할 일은 얼마든지 있었다! 의사들은 몽족 가족과 상담할 때 한구석에 쪼그리고 앉아 있는 노인보다는 립스틱을 바르고 영어를 할 수 있는, 미국 사람이 다 된 10대 소녀와 수월하게 의사소통하고 싶어 했다. 그러나 몽족 전통의 위계(남자가 여자보다 먼저이고 노인이 젊은이보다 먼저인 질서)를 모르고 행동하면 가족 전체를 모욕할 수 있을 뿐만 아니라 혼란스러운 결과를 낳을 수도 있었다. 결정할 권한이 있는 사람한테 질문을 던진 게 아니기 때문이다. 또 의사들은 계속해서 시선을 친밀하게 마주치려고 함으로써(공격적인 뜻으로 비치는 행동이다.) 무례해 보일 수 있었다. 어른의 머리를 허락 없이 만지는 것도(대단히 모욕적인 행위다.), 손가락을 구부려 상대를 부르는 것도(짐승에게나 하는 짓이다.) 무례한 일이었다.

MCMC의 젊은 전공의들은 자신을 소개하면서 성을 빼고 이름만 대는 경향이 있는데 그것은 몽족에게 위신이 떨어지는 행동이었다. 하얀 가운 밑에 청바지를 입는 것도, 배낭에 진료 차트를 넣어 다니는 것도, 아기들이나 쓰는 플라스틱 컵에 커피를 따라 마시는 것도 그랬다.

의사들은 몽족의 신앙을 고려하지 않다가 곤란에 빠지기도 했다. 이를테면 아기가 예쁘다는 칭찬은 절대 크게 해서는 안 된다. 그랬다가는 '다'가 엿듣고 아기의 혼을 채갈 수 있기 때문이다. 마찬가지로 17세의 몽족 여성 환자가 불임 원인을 '다'가 꿈에 나타나 침대에 걸터앉아 있거나 자신과 성행위를 하는 탓이라고 말할 때, 산부인과 의사가 정신병 진단을 내리고 그녀를 격리 병동에 보내버리는 대신 잠자코 듣고만 있었다면 다행스러운 일이었다.

그런가 하면 문화적으로 너무 민감해지려고 애쓴다고 해서 결과가 반드시 좋은 것도 아니었다. 빌 셀비지는 심한 두통을 앓는 몽족 중년 여성을 검진한 적이 있었다. 그녀의 문제가 문화적인 혼란에서 비롯됐으며 전통 치료를 통해 어느 정도 기운을 되찾을 수 있겠다고 생각한 그는 치 넹한테 가보라고 권고했다. 하지만 그가 진료기록부에 쓴 바와 같이 그녀의 생각은 달랐다.

그녀는 샤먼한테 가기를 꺼린다. 그녀가 지금은 가톨릭 신자이기도 하거니와 샤먼이나 전통 치료사를 만족시키려면 집에서 너무나 많은 닭이나 돼지를 잡아야 하기 때문이다. 그리고 전에 있던 집에서 가족 중에 누가 돼지를 잡으려다 경찰이 오고 집주인한테 쫓겨났던 일을 말하는 것으로 봐서 이미 그것을 시도해봤는지도 모르겠다.

실망한 빌은 그녀에게 아스피린을 처방했다.

머세드 병원을 자주 찾는 다른 환자들에 비해 몽족은 더 까다롭고 아픈 정도도 심했다. 그들은 고혈압, 빈혈, 당뇨, B형 간염, 결핵, 장내 기생충, 호흡기 감염, 충치의 발병률이 높았다. 라오스에서 겪은 전쟁으로 얻은 부상이나 병 또는 후유증으로 고생하는 이들도 있었다. 이를테면 총상, M16 소총을 늘 메고 다니다 생긴 만성 어깨 통증, 포탄 폭발로 인한 청각 장애 같은 게 많았다.

"그런 두통을 앓은 지 얼마나 되셨나요?"

따분한 의사의 물음에 몽족 환자는 별일 아니라는 듯 대답한다.

"머리에 총을 맞은 뒤부터지요."

다른 어느 의사는 몽족 환자의 독특한 신경병이 영양실조 때문일지도 모른다는 의문을 품었는데, 환자가 태국으로 탈출하던 몇 달 동안 정글에서 주로 벌레만 먹으며 지냈다는 사실을 알게 되었기 때문이다.

미국 입국 허가를 받기 전, 몽족은 다른 난민들과 마찬가지로 국제이주기구 소속 의사들의 의료 검진을 받는다. 의사들은 비자 신청자에 대하여 여덟 가지 전염병(한센병, 결핵, 다섯 가지 성병, 그리고 1987년 이후부터는 에이즈까지)과 여덟 가지 정신병(성도착, 정신질환, 정신이상에 의한 1회 이상의 공격 사례 등) 검사를 한 후 문제가 없다고 서류에 서명한다. 샌프란시스코 종합 병원의 난민 병원 과장을 지낸 폴 딜레이는 내게 이런 설명을 해주었다.

"이런 검사를 태국에서 면밀히 하겠거니 생각하기 쉬운데요, 실제론 검사가 10초 만에 끝나버리지요. 혈액 검사로 매독과 에이즈를, 피부 확인 잠깐으로 한센병을, 흉부 엑스레이로 결핵을 확인하는 게 전부니까요. 초기엔 암시장에서 깨끗한 엑스레이를 살 수도 있었어요. 1981년부터는 이민국 직원들이 엑스레이에다 해당자 사진을 붙이는 바람에 좀 어려워졌지만 그래도 방법이 있어요. 그리고 서류 양식에 항목이 있긴 하지만 정신질환에 대해선 검사가 아예 없어요. 초기엔 의사가 비행기 통로를 지나다니며 이상해 보이는 사람을 잡아냈지요. 그래서 가족들이 그런 사람에게는 아편을 잔뜩 먹여 재워버리곤 했어요."

딜레이는 병 때문에 입국을 거절당한 난민은 극소수지만 아픈 사람의 가족으로선 그런 일이 벌어지면 큰 낭패라는 점을 지적했다. 한 망명 지원국으로부터 '의학적인 이유로 배제된' 신청자는 다른 나라에서도 거부당할 위험이 높기 때문이다.

"이 모든 경험 때문에 난민들은 더욱 의사를 무서워하게 되었습니다."

딜레이가 말했다.

미국에 입국한 이민자에 대한 검사는 법적으로 필수가 아니기 때문에 대부분 주에서 난민 건강검진 프로그램을 운영한다 해도 몽족 상당수가 검사를 받지 않는다. 이 때문에 응급실에 가서야 처음으로 미국의 의료 시스템과 마주치게 된다. 머세드군 보건과에서는 도착 난민에게 검진 선택권을 주는데 검사는 주로 결핵과 장내 기생충에 대한 것이다. 재정이 워낙 빈약해서 상의만 벗고 하는 겉핥기 검사 수준을 넘지 못하지만 임신을 했거나 눈에 띄게 문제가 있어 보이는 난민에 대해선 병원이나 진료소에 진료 위탁을 한다.

머세드군 보건과 과장을 지낸 리처드 웰치에 따르면 보건과는 "지역에서 모두가 손 더럽힐까 꺼리는 문제를 처리할" 책임이 있다. 예를 들어 어느 몽족 가정에서 식용으로 쥐를 키운다는 소문이 들리면 공중보건 직원 하나가 찾아간다.

"그 집 아이 하나가 설사병을 앓고 있었어요. 쥐들이 옮기는 살모넬라 또는 시겔라 같은 균이 문제였어요."

보건과의 전염병 관리 담당인 간호사 캐런 올모스가 당시 상황을 떠올렸다.

"제가 그 직원한테 말했어요. '제발 무턱대고 들어가서 쥐를 보여달라고 하지 마!' 그러자 그녀는 다른 구실로 그 집을 찾아갔어요. 정말 쥐를 키우는 우리가 있었어요. 도랑에서 잡아 온 게 아니라 애완동물 가게에서 사 온 쥐들이었어요. 아주 큰 놈들이었대요. 그녀는 가족의 기분이 상하지 않도록 쥐 대신에 토끼를 길러보면 어떻겠느냐는 제안을 했죠. 저렴한 초기 비용으로 이익도 많이 내고 단백질도 더 많이 얻을 수 있다고요."

MCMC 응급실에 설사병 앓는 몽족 예순 명이 찾아오자 보건과에서 조사를 한 일도 있었다. 원인은 더운 여름날 벌인 큰 잔치에서 살모넬라균에 감염된 돼지를 잡아 여섯 시간 동안 볕에 숙성시킨 뒤 다양한 형태로 요리해(그중엔 생고기를 갈아 생피에 섞은 것도 있었다.) 내놓은 탓이었다.

1980년대 중반이 되어서야 군 보건과와 병원의 전담 직원들은 몽족을 능숙히 대할 수 있게 되었다. 그러나 가정의학과 전공의 신입은 매년 새로 들어왔다. 이들은 이국적인 진료 경험에 대한 욕심도 있고 난민 인구가 많은 머세드가 일종의 (햄버거 맛은 더 좋은) 평화봉사단 같은 곳이라는 기대를 한 만큼 실망도 컸다. 몽족 환자들은 얘기할 때 '예스' 같은 단음절만 말하며 바닥만 쳐다보곤 했다. 얼마 지나지 않아 그들은 '예스'가 환자가 공손히 듣고 있다는 뜻일 뿐 의사가 하는 말을 이해하는 것도 그 말에 동의하는 것도 아니라는 것을 깨달았다. 의사 앞에서 소극적이며 고분고분한 듯하지만(말하자면 자신의 무지를 숨김으로써 자기 위신도 세우고 공손한 태도를 보임으로써 의사의 위신도 세워주는 것이다.) 병원문을 나서자마자 모든 걸 무시해버리는 게 몽족의 전형적인 특징이었다.

통역자가 없으면 의사와 환자 모두 자욱한 안개 속에서 마구 비틀거렸고 환자가 영어를 조금 할 경우엔 의사가 유용한 정보를 얻었다는 착각에 빠지기 쉬워 오히려 더 위험했다. 통역자가 있을 땐 면담이 자동으로 두 배는 길어졌다. 때로는 세 배, 백 배로도 길어졌다. 대부분의 의학 용어는 그에 대응하는 몽족 말이 없어 수고스러운 부가 설명이 필요한 경우가 많았다. 최근에 발간된 몽영의학용어사전에 따르면 '기생충'에 해당하는 몽언어 번역은 단어 수가 스물네 개다. '호르몬'은 단어가 서른한 개고 'X 염색체'는 마흔여섯 개다. 과중한 업무에 시달리는 전공의들은 몽족과의 면담이 잡히면 겁부터 먹었다. 혹 완벽하게 해석이 되는 경우가 있다고 해도 양쪽이 서로를 정말 이해했다는 보장은 없었다. 1980년대 말 머세드에서 전공의 생활을 한 데이브 슈나이더는 이런 말을 했다.

"언어장벽은 가장 분명한 문제이긴 해도 가장 중요한 문제는 아니었어요. 제일 큰 문제는 문화장벽이었으니까요. 몽족을 대하는 것과 이외의 환자를 대하는 데는 엄청난 차이가 있어요. '무한한' 차이라고 할까요."

댄 머피는 이렇게 말했다.

"한마디로 몽족에겐 제가 가지고 있는 개념이 없었어요. 이를테면 췌장에 문제가 있어 당뇨를 앓는다는 얘기를 몽족에겐 할 수 없었지요. 그들에겐 췌장을 가리키는 말이 없거든요. 췌장에 대한 '개념' 자체가 없는 것이죠. 그들 대부분에겐 동물에게 있는 기관이 사람에게도 있다는 개념이 없어요. 사람이 죽으면 해부하지 않고 그대로 묻으니까요. 심장의 경우엔 박동을 느끼기 때문에 그들도 알았어요. 하지만 그 밖의 것, 그러니까 폐 같은 기관은 이해하기 힘든 개념이었지요. 폐를 본 적이 없는데 그 존재를 어떻게 직관으로 알겠습니까?"

몽족 환자들은 의사의 진단을 이해하지는 못해도 일단 용기를 내어 진료실을 찾아가면 '어딘가' 잘못됐다는 소리를 듣고 무언가(기왕이면 효과 빠른 항생제 같은 것)를 받아오고 싶어 했다. 하지만 의사들은 그런 기대에 부응해 처방을 내리기가 힘들었다. 몽족은 막연하고 만성적인 통증을 호소하는 경우가 많았다. 데이브 슈나이더가 말했다.

"환자가 통증을 호소하면 대개 정해진 일반적인 질문을 합니다. 이를테면 어떻게 하면 진통이 덜한지, 어떻게 하면 더한지를 물어보지요. 통증이 예리한지, 무딘지, 뚫는 느낌인지, 찢는 느낌인지, 찌르는 느낌인지, 쑤시는지, 한 군데서 다른 데로 퍼지는 느낌인지도요. 통증을 1에서 10까지라고 할 때 어느 정도인지, 통증이 갑자기 찾아오는지, 간헐적으로 찾아오는지도 물어보지요. 언제 시작됐는지, 한 번에 얼마나 지속되는지도 물어보고요. 저는 통역자를 통해 이런 질문을 몽족 환자에게 하곤 했는데요, 그럴 때마다 통역자는 어깨를 으쓱하며 '그냥 아프대요.'라고 하더군요."

제2차세계대전의 여파로 엄청난 정신적 외상을 입은 난민들에게서 신체화 장애 발병률이 대체로 높게 나타나는 것은 잘 알려진 사실이다. 이는 심리적인 문제가 신체적인 장애로 나타나는 것이다.

머세드의 의사들은 숱한 위장 촬영과 근전도, 혈액 검사, CT 촬영을 통해 몽족 환자들이 호소하는 통증이 실제인 건 분명하나 신체적인 근거를 찾을 수는 없는 것임을 알게 되었다. 그럴 경우 해줄 수 있는 것도 거의 없고 이런 환자를 대하는 것도 우울한 일이어서 '온몸이 다 아픈' 몽족 환자는 병원에서 가장 인기 없는 대상이 되었다. 나는 한 전공의가 진료 보조원에게 자기 환자를 맡기려고 설득하는 것을 보았다. 보조원이 말했다.

"아뇨, 스티브. 전 온몸이 다 아프다는 우울한 몽족 할머니는 보고 싶지 않아요. 당신의 천식 환자나 요통 환자는 받아주겠지만 그런 몽족 환자는 사절이에요!"

환자들의 호소를 진지하게 받아들인다는 사실을 보여주기 위해 일부 의사들은 '몽족 칵테일'을 처방하기도 했다. 그것은 소염제와 항우울제와 비타민 B12였다. 하지만 대체로 효과가 없었다.

"나로선 근본적으로 문제를 해결해줄 치료책이 없었지."

내 친구 빌 셀비지는 그렇게 말했다.

몽족 환자는 처방 없이 진료실을 나서면(예를 들어 감기 정도인 경우) 속았다거나 차별받는다는 의심을 하곤 했다. 그러나 처방을 받는다 해도 그대로 따라 하는지는 아무도 알 수 없었다. 가정의학과 간호사인 메리 모쿠스가 말했다.

"한 테이블스푼 정도만큼 드시라고 했다고 쳐요. 그럼 그들은 '테이블스푼이 뭐요?' 하고 물어봐요."

어떤 환자는 알약의 색깔이 불길하다며 안 먹으려 하기도 했다. 장기적인 치료(이를테면 결핵 치료 때문에 1년 동안 매일 이소니아지드를 먹어야 하는 경우)는 언제나 문제가 되었으며 특히 증상이 뚜렷하지 않을 때는 더욱 그랬다. 처방이 어떤 것이든 약병에 적힌 지시 사항은 명령이 아니라 융통성 있게 하면 되는 권고로 해석되었다.

덩치 큰 미국인들을 위해 만들어진 약이므로 자기한테는 너무 세다고 생각해 약을 반으로 잘라 먹는 이들도 있었다. 그런가 하면 빨리 나으려고 두 번씩 먹는 이들도 있었다. 의사들은 오용하면 위험할 수 있는 약을 처방할 때는 늘 두려워했다. 어느 몽족 부모는 태국에서 하와이로 가는 비행기에서 쓰라고 멀미약을 지급받았다. 부모는 뜻하지 않게 모든 자녀에게 약을 과하게 먹이고 말았다. 도착했을 때, 큰 아이들은 일어났지만 아직 아기인 막내는 죽어 있었다. 검시관은 부모가 진실을 알면 감당할 수 없는 죄책감에 짓눌릴까 봐 사망 원인을 부모의 탓이라고 단정 짓지 않았다.

차라리 몽족 환자가 입원을 하면 간호사가 투약하기 때문에 의사는 약이 적정량 투여되고 있을까 염려하지 않아도 되었다. 하지만 그 밖에도 걱정할 일은 얼마든지 있었다. 몽족은 병원 문을 들어설 때 친척을 대동할 때가 많았다. 그리고 결정에(특히 몽족의 금기를 거스르는 수술 등에 대해서는) 몇 시간이 걸리곤 했다. 아내는 남편에게 물어봐야 했고 남편은 형님에게 물어봐야 했고 형님은 집안 어른에게 물어봐야 했다. 집안 어른은 때로는 다른 나라에 있는 더 큰 어른한테 전화를 해야 했다. 응급 상황에서 의사들은 구명 처치에 대한 허락을 받아내기 전에 환자가 숨을 거둘까 봐 마음을 졸여야 했다. 허락이 떨어지지 않는 경우도 많았다. 댄 머피가 말했다.

"그들은 권위 있는 누군가가 뭔가를 시켜도 그대로 따르지 않았어요. 가만히 물러앉아 살펴보며 마음속으로 이것저것 곱씹어보다가 하기도 하고 하지 않기도 했지요. 이런 태도는 몽족이 수천 년에 걸쳐 적응해오는 동안 형성된 문화이고 아직도 나름의 역할이 있어 보이지만 의사들의 세계와 마주칠 땐 끔찍한 것이 되지요."

테레사 캘러핸은 응급실에 온 환자가 자궁 외 임신으로 당장 한쪽 나팔관을 제거해야 했던 상황을 떠올렸다.

"전 그녀에게 만일 집에서 나팔관이 터지면 병원까지 오기 전에 사망할지도 모른다고 거듭거듭 말했어요. 그리고 남편한테도, 어머니한테도, 아버지한테도, 할아버지한테도 전화를 했는데 모두 절대 안 된다는 거예요. 그들에게 문제는 나팔관이 하나만 있으면 아기를 가질 수 없을지도 모른다는 것이었고 그 말을 듣고선 막무가내로 안 된다고 했어요. 그녀는 차라리 죽겠다고 하더군요. 결국 전 그녀가 죽을지도 모른다는 사실을 알면서도 그냥 병원을 나가는 모습을 봐야 했어요."

며칠 뒤 그녀는 프레즈노에 있는 태국인 의사와 상담을 한 뒤 수술에 동의했다. 그 의사가 그녀를 어떻게 설득했는지는 알 수 없는 일이었다.

다른 몽족 여성 하나는 산통이 시작되기 전의 검사에서 아기가 거꾸로 서 있으니 제왕절개를 해야 한다는 소리를 들었다. 아기 다리부터 나오는 역아 출산은 산모도 아기도 목숨을 잃을 수 있는 위험한 일임을 그녀도 알고 있었다. 하지만 수술에 동의하기보다는 집에서 자연분만을 하는 쪽을 택했다. 하지만 결과는 실패였다. 그녀가 구급차에 실려 왔을 때 데이브 슈나이더가 당직이었다.

"새벽 3신가 4시쯤 호출이 왔어요. '슈나이더 선생님, 당장 응급실로 오세요. 역아 분만 중인 여성이 실려 오고 있어요.' 구급 의료진이 그녀를 바퀴 침대에 옮겨 밀고 오더군요. 그녀는 아무 소리도 못 내고 몹시 불안해하며 머리만 조금 움직일 뿐이었어요. 몸은 일부가 담요로 가려져 있었는데 벗겨 보니 질 밖으로 움직이지 않는 파란 다리 두 개가 나와 있었어요. 지금까지도 잊히지 않는 모습이에요."

데이브는 아기 머리 위까지 손을 뻗쳐 아기를 끄집어냈다. 엄마는 회복됐지만 아기는 산소 부족으로 죽고 말았다.

몽족 여성들은 대부분 병원에서 아기를 낳았다. 집에서 낳은 아기는 미국 시민이 될 수 없다고 잘못 알았기 때문이다. 의사들은 몽족을 다른 어느 곳보다 분만실에서 쉽게 만날 수 있었다. 그들이 워낙 아기를 많이 낳기 때문이었다. 1980년대 중반 몽족 여성의 출산율은 9.5명이었다. 인간 생식 능력의 상한선을 연구한 자료에 따르면 후터파 사람들 다음으론 최고였다. (이에 비해 미국 백인의 출산율은 1.9명, 미국 흑인은 2.2명이었다.)

젊은 몽족이 점점 미국 사회에 적응하면서 출산율이 확실히 떨어지긴 했지만 아직도 유난히 높은 게 사실이다. 몽족이 자식을 많이 낳는 데에는 두 가지 원인이 있다. 몽족 여성은 대개 10대에 혼인을 하기 때문에(때로는 열서너 살에 하기도 한다.) 출산 가능 기간이 거의 초경부터 폐경까지 이어진다. 그리고 대체로 피임을 상당히 꺼리는 편이다.

1987년 워싱턴 D.C.에 있는 응용언어학센터의 난민 문제 연구원인 도널드 레나드는 반 비나이에 갔다가 운영자들이 캠프 거주민들의 폭발적인 출산율을 떨어뜨리기 위해 피임약을 자원해서 먹는 여성에게 녹음기를 주기로 한 일을 알게 됐다. 많은 여성이 녹음기와 피임약을 받았는데 얼마 안 돼 그는 놀라운 사실을 발견했다. 아마 애초부터 먹을 생각이 없었겠지만 몽족 여성들은 피임약이 뛰어난 비료이기도 하다는 걸 알게 된 것이다. 결국 그들은 약을 갈아 채소밭에다 뿌렸고 계속해서 임신을 했다.

몽족이 다산을 중시하는 데는 여러 가지 이유가 있다. 그중에서 제일 중요한 것은 그들이 아이를 아주 좋아한다는 점이다. 몽족이 식구가 많은 것을 좋아하는 이유는 전통적으로 라오스에서 밭을 가는 데 노동력이 많이 필요했기 때문이다. 각종 의례, 특히 장례를 치르기 위해서도 자식이 많이 필요했다. 라오스에서 영아 사망률이 높았던 것도, 또 많은 사람이 전쟁과 그 여파로 죽은 것도 이유였다. 이뿐 아니라 많은 몽족은 지금도 언젠가는 라오스로 돌아가 공산 정권을 쳐부수겠다는 희망을 간직하고 있다. 그래서인지 난민캠프에서 몽족 신생아들은 흔히 전사나 간호사로 불리곤 했다. 머세드의 생활보호대상자 명단에 올라 있으면서 여덟아홉 번째나 열 번째 아이를 낳을 몽족 여성이 MCMC에 나타나면 가족계획에 대해 엄격한 직원들은 달가워하지 않았다.

"그들의 번식률은 정말 역겨울 정도지요."

진단 실력과 몽족에 대한 서슴없는 경멸과 애매한 비유로 유명한 산부인과 의사 로버트 스몰의 말이다.

"몽족은 파리 번식하듯, 복지라는 황금알 낳는 거위가 언제까지나 알을 낳을 것이라고 기대하듯 낳고 또 낳지요."

스몰은 몽족을 대단히 비협조적인 산부인과 환자들이라 평했다.

"말, 정말 안 듣지요. 늦게 찾아와서는 그나마도 오다가 안 와요. 복지 혜택을 더 받기 위해 출생 증명이 필요하지 않았다면 아예 오지도 않았을 거예요. 얼마나 무지한 사람들인지 당신도 저도 아직 다 모를걸요. 무슨 석기시대 사람들 같아요. 전에 의사한테 가본 적도 없을걸요. 난민캠프나 산속 같은 데서 아기를 낳았으니까요."

1980년대 초·중반 머세드에 쏟아져 들어온 몽족 여성들 역시 스몰이 몽족을 좋아하는 정도만큼만 의사를 좋아했다. 그러다 보니 출산 전 진찰을 피하려는 경향이 있었다.◆ 특히 그들은 남자 의사들이 하는 내진에 기겁을 했다.(몽족의 치료 체계에서 치 넹과 약초 치료사는 환자 몸에 손을 대지 않으며 이성인 환자를 치료할 수는 있어도 피부 접촉이 필요한 (지압, 침, 꼬집기, 동

◆ 많이 미국화되었지만 몽족 여성 대부분은 지금도 산전 관리를 피하다가 임신 3개월이 지나서 찾아오는 경우가 많다. 몇몇 연구에 따르면 그럼에도 그들은 대체로 정상아를 낳을 확률이 높다고 한다. 몇 가지 문화적인 요인(술과 담배를 적게 하고 영양가 많은 식사를 하는 것 등)이 유리하게 작용했을 것이다. 게다가 산부인과 의사인 라켈 아리아스가 설명한 바와 같이 다음과 같은 요인도 있을 것이다. "몽족 여성은 골반이 적당해요. 라오스에 살 때 골반이 부적당했다면 일찌감치 도태됐을 거예요. 골반이 불균형하면 자연분만을 못 해 산모가 죽었을 테니 그런 골반을 가진 사람은 남지 않았겠죠. 그리고 몽족은 서양인하고 결혼하지 않아요. 유전적으로 비슷한 사람하고만 결혼을 하니 자기 몸에 맞는 아기를 낳을 가능성이 높죠."

전 문지르기 등의) 치료의 경우에는 대개 남자가 남자를, 여자가 여자를 치료했다.) 몽족 여성들은 산통이 시작되면 끝까지 참다가 병원으로 갔다. 그래서 그들은 흔히 주차장이나 응급실, 엘리베이터에서 아이를 낳곤 했다. MCMC에선 휠체어를 몽족 분만 의자라 불렀는데, 워낙 많은 아기가 분만실로 가는 도중 휠체어에서 태어나기 때문이었다.

제때 병원에 도착한다 해도 몽족 여성들이 워낙 소리를 안 내서 병원 직원들은 해산이 임박했다는 사실을 깨닫지 못하고 산모를 분만대로 보내는 게 아니라 대기실 침대로 보내곤 했다. 이런 인내력을 우러러보는 의사들도 있었다. 데이브 슈나이더가 말했다.

"의대에서는 출산의 고통이 인간이 느낄 수 있는 통증 중에 서너 번째로 아픈 것이라 배웠거든요. 대부분의 여성은 비명을 질러요. 그런데 몽족 여성들은 소리를 안 내요. 어떻게 그렇게 잘 참을 수 있는지 모르겠어요."

하지만 산부인과 간호사들은 몽족 여성들의 침묵에 그리 감동하지 않았다. 댄 머피는 이렇게 설명했다.

"간호사들의 태도는 이런 쪽에 가까웠죠. '아기가 막 나오려고 하는데 왜 말을 안해? 뭐야, 바보라서 그래?' 제가 보기엔 화를 낸다기보다는 걱정하는 것 같았어요. 간호사들이 훈련받은 것과는 너무 다른 방식을 몽족 여성들이 보이니까요."

몽족 여성들이 보인 다른 방식 중에는 분만 때 쪼그려 앉는 것과 산도를 넓혀주기 위한 회음절개를 거부하는 것도 있다. 푸아는 라오스에 살 때도 혼자 낳는 쪽을 선호했지만 많은 몽족 여성은 뒤에서 남편이 잡아주고 손에 침을 묻혀 배를 쓰다듬어 주면서 아기가 나올 때 굿노래를 크게 불러

주는 데 익숙해져 있었다. 남편들도 의사한테 분명한 의사 표현을 했다. 전공의였던 크리스 하트윅이 말했다.

"어떤 아빠는 제가 아기의 머리가 빠져나오기 쉽게 도와주는데 제 손을 찰싹 때리더군요. 간호사들은 그가 살균한 부분을 건드렸다며 몹시 언짢아했어요. 제가 탯줄을 묶으려고 할 때 그는 탯줄을 잡으며 '이 정도는 길어야 돼요.'라고 하더군요."

아빠의 요구는 산모와 아기의 건강에 해로운 것이 아니었으므로 크리스 하트윅은 그대로 따랐다. 하지만 의사가 보기에 가장 심한 등급의 열상을 방지하기 위해 꼭 필요한 회음부 절개를 환자가, 아니, 결정권을 쥐고 있는 남편이나 아버지나 오빠가 거부한다면 어떻게 될까? 그럴 경우 남편이나 아버지나 오빠는 심하게 찢어진 회음부를 의사가 꿰매는 것도 거부할 것인가? 더 심한 경우, 태아 감시 모니터에 나타난 심장 박동이 위험할 정도로 떨어졌는데도 가족이 응급 제왕절개를 거부한다면 어떻게 될까?

라켈 아리아스에게 물어보았다. 그녀는 MCMC에서 실력도 있고 정도 제일 많은 것으로 정평이 난 산부인과 의사였다. 몽족 환자가 바라는 것과 그녀가 생각하는 의료 처치가 충돌할 때 그녀는 어떻게 할까? 그녀가 대답했다.

"저는 몽족 환자든 누구든 똑같은 기준을 적용해요. 일단 기준은 같아요. 단 몽족에겐 차선을 택할 수 있도록 하죠. 그래서 때로는 중도를 찾아 그들의 입장을 이해하려고 해요. 물론 어려운 일이긴 하지만 불가능한 건 아니죠. 때로는 설득을 해서 제가 원하는 대로 하기도 해요. 문제에 대해 계속 얘기를 하고 정말 꼭 그래야 한다고 생각하면 일이 그렇게 풀릴 수가 있지요. 최악의 경우는 태아의 건강이나 생명이 위태로운데 (우리는 태아를 이 나라의 모든 시민이 갖는 권리를 다 누려야 할 온전한 인간으로 보고요.) 가족의 신념과 관습이 제가 믿는 것과 어긋날 때죠. 그렇게 되면 정말 힘들어져요. 아주 끔찍하죠. 같은 배경에서 살아와서 뭐가 나쁜지 아는 환자, 이를테면 임신 중에 담배를 피우거나 술을 마시는 여성을 대할 때 느끼는 긴장하고는 성질이 달라요. 이건 자기네 신념과 원칙에 산모와 태아의 생활양식을 맞추려는 사람들과의 문제예요. 우리가 보기에 꼭 필요한 게 그들이 옳다고 생각하는 것과 정반대인 경우 말입니다."

라켈의 말을 들으며 나는 몽족을 돌보는 사람들이 엄청난 스트레스를 받는다는 점에 (자주 그랬듯이) 충격을 받게 되었다. 젊고 이상적이고 세심한 사람일수록 더욱 그랬다. 라켈의 경우 몽족 산모의 분만이 곤란해지면 (매니큐어를 공들여 바른) 손톱을 심하게 물어뜯었다. 머세드 봉사회의 심리 치료사로 지역 내 몽족에게 명망이 높은 수키 월러는 한동안 아침에 출근할 때마다 구토를 했다. 침착하기로 유명한 전공의 베니 더글러스는 골치 아픈 사례(위암을 앓는 몽족 할머니가 있었는데 아들들에게 수술 동의를 받아낼 수가 없었다.) 때문에 너무 흥분해서 심한 불면증을 앓아야 했다. 나는 베니가 저녁 어스름에 전공의 당직실에 혼자 맥없이 주저앉아 유아용 플라스틱 컵에 커피를 거듭 따라 마시고 무의식적으로 속눈썹을 계속 잡아당기면서 타오 부인에 대한 기록을 녹음하던 모습을 기억하고 있다. 몽족을 대하면 스트레스를 많이 받게 되는 이유가 뭐냐고 댄 머피에게 물어봤더니 이렇게 대답했다.

"의료계 경력이 얼마 안 되는 사람들은 배우는 데 어마어마한 시간과

에너지와 공을 들인 데다가 자신들이 의대에서 배운 걸 건강 문제를 다루는 유일하고 합리적인 접근법으로 알고 있어요. 제가 보기엔 그래서 아직 어린 의사들이 몽족 환자가 자기 말을 듣지 않으면 발끈하는 경우가 많은 것 같아요. 서구 의학이 할 수 있는 게 대단한 게 아니라는 뜻으로 받아들이니까요."

머세드에서 몽족 환자를 만나도 자신이 최선의 의료를 제공하느냐는 질문에 흐트러지지 않는 유일한 의사는 로저 파이프였다. 그는 1980년대 초 MCMC의 가정의학과 전공의로 있었으며 그 뒤 지역의 한 사립병원 의사가 된 사람이다. 파이프는 자기 환자의 70퍼센트는 몽족일 것이라고 보았는데 이는 지역의 다른 어느 의사보다도 높은 비율이었다. 어떻게 그렇게 인기가 좋으냐고 물어봤더니 이렇게 대답했다.

"제가 다른 의사들보다 말을 천천히 해서인가 보죠."

그의 환자들도 대답하기 어려워하지 않았다. 내 질문을 받은 몽족은 누구나 같은 대답을 했다.

"파이프 선생님은 칼질을 안 해요."

가장 중요한 사실이었다. 파이프는 몽족 여성들에겐 대체로 회음절개를 하지 않았다. 그는 그들이 왜 그걸 원치 않는지 몰랐고 이유를 물어보는 법도 없었지만 그런 원칙을 지켰다. 그리고 제왕절개도 가능하면 피하려고 했다. 그가 몽족 환자들에게 특히 사랑을 받은 것은 원하는 산모에게 아기의 태반을 봉지에 담아준 덕분이었다. 태반으로 무얼 하는지 알아서 그런 것이 아니었고 궁금해한 적도 없었다. 로저 파이프는 MCMC에선 그다지 존경받는 인물이 아니었다. 한 전공의가 내게 말했다.

"그 사람은 좀 둔하지요."

다른 전공의가 말했다.

"우리 전공의 출신 중에 그다지 똑똑한 편은 아니었어요."

또 다른 전공의가 조심스럽게 말했다.

"고만고만한 의사죠."

머세드 의사들이 자기에게 몽족 환자가 더 많이 오기를 바랄지는 의심스러운 일이다. 그렇다 해도 자기의 치료를 거부한 몽족 사회가 자신보다 부족하다고 생각하는 의사를 압도적으로 선호한다는 사실에 대해서는 분하게 생각했다. 로저 파이프는 신념이나 의도가 있어서 그런 것이 아니라 어쩌다 몽족이 중시하는 철학을 거스르지 않은 것뿐이었다. 몽족 환자들에게 미국식 의료 관행을 따르라는 강요를 하지 않는 이유가 무엇인지 물어봤더니 그는 어깨를 으쓱하며 말했다.

"그 사람들 몸이니까요."

(7)

정부 소유의 아이

(Lia)

닐 언스트는 로저 파이프와는 다른 의사였다. 그는 환자에게 두 가지 기준을 적용한다는 걸 용납하지 않았다. 미국인에겐 더 나은 기준을, 몽족에겐 그보다 못한 기준을 적용하는 것 말이다. 그렇다면 리아를 로저 파이프에게 데려갔다면 더 나았을까? 닐이 너무 비타협적이었기 때문에 리아의 건강이 더 나빠진 건 아닐까?

바로 이 두 번째 질문이 닐을 괴롭혔다. 예컨대 리아의 처방이 그만큼 자주 바뀌지 않았다면 부모가 리아에게 약을 더 제대로 먹였을 가능성이 높았다. 덜 혼란스러웠을 것이고 의사를 더 믿을 수 있었을 테니 말이다. 하지만 닐은 리아의 상태가 점점 악화되고 예측하기 어렵기 때문에 계속해서 처방을 미세하게 조정하는 게 최선이라고 확신했었다. 만일 그가 괜찮은 항경련제 하나를 골라 그것만 반복해서 처방했다면, 복잡한 처치를 기꺼이, 그리고 제대로 따를 수 있는 미국인 중산층 가정의 딸에게 해줄 수 있는 것과는 다른 치료를 리아에게 한 것이 된다. 그렇다면 어느 쪽이 더 차별적인 행동이었을까? 리아에게 다른 아이가 받을 수 있는 최선의 처치를 받지 못하게 하는 것일까, 아니면 리아의 가족이 따르기 좋은 방식으로 치료를 단순화하지 않은 것일까?

10년 전, 닐은 상황을 이런 식으로 보지 않았다. 그는 자신의 처치 기준을 낮춘다는 생각을 해본 적이 없었다. 자신이 할 일은 좋은 약을 쓰는 것이고 리아의 부모는 따라야 한다는 생각뿐이었다. 제대로 따르지 않으면 아이를 위험에 빠뜨리는 아동 학대에 해당한다고 보았다. 그는 아동보호국에 연락하는 것을 최대한 늦춰 리아의 부모에게 잘못을 바로잡을 기회를 주었고 밤마다 아내와 리아의 문제를 의논했다. '프레즈노에서 일어난 일'이 머세드에서도 일어날까 봐 두려웠던 것이다. (그와 페기는 아동 학대 누명을 쓰고 체포되어 감방에서 목을 맨 프레즈노의 몽족 아버지에 대한 소문을 믿고 있었다.)

결국 닐은 리아를 위탁 가정에 맡겨야 한다고 요청하는 것밖에 방법이 없다는 결론을 내렸다. 돌이켜보면 다른 방법도 있긴 했다. 이를테면 간호사를 리아의 집에 매일 세 번씩 보내 제대로 약을 먹이도록 하거나 몽족 사회 지도자들의 도움을 얻어 부모가 의사의 지시에 더 잘 따르도록 할 수도 있었을 것이다. 하지만 당시로서는 극복하기 힘든 절차상의 한계도 있었고 그런 생각을 하는 것 자체가 어려웠다. 나는 닐에게 이런 결정을 했을 때 그것이 리아의 가족에게 어떤 영향을 끼칠지에 대해 고민해본 적이 있느냐고 물어보았다.

"그럼요. 늘 고민했죠. 하지만 아이의 건강에 대해서만 걱정하다 보면 자신이 하는 일이 부모에게 어떻게 비칠까 하는 께름칙한 느낌은 간단히 억누를 수 있어요. 그리고 또 한 가지, 이건 페기 말고 저 혼자만의 생각인데요, 저는 한 가지 교훈이 필요하다고 느꼈어요. 편견일지도 모르지만 이 말만은 하는 게 좋겠어요. 저는 몽족이 서양 의학의 어떤 부분은 자기네 것보다 낫고 또 아이 목숨이 걸린 이상 따라야 할 규칙이 있다는 걸 이해하는 게 중요하다고 봤어요. 이 메시지가 그들 사회에 전해져 거기서 벗어난 행동은 용납되지 않는다는 걸 알리고 싶었어요."

리아의 부모가 리아의 건강을 위태롭게 한다는 판단이 섰을 때, 아동보호국에 이를 보고하는 것은 닐의 권한이자 의무였다. 그가 만일 보고서를 제출하지 '않았다면' 그 자체가 범법일 수 있는 일이었다. 아동 학대를 보고하지 않는 건 마흔네 개 주에서 처벌받을 수 있는 위법 행위이며, 캘리포니아도 마찬가지였다.

의사들은 (다른 보건 종사자나 교사, 보모나 경찰과 더불어) 아동 학대 사례를 접할 가능성이 높다. 그 때문에 미국의 쉰 개 주는 아동 학대 보고서를 제출한 사람이 민형사상으로 고발당하지 않도록 아동복지법에 면책 조항을 두고 있다. 이것은 보고 사례가 아동 학대로 밝혀지지 않아도 마찬가지다.

만일 리아의 부모가 자신들의 행동을 변호할 만큼 미국 내 물정을 알았다 해도 두 사람이 문화 또는 신앙상의 이유(이에 대해 닐은 아는 바가 거의 없었다.)로 리아에게 약을 먹이지 않으려 한 사실은 법정에서 거의 참작되지 않았을 것이다. 아이가 결부되지 않은 경우라면 문제가 다르다. 자기 결정 능력이 있는 성인이라면 자율의 원칙이 선행의 원칙보다 거의 항상 우선순위에 오게 된다. 다시 말해 목숨을 잃는 한이 있더라도, 예컨대 여호와의 증인 신도는 수혈을 거부할 권리가 있으며 크리스천 사이언스◆ 신도는 화

◆ 신앙의 힘을 통한 치유를 믿는 개신교 일파.—옮긴이

학 요법을 거부할 수 있는 것이다. 그러나 미성년자의 경우엔 가족의 종교가 금지하는 의료 처치 방법이라도 따르도록 할 (의무에 더 가까운) 권리를 국가가 갖는다. 1943년 대법원 판사 로버트 잭슨은 판결문에서 이렇게 말했다.

> 부모 자신은 순교자가 될 자유가 있다. 허나 같은 상황에서 자기 자녀를 순교자로 만들 자유가 있는 것은 아니다.

근본주의 종파 소속의 부모가 신앙의 힘으로 자식을 치료하려다 죽게 만든 죄로 감옥살이를 한 경우가 여러 번 있었다. 크리스천 사이언스의 경우엔 수감된 적은 없지만 과실치사나 아동 위험 방치 혐의로 유죄 판결을 받고 벌금과 집행유예, 사회봉사가 복합된 형을 선고받은 적이 몇 번 있다.◆ 그나마 비교적 주류에 속하는 종파를 믿는 경우에도 이런 판결이 계

◆ 1996년, 대법원은 '매콘 대 룬드먼 사건'의 상고를 기각했다. 이 사건은 당뇨병 환자였던 열한 살 이언 룬드먼의 어머니와 의붓아버지 매콘, 그리고 크리스천 사이언스 신도 두 사람이 아이에게 인슐린 대신 기도로 치료를 시도하다 아이가 혼수상태에 빠져 사망하여 일어난 소송이었다. 신도가 아니었던 아이의 친아버지는 150만 달러의 손해 배상을 받았다. 이는 자녀의 사망에 대해 이 종파를 상대로 배상을 받은 최초의 사례였다. 대법원은 판결에 대한 상고를 기각함으로써 신앙 치료를 동정할 마음이 없음을 보였다. 대중의 여론은 대법원을 지지하고 크리스천 사이언스를 비난했지만, 《뉴욕 타임스》에 예일대학교 법학과 교수인 스티븐 L. 카터의 흥미로운 이견이 사설로 실렸다. 카터는 최근의 갤럽 설문 조사에 따르면 미국인 다섯 중 넷은 기도가 병을 낫게 할 수 있다고 믿으며 거의 절반은 자신이 기도로 나은 적이 있다고 생각한다는 점을 지적했다. 그는 다음과 같이 냉소적으로 글을 맺었다. "대법원은 이번 사건에 개입하기를 거부함으로써 안타깝게도 일반화된 사회의 메시지를 강화하였다. 바로 기도가 실제로 이루어지리라 믿지 않을 정도로만 기도의 힘을 믿는 것은 괜찮다는 생각 말이다."

속되었다. 따라서 리 부부가 자신들은 딸이 혼을 잃어버렸기 때문에 병이 났으며 짐승을 제물로 바치면 병을 더 잘 치료할 수 있다고 믿는 무속적인 정령신앙 숭배자라는 사실을 호소했다고 해서 판사가 감동했을지는 의심스러운 일이다.

닐은 리아의 부모를 고소할 뜻도 없었고 소송을 제기한 적도 없었다. 그가 원한 것은 다만 리아를 다른 사람의 손에 맡겨 자신이 처방한 대로 약을 먹게 하는 것뿐이었다. 그리하여 1985년 5월 2일, 리아는 두 자매가 운영하는 위탁 가정에 맡겨져 발작을 일으킬 때마다 거실 바닥에 있는 유아용 카시트에 묶이게 되었다.

2주 후 리아는 집으로 돌아왔고 부모에겐 마지막 기회가 주어졌다. 하지만 혈액 검사 결과에서는 계속해서 테그레톨이 처방된 양보다 적게 투여된 것으로 나타났다. 그러자 아동보호국 머세드 지부는 캘리포니아주 고등법원에 다음과 같은 소송을 제기했다. "소년법원 관할 법률의 적용을 받는 리아 리 문제에 관하여"라고 시작되는 소장은 다음과 같은 내용을 담고 있었다.

원고는 본 사건에 대하여 다음과 같이 알고 있고 믿고 있는 바에 따라 진술합니다.

(1) 상기한 미성년자의 주소지는 이하와 같습니다. 캘리포니아주 머세드 이스트 12번가 37번지 A호.

(2) 본 미성년자는 1982년 7월 19일생으로 생후 2년 11개월인 자입니다.

(3) 본 미성년자는 캘리포니아주 소년법원 법 A 부칙 300조의 다음 경우

> 들에 해당합니다. 본 미성년자에게는 부모의 적절하고 효과적인 보살핌이 필요하나 부모에게는 그런 보살핌을 제공할 의사나 능력이 없습니다. 본 미성년자는 복잡한 발작 장애를 앓는 뇌전증 환자인데 부모는 처방 수준 이하의 약만 투여하고 있습니다. 부모가 의료 지시를 제대로 따르지 않은 결과, 본 미성년자는 여러 차례 입원한 바 있으며 생명이 위태로울 정도의 심각한 발작을 여러 번 일으킨 적도 있습니다. 의사는 본 미성년자의 생명을 구하기 위해 본 시점에 부모의 집에서 격리시킬 필요가 있다고 말합니다. 본 미성년자의 신체 건강은 상당한 위험에 처해 있는 상태이며 본 미성년자를 부모의 보호로부터 격리시키지 않는다면 본 미성년자의 신체 건강을 지킬 합당한 수단이 없는 실정입니다.

소장에는 다음과 같은 내용도 있다.

> 따라서 원고는 법원에서 본 미성년자를 소년법원의 부양 아동으로 지정해 주실 것을 바라는 바입니다.

6월 26일, 리아는 집에서 격리되었으며 이번엔 적어도 6개월을 부모와 떨어져 있어야 했다. 부모는 리아를 데려간다는 통보를 미리 받지 못했다. 아동보호국 직원들이 왔을 때 푸아는 친척을 방문하느라 집에 없었다. 몇 년 뒤 나오 카오는 통역을 통해 내게 이렇게 자초지종을 말했다. (그는 수 숑이라는 몽족 통역자와 함께 온 사회복지사들을 경찰로 보았다.)

"경찰이 와서 리아를 데리고 갔어요. 우리가 리아한테 약을 안 준다고 수가 의사에게 말했고 그 때문에 의사들이 화가 나서 리아를 데려간 거였어요. 저는 아주 화가 났어요. 통역자를 죽일 뻔했지요. '이 아이는 사랑하는 내 아이야.'라고 말했지요. 경찰은 리아가 6개월 동안 '정부 소유'라고 했어요."

푸아는 이렇게 말했다.

"집에 와보니 남편이 말하기를 사람들이 아기를 데려갔고 어디로 데려간다는 말도 해주지 않았다고 하더군요. 영어를 모르니 어떻게 해야 할지, 무슨 말을 해야 할지 알 수 없었어요. 친척 어른들께 말했더니 이러시더군요. '그 사람들이 아이를 데려갔으며 너희가 할 수 있는 건 아무것도 없다.' 저는 얼마나 울었던지 눈이 멀어버리는 줄 알았어요."

MCMC 전공의들 가운데 닐이 리아를 가족으로부터 격리시켰다는 사실을 아는 이가 거의 없다는 건(응급실에서 리아를 여러 번 돌봤기 때문에 여러 해 뒤에도 리아의 병에 대해 자세히 떠올릴 수 있었던 사람들도 마찬가지였다.) 흥미로운 일이었다. 그들은 이 얘기를 듣고 대안을 제시하지는 못해도 닐의 결정에 하나같이 반대했다. 닐이 이 사실을 일부러 숨긴 건 아니었다. 격한 감정을 불러일으킬 수 있는 문제는 거론하지 않는 게 그의 습성이었고 두렵거나 확신이 서지 않는 문제에 대해서는 더욱 그랬다. 그는 아내에게가 아니면 이런 문제를 이야기하는 법이 없었다. 댄 머피는 리아가 위탁가정에 맡겨졌다는 말을 듣고서 깜짝 놀랐다. 댄은 이렇게 말했다.

"그럴 정도였다면 닐이 정말 절박했다는 거예요. 아이를 잘 돌보는 부모한테서 아이를 빼앗았다는 얘기는 처음 듣네요. 아시다시피 대개는 고의성이 있을 정도로 아이를 너무 방치하거나 실제로 해롭게 하는 경우에만 아이를 데려가거든요. 만일 제가 남의 나라에 가서 제가 이해하지 못할 이유로 아이를 빼앗긴다면, 적어도 저는 폭력적인 대안을 찾아볼 거예요."

머세드 몽족 사회에서는, 특히 리 씨와 양 씨라면 누구나 이 사건에 대해 알게 되었다. 리아를 어딘가로 데려가 버렸다는 소식은 많은 몽족이 의심하고 있었던 것들을 사실로 믿게 만들었다. 의사는 믿을 수 없는 존재이며 다른 강압적인 세력과 한패라는 인식이었다. 이것이 그들이 얻은 교훈이었으며 이는 닐이 바라던 교훈과는 다른 것이었다.

이 사건이 있은 지 오랜 후에 나는 공중보건과에서 일하는 통역자 키아 리와 쿠아 허에게 이 문제를 어떻게 생각하느냐고 물어보았다.(키아는 여자고 쿠아는 남자다.) 둘은 사건을 잘 기억하고 있었다. 키아는 완곡하게 말했다.

"리아를 데려가지 말았어야 하지 않나 싶어요. 옳지 않은 일이었는지도 몰라요. 부모는 아이한테 해를 끼치려고 한 게 아니에요. 좋은 부모가 되려고 애를 썼죠. 라오스에서 아이를 많이 잃었고, 리아를 아주 사랑했어요. 라오스에선 부모가 아이를 100퍼센트 책임져요. 그러니 고아가 아닌 이상 어떻게 애를 데려가게 둘 수 있겠어요?"

쿠아는 더 날카롭게 이야기했다.

"아동보호국에서 아이를 데려갈 필요가 없었어요. 부모가 아이를 돌보지 않는다면야 데려가도 문제될 게 없지요. 그런데 리 부부는 다른 아이들보다 이 아이를 더 아꼈거든요. 애 엄마가 얼마나 울었는지 몰라요. 아빠는 울지는 않았지만 정말 화를 냈어요. 몽족 남자는 아무리 슬퍼도 울지 않지요. 라오스에선 이런 일이 있다는 얘기를 들어본 적이 없어요."

미네소타주에 사는 의사 캐슬린 앤 컬헤인페라는 「문화적 신념과 권력역학의 분석」이란 인류학 석사 논문에서 소아과 처치에 대한 몽족의 태도를 다음과 같이 요약했다.

> 몽족 부모는 자식의 안녕과 치료에 대한 결정을 부모가 책임져야 한다고 생각한다. 부모가 자식을 낳고 신체적으로 요구하는 것을 제공해주고 사랑하기 때문에 자식의 치료에 대해서도 결정권을 갖는다. 친척들은 아이를 사랑하기에 가족의 일원으로서 부모가 최선의 선택을 할 수 있도록 도울 수 있다. 집안에서 존경받는 어른들도 부모가 심각한 상황에서 어려운 결정을 할 때 돕는다. 하지만 의사는 가족이 아니기에 자식 문제에 대해 결정권이 없다. [……] 의사가 부모의 책임을 넘겨받아 부모의 허락 없이 처치할 경우, 의사는 결과에 책임을 져야 한다. 그러다 아이가 죽으면 의사의 책임이다. 그 경우 어떻게 책임을 지겠는가? 사람 목숨을 무엇으로 보상할 수 있겠는가?

의사와 부모가 계속해서 협상을 한다면 서로 의견이 달라도 갈등은 신념 체계의 차이로만 그칠 수 있다. 그러나 "경찰이 불려 오고 법원의 명령을 받게 되면 차이는 새로운 차원으로 발전하게 된다."라고 컬헤인페라는 썼다.

> 차이는 더 이상 신념의 문제가 아니라 권력의 문제가 되는 것이다. 의사는 경찰을 부르고 국가 권력에 접근할 수 있는 힘을 갖고 있지만 몽족에겐 그

런 힘이 없다.

몽족은 역사적으로 권위에 대해 워낙 저항적이었기 때문에 자유의 명성 때문에 택한 나라에서 힘을 박탈당하면 몹시 당황하고 분개하게 된다. 의사가 법원의 명령을 받아오는 바람에 아픈 자식이 강제로 요추천자를 당해야 했던 한 부모는 컬헤인페라에게 이렇게 말했다.

"미국이 우리 본국보다 더 공산주의 나라 같아요."

비슷한 경험을 한 다른 부모는 화가 나서 이렇게 말했다.

"우리가 기술이나 사람의 건강이나 몸에 대해 아무리 모른다고 해도 경험을 통해서 아는 게 있어요. 나는 의사가 사람을 짐승처럼 다루는 게 싫어요. 짐승은 몰라도 사람은 알잖아요. 인간이면 다 아는 걸 우리도 알아요. 우린 난민 신세지만 의사하고 다를 게 없는 인간이란 말이에요."

아동보호국은 아이를 부모로부터 격리시킨 뒤 이틀 안에 소명서를 제출해야 하고 대개 제출한 다음 날 청문회가 열린다. 그래서 나오 카오는 1985년 6월 28일 국선변호사와 함께 법정에 출두했다. 통역자가 있었는지는 아무도 기억하지 못했다. 판사는 아동보호국의 청원을 받아들여 리아를 부모로부터 격리시키기로 했다. 판결에 불복하는 게 가능하다는 사실을 몰랐던 나오 카오는 동의한 것으로 기록되어 있다. 그리하여 "사건 번호 15270의 처분"에 따라 리아는 위탁 가정에 6개월 동안 있어야 했고, 이 기간은 닐이 리아의 발작 장애를 안정시키는 데 필요하다고 본 최소한의 시간이었다. 리아의 부모는 일주일에 한 번씩 딸을 방문하는 게 허락되었는데 그나마 그것도 한 달이 지나서야 가능한 일이었다. 당시 일반적이던 절차에 따라 제정신이 아닌 부모가 자식을 당장 되찾아오려고 하는 행동을 방지하기 위해 아동보호국은 리 부부에게 딸의 행방을 몇 주 동안 알려주지 않았다.

“한 달이 지나서 저는 영어 하는 사촌을 찾아가 경찰에 전화해서 리아가 어디 있는지 알아봐 달라고 했어요. 집사람이 미칠 것 같았으니까요.”

부모가 의사의 처방에 순순히 따를 것이라는 확신을 줘야만 6개월 뒤에 리아는 가족과 재결합할 수 있었다. 이 경우 아동보호국은 부모를 도울 것이었다. 하지만 리아를 집으로 돌려보내는 게 안전하다는 판단을 법원이 1년 안에 내리지 않을 경우, 부모는 아이의 양육권을 영영 잃을 수 있었다.

리아에게 마땅한 위탁 가정을 찾아주는 일은 아동보호국의 책임이었다. 리아의 담당 사회복지사는 특별 가정 위탁이란 양식을 작성했다. 이것은 특이한 병이나 행동 장애가 있는 아동에게 필요한 것이었다. 그녀가 동그라미 쳐둔 행동 장애 칸에는 다음과 같은 글들이 적혀 있었다.

> 한두 번 이상의 심한 발작으로 지난 1년 안에 신체적 부상을 입은 바 있음.
> 지난 한 해 동안 여섯 건 이상의 경미한 [재물] 손괴를 입힌 바 있음.
> 적어도 한 달에 한 번은 자해 행동(깨물고 할퀴기)을 보임.
> 뜻대로 안 되면 공격적이거나 적대적으로 변함.
> 사회적 행동에 참여하지 않음.
> 어떤 환경에서든 과잉 행동을 보임.
> 어떤 상황에서든 저항적인 모습을 보임.
> 매일 짜증을 부림.

담당 복지사는 문제 행동을 점수로 환산하고 합산해 심각한 정도를 40점(최선)부터 70점(최악)에 이르는 표로 나타냈다. 하지만 리아의 점수는 81점에 이르며 표를 벗어나고 말았다. 리아가 괜찮은 (아니, 완벽한) 점수를 받은 범주는 '우울 행동을 보이는 경우는 없다.', '애정에 적절히 반응한다.', '애정을 적절히 표현한다.'밖에 없었다.

리아가 집에서 격리되기 하루 이틀 전, 코르다 부부는 아동보호국의 전화를 받았다. 이 부부는 머세드에서 40킬로미터 떨어진 곳에 살고 있었고 위탁 부모로 선정된 지 얼마 되지 않은 부부였다.

"뇌전증을 앓는 두 살배기 몽족 여아가 있는데요, 맡아주실 수 있겠어요?"

사회복지사가 물었다. 임신 5개월째며 자녀 넷을 둔 디 코르다는 '몽'이란 단어를 처음 들어보았다. 처음으로 다른 위탁 아동을 맡아 데리고 있기도 하던 그녀는 "그럼요."라고 대답했다. 몇 년 뒤 디는 이렇게 말했다.

"의욕이 대단하던 때라 어떤 애라도 맡을 각오가 되어 있었지요."

코르다 부부를 처음 만날 때 나는 좀 이상하다 싶었다. 전화를 했더니 디가 제일 먼저 한 말이 "푸아와 나오 카오는 잘 지내나요? 그 사람들 참 좋죠?"였던 것이다. 그때까지 나는 미국인치고 리 부부에 대해 좋은 말을 하는 사람을 만나보지 못했으며 생부모와 양부모는 자연스레 적이 된다는 통념을 품고 있었다. 복숭아 과수원과 아몬드 과수원이 곳곳에 눈에 띄는 농장촌에 있는 코르다 부부의 기다란 단층집에 도착한 나를 제일 먼저 맞아준 것은 커다란 개 몇 마리였다. 디와 톰이 다섯 자녀와 정서적으로나 지적으로 장애가 있는 여섯 위탁 아동의 도움을 받아 맹인 안내견으로 기르고 있던 녀석들이었다.

함께 거실에 앉자마자 디는 리아의 그림이 가득한 작은 스케치북을 보여주었고(그녀는 돌봐준 모든 아이들의 스케치북을 하나씩 간직하고 있었다.) 들락날락하는 온갖 연령과 인종의 아이들을 안아주었다. 리아는 코르다 부부의 집에 도착한 뒤로 열흘을 내리 울기만 했다고 한다. 디가 말했다.

"리아는 제가 본 아이 중에 숨을 들이쉴 때도 내쉴 때도 내내 울 수 있는 유일한 애였어요. 내쉴 때도 울고, 들이쉴 때도 울고, 그것도 소리가 얼마나 큰지. 아무튼 계속 울기만 했어요. 전 리아가 엄마 아빠 때문에 운다는 걸 알았어요. 애가 말은 안 해도 말이에요. 욕조에 누워 있던 애가 갑자기 몸을 꼬면서 어쩔 줄 몰라 하는 두렵고 슬픈 표정을 짓고 있을 때도 있었어요. 어떤 때는 우리에 갇힌 짐승처럼 문을 마구 두드리며 '나! 나! 나! 나!'라고 외치기도 했지요. 지금은 그게 몽족 말로 아빠라는 걸 알지만요." (실은 리아가 '냐'라고 발음했을 것이고, 그건 엄마를 뜻한다. 아빠는 '치'라고 한다.)

코르다 부부는 몽족 말을 몰랐기 때문에 말로는 리아를 달랠 방법이 없었다. 도움이 되는 유일한 행동은 쉬지 않고 신체 접촉을 하는 것뿐이었다. 낮이면 디는 리아를 등에 업고 당시 9개월이던 막내 아이를 앞에 안았다. 밤이면 리아는 대개 코르다 부부의 침대에서 잤는데 침대 폭이 3.2미터나 되어 식구들 상당수가 함께 잘 수 있었다. 리아가 아직 젖을 떼지 않았다는 것을 안 디는 리아를 도저히 달랠 수 없을 때면 자기 아기 곁에 리아를 누이고 젖을 먹였다.

"리아를 진정시키려면 그 애가 바라는 대로 하는 방법 외엔 없었어요. 리아는 그렇게 자랐으니까요. 아주 특별한 아이여서 집에서 공주처럼 하고 싶은 대로만 했어요. 리아는 고집이 셌지만 정말 귀여웠어요. 무릎에 앉혀 두면 안기면서 얼마나 예쁘게 구는지 몰라요. 처음엔 우리가 아무리 잘하려고 해도 받아주지 않더니 차츰 우릴 좋아하기 시작했어요. 리아는 남을 좋아할 줄 알았고, 남들이 자길 좋아하게 만들 줄도 알았죠. 리아와 함께 있게 된 건 축복이었어요."

아동보호국 복지사인 지닌 힐트는 이 기간 동안 코르다 부부의 집을 자주 방문했고 복지 서비스 대면 접촉 기록을 작성했다. 이 기록을 보면 코르다 부부와 리아가 친해지기 전에 리아가 어떤 행동을 보였는지 어느 정도 짐작할 수 있다. 다음은 그 기록의 일부다.

> 리아의 문제는 대단히 행동적임. 계속 울고 몹시 불안해하며 화를 잘 냄.
> 새벽 2시부터 5시까지 (발을 차며) 쉬지 않고 울기도 함. 그럴 땐 달래도 소용없음. 가족이 다 어쩔 줄 몰라 함.
> 짜증을 냄. 음식을 거부함. 디를 보자 팬티를 벗고 오줌을 눔.
> 바닥에 똥을 눔.
> 자기 입술을 깨물었음.
> 나흘 내내 울고 있음. 똥칠을 함.
> 다시 심하게 욺. 옷을 벗고 바닥에 오줌을 눔. 닥치는 대로 물건을 부숨.
> 안정제가 필요했음.

리아는 "멍들게 하거나 꿰매게 할 정도로 다른 아이에게 상처를 입힌 사례가 많고", "위험한 것, 즉 뜨거운 물이나 욕조, 높은 곳, 수영장 등"에 가까이 가지 않도록 계속 감시할 필요가 있었다. 또 코르다 부부가 "지극히 높은 수준의 보살핌"을 제공하고 있음에 주목한 지닌 힐트는 캘리포니아 주 인적자원국에 디와 톰에게 리아를 돌보는 대가로 월 1000달러라는 높은 보수를 지불해주길 바란다는 청원을 했고 이는 받아들여졌다. 그때까지 리아의 집에는 자녀 아홉 중 부모와 함께 사는 일곱 자녀에게 월 790달러의 복지 수당이 지급되었고 뇌전증을 앓는 리아에 대해서는 장애 명목으로 84달러가 추가로 지급되고 있었다.

지닌 힐트는 인적자원국에 디 코르다가 매주 2회에서 5회 정도 리아를 병원에 데려가 의사와 면담한다는 사실도 보고했다. 디는 처방대로 항경련제를 먹였으나(리아를 강제로 붙들고 먹이다가 다 토하는 바람에 다시 먹여야 하는 경우도 있었다.) 리아의 발작은 멈추지 않았다. 오히려 가족과 함께 살 때보다 코르다 부부의 집에 와서 더 자주 토했다. 리아는 코르다 부부의 집에서 가장 가까운 도시인 털록에 있는 이매뉴얼 의료센터에 네 번이나 입원했고 한번은 거기서 MCMC로 이송되었다. 그때 디는 MCMC에 대해 나쁜 인상을 받았다. 디가 말했다.

"MCMC 간호사들은 리아한테 부드럽게 말할 줄 모르더군요. 리아가 침대를 더럽히니까 '아니, 이게 뭐야.'라는 식의 반응이었어요. 요양원에서 노인들한테 하듯이 팔다리를 묶기도 하고요. 모욕적인 처사였어요."

털록의 의사들은 리아의 처방을 몇 번 변경했다. 처음에는 페노바비탈을 빼더니 다음엔 테그레톨을 뺐고 다일랜틴과 데파킨과 리탈린은 조합을 여러 번 바꾸었다. 디의 말로는 새로운 처방이 부작용이 적었다.

"테그레톨과 페노바비탈은 리아에게 최악의 조합이었어요. 정말 최악이었어요. 그것들을 먹으면 리아는 취해서 제대로 걷지를 못했어요. 그래서 리 부부도 그 두 약을 리아한테 주지 않았던 것 같아요. 그러다 리아가 발작을 일으키면 다들 부모 탓만 했던 거지요."

리아의 근육 협응능력은 좋아졌지만 발작은 계속되었다.

리아의 부모는 딸이 어디 있는지 알고 나서부터 자동차를 가진 조카가 태워줄 수 있을 때마다 리아를 찾아갔다. 부모가 처음 찾아갔을 때, 디는 푸아가 그랬듯이 리아를 안고 있는 모습과 리아가 가족 침대에서 함께 어떻게 자는지를 보여주었다. 코르다 부부의 아이들은 리 부부의 아이들에게 목욕 가운을 빌려주었고 두 집 아이들은 함께 뒤뜰 풀장에서 물놀이를 했다. 팡은 디의 아기와 함께 잔디밭을 기어 다녔다. 리 부부의 열두 살 난 딸 메이는 코르다 부부의 열 살배기 딸 웬디와 친구가 되어 코르다의 집에서 일주일 동안 지내기도 했다. 푸아는 몽족의 아기 포대기에 수를 놓아 디에게 선물했다.

몇 달 뒤, 디는 리아를 데리고 의사를 만나러 갈 때 자기 아기를 푸아에게 맡기기 시작했다. 이는 아마도 아동보호국 역사상 위탁 가정의 엄마가 아동 학대 가정의 엄마에게 자기 아기를 봐달라고 한 최초의 사례일 것이다. 코르다 부부는 리아를 부모한테서 떼놓은 것이 아동보호국의 실수임을 곧 알게 되었다. (물론 디가 이런 말을 했을 때 아동보호국에선 인정하지 않았다.) 디는 이렇게 말했다.

"전 리아한테 정이 들었지만 리아는 자기 집으로 꼭 돌아가야 할 애였어요. 푸아와 나오 카오는 워낙 따뜻하고 자상한 사람이었고 그 아이를 너무 사랑했어요. 정말 안타까운 일이죠. 그들은 위탁 가정 프로그램의 대상이 돼선 절대 안 되는 가족이었어요."

나와 처음 만날 때까지 디는 전부 서른다섯 명의 위탁 아동을 맡았었는데, 대부분이 부모한테 이런저런 학대를 심하게 당하던 아이들이었다. 그 중에서 리아는 디가 가족과의 재결합을 권한 유일한 아이였다.

리 부부가 코르다 부부의 집을 방문하고 돌아갈 때마다 리아는 함께 차에 타려고 안간힘을 썼고 차가 그냥 떠나버리면 기절할 듯 울었다. 나오 카오는 내게 이런 말을 했다.

"그 가족은 리아를 잘 돌봐줬고 정말 좋아했어요. 하지만 아이가 우릴 너무 그리워해서 더 마음이 아팠어요. 우리도 리아가 너무 보고 싶었어요. 애가 얼마나 보고 싶었는지 설명할 길이 없어요."

푸아는 이렇게 말했다.

"리아가 없는 침대는 휑했어요. 제가 너무 사랑하고 밤엔 언제나 안아주고 혼자 울게 내버려두지 않은 아이였어요. 그런 아이가 없으니 전 밤마다 울어야 했어요."

리아가 가족으로부터 격리된 지 두 달 뒤, 나오 카오는 담당 사회복지사에게 리아를 되찾지 못하면 자살하고 말 것 같다고 말했다. 넉 달 뒤, 나오 카오는 집에 돌아왔다가 푸아가 자기 몸에다 칼을 들이대고 있는 모습을 보게 되었다. 그는 칼을 빼앗아 치워버렸다. 그로부터 한 달 뒤, 지닌 힐트는 사례 기록부에다 푸아가 히스테리 증세를 보이며 또 자살 위협을 했다고 적었다. 아동보호국에선 온 가족을 정신병원에 수용할 것을 고려했지만 결정을 내리진 못했다.

리아는 6개월이 지나서도 돌아오지 못했다. 그건 리아의 부모도 예상하던 바였다. 1985년 12월 18일, 재결합 청문회에서 법원은 푸아와 나오 카오가 딸의 처방전을 따를 능력을 입증하지 못했다는 판결을 내렸다.

그 첫 번째 이유는 8월에 그들에게 제시된 사회봉사 계획 서류에 서명하길 거부한 것이었다. 재결합이 이루어지기 위해서는 무엇보다 리 부부가 "아이에 대한 의사와의 면담 약속을 지켜야 하며 적절한 투약법을 배워야 한다."라는 조건을 만족시켜야 했다. 담당 복지사는 다음과 같이 기록했다.

> 그들은 리아가 당장 그들의 품으로 돌아와야 한다고 했고 결국 약정에 서명하기를 거부했다.

두 번째 이유는 9월에 부모의 의지를 시험하는 차원에서 리아를 일주일간 집으로 보내주었을 때, 그들이 시험에 무참히 낙방했기 때문이었다. 재결합에 반대하는 아동보호국의 청원서엔 다음과 같은 내용이 있었다.

> 부모는 통역을 통해 적절한 투약법에 대한 설명을 다시 들었습니다. 설명을 쉽게 하기 위해 이번에도 색깔별로 구분한 그림을 이용했습니다. 부모는 알겠다고 했고 당장 그대로 하겠다는 뜻을 전했습니다. 이 시험 기간 동안 부모는 해당 미성년자에게 몽족 샤먼의 치료를 받게 해줘도 좋다는 허락을 받았습니다. 해당 기간 동안 사회복지사의 가정방문은 빠짐없이 이루어졌고 투약은 제대로 이루어지는 것으로 보였습니다. 발작 사례를 보고한 바는 없었습니다. 이후 리아는 1985년 9월 9일 위탁 가정으로 되돌아갔고 이튿날 입원했습니다. 혈액 검사 결과, 본 미성년자의 혈액에서 투약의

흔적이 발견되지 않았습니다. 고엘 의사[이매뉴얼 병원에서 리아를 담당한 소아과 의사]는 약 성분이 체내에 적어도 열흘은 남아 있어야 하는데, 그렇지 않은 것으로 보아 부모가 리아에게 약을 전혀 주지 않은 것으로 보인다고 했습니다. 하지만 부모가 돌려보낸 약병은 비어 있었습니다.

지닌 힐트는 리아가 코르다 부부의 집으로 돌아왔을 때 가슴이 동전으로 문지른 자국에 덮여 있었다고 사례 기록부에 적었다. 푸아와 나오 카오는 전통 치료법을 택한 게 분명해 보였고 지닌이 기록한 바와 같이 "약을 내버린" 것으로 보였다. 리아는 집에 다녀온 지 나흘 뒤 세 번의 대발작과 여섯 번의 소발작을 겪었고 그 뒤로 발달상의 결함은 더욱 두드러져 보였다. 청원서엔 다음과 같은 부분도 있었다.

> 언어적인 지체가 발견되고 운동 기능이 후퇴했으며 잘 먹지 않고 눈도 잘 마주치지 않으려고 합니다. 계속해서 머리를 마구 흔드는 행동을 보입니다. 대변을 제대로 못 가리게 되었고 자기 몸을 할퀴거나 깨무는 등의 자해 행위를 하기도 하며 잠을 잘 이루지 못하고 다른 아이들을 괴롭히는 등 안전한 상황을 인식하는 능력을 전부 잃어버렸습니다. 이런 퇴행은 전부 리아가 집에 돌아가 있는 동안 부모가 약을 제대로 먹이지 못한 것과 관련이 있습니다. 그리고 퇴행은 계속되고 있습니다.

이런 역행에도 불구하고 지닌 힐트는 리 부부에게 리아에 대한 투약법을 계속 가르치기로 했다. 그래야 12개월이 초과해 리아를 법적으로 완전히 잃기 전에 양육권을 되찾을 수 있을 것이기 때문이었다. 지닌은 수십 시간 동안 푸아를 지도했다. 1986년 2월부터 리아에 대한 처방이 대폭 단순화되면서 그녀의 과제는 조금 더 쉬워졌다.

디는 리아를 밸리 아동병원으로 데려가 포괄적인 신경 검사를 받게 했다. 소아신경과 의사인 테리 허치슨은 리아의 병이 레녹스가스토 증후군이라는 임시 진단을 내렸다. 이는 드문 형태의 뇌전증으로, 지적 장애와 통제하기 힘든 여러 형태의 발작이 특징인 병이었다.

허치슨은 데파킨 하나만을 치료약으로 쓰는 방법을 택했다. (닐과 페기도 데파킨을 고려하긴 했었으나 간 기능을 해칠 위험 때문에 포기했었는데, 리아가 데파킨을 먹기 시작하자 진작 처방을 했었어야 했다며 아쉬워했다.) 소아용 데파킨은 체리 맛이 나는 물약이어서 리아가 이전에 먹던 여러 쓴 가루약보다 먹이기가 훨씬 좋았다. 지닌은 푸아에게 주사기로 리아의 입에 물약을 넣는 방법을 알려주었고 푸아가 숫자를 못 읽기 때문에 눈금에 테이프를 붙여 표시를 해주었다. 푸아는 물로 연습을 해 능숙해진 다음에 데파킨을 쓰기 시작했다.

지닌은 푸아가 조금씩 자신을 믿기 시작하고 잘 배워가고 있다고 느꼈다. 하지만 나오 카오와는 친해지지 못했다. 그는 끊임없이 리아가 집으로 돌아오지 못할까 두려워하고 있었다. 수 숑에 대한 원한도 남아 있었다. 리아를 강제로 빼앗기던 날 아동보호국 직원들과 함께 왔던 통역자 수 숑은 미국인과 결혼한 세련되고 교육받은 몽족 여성이었다. 그러나 그녀는 머세드의 몽족 전통사회에서 평판 좋은 인물이 아니었다. 몽족에게 타민족과의 통혼은 드문 일이다. 지닌 힐트에 따르면 "수는 문화적으로 백인에 가까웠고 집에서 애를 키우며 몽족 문화를 잘 지키는 게 아니라 너무 꾸미고 밖으로 나다녔기 때문에 몽족 사람들은 그녀를 곱지 않은 눈으로 본" 것이다. 게다가 수 숑은 아동보호국 사람들에게 자신은 나오 카오가 딸을 되찾아야 한다고 생각하지 않는다고 말했고, 이를 나오 카오에게 그대로 말하기도 했다. 나오 카오는 리아가 프레즈노의 밸리 아동병원에 있던 1986년 2월, 수 숑이 자기한테 꾸지람하는 것을 보고서 그녀가 자기 말을 의사들에게 제대로 통역하지 않았다는 확신이 들었다고 했다. 이튿날 머세드에서 지닌 힐트와 수 숑, 아동보호국 감독관이 리 부부의 집에 찾아왔다. 나오 카오는 내게 이렇게 말했다.

"저는 밖에 있는데 수가 집 안으로 들어가더니 부르더군요. '이리 와, 당신 이리 와봐.' 하는 식이었어요. 저는 수를 두들겨 패줄 작정으로 방망이를 들고 갔어요. 제 사위가 곁에 있다가 절 붙잡더니 안 된다고 하더군요. 감독관과 제니(지닌)가 묻길래 제 사위가 제 말을 통역했어요. 수가 너무 싫으니까 그 자리에서 패 죽이겠다는 말을요. 그러자 수는 할 일이 많다며 가버리더군요. 전 감독관한테 말했어요. '저 사람 나쁜 사람이다. 다시는 여기 데려오지 마라. 저 여자 또 데려오면 총을 가져와서 쏴버리겠다.'"

내가 수 숑에게 전화를 걸어 이 사건에 대해 물어봤더니 그녀의 첫 반응은 (몽족 중에 그렇게 영어가 유창한 사람을 나는 처음 보았다.) 그런 일도 리 가족도 기억나지 않는다는 것이었다. 나는 그녀가 미국인 남편과 결혼하기 전에 나오 카오의 조카와 결혼했었다는 걸 알았기에 그녀의 말을 듣고 좀 당황했다. 마침내 그녀는 이렇게 말했다.

"그 집 사람들이 내 도움을 고마워하지 않아서 더 이상 상관하고 싶지 않아요."

수 숑이 나오 카오한테 야구방망이로 얻어맞을 뻔했음에도 리 부부가 딸의 양육권을 영구 박탈당하지 않은 것은 지닌 힐트의 신뢰 덕이었다. 지닌이 보기에 나오 카오가 화를 낼 이유는 충분했고 그가 의사의 지시에 불복하는 형태로 화를 표출하지 않는 한 이 사건 때문에 가족의 재결합에 문제가 생겨선 곤란하다 싶었던 것이다. 그리하여 1986년 2월 18일부터 리 부부는 지닌의 감독 하에 리아를 여러 번에 걸쳐 하룻밤씩 데리고 있을 수 있게 되었다. 혈액 검사 결과는 그들이 데파킨을 적정량 투약하고 있는 것으로 나타났다. 12개월 재결합 청문회 때 아동보호국에서 제출한 청원서에 지닌 힐트는 다음과 같이 썼다.

> 리 부부의 투약 실력이 향상됨에 따라 리아의 방문은 연장되었습니다. 해당 미성년자가 집에 가 있는 동안 본 서명인은 매일 3회에 걸쳐 다방면으로 감독을 했습니다. 그리고 리 부부가 의사의 지시에 적극 따르려는 태도를 확실히 보일수록 감독의 정도를 줄여나갔습니다. [……] 리 씨와 리 부인은 문화적 신념이 다름에도 불구하고 본 서명인과 함께 노력하고 협조하며 성의를 보인 데 대하여 칭찬받아 마땅합니다. 그들의 노고와 의사[소아신경과 의사 테리 허치슨] 및 본 서명인에게 보내준 신뢰의 결과, 우리는 리아의 심각한 의료 문제를 해결하는 데 믿기지 않는 진전을 보였습니다.

마침내 1986년 4월 30일, 리아는 집으로 돌아왔다.

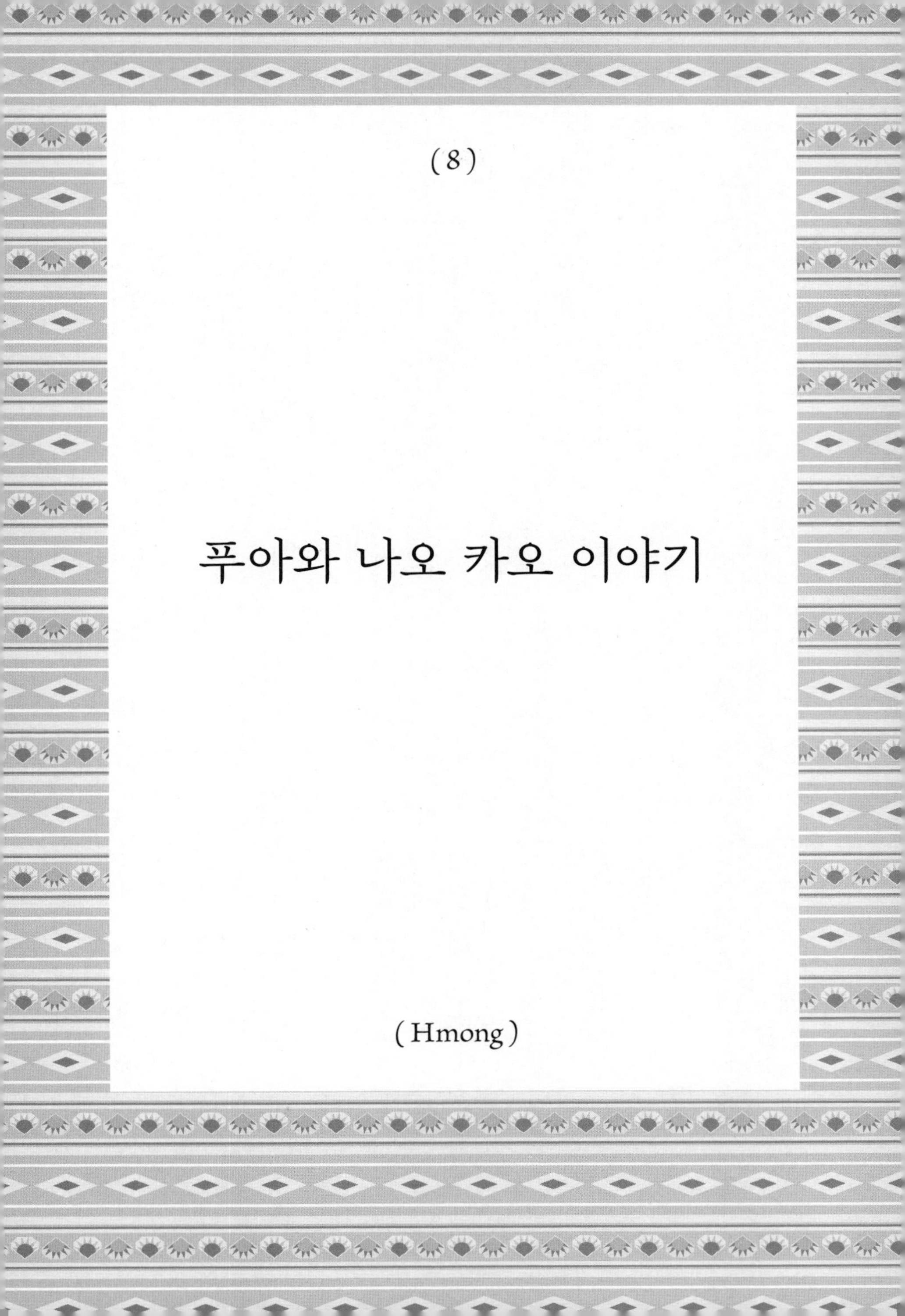

(8)

푸아와 나오 카오 이야기

(Hmong)

1988년 처음 머세드에 와 있던 몇 주 동안 나는 머세드 병원의 의사 일곱 명 각각에게 개별적으로 리아의 사례에 대해 물었다. 하나같이 조사할 필요가 없다고 답했는데, 그 이유는 리 부부가 미국인들을 불신하기 때문이었다. 또 그들은 리 부부가 리아의 진료 기록이나 법률 문서를 보여주지 않을 것이며 자세히 얘기를 나누려고 하지도 않을 것이라고 내게 말했다. 리 부부가 혹여나 나를 만나겠다고 해도 그들이 무뚝뚝하거나 병적일 정도로 무감한 반응을 보일 것이라고 나는 확신하게 됐다.

실망할 준비는 언제든 되어 있었다. 머세드에 오기 전까지 한 번도 몽족을 만나본 적은 없었지만 책이나 상담을 통해 여러 인류학자로부터 어떻게 처신하면 좋은지에 대한 조언을 많이 받았다. 예를 들자면 이런 것들이었다.

목소리를 높이지 말라. 집에 들어갈 때 신을 벗어라. 남자한테 악수를 청하면 성매매를 하는 줄 안다. 남자가 악수를 하자고 하면 왼손으로 오른 손목 밑을 받쳐 자신을 낮추어라. 몽족 어른과 함께 걸을 때면 뒤에, 그것도 왼쪽에 서서 따라가라. 젊은 여자니까 통역을 쓰려면 더 나이 많은 남자라야 위신이 선다. 먹을 것을 주면 닭발일지라도 거절하지 말라.

내게 자신의 몽족 환자를 만나게 해주겠다면서 머세드로 오라고 한 친구 빌 셀비지의 책장엔 이크(Ik)니 쿵(!kung)이니 팔라우인(Palauans)이니 하는 소수부족에 대한 자료가 가득했다. 하지만 그가 머세드에 와서 보낸 2년 동안 열네 살 이상의 몽족과는 길게 얘기해본 적이 없고, 몽족 가정에 한 번도 초대를 받아보지 못했으며, 몽족 말은 딱 한 단어밖에 배우지 못했다는 사실(아프다는 뜻의 '모'였다.)은 내게 길하지 못한 조짐이었다. 인류학에 취미가 있는 평화봉사단 출신이 그 정도밖에 못 뚫고 들어갔다면 나는 무슨 재주로 뭘 해본단 말인가? 아닌 게 아니라 처음 몽족과의 만남은 재앙에 가까운 경험이었다. 나는 결례를 범하는 게 너무 두려운 나머지 몽족 전설에 나오는 공주처럼 행동했다. 집채 열한 개만 한 독수리가 마을 사람들을 다 잡아먹을 때 커다란 장례용 북 속에 숨어 있던 공주는 자신을 구하러 온 젊고 잘생긴 청년을 독수리인 줄 알고 "날 잡아먹으러 왔으면 부디 어서 끝내줘요!"라고 말하고는 기절해버렸다. (결국엔 청년과 결혼하게 된다.)

처음에 나를 위해 몽족 가정과의 만남을 몇 번 주선해준 사람은 MCMC에서 간호 보조 일을 하는 여성으로, 몽족 말을 아는 라오스 저지대 출신이었다. 당시의 나는 냉랭한 반응을 자초하는 최악의 방법을 택했다는 사실을 깨닫지 못했다. 몽족은 거의 대부분 병원을 불신하기에 간호 보조와 관련이 있는 사람이라면 병원과도 관련이 있겠거니 하고 자동적으로 불신해버린다는 걸 몰랐던 것이다. 나는 또 불운하게도 처음에 통역자 두 사람을 잘못 고르고 말았다. 조언자들의 말을 유념해 두 번 다 중년 남성에게, 그것도 각 가문에서 중요한 사람에게 통역을 부탁했다. 그리고 두 번 다 똑같은 일이 벌어졌다. 나는 질문을 했고, 그들은 통역을 했다. 내 질문을 받은 몽족은 통역자에게 4, 5분씩 열심히 뭐라고 했다. 그 말을 들은 통역자는 날 보고 이렇게만 말할 뿐이었다.

"아니라네그려."

몽족 사회는 나 같은 사람이 뚫고 들어갈 수 없는 게 아닐까 하는 두려움이 들기 시작했다. 그러다 나는 머세드 봉사회의 심리 치료사 수키 월러를 만나게 되었다. 그녀에 대해 MCMC의 한 의사는 "히피 스타일의 혁명가 같은 사람"이라고 했고, 빌은 이 지역에서 몽족한테 가장 존경받는 미국인이라고 했다.

머세드에 오기 전 뉴욕에서 전화로 수키와 얘기를 나눠본 적이 있었다. 그때 그녀는 내게 이렇게 말했다.

"이게 제 집 전화번호고요, 자동응답기 소리를 들으면 제 말이 너무 느려서 이 사람이 무슨 심각한 우울증이나 마약 중독에 빠져 있나 싶을 거예요. 그래도 놀라지 마세요. 영어를 빨리 말하면 못 알아듣는 의뢰인들이 전화를 많이 걸어오기 때문이니까요."

수키의 명함에는 '마음 고치는 사람'이라는 뜻의 몽어와 라오스어가 쓰여 있었다. 그녀는 이렇게 설명했다.

"몽족한테는 심리적인 문제라는 게 없어요. 그들은 정신의 병과 육체의 병을 구분하지 않으니까요. 모든 게 영적인 문제지요. 제가 하는 일을 몽족 말로 번역한다는 건 거의 불가능했어요. 심리학자에 제일 가까운 게 샤먼이긴 했지만요. 마음을 고친다고 하는 게 저로서는 제일 가까운 비유 같았어요. 딱 하나 염려되는 건 심장 절개 수술을 하는 사람으로 오인받는 거예요. 그랬다간 그들이 당장 줄행랑을 치고 말 테니까요."

수키는 내게 몽족 지도자 다섯 명을 소개해주었다. 그들은 머세드에서 가장 영향력 있는 열네 가문 가운데 네 가문을 대표하는 이들이었다. 나는 그녀와 함께 그들의 집이나 사무실을 찾아갔기 때문에 매번 따뜻한 대접을 받았다. 그중에 둘은 더없이 훌륭한 정보 제공자가 되어주었고 시간이 흐를수록 귀한 친구가 되었다. 수키에게 몽족 사회가 왜 당신을 그토록 환대하느냐고 물어봤더니 대답이 이랬다.

"몽족과 저는 공통점이 많아요. 저는 아나키스트 기질이 강해요. 강제를 싫어하고요. 또 가령 A 지점에서 B 지점으로 가는 가장 빠른 길은 빙 둘러 가는 것이라고 믿을 때가 많아요. 그리고 일반적으로 사실이라 받아들여지는 것에 대해선 그다지 흥미를 느끼지 않아요. 제가 보기엔 사실보다는 교감적인 진실이 더 옳은 것 같으니까요."

수키는 내가 갖고 있던 고정관념 두 가지를 깨주었다. 하나는 제대로 지킨다는 게 거의 불가능한 몽족의 예의범절을 깍듯이 지켜야만 한다는 나의 생각이었다. 나는 만약 실수를 한다면 다시는 돌이킬 수 없는 최악의 상황이 일어날 거라고 생각했다. 그녀는 담담하게 이렇게 말했다.

"저 실수 엄청나게 많이 했어요. 여기 와보니까 모두가 몽족을 만나면 머리를 만지지 마라, 남자한텐 말 걸지 마라, 이건 안 된다, 저건 안 된다 하는 소리들을 하더군요. 미칠 지경이었어요! 전 안 되는 게 많으면 살 수 없거든요! 그래서 다 잊어버리기로 했어요. 지금은 딱 한 가지 원칙만 남았어요. 그건 뭘 하기 전에 '이렇게 해도 되나요?' 하고 물어본다는 거예요. 어차피 전 미국 여자이기 때문에 그들은 제가 몽족하고 똑같이 행동하리라고 기대하지 않거든요. 그래서 실수를 해도 대개 너그럽게 받아주고요."

또 하나, 그녀는 미국인 통역자가 있었으면 하는 생각이 쓸모없는 것임을 깨닫게 해주었다. 우선 그녀는 머세드에 몽족이 수천 명은 살지만 몽족 말을 할 줄 아는 미국인은 단 하나도 없다는 사실을 알려주었다. 그리고 몽족 말을 영어로 정확히 표현해줄 사람을 구한다 해도 별 도움이 되지 않을 것이라 했다.

"전 제 통역 담당자들을 통역자라 부르지 않아요. 대신에 '문화 중개인'이라 부르지요. 어떻게 하면 좋을지 모를 때 그들에게 물어보면 가르쳐주니까요. 당신도 그런 문화 중개인을 찾아야 해요."

그래서 찾은 사람이 바로 메이 잉 숑이었다. 그녀는 머세드군 난민과 사무원으로 일하는 스물한 살의 아가씨였다. 그녀의 이름은 양귀비란 뜻이었다. 그녀는, 딸이 여름에 청소년 환경보호단 소속으로 요세미티 공원에 갔다가 사자한테 잡아먹히면 어떡하냐고 걱정해서 댄 머피가 공원에 데리고 가 사자가 없다는 것을 확인시켜준 샤리 숑의 딸이었다. 1983년에 세상을 떠난 샤리는 라오스 육군 중위 출신으로, 미국에서 CIA에게 교육을 받은 몇 안 되는 몽족 장교 중 하나였다. 그는 이름난 치 넹이기도 했다. 특히 제례 중 떠도는 혼을 찾아가게 해주는 천마를 상징하는 샤먼용 나무 벤치에 앉았을 때 몸을 너무 떨어 옆에서 두 사람이 잡아줘야 하는 것으로 유명했다.

메이 잉은 열여덟 살 때 미스 몽 선발대회에서 3등을 차지함으로써 그 독특한 이력을 완성했다. 매년 프레즈노 시민회관에서 열리는 이 대회에서 그녀는 공식 의상 세 개(몽·라오스·미국)를 입고 진선미와 말솜씨를 심사받았다.

"미스 몽으로 뽑히면 앞으로 젊은 몽족 여성들에게 어떤 모범을 보이겠습니까?"라는 질문에 그녀는 이렇게 답했다.

"아이들에겐 학교에 가라고, 어린 여성들에겐 너무 일찍 결혼하지 말라고 권장하겠습니다."

하지만 한 달 뒤 그녀는 펭 리라고 하는 공학도와 결혼했다. 결혼식은 몽족식과 미국식을 결합해 닭 잡는 의식도 하고 뢰벤브로이 맥주도 잔뜩 마셨다.

메이 잉은 펭이 그녀의 집에 신부값으로 1800달러라는, 흔치 않게 많은 액수의 돈을 내놓았다는 사실에 대단한 자부심을 느꼈다. 그녀 역시 혼수로 아버지가 남긴 신탁기금과 은목걸이, 은 허리띠, 금귀고리, 수놓은 치마 세 벌, 몽족 전통 옷 두 벌, 프랑스 식민지 시대 동전으로 장식한 자수 두 장, 1973년식 포드 그라나다 승용차를 가져간 게 큰 자랑거리였다.

나는 의사 일곱 명의 훈계에도 불구하고 리아의 부모를 만나기로 했고 메이 잉을 내 문화 중개인으로 대동했다. 그녀가 미국에서 세 번째로 참한 몽족 여성이라면 그 누구보다 리 부부를 잘 대할 수 있으리라 생각했다. 단 메이 잉의 화려한 배경에도 불구하고 그녀와 나는 여자인 데다 아직 어려서 위신은 서지 않았다. 하지만 결과적으론 그게 장점이 되었다.

리 부부의 집에서 그 이상의 위신은 필요치 않았다. 필요한 게 있다면 위신이 '덜한' 것이었다. 미국에 온 뒤로 이 부부는 자신들을 '하찮은' 존재인 것처럼 느끼게 만드는 미국인들만 만나온 것이다. 두 사람이 받은 교육 때문인지, 영어 실력 때문인지, 상대적으로 권위가 떨어질 수 밖에 없어서인지 분명치 않았다. 아무튼 얕보인다는 건 몽족이라면 누구도 참지 못하는 일이었다.

라오스가 프랑스의 식민 지배를 받을 때 몽족은 라오스 관리가 있으면 말 그대로 기어야만 했고 얼굴이 안 보이도록 고개를 숙이고 있어야 했다. 인기 있는 몽족 민담에서 건방진 관리가 쥐로 변하고 이야기의 주인공은 몽족의 상징 중 하나인 고양이로 변하여 쥐한테 달려드는 것은 결코 우연이 아니다. 메이 잉을 옆에 둔 나는 관리도 아니고, 위협 인물이나 비판자도 아니고, 리 부부에게 원치 않는 일을 하라고 설득하는 사람도 아니고, 심각하게 대해야 할 사람도 아니었다. 즉 내가 별 중요한 인물이 아니라는 사실은 오히려 장점이 되었다.

몽족과 만난다는 건 금주법이 있던 시절 주류 밀매점에 들어가는 것과 같은 일이었다. 모든 게 누구 소개로 왔느냐에 따라 달라졌다. 리 부부와 만나도록 주선해준 건 수키의 소개로 만난 몽족 지도자 중 하나인 바야오 무아였는데 다행히 그는 병원이나 미국의 다른 어느 기관과도 끈이 없는 사람이었다. 더욱이 메이 잉의 남편 펭은 리 부부와 성이 같아서 푸아와 나오 카오는 메이 잉을 오랫동안 못 만난 조카딸 대하듯 했다.

그들과 만난 지 30초도 안 되어 나는 의사들이 말했던 것과는 전혀 다른 가족을 만나고 있다는 걸 알게 됐다. 리 부부의 첫인상은 영리하고 유머러스하며 이야기 나누기를 좋아하고 활력 있다는 것이었다. 이런 뛰어난 자질을 끌어낸 게 인터뷰어인 나의 능력이라고 자부하고 싶었다. 하지만 실제로 나는 너무나 무지한 질문을 계속함으로써 메이 잉을 당황하게 만들었다. 나중에 알고 보니 나의 무지함은 그 집안의 즐거운 얘깃거리였다. 메이 잉은 나의 질문들(아기들의 태반을 땅에 묻으셨나요? 라오스에는 강이나 못이나 나무에 사는 '다'가 많았나요? 돼지를 잡아 바치시나요?)이 "교황은 가톨릭 신자인가요?"라고 묻는 것과 같다고 일러주었다. 바보라도 대답은 뻔하다는 걸 알 수 있는 우문이었던 것이다.

한번은 라오스에선 집 어느 곳에서 용변을 보았느냐고 물어보았다. 그랬더니 푸아가 너무 심하게 웃어서 대나무 의자에서 넘어질 뻔했다.

"당연히 숲에서지!"

그녀는 겨우 숨을 쉬고 눈물까지 흘려가며 말했다.

리 부부는 둘 다 인물이 좋았다. 푸아는 마흔다섯 살쯤 되어 보였고, 나오 카오는 열 살쯤 더 많아 보였다. 두 사람 모두 생일은 전혀 모른다고 했다. 둘 다 키가 작고 살도 찌지 않았지만 중심이 잘 잡혀서 아무리 센 바람에도, 심지어 지진에도 쓰러지지 않을 듯 보였다.

푸아는 윤기 있는 검은 머리에 대개 비녀를 꽂고 있다가 얘기를 하면서 무심결에 풀곤 했는데 머리가 허리까지 내려왔다. 나오 카오는 검고 굵은 뿔테 안경을 끼고 있어서 지적이면서도 좀 바보스러운, 말하자면 작은 대학에서 별난 수학 분야 연구에 푹 빠져 지내는 교수 같은 인상을 풍겼다.

둘은 특별한 때 몽족 전통 복장을 입는 경우 말고는 부드러운 빛깔의 폴리에스테르 천으로 만든 헐렁한 미국식 옷을 입었다. 푸아는 이따금 긴 회색 무명 치마에 분홍색 티셔츠(야자수가 그려져 있고 그녀는 모르겠지만 캘리포니아라고 적혀 있었다.)를 입기도 했다.

내가 처음 푸아와 나오 카오를 만났을 때, 집에는 일곱 자녀가 있었다. 모두 아홉 식구가 방 세 개짜리 아파트에서 살았다. 2층으로 된 이 아파트는 기찻길 남쪽이자 대형마트 서쪽에 있었고, 20년 전에는 주로 중남미계가 살다가 이제는 몽족이 대부분을 차지한 동네에 있었다. 몽족이 사는 집 대부분이 그렇듯 그들도 항상 켜져 있는 텔레비전 말고는 가구랄 게 거의 없었다. 책도 없었다. 너무 허전했던지 벽에는 어울리지 않는 이런저런 가족사진과 포스터가 붙어 있었고, 태국 쌀 회사의 때 지난 달력과 세계의 전투비행기 도표, 수십 명의 스머프가 모닥불 주위에 몰려 있는 사진이 함께 있었다. 큰 아이들이 함께 쓰는 방에는 U2나 본 조비, 화이트 스네이크, 머틀리 크루 같은 밴드의 포스터가 붙어 있었다.

이 집에서 가장 귀한 물건은 나오 카오만 연주할 수 있는 껭이었다. 그것은 변기 위 선반에 고이 모셔져 있었다. 리 가족의 집에서 가장 중요한 곳은 주차장이었다. 온갖 낡은 플라스틱 통과 자동차 윤활유 깡통 수십 개가 굴러다니는 그곳에 푸아는 갖은 약초를 기르고 있었다. 그녀는 약초들을 말려 끓이거나 막자사발에 갈아 목이나 배가 아프거나 관절을 삐거나 산후 조리를 할 때 쓰곤 했다.

그때부터 나는 이 아파트에서 수백 시간을 보내게 되었다. 때는 대개 메이 잉이 퇴근한 저녁 시간이었다. 푸아와 나오 카오는 어느 언어도 읽거나 쓸 줄 몰랐다. 메모를 하면 지나친 관심을 보였고 이야기하는 데 지장이 생길 정도였다. 그래서 카세트 녹음기를 썼더니 아주 편해했다. 머세드에 사는 몽족 대부분은 태국 난민캠프에 있는 친척들과 녹음테이프로 소식을 주고받았다. 나는 그것이 그들이 첨단 기술을 선호해서인지, 아니면 문자 이전 시대 구전 전통의 자연스런 연장인지 도무지 알 수 없었다. 메이 잉은 푸아한테 뭘 물어볼 때 꼭 '포(pog)'라는 호칭을 붙였다. 이는 친할머니란 뜻으로 존경도 표시하고 친근감도 주는 말이었다. 몇 달 뒤에 푸아는 메이 잉을 '미(mi, 우리)' 메이라 불렀고 나를 미 앤이라 불렀다. 그리고 나도 거의 동시에 그들의 청에 따라 푸아를 '타이(tais, 외할머니)'라 부르고 나오 카오를 '요 치(yawm txiv, 외할아버지)'라 부르기 시작했다.

리 부부는 주저 없이 내게 리아의 모든 기록을 보여주었다. MCMC, 프레즈노의 밸리 아동병원, 머세드군 보건과, 아동보호국의 자료들이었다. 하지만 그것들을 읽어보고서 메이 잉에게 질문을 전달한들 도움이 되지 않는다는 걸 알게 됐다. 가령 '1986년 6월 28일 밤 10시 50분에 셀비지 선생님이 리아를 우상엽 폐렴으로 MCMC에 입원시켰을 때 얘기를 해주실 수 있나요?' 같은 식의 질문 말이다. 일단 리 부부는 의사의 진단을 해석할 수 없는 데다 해석한다 해도 별 의미가 없을 터였다. 더욱이 푸아와 나오 카오는 MCMC에서 마주친 의료진 수십 명을 '리아의 의사'로 뭉뚱그려 알고 있었다. 수도 없이 만난 닐 언스트와 페기 필립조차도 높은 신분 때문에 차마 이름을 부를 수 없는 (몽족 입장에서는 발음하기 힘들기도 했을 것이다.) 부류에 속했다. 리아의 진료 기록과 가족이 보고 느낀 것을 시기별로 일치시키기 어려웠고 리 부부가 시간을 구분하는 방식이 병원 기록 작성자들과 달랐기에 어려움은 더했다. 그들은 어느 해를 숫자가 아니라 두드러진 사건으로 기억했다. 이를테면 1982년은 '리아가 영혼에게 처음으로 붙들려서 쓰러진 해'였다. 1985년은 '리아가 정부 소유가 된 해'였다.

리 부부는 라오스에 살 때 다른 몽족과 마찬가지로 양력 대신 농사의 중요한 절기와 일치하는 음력을 썼다. 가령 첫 달은 양력으로는 11월 말이나 12월 초에 해당하는 몽족의 설부터 시작했고 이 시기에는 쌀과 옥수수를 집으로 실어 오고 양귀비 수확을 시작했다. 다섯 번째 달은 옥수수를 심는 때였다. 열두 번째 달은 벼를 베고 양귀비의 김을 매는 때였다. 하지만 리 부부는 이제 농민이 아니라 실업 복지 수급자였고 매달이 다른 달과 거의 다를 바 없기에 더 이상 몽족의 음력에 맞춰 살지 않았다. 그래서 언제(심지어 어느 철에) 무슨 일이 일어났는지 기억하는 데 곤란을 겪곤 했다. 하지만 하루의 어느 때를 이를 때는 여전히 몽족 방식을 사용하고 있었다(첫닭 울 때, 둘째 닭 울 때, 해 기울 녘, 골짜기에 그림자 질 녘, 돼지 먹일 때, 캄캄할 때). 머세드 주민 중 이스트 12번가에서 닭이나 돼지를 키우는 소리를 들어본 이는 아무도 없었지만 리 부부는 시간을 그렇게 따졌다.

리 부부는 리아에 대한 질문을 듣고 때로는 장황하게 답변했다. 그들은 나름대로 할 얘기가 있었다. 나오 카오는 "당신이 우리 방식을 이해해서 그걸 의사들한테 설명해줬으면 해서 몽족 문화에 대해 얘기해주는 거예요."라고 말했다. 그들이 이 문화 수업을 하기 좋아하는 시간은 적어도 네 시간 동안 다른 얘기를 하다 탄력을 받은 다음인 밤 10시 30분쯤이었다.

어느 날 밤, 메이 잉과 내가 막 돌아가려 하던 참에 푸아가 내게 혼을 잃는 일에 대해 설명하기 시작했다.

"혼은 그 사람의 그림자 같은 거예요. 때로는 나비처럼 밖으로 떠도는데 그럴 때 그 사람이 슬퍼지거나 아파지는 거예요. 그러다 혼이 다시 돌아오면 다시 기분이 좋아지고 몸도 낫게 되지요."

나오 카오가 이렇게 덧붙였다.

"이따금 혼이 다른 데로 가버리는데 의사들은 그걸 믿질 않지요. 의사들한테 우리의 넹을 믿도록 이야길 좀 해주면 좋겠어요. (넹은 치유의 영혼이란 뜻인데 샤먼인 치 넹이 하는 굿인 '와 넹 코(ua neeb kho)'의 준말로 쓰이기도 한다. 이 의식은 짐승을 잡아 그 혼을 바침으로써 아픈 사람의 떠도는 혼을 되찾는 제의이다.) 의사들은 몸이나 피 때문에 아픈 병을 고치는데, 우리 몽족은 혼 때문에 아픈 경우가 있고 그럴 땐 영적인 게 필요해요. 리아의 경우엔 약도 좀 쓰고 넹도 좀 하는 게 좋았어요. 하지만 약을 너무 많이 쓰면 넹의 효과가 없어져 버려요. 둘 다 적당히 할 때는 애가 별로 아프지 않았어요. 그런데 의사들은 약을 조금만 주도록 놔두지 않았어요. 혼을 이해하질 못하니까요."

또 한 번 밤늦게 문화 수업이 있던 날, 나오 카오는 몽족이 악의적인 '다'를 만나 아프게 되는 경우가 있는데 의사들은 이것 역시 이해하질 못해 환자를 제대로 치료하지 못한다고 했다.

"예를 하나 들어보지요. 숑 씨라는 사람이 있고 그 아들이 베어크릭(머세드 시내 북부에 있는 애플게이트 공원을 흐르는 작고 질퍽한 강)에 수영을 하러 갔다고 합시다. 숑 씨 아들이 강변에서 잠들었는데 베어크릭에 사는 '다'가 다가와 뭐라고 말해서 아이가 아프고 불안하고 이상하게 됐어요. 그러면 머세드의 의사와 간호사는 주사와 약을 주는데 아들은 의사와 간호사를 원망하게 되지요. 이런 병을 낫게 하는 법은 개를 잡아 바치는 것뿐인데 이 나라는 개를 못 죽이게 하니까요."

푸아는 지난주 군 저수지에 갔다가 '다'한테 붙들렸다고 했다. 그녀는 이런 일이 난 걸 집에 돌아와서 알게 됐다. 마음이 불안한 데다 눈을 감으면 '다'가 가까이 있는 걸 느낄 수 있었다. 그녀는 그날 밤 사방에 불을 켜 '다'를 쫓아보냈고 그러자 몸도 아프지 않게 되었다. 몇 달 뒤 나는 머세드의 '다'들이 자연환경에만 사는 게 아니라는 걸 알게 됐다. 빌 셀비지의 집을 일주일에 한 번 청소해주는 몽족 여성 총 무아는 내게 머세드에 사는 몽족이라면 누구나 99번 고속도로와 G가가 만나는 지점에 '다'가 산다는 사실을 알고 있다고 했다. 이 '다'는 몽족 운전자를 졸게 하거나 마주 오는 미국인의 차를 안 보이게 만들어 사고를 일으키기 좋아했다.

리 부부와 함께 보내는 시간이 많아지자 푸아는 나를 단속하기 시작했다. 그녀는 메이 잉을 통해 몽족 말로 '죄송하지만'이나 '감사합니다'란 말을 가르쳐주었다. 내가 이따금 두통을 앓는다고 하자 그녀는 동전에 삶은 계란을 얹어 몸을 문지르면 낫는다며 방법을 자세히 알려주었다. 그녀의 집에 있을 때는 한 번도 두통을 느낀 적이 없다고 말하자 당장 그 자리에서 치료해줄 수 없다는 것에 다소 실망한 듯 보였다. 그녀가 말했다.

"잊지 말아요. 다음번엔 꼭 내가 말한 대로 하고."

푸아는 나를 안 지 1년쯤 되자 날 결혼시키기로 작정했다. 몽족 표현에 '꿀이 가득해서 벌을 맞이할 때가 된 꽃'이란 게 있다. 이 말은 결혼할 때가 된 열대여섯 살 처녀를 가리키는 말이었다. 나는 서른다섯이었으니 벌을 맞이할 때로부터 20년이 지난 셈이었다. 남자친구가 날 보러 머세드에 왔을 때 푸아는 드디어 이런 말도 안 되는 상황에 대하여 손쓸 기회를 잡았다고 판단했다. 그녀의 계획은 날 몽족 신부로 꾸미는 것이었고 내가 거부할 수 없을 것임을 확신하고 있었다.

내 변신은 찌는 듯 더운 여름날에 이루어졌다. 리 부부의 침실 온도가 38도는 됐을 것이다. 푸아는 벽장 속에 보관해둔 다 찌그러진 짐 가방에서 정교한 '파 응도(paj ntaub)'를 한 장씩 차례로 꺼내기 시작했다. 파 응도란 '꽃 천'이란 뜻이며 몽족의 전통 방직이다. 다양한 무늬(거미줄, 양 머리, 호랑이 눈썹, 코끼리 발 등)를 자수나 납염, 아플리케 방식으로 짜넣는다. 라오스에서 몽족 남자들은 아내의 솜씨 중에 두 가지를 가장 높이 샀다. 하나는 시를 노래하는 솜씨였고, 또 하나는 파 응도 솜씨였다. 푸아가 딸들을 위해 만들어둔 파 응도는 집안의 큰 재산에 속했다.

푸아는 집에 있는 딸 중에 제일 큰 열네 살 소녀 메이와 메이 잉 숑의 도움을 받아 나를 인형처럼 꾸몄다. 나는 완전히 그들의 손에 맡겨졌다. 다음에 어떤 천이 나올지, 그게 내 몸의 어느 부분을 치장할지 전혀 알 길이 없었다. 먼저 푸아는 '퐈(phuam)'를 집어들었다. 그녀는 길이 6미터쯤 되는 분홍과 검정으로 된 장식띠로 나를 친친 감았다. 그것은 거들과 정반대의 기능을 했다. 무거운 쌀자루도 번쩍 들 수 있는 몽족 농가의 건강한 안주인처럼 만들기 위해 통통해 보이게 하는 역할을 했던 것이다. 그다음은 '티아(tiab)'가 나왔다. 분홍과 초록, 노랑이 어우러진 치마로, 아코디언 주름이 500개는 되어서 다 펴면 내 키보다 클 것 같았다. 이 치마의 십자수는 워낙 정교해서 구슬 세공 같아 보였다. 나중에 메이 잉은 내게 푸아가 이 치마를 만드는 데는 2년 가까이 걸렸을 것이며 다시 보관하기 위해 주름을 일일이 다시 바느질하려면 몇 시간이 걸릴 것이라고 했다. 그 위에는 분홍빛 비단 '세이(sev)'를 입었는데, 이것은 일종의 앞치마로 여기에 수놓인 파 응도를 보호하기 위해 비닐 랩이 씌워져 있었다. 상의로는 파랑과 검정이 어우러진 '초(tsho)'(사람이 처음으로 입는 옷인 태반을 뜻하기도 한다.)라는 저고리를 입고 '응아 초(hnab tshos)'도 네 개 걸쳤다. 응아 초는 은화를 줄줄이 달아 장식한 주머니 가방으로, 탄띠처럼 가슴에 두르는 지독히도 무거운 것이었다. 목에는 속이 빈 은목걸이를 다섯 겹으로 걸었다. 종아리에는 '응롱(nrhoob)'이라는 검은 각반을 메이 잉이 매주었다. 머리에는 가장 핵심인 '코스모(kausmom)'를 푸아가 얹어주었다. 이것은 분홍과 초록과 노랑이 어우러진 모자로, 은화 장식을 여러 개 단 탑처럼 생겨 움직이면 짤랑짤랑 소리가 났다.

푸아와 메이, 메이 잉이 이 모든 것을 내 몸에 다느라 씨름한 45분 동안 나는 열사병으로 죽을 뻔했다. 하지만 별로 화려하지 못했던 성년 시절 중 처음으로 나는 남자는 들어올 수 없는 방에서 여자들이 서로 치장해주며 정신없이 키득거리는 비밀 의식의 즐거움을 이해할 수 있을 것 같았다.

그동안 내 남자친구 조지는 에어컨이 돌아가는 거실에 나오 카오와 함께 앉아 텔레비전으로 권투 시합을 보며 내가 뭘 하고 있는지 궁금해하고 있었다. 그도 나오 카오도 서로의 언어를 전혀 할 줄 몰랐지만 남자들끼리 통하는 보편적인 언어, 이를테면 허공에 주먹을 가르고 혀를 차는 것으로 의사소통하고 있었다. 그러다 내가 거실에서 나오자 조지는 그야말로 아연실색했다. 확실히 근사하다고 여기는 표정은 아니었다. 나중에 그는 그날 내 모습이 『롤리폴리 푸딩(*The Roly-Poly Pudding*)』에서 푸딩이 될뻔한 고양이 톰 키튼 같았다고 말했다. 위스커스 부인이 묶어놓고 파이 반죽으로 만 뒤의 모습 말이다. 하지만 푸아의 노고는 어떤 식으로든 원하던 효과를 본 게 분명했다. 일주일 뒤 조지가 내게 청혼했던 것이다. 그리고 푸아는 내가 약혼했다는 소식을 듣고서 조금도 놀라지 않는 기색이었다.

나중에 푸아에게 바느질 솜씨가 대단하다고 칭찬을 하자 그녀는 아무렇지도 않게 말했다.

"친구들이 내 파 응도를 자랑스러워해요. 몽족 사람들이 절 자랑스러워하지요."

그녀가 자기 얘기를 좋게 하는 것을 그때 처음 보았다. 그녀는 내가 만나본 그 누구보다도 자기를 비하하는 여성이었다. 나오 카오가 나가고 없던 어느 날 밤, 그녀는 뜬금없이 이렇게 말했다.

"내가 참 바보지."

무슨 말이냐고 했더니 그녀는 또 이렇게 말했다.

"여기선 아무것도 모르잖아요. 미국 말도 모르고. 미국 말은 너무 어려워. 하루 종일 텔레비전을 봐도 하나도 모르겠어요. 난 전화도 못 걸어요. 숫자를 읽을 줄 모르니까요. 친구한테 전화를 걸고 싶으면 애들이 가르쳐주는데 바로 잊어버려요. 애들이 다시 가르쳐주면 또 잊고. 먹을 건 애들이 가게에 가서 사와요. 난 가봤자 뭐 안에 뭐가 들었는지 모르니까. 한번은 병원에서 화장실을 가는데 복도가 이리 이어지더니 저리 이어지고 또 이리 이어지더라고. 어디가 어딘지 알 수가 있어야지. 그래서 처음 자리로 돌아갈 수가 없었어요. 슬픈 일도 너무 많고 해서 머리가 이상해졌나봐요."

그녀가 살던 라오스 마을에 내가 갔더라면, 적어도 그녀가 MCMC에서 헤맨 것보다 더 다니기 어려워했을 거라고 하자 푸아는 이렇게 말했다.

"그럴지도 모르지. 하지만 라오스에선 쉬웠어요. 난 농사만 알면 됐으니까."

나는 그곳 생활이 정말 그리 쉬웠겠느냐며 리 가족이 살았던 사야부리(Sayaboury) 북서부의 후아이수이(Houaysouy) 마을에서의 하루는 어땠는지 말해달라고 했다. 그녀는 잠시 고개를 한쪽으로 기울이더니 말했다.

"벼가 자라는 철에는 대개 첫닭이 울 때 일어나요. 다른 철엔 두 번째나 세 번째 울 때 일어나면 되고. 세 번째 울 때도 아직 동이 안 터서 캄캄해요. 그래서 일어나면 제일 먼저 하는 일이 등불 켜는 거지. 등불은 이런 거였어요."

푸아는 부엌으로 가서 윗부분을 반 이상 잘라낸 사이다 캔을 들고 왔다. 안에는 기름이 들어 있었고 집에서 천으로 만든 심지가 있었다.

"우린 여기 머세드에서도 전기가 나가면 이걸 써요. 어쨌든 일어나면 먼저 애들 밥을 해줘요."

그녀가 이어서 말했다.

"그리고 직접 만든 빗자루로 청소를 해요. 비질을 다 하고 나면 돼지랑 소 먹일 풀을 베요. 그리고 돼지랑 소랑 닭을 먹이고. 그러고 나서 논으로 가는 거지. 아기가 있으면 등에 업고 가는데 애가 둘이면 남편도 애 하나를 업어요. 애가 많으면 어린것들을 큰것들한테 맡기고 가요. 우리 부모님은 양귀비도 길렀는데 우리는 벼만 길렀어요. 고추랑 옥수수랑 오이도 좀 하고. 밭에 씨 뿌릴 때가 되면 먼저 땅에다 이렇게 구멍을 내요."

그녀는 다시 부엌으로 가서 막대로 구멍을 어떻게 파는지 보여주기 위해 뭔가를 뒤지더니 종이타월을 다 쓰고 남은 골판지 심지를 가지고 왔다. 그리고 거실 한쪽 벽에서 반대쪽 벽까지의 바닥에 30센티미터 간격으로 찌르는 시늉을 했다.

"이렇게, 이렇게. 그러고 나서 구멍에다 씨를 넣는 거지. 남편하고 함께 그런 일을 해요. 다른 철엔 밭을 일구고 벼를 거둬서 타작을 하고 키질을 하고 옥수수를 빻지요."

그녀가 한창 얘기를 할 때 딸 메이가 들어왔다. 짧은 반바지에 "해변으로 갈 때"라고 쓴 티셔츠를 입고 분홍 플라스틱 귀고리를 하고 있었다. 가족이 라오스를 떠날 당시 메이는 세 살 반이었다. 메이는 카펫 바닥에 앉아 얘기를 들었다.

"논밭은 우리 집에서 한참 멀었어요. 여기서 베어크릭 가기보다 멀었으니까. 일을 마치고 밝을 때 떠나도 집에 도착하면 컴컴하곤 했어요. 집에 가면 냇가에 가서 밥 짓고 몸 씻을 물을 길어다 등에 지고 와요."

푸아는 대나무를 쪼개 나무판을 감싸는 시늉을 하며 물통 만드는 법을 설명해주었다.

"물을 끓여 아기들을 씻겨요. 큰애들은 혼자서 씻을 수가 있고. 닭한테 옥수수를 주고 돼지 먹이도 주고 나선 가족들 밥을 짓지요. 대개는 아침에 먹다 남은 밥에다 채소 몇 가지를 놓고 먹어요. 고기는 한 달에 한 번만 먹는 거고. 요리는 숯불에다 하고 기름은 전에 잡은 돼지기름을 쓰지요. 연기는 지붕 틈새로 절로 빠져나가요. 저녁을 먹고 나면 등불 곁에서 바느질을 해요. 평소에는 밭에서 일하니까 낡고 지저분하고 해진 옷을 입지만 설에는 애들이 깨끗한 걸 입어야 하니까 밤에 애들 옷 바느질을 하는 거지."

나는 푸아에게 집은 어땠느냐고 물어보았다.

"숲에서 해온 나무로 지었지. 어떤 나무는 전신주만큼 굵어요. 이엉은 대나무를 쓰고. 집 지을 땐 나도 도와요. 친척들도 도와주고요. 친척이 집을 지으면 우리가 가서 돕고. 우리 집은 늘 방 한 칸이었지만 아주 좋았어요. 바닥은 흙이고. 침대는 대나무를 탄력 있게 가늘게 쪼개서 만들지요. 잠은 따뜻한 불가에서 자는데 우린 이불이 없으니까요. 남편은 한쪽에서 아기 하나를 데리고 자고, 난 다른 쪽에서 다른 아기를 데리고 자요. 좀 큰 애들은 서로 붙어서 자고."

푸아가 라오스에서 하던 '쉬운' 일 수십 가지를 얘기해주는 동안 나는 그녀가 자신을 바보라고 했을 때 진짜 전하고 싶었던 바는 전에 할 줄 알던 것들이 미국에서는 전혀 써먹을 수 없다는 사실 아니었을까 하고 생각했다. 남은 아이 아홉에게 너무나 훌륭한 엄마가 되어주는 것 말고는 말이다. 그런데 그녀는 마지막 남은 그 능력마저 미국 정부로부터 정식으로 부정당했다. 그녀는 법적 선고를 받은 아동 학대자였다.

나는 푸아에게 라오스가 그립냐고 물어보았다. 대나무 의자에 앉아 있던 그녀는 잠시 말없이 몸을 앞뒤로 흔들흔들했다. 딸은 대답이 궁금한지 엄마를 빤히 쳐다보았다. 이윽고 푸아는 입을 열었다.

"모자란 음식, 지저분하고 다 떨어진 옷을 떠올리면 생각하고 싶지도 않지요. 여긴 대단한 나라예요. 살기 편하고 먹을 것도 많지요. 하지만 말을 못하잖아요. 남한테 기대서 살아야 하고. 복지 수당을 안 주면 굶어 죽어야 할 거고요. 라오스가 그리운 건 마음 편하고 자유로운 거지요. 원하는 대로 할 수 있고. 자기 땅 있겠다, 자기 쌀 있겠다, 자기 채소 있겠다, 자기 과일나무 있겠다. 그런 자유가 그립지요. 정말 내 것이 있던 게 그립지요."

(9)

약간의 약과 약간의 넹

(Lia)

"리아가 돌아왔을 때 말이에요. 차가 여기까지 와서 문이 열리니까 애가 풀쩍 뛰어내려 집으로 막 달려 들어오는 거예요. 리아의 언니들하고 오빠도 너무 좋아서 다른 건 다 잊어버렸어요. 다들 밖으로 나가서 애를 껴안아줬어요. 그날 밤 리아는 우리 침대에서 잤는데 우린 애를 다시 데리고 잘 수 있어서 너무 좋았어요."

나오 카오가 그날을 회고했다. 페기는 리아가 네 살쯤 되던 무렵인 1986년 봄과 여름의 진료 기록을 훑어보더니 위탁 가정에서 집으로 돌아온 뒤의 첫 3개월을 한마디로 요약했다.

"특이사항 없음."

리 부부라면 동의하지 않을 것이다. 리아의 병력에 대해 푸아와 나오 카오가 몇 분 만에 요약했던 것을 닐과 페기가 복잡한 의학적 설명을 곁들여 몇 시간 동안 자세히 말해준 적이 있었다. 그런데 이번엔 상황이 정반대였다. 의사들이 보기에 흥미로울 게 없던 기간이 부모 입장에서 볼 땐 자식의 삶에서 가장 풍요로운 시기였던 것이다.

리아가 돌아온 뒤 푸아와 나오 카오가 제일 먼저 한 일은 딸이 집에 돌아온 것을 축하하고 딸의 원기를 북돋아 주기 위해 소를 잡는 것이었다.

라오스에서 몽족은 집에서 기르는 닭이나 돼지, 소나 물소를 조상을 달래거나 병을 치유하는 용도로 마련해두었다. 떠나버린 혼을 되찾기 위해 짐승을 잡아 그 혼을 바쳐야 했기 때문이다. 가난해서 직접 가축을 기를 수 없는 집은 마을의 형편이 더 나은 집이 넹 의식을 할 때 초대되어 가끔 고기를 먹을 수 있었다.

드와이트 캉커굿에 따르면 희생제의는 '경건'한 마음가짐으로 거행하는 신성한 행위다. 그는 이렇게 쓴 바 있다.

> 희생된 짐승의 혼은 귀한 것이며 인간의 혼과 엄연히 이어져 있다. 여기서 짐승은 지금 우리의 세계관으로 보듯이 인류와 동떨어진 존재가 아니다. [……] 환자의 혼과 희생된 짐승의 혼은 워낙 서로 긴밀히 이어져 있어 하나로 합쳐진 듯 비유되기도 한다.

UC 버클리의 동남아연구센터 연구원인 에릭 크리스털도 비슷한 견해를 보였다. 그는 반문했다.

"그렇다면 몽족이 희생제의를 제대로 하기 위해 짐승을 잡는다고 생각해보는 건 어떨까요? 그게 왜 안 되지요? 사람들은 믿음과 관련된 중요한 행사를 치를 때 친척들과 어울려 하려는 경향이 있고 라오스에 살건 맨해튼에 살건 먹을 것을 대접하지 않고서 친척들을 잔뜩 불러 모은다는 건 대단히 어려운 일이에요. 그래서 신성화하는 의식이 필요하지요. 그리고 짐승을 전부 바치고, 전부 먹습니다. 제 말은 말 그대로 짐승의 '전부'를, 그러니까 98퍼센트는 먹는다는 겁니다. 내장이든 뭐든 다 먹는 거지요. 생태적으로 볼 때 대단히 건전한 방식이에요. 미국 사람들은 버리는 부분이 엄청나게 많지요. 또 우리는 고기를 먹으려면 짐승을 죽여야 한다는 사실을 슬쩍 감추듯 행동합니다. 아닌 게 아니라 500그램에 1.99달러인 닭가슴살이 실은 육가공 공장에서 닭목을 따야만 얻을 수 있는 것이라는 사실을 알면 대부분의 미국인이 충격을 받을지도 몰라요. 그러니 미국인들은 몽족이 자기 집에서 그런 일을 한다는 사실을 알고서 '경악'하는 거지요."

지난 10년 동안 충격을 받은 미국인들은 종교를 믿는 사람들이 거행하는 희생제의에 대한 법적제재를 호소했다. 1987년 플로리다 하이얼리어에서 동물권 운동가들과 지역 지도자들은 아프리카계 쿠바인들이 산테리아교◆의 교리에 따라 짐승을 잡는 것을 금지하는 희생제의 반대 조례를 통과시켰다. 한 주민의 말에 따르면 희생제의는 "남부 플로리다의 이미지를 손상하는" 행위였다. 이 금지령은 결국 뒤집혔지만 그렇게 되기까지 4년이나 걸렸고 대법원의 판결이 있어야 했다. 로스앤젤레스에서는 중남미계 종파의 신도들이 나무에 소의 혀를 못질하거나 소 내장을 길가에 늘어놓는다는 의심을 사 1990년 희생제의를 처벌하는 조례가 통과되었다. 6개월 이하의 징역과 1000달러 이하의 벌금을 부과할 수 있는 이 법이 집행된 적은 없다. 하지만 아직 없어지지 않았다.

머세드에서 내가 만나본 거의 모든 몽족 가정은 정기적으로 희생제의를 했다. 실제로 내가 아는 무아 가문의 열네 살 소년은 부모가 가보라고 하는 친척들의 넹 의식이 주말마다 있어 자유 시간이 거의 없다고 불평했

◆ 아프리카 종교와 가톨릭을 결합한 쿠바의 대표적인 민속신앙.—옮긴이

다. 하지만 1990년대 중반까지만 해도 머세드의 미국인 주민 대부분은 무슨 일이 벌어지고 있는지 거의 모르고 있었으며 누구도 중부 캘리포니아의 이미지가 손상될까 염려하지도 않는 것 같았다.

"어, 저는 닭 잡아 바치는 모습을 한 번도 본 적이 없는데요."

몇 해 전, 경찰서장인 팻 러니가 제법 재밌어하며 한 말이었다.

"희생제의요? 정말 그런 걸 하나요?"

머세드시 검사 스티브 노드는 그렇게 말했다.

몽족 말에 '유아 파이 콰(yuav paim quav)'라는 게 있다. 진실은 언젠가는 빛을 보게 된다는 뜻인데 직역하면 '똥은 나오기 마련'이란 말이다. 나는 몽족이 짐승을 잡아 바치는 문제에 대해 똥이 나오는 건 시간문제일 뿐임을 알고 있었다. 그리고 1996년, 프레즈노 지역 신문에서 개를 잡아 바치는 문제를 다룬 것을 보고 자극 받은 머세드 주민들은 비슷한 일이 '자기네' 시에서도 벌어지고 있을지 모른다고 생각하기 시작했다. 그들은 몽족이 짐승을 잡되 빠르고 깨끗하게 처리한다는 사실, 게다가 육가공 공장의 경우와 달리 잡히는 짐승에게 감사한다는 사실은 참작하지 않고 비정상적 행위라고만 생각했다.

그 결과 시에서는 어떤 가축도 죽여선 안 된다는 조례가 만들어지게 되었다. 하지만 대부분의 몽족에겐 법보다 아픈 가족이 낫는 것이 훨씬 더 중요했다. 그들은 법 따위엔 아랑곳하지 않았고 신고를 당할 만큼 이웃들에게 고약하게 굴지도 않았다. 하지만 머세드 남부 지역에 개와 고양이가 별로 없다는 소문이 몇 년 전부터 슬슬 돌다가 갑자기 널리 퍼지기 시작했다. 소문은 사실이 아니었지만 그렇다고 사라지진 않았다. 댄 머피는 소문이 어디서 시작됐는지 말해주었다.

"몇 해 전에 몽족 어느 집에서 작은 불이 난 적이 있었어요. 그때 소방관 한 사람이 냉장고를 열었는데 안에 구운 돼지가 있었지요. 소방관은 그게 개고기인 줄 알고 친구들한테 말했고 친구들은 다른 친구들한테 말한 거지요. 그래서 갑자기 사람들이 이 지역에 떠돌이 개들이 별로 없는 건 몽족이 다 잡아먹기 때문이니 밤에는 개를 잘 가둬둬야 한다는 말들을 하기 시작했어요. 허허, 그러다 당 무아가 소문을 듣게 됐죠."

당 무아는 이 지역 몽족 지도자였다.

"당 무아는 소방관을 찾아가 그 집으로 데려가서 냉장고를 열며 말했어요. '이건 돼지요. 당신네들은 돼지하고 개가 다른 줄도 모르시오?' 거기서 끝났으면 좋았겠죠. 허나 아시다시피 진실보다는 소문이 재밌잖아요. 그래서 이야기의 진실은 별로 멀리 퍼지지 않았죠."

머세드의 몽족은 개를 잡아 바치지 않는다. 미국인이 법과 관습에 따라 개를 보호한다는 걸 알기 때문이다. 물론 나오 카오가 말한 베어크릭의 '다'한테 당한 사람처럼 개를 잡아 바쳤으면 하고 바라는 사람들이 있는 건 사실이다. 하지만 그 대신 돼지나 닭을 자주 바치며 몽족이나 미국인이 하는 농장에서 산 채로 구입한다.

리 부부의 경우처럼 소를 잡는 일은 흔치 않은 중요한 행사이다. 그들은 미국에 온 지 6년 만에 처음으로 소를 잡았다. 리아의 소 값은 300달러였다. 식구 아홉 명의 1년 총수입이 9480달러에 약간의 식량 배급뿐인 가정으로서는 어마어마한 액수였다. 나오 카오에게 어디서 그런 돈이 났느냐고 물어봤더니 이렇게 대답했다.

"정부에서 리아한테 지급했던 돈이 있었지요."

이해하기까지 잠시 시간이 걸렸다. 리 부부는 연방정부가 장애인에게 지급하는 리아의 생활보조금을 한 번도 쓰지 않다가 석 달 반 치에 해당하는 금액을 꺼내어 희생제의에 쓸 소를 산 것이다.

살아 있는 소를 이스트 12번가로 옮길 방법이 없었기에 나오 카오는 머세드 근처에 있는 미국인 농장주에게 소를 사서 그곳에서 바로 잡았다. 그리고 친척들의 도움을 받아 비닐봉지에 들어갈 크기로 조각을 낸 후, 사촌의 경차가 꽉 차도록 실어 왔다. 그들이 돌아오자 치 넹은 자신을 보이지 않는 세계로 데려다줄 제례의 노래를 시작했다. 노래를 하는 동안 소머리는 리아의 혼을 맞이하기 위해 현관 앞 계단에 놓였다. 지나가던 미국인이 그걸 보고 놀라진 않았냐고 물어봤더니 푸아가 말했다.

"놀라지 않았을 거예요. 소 전체가 아니라 머리만 내놨으니까."

나오 카오는 이렇게 덧붙였다.

"소를 사고 받은 영수증도 있었으니까 미국 사람들도 괜찮다고 생각했을 거예요."

넹 의식이 끝나자 리 부부와 초대받은 친척들은 자리에 앉아 차려진 음식을 먹기 시작했다. 튀긴 쇠고기, 삶은 쇠고기, 다진 쇠고기를 맵게 요리한 '랍(laab)', 그리고 '콰 쿠아(Kua quav)'라는 국도 있었다. 메이 잉에게 콰 쿠아가 뭐냐고 물어봤다.

"소 창자랑 염통이랑 간이랑 허파로 만드는 거예요. 아주 잘게, 창자 안에 있는 부분까지 잘게 썰지요. 그것들을 다 넣고 끓인 다음 레몬그라스와 각종 허브를 넣어요. 번역을 하자면 정말 이상해져요. 굳이 하자면 '응가 수프'라고 불러야 할까요.[콰 쿠아를 말 그대로 옮기면 '액체 배설물'이 된다.] 아주 진국이죠."

리아가 돌아오고서 처음 며칠 동안 이어졌던 축하 분위기는 점차 가시기 시작했다. 리 부부는 아이가 빼앗길 때보다 더 나빠져서 돌아왔다고 느꼈고, 한 주 한 주가 지날 때마다 그 느낌은 더욱 강해졌다. 메이의 말로는 예전엔 리아가 영어와 몽족 말로 수를 셀 수 있었고 몽족이 설에 부르는 전통 가요의 가락과 가사를 다 알았다고 한다. 나오 카오가 말했다.

"미국 사람들이 데려가기 전에 리아는 아주 똑똑했어요. 누가 들어오면 반갑다고 인사하고 의자를 갖다주곤 했어요. 그런데 정부 소유가 된 몇 달 동안 그 사람들이 애를 어떻게 했는지 모르겠어요. 애한테 약을 너무 많이 줬는지도 모르고, 우리가 너무 보고 싶어서 애가 이상하게 됐는지도 몰라요. 왜냐하면 그 뒤로는 누가 와도 알아보지도 못하는 것 같고 말도 잘 안 하니까요."

리 부부는 법원이 리아를 집에 돌려보내기로 한 건 위탁 보호로 인해 아이가 더 아파졌기 때문이고, 가족의 보호가 훨씬 더 낫다는 게 확실하게 증명됐다고 생각했다. 닐과 페기에게 이 말을 했더니 깜짝 놀랐다. 그들 역시 리아의 발달장애가 더 심해졌다는 사실을 알고 있었다. 그러나 그들은 부모의 손에서 벗어나기 전부터 리아의 지적 발달은 내리막길을 걷기 시작했고 위탁 가정에서 처방대로 약을 먹인 동안 잠시 중단됐으며 그러다가 1985년 9월 일주일 동안 집에 간 뒤로 겪은 발작 때문에 심각하게 악화됐다고 보았다. 그 일주일 사이 리아의 부모가 약을 전혀 먹이지 않았다는 것이다.

닐과 페기에게, 리 부부는 리아를 빼앗긴 게 아이의 건강을 지키기 위해서라기보다는 '화가 난 의사들'이 자신들에게 벌을 주고 싶어 했기 때문이라고 생각한다는 말을 했더니 역시 놀랐고 슬퍼하기까지 했다. 그리고 푸아와 나오 카오는 '약간의 약과 약간의 넹'을 병행하는 중도를 걷고 싶은 마음이 강했기에 자기들이 제대로 하고 있으며 의사들은 타협을 모른다고 생각한다고 전했다. 그랬더니 닐과 페기는 몹시 당황하며 고개를 절레절레 흔들었다.

리아의 상태가 더 나빠지는 것을 막기 위해 리 부부는 전통 치료를 한층 강화했다. 나는 MCMC의 의사들이 몽족은 미국인에 비해 아픈 아이가 낫건 말건 별 관심이 없는 것 같다며 불평하는 소리를 종종 들었다. 몽족이 병원의 무료 치료를 곧잘 거부하기 때문이었다. 의사들은 잘 몰랐겠지만 몽족은 실은 자식의 건강을 대단히 걱정하는 편이었다. 그들은 메디캘이 보장해주지 않는 비싼 의료 서비스를 받기 위해 생활보조금의 상당 부분을 할애하거나 친척들에게 빚을 지기도 했다. 예를 들어 리 부부는 1000달러를 들여 태국에서 만든, 신성한 약초가 든 부적들을 구해다가 리아가 언제나 목에 걸고 다니게 했다. 또 그보다 저렴하지만 시간이 많이 드는 요법들도 시도했다. 푸아는 프랑스어로 "1936년 프랑스령 인도차이나"라고 쓰여진 은화를 삶은 계란 노른자 안에 밀어 넣고 계란을 천으로 싸서 리아의 몸에 문질렀다. 나중에 계란은 까맣게 됐는데, 이는 병독을 다 빨아들였다는 뜻이었다. 숟가락 바닥으로 리아의 몸을 마사지하기도 하고 부항을 뜨기도 했다. 또 아이를 꼬집어 독기를 뽑아내기도 하고 주차장에서 기른 약초들로 약을 달여 먹이기도 했다. 마지막으로 푸아와 나오 카오는 리아의 이름을 쿠로 바꾸기까지 했다. 아이를 다른 이름으로 부르면 아이의 혼을 훔쳐간 '다'가 아이를 다른 사람으로 착각해 혼이 되돌아온다는 속설에 따른 것으로, 몽족이 최후에 쓰는 치료법이었다. 푸아는 의사들이 아이 이름을 계속 리아로 불러서 속임수가 탄로 나는 바람에 망쳐버리고 말았다고 했다.

리 부부가 가장 큰 기대를 갖고 시도한 치료법은 미네소타에 있는 유명한 치 넹을 찾아간 것이었다.

"우린 이 치 넹이 사람을 고치기도 하고 좋은 약을 주기도 하는 아주 특별한 분이란 얘기를 들었어요."

나오 카오는 존경스런 어조로 설명했다. 엄청난 수고와 비용을 들여서까지 찾아가 만날만한 뛰어난 전문가라는 듯한 어조였다.

"이 치 넹은 어릴 때 리아하고 똑같은 병을 앓았대요. 영혼한테 붙들려서 쓰러진 거예요. 몽족은 치 넹이 되기 전에 대개 그런 병을 앓아요. 그러니 리아도 크면 치 넹이 될지도 모르는 일이었지요. 또 이 치 넹은 우리와 같은 리 씨 문중 사람이기도 해서 리아를 미네소타에 데리고 간 거예요."

나오 카오는 그의 형제 하나와 큰딸, 사위, 그리고 리아와 함께 차를 타고 사흘을 달려 미네소타까지 갔다. 나오 카오가 말했다.

"우린 솔트레이크시티에서 하룻밤을 묵고 와이오밍에서 또 하룻밤 묵었어요. 그리고 하루 더 걸려 네브래스카까지 갔고 거기서 밤새 달려 미네소타로 갔지요. 우린 기름을 넣을 때만 차를 세웠어요. 와이오밍에선 운전을 세 시간밖에 못했어요. 리아가 쉼 없이 울면서 안아달라고 해서 할 수가 있어야죠. 그래서 운전은 다른 사람이 하고 나는 애만 안고 있었어요."

그는 치 넹이 어디 살고 있는지 기억하지 못했다. 기억나는 것이라곤 세인트폴에서 북쪽으로 몇 시간 거리라는 것뿐이었다.

"그 치 넹은 영혼의 끈을 리아의 손목에 감아주고 리아한테 식물의 뿌리로 만든 초록색 약 같은 것들을 줬어요. 어떤 건 끓여서 즙을 냈고, 어떤 건 끈적끈적해지도록 팔팔 끓인 다음에 말려서 주더군요."

함께 갔던 가족 세 명은 미네소타의 친척집에 남았고 나오 카오는 장애인 생활보조금을 써서 비행기를 타고 리아와 함께 집에 돌아왔다. 앞으로는 잘되리란 기대와 함께.

나는 친구 빌 셀비지에게 대체 왜 머세드의 의사들은 몽족 환자들에게 "'당신들'은 어떻게 병을 치료하나요?" 하고 물어보는 법이 없는지 질문한 적이 있다. 그는 몽족이 적어도 미국인에 가깝게 옷을 입고, 운전면허증을 갖고 있고, 슈퍼마켓에서 장을 보기 때문에 동료들은 그들이 비전되는 치료술을 쓸 수도 있다는 생각을 아예 못 한다고 대답했다. 더구나 셀비지 자신도 그런 생각을 하는 때가 아주 가끔뿐이었다고 했다.

"아마존 열대 우림에 가서 야노마모족과 얘기를 나누게 됐다고 쳐. 거기서 우린 그들이 온갖 환상적인 영혼 이야기를 해주지 않으면 놀랄 거야. 가령 그들이 거기 앉아 '피부병 때문에 먹는 페니실린이 어딨지?'라고 말한다면 깜짝 놀라겠지. 하지만 그들을 여기 몽족처럼 이곳에 데려와서 우리가 평소 입는 옷을 입혀놓으면, 또 자기 차를 몰고 MCMC로 온 그들을 보면 그런 영혼 이야기에 대한 기대를 안 하게 되는 거지."

닐과 페기도 리 부부가 리아를 낫게 하기 위해 무얼 하는지 전혀 몰랐다. 물어볼 생각 자체를 안 했던 것이다. 1000달러짜리 부적에 대해 물어보고 희생제의에 대해 약간이나마 아는 미국인은 지닌 힐트가 유일했다. 나는 리 부부가 지닌에게 가장 큰 원한을 품고 있으리라 예상했었다. 자기네 딸을 데려간 바로 그 기관의 공식 대리인이었으니 말이다. 하지만 정반대로 리 부부는 그녀를 리아의 유괴범이 아니라 후원자로 분류하고 있었다. '리아한테 장애인 보조금을 준 사람'이기 때문이다. 내가 만나본 미국인 가운데 리 부부를 시무룩하고 어두운 사람이라고 하지 않는 이는 디 코르다와 지닌뿐이었다. 푸아와 나오 카오가 성을 빼고 이름만 부르는 미국인이 내가 알기론 지닌뿐인 것도 우연이 아니었다. 그들은 그녀를 제니라 불렀다. 답례라도 하듯 그녀는 리아의 여덟 형제자매의 이름(총, 주아, 쳉, 메이, 여, 트루, 마이, 팡)을 다 외웠다. 이름만 부르라고 한 적이 한 번도 없는 고매하신 언스트 선생님과 필립 선생님에 비하면 지닌은 따뜻하고 격의 없는 사람 같았다. 심지어 그녀는 체구도(키가 155센티미터인 데다 둥글둥글했다.) 몽족의 크기에 가까웠다. 닐과 페기는 각각 188센티미터, 175센티미터였고 자세도 꼿꼿해서 더 커 보였다. 지닌은 또 사회복지사로서 가정방문을 할 수 있었기에 더 편한 관계를 맺을 수 있었다. (여러 해 동안 리 부부와 만나면서 닐은 그들 집에 가본 적이 한 번도 없었고 페기는 딱 한 번 있었다.) 지닌은 리 부부의 가장 미국화된 딸 메이를 통역자로 활용하는 센스도 보였다. 메이의 영어 실력이 훌륭한 데다(내 통역자인 메이 잉과 마찬가지로 메이는 미국 고등학교에서 공부했기 때문에 문법과 어휘가 대부분의 몽족 성인에 비해 월등히 나았다.) 지닌이 떠나고 나면 푸아와 나오 카오가 메이에게 "제니가 뭐라고 했는지 다시 말해봐라." 하고 물어볼 수 있다는 장점도 있었다.

지닌이 리 부부에게 느낀 정은 두 가지 요인 때문에 더 깊어졌는지도 모른다. 먼저 그녀는 만성질환을 갖고 산다는 게 어떤 것인지를 알았다. 그녀 자신도 심한 천식을 앓아왔던 것이다. 또 그녀는 몽족 가족의 끈끈한 정을 존경했다. 지닌은 그녀의 개신교인 가족들과 여러 해 동안 껄끄러웠다. 그녀가 레즈비언 파트너와 함께 산다는 사실을 그들이 알게 되었기 때문이다. 그리고 그녀에겐 자식이 없었다. 그래서 리아를 부담스러워하고 성가셔하는 MCMC 간호사들과 달리 지닌은 리아를 아주 예뻐했다.

"전 걔한테 푹 빠졌어요."

지닌이 지난날을 떠올리며 말했다.

"리아는 그냥 장난감을 가지고 놀 줄 아는 정도의 아이가 아니었어요. 온갖 걸 다 잘할 줄 아는 애였지요. 파리처럼 여기저기 날아다니면서 제멋대로이고 거칠고 사회성이 없기도 했지만 너무 귀여웠어요. 알고 보니 신체적으로도 아주 매력적인 아이였어요. 정말 귀여워서 껴안고 싶은 아이였죠. 리아가 안아주면 그 느낌은 다른 애들하곤 비교가 안 됐어요. 무릎에 앉아서는 품속으로 파고들어 기막히게 꼬옥 안아줬지요. 안경을 빼앗기도 하고 아프도록 볼을 꼬집기도 하고요."

지닌은 일로 리아를 만났지만 이내 강박적일 정도로 몰입하게 되었다. 그녀가 비공식적으로 쓴 편지는 대개 명랑했다. 다음은 발달장애인을 담당하는 지역 기관의 상담원인 주디스 이플리에게 보낸 편지다.

Re : 리아 리

주디, 위의 미성년자에 대한 자료 좀 보내주세요. 아이의 심리상태, 신경질환, 아이에 대한 평가, 보고서, 정밀 검사, 인상, 연구, 관찰, 고민, 의견 등……. 아무튼 있는 대로 다 보내주세요. 그런 게 도움이 되면 좋겠네요. 감사하고, 잘 부탁드립니다!

사회복지사 지닌 힐트 드림

닐이 보기에 지닌은 '골칫덩어리'였다. 그는 그녀가 리아에 대한 정보나 처방을 요구하거나 그가 보기엔 불필요한 의료기기를 달라고 조르던 일이 수도 없이 많았다고 했다. 이를테면 디지털 체온계가 그랬는데, 그녀는 숫자를 모르는 푸아가 메이의 도움을 받아 쓸 수 있는 체온계를 마련하려 한 것이었다. 그녀가 요청한 것은 언제나 '당장' 필요한 것이었고 그런 것을 제공하는 데 드는 비용은 리 부부가 치르는 게 아니었다. 닐은 말했다.

"지닌은 리 부부를 책임진 십자군 같았어요. 그녀는 리아에게 조금이라도 변화가 있으면 언제나 알려주려고 했어요. 맙소사, 안 그래도 바빠 죽을 지경인데 원하는 게 어찌나 많던지. 깜빡하고 전화를 안 해주면 얼마나 나무랐는지 몰라요. 리아는 그저 우리가 돌봐야 하는 수백 수천 환자 가운데 하나라는 사실을 그녀가 잘 이해하지 못했던 것 같아요. 우리가 만사 제쳐놓고 그녀가 바라는 대로 할 수 없다는 걸 인정하지 않았죠. 하지만 양날의 칼 같은 것이지요. 자기 일을 잘하는 사람은 그래야 하니까요. 지닌은 누구보다 환자를 먼저 생각했어요. 리아를 위해서라면 무엇이든 하려고 했어요."

지닌이 주선한 것 중에는 리아를 매주 한 번씩 버스에 태워 셸비 특수교육센터에 보내는 일도 있었다. 그곳은 지체아와 장애아를 위한 군립학교였다. 리아가 사회성을 기르는 동시에 푸아가 약간의 휴식 시간을 갖기를 바랐던 것이다. 리아의 담임 교사인 서니 리퍼트는 이렇게 회고했다.

"리아는 가족이 버릇을 아주 잘못 들인 아이였어요. 지닌 힐트가 우리한테 귀띔을 해줬어요. 리아의 가족은 리아가 발작할 때 신들과 얘기를 나눈다고 생각하고 리아를 공주처럼 떠받든다고요. 먹을 것도 특별한 걸 주고 무엇이든 원하는 대로 다 들어준다고요. 리아가 양손을 들면 엄마가 달려와 애를 안고 집안일을 본다고도 했어요. 엄마는 완벽할 정도로 이것저것 다 챙겨줬어요. 리아는 점점 더 통통해지고 있었는데 앉아만 있고 남들이 자꾸 대신해주니까 더 뚱뚱해졌어요. 그래도 참 예쁜 애였죠. 리아는 아주 매력적이어서 누구든 번쩍 안아주고 싶은 아이였어요. 하지만 제 교실에선 '누구도 리아를 안아주지 말라.'라는 규칙을 세웠죠. 물론 리아가 집에 돌아가자마자 가족들은 계속해서 리아를 떠받들었지만요."

리아의 행동 장애에 일과표가 없는 탓도 일정 부분 있다고 본 지닌은 리 부부의 아파트 벽에 다음과 같은 표를 붙였다.

리아의 시간표

07:00	일어나기, 아침 식사, 목욕
08:00	약 먹기, 학교 가기
13:00	학교에서 돌아옴
14:00	약 먹기, 낮잠
16:00	놀이 시간
18:00	저녁 식사

19:00 목욕, 잠옷 입기
20:00 약 먹기, 잠자기

메이가 읽는 것을 도와주긴 했지만 이 시간표는 제대로 지켜지는 법이 없었다. 푸아와 나오 카오가 시계보다는 '첫닭 울 때'와 같은 시간 개념에 더 익숙한 탓이었다. 또 하나의 부질없는 노력은 리아가 열이 많이 날 때 생기는 발작을 막기 위해 타이레놀과 발륨을 어떻게 먹이면 되는지 적은 쪽지였다. 지닌은 상당한 공을 들여 구불구불한 라오스 글씨로 쪽지를 썼는데, 리 가족 중에 라오스어를 아는 사람이 없다는 사실을 뒤늦게 알게 됐다. 하지만 지닌은 리아에게 약을 먹이도록 부모를 설득한다는 가장 중요한 목표에서는 놀라운 성공을 거두었다. 혈액 검사 결과는 리아가 대체로 데파킨 수치를 유지하고 있음을 보여줬다. 집에 돌아온 첫 4개월 동안 리아는 발작을 딱 한 번 일으켰고 이는 영아기 때 이후로 가장 좋은 기록이었다. 지닌은 이 시기 리아의 건강이 유난히 좋았던 것을 데파킨 덕으로 생각했고, 리 부부는 미네소타의 치 넹이 잘해준 덕분이라 생각했다.

1986년 9월, 리아는 셸비 센터에 갔다가 그네에서 떨어져 머리를 부딪치고는 뇌전증 지속상태에 빠지고 말았다. 리아의 의사 모두가 두려워하던 이 상태는 발작이 몇 분 뒤에 절로 멈추는 대신 중간에 의식을 회복하는 틈없이 계속해서 이어지는 것이었다. 리아가 발작 때문에 떨어졌는지, 떨어져서 발작이 시작됐는지는 분명치 않았다. 리아가 병원으로 옮겨진 뒤 이루어진 혈액 검사에선 데파킨이 적정 수준을 유지하고 있었기 때문이다. 이번만은 부모가 처방을 따르지 않아 문제가 생겼다고 할 수 없었다. 나오 카오는 "선생님 실수로 그네에서 떨어졌을 때 애가 너무 놀랐고 그래서 혼이 또 달아나는 바람에 다시 아파진 것"이라고 진단했다. 리아의 MCMC 입원 기록부에는 병력에 "복잡"이 적혔고, 사회력엔 "아주 복잡"이 적혔다. 닐은 이 열네 번째 MCMC 입원을 리아가 입원했던 것 가운데 최악의 날로 기억했다.

"리아는 정말 잘 지내다가(정말이지 너무 잘 지내고 있었어요.) 믿을 수 없는 문제들을 겪게 됐어요. 심한 발작을 일으키면서 먹은 걸 다 토해내기 시작했고 토사물 일부가 폐로 빨려들어 갔어요. 호흡부전 때문에 숨을 잘 쉬지 못해 호흡관을 삽입해야 했는데 이게 기관 일부에 염증을 일으켰고요. 그래서 호흡관을 빼냈더니 숨쉬기를 너무 어려워해서 다시 끼워야 했지요. 그랬더니 이 염증 때문에 기도가 감염되는 별난 일이 벌어졌어요. 부모는 챙길 게 엄청 많았어요. 산소마스크에 정맥주사, 혈액 검사, 혈중 산소 및 이산화탄소의 양을 측정하는 동맥삽입관……."

나오 카오는 이때를 리아가 '온몸에 플라스틱을 뒤집어쓰고 있던 때'로 기억했다. 그와 푸아는 리아가 입원해 있던 14일 동안 매일 밤을 리아 곁에서 잤다. 그는 또 이렇게 떠올렸다.

"의사들이 리아를 너무 오래 병원에 있게 해서 애가 점점 더 아파지기만 했지요."

닐과 페기는 리아의 사례에 대해 「브란하멜라 카타랄리스가 일으키는 세균성 기관염」이라는 논문을 써 《소아감염병 저널》에 함께 발표하기도 했다.

"리아가 출판됐지요!"

닐이 그 글을 보여줬다. 거기엔 다음과 같은 부분이 있었다.

> 우리의 사례는 이 병원균[브란하멜라 카타랄리스]이 면역성이 약해진 소아 환자의 기도에서 기회감염을 일으킬 가능성이 있음을 분명히 보여준다. 우리 환자의 병원 내 감염은 기관이 일부 손상된 결과일 가능성이 다분하며 이 손상은 삽입한 호흡관 때문이거나 정맥주사로 투약한 페니실린에 의해 변화된 구강 내 세균군 때문인 것으로 보인다.

모든 의사가 병원에서 있었던 실패를 공개할 만큼 과감한 건 아니다. 더구나 이 경우처럼 "일부 손상"을 초래한 장본인이 자신일 경우에는 더욱 그렇다. 전에도 종종 그랬지만 이 글을 읽으면서 나는 닐과 페기가 자신들을 잘 포장하는 것보다 진실을 알리는 일에 더 큰 관심을 두고 있다는 사실에 놀랐다. 그런가 하면 나오 카오가 확실히 옳았다는 사실에도 놀랐다. 병원이 리아를 더 아프게 만들었다는 것 말이다.

리아는 퇴원한 지 3주 만에 다시 입원했다. 투약을 적절히 했음에도 발작과 고열이 잡히지 않았다. 닐과 페기는 경악했다.

"저는 리아가 데파킨을 먹으면서부터 좋아지는 걸 보고 아주 흐뭇했었습니다." 닐이 회상했다. "그러다 한 달에 두 번 발작이 일어나는 것을 보고 또 시작이구나 했지요. 데파킨도 듣지 않는다니! 이젠 리아의 발작이 심해지는 걸 막을 방법을 더 생각할 수가 없었어요. 다음에 또 오면 마취를 해서 경련을 억제해보자는 생각까지 한 게 기억나네요. 정맥주사라도 놓을 수 있게 말이죠. 댄 머피하고 둘이서 리아의 뇌 일부를 살짝 태우는 수술을 해야 하는 건 아닌가 하는 얘기도 했어요. 정말 어쩌면 좋을지 알 수 없었죠. 지푸라기라도 잡고 싶은 심정이었습니다."

페기는 이렇게 말했다.

"발작이 갈수록 너무, 정말 너무 길어지고 있었어요. 전에는 발작이 저절로 멈추기도 했는데 이젠 그런 게 없었어요. 멈추게 하려면 약을 더 줘야 했는데 그러자니 정맥주사 자체도 안 듣게 되는 건 아닐까 하는 두려움도 들었어요. 리아가 너무 살이 찐 데다 이미 정맥이 많이 손상된 상태였으니까요. 발작이 너무 길어지면 뇌 기능이 마비되어버릴 수도 있었고요. 그 해 초가을에 우리는 절망감을 느끼고 있었어요. 우린 리아 얘기를 많이 했어요. 리아의 시간이 끝날 수 있다는 상상은 괴로웠지요. 하지만 그럴지 모른다는 생각이 자꾸 들었어요. 우리는 그저 큰 것이 오기만을 기다리는 꼴이었죠."

닐은 이렇게 말했다.

"산에서 거대한 눈덩이가 굴러 내려오고 있고 우리는 그걸 막으려 하지만 밀리는 기분이었어요. 부모한테 리아의 발작이 점점 더 심해지고 또 잦아지고 있으며 언젠가 우리가 막을 수 없을 정도가 될지 모른다고도 말했어요. 불길한 생각이 자꾸 들고 그 생각은 떠날 줄을 몰랐죠. 정말 그런 일이 벌어지고 그때 내가 당직을 서다 막지 못해 아이가 제 눈앞에서 죽어가는 악몽까지 꾸기 시작했지요. 피할 수 없는 일이었어요. 시간문제일 뿐이었지요."

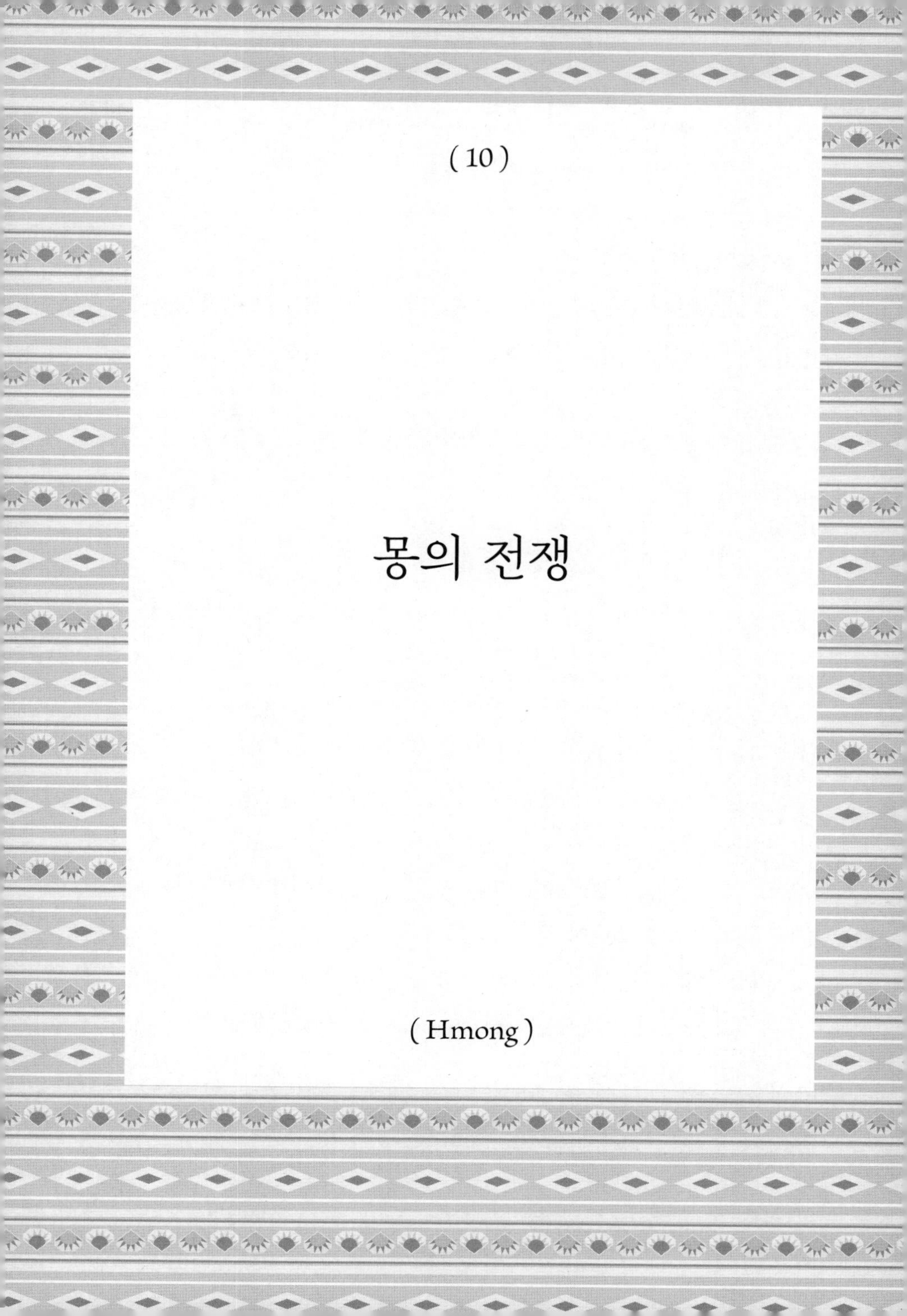

(10)

몽의 전쟁

(Hmong)

1924년 프랑스 선교사인 F. M. 사비나가 채집한 민담에 따르면 몽족은 낮과 밤이 6개월씩 지속되던 북방의 고향에 살던 시절, 이웃 부족들과 땅 문제로 분쟁을 했다. 왕은 문제를 이렇게 해결하라고 지시했다. 각 부족이 특사 한 사람씩을 뽑아 해가 지고부터 뜨기까지 6개월 동안 계속 걷다가 왕의 황금 대궐로 들어오라는 것이었다. 그사이 특사가 다닌 영역은 전부 그 부족의 땅이 된다. 단 특사가 정해진 기간 안에 대궐까지 돌아오지 못하면 그 부족은 해가 뜨는 순간 특사가 서 있던 터에서만 살아야 했다. 그렇게 해서 떠난 몽족의 특사가 동이 틀 때 서 있던 곳은 높은 산꼭대기였다. 그 뒤로 몽족은 산에서 살게 됐다고 한다. 해 뜨는 것을 제일 먼저 볼 수 있고, 해 지는 것을 제일 오래 볼 수 있는 곳 말이다.

발병이 난 특사가 산이 아닌 평지에 서 있었다면 몽족의 운명은 완전히 달라졌을 것이다. 이야기에 나타나는 몽족의 역사와 인물은 거의 다 그들이 고산부족이라는 사실에서부터 출발한다. '물고기는 물에서 헤엄치고 새는 하늘을 날고 몽족은 산에 산다.'라는 몽족의 속담처럼 말이다. 몽족의 언어에는 산의 모양과 경사와 높이를 지칭하는 단어가 많다. 사비나는 글에서 이렇게 말한다.

> 먀오족[몽족]에게 출신지가 어디냐고 물어보라. 산 이름을 댈 것이다. "나는 무슨 무슨 산에서 태어났소."라고 대답할 것이다. 다시 그 산이 어디에 있느냐고 물어보면 중국이라든지 통킹이라든지 라오스에 있다고 대답하는 게 아니라 동서남북 어느 쪽에 있다고 할 것이다.

사비나는 또 어쩌다 할 수 없이 저지대로 내려온 몽족은 특이한 걸음걸이로 쉽게 구분할 수 있다고 했다.

> 늘 가파른 돌투성이 길만 다니다 보니 평평하고 매끈한 길을 걷는다는 걸 깜빡 잊고 걸음마다 발을 너무 높이 든다. 계단을 오르거나 돌부리에 걸려 넘어지지 않으려는 듯 말이다. 평지에 내려온 먀오족은 물에 내린 선원처럼 어색하고 서툴러 보였다.

전쟁 이전 라오스에선 다양한 인종 집단이 층층이 구분되어 있었다. 평원에는 라오스인이 살았다. 해발 50미터 이상 지대에는 카렌족과 크무족이 살았다. 미엔족은 해발 400미터 이상인 곳에 살았다. 장 모탱 신부는 이렇게 썼다.

> 그리고 마지막으로 이들 중에 가장 고도가 높은 지대, 1000미터가 넘고 2000미터가 못 되는 곳에 몽족이 살고 있다. 제일 높고 오르기 힘든 산을 찾아보라. 그들이 있을 것이다. 그들은 그런 곳이라야 편한 것이다!

저지대에 사는 라오스인은 더 부유하고 숫자도 많고 정치적으로 힘이 셌을지 모른다. 하지만 몽족은 지배자라고 하는 그들을 독수리가 쥐 보듯 내려다보았으며 언제나 변함없는 우월감을 가졌다. 그리고 중국에서 그랬듯 몽족은 그들의 정체성을 유지했다. 동화의 압력을 쉽사리 물리칠 수 있었던 건 지배 문화와의 접촉이 워낙 드문 덕분이기도 했다. 그들은 '거머리들의 땅'인 평야지대로는 좀처럼 내려가지 않았다. 그랬다간 병에 걸릴 수도 있다고 믿었던 것이다.(실제로 저지대에선 열대병이 도는 경우가 더 많았다.) 누구도 다른 어딘가로 가기 위해 그들의 땅을 거쳐 가지 않았다. 이따금 중국 윈난(雲南)성의 무역상들이 은, 베, 실, 신, 솥 같은 걸 가지고 와도 최소한만 이용할 만큼 그들은 자급자족하며 살아갔다. 모든 먹을거리뿐만 아니라 가축의 사료까지도 생산했다. 그리고 손수 만든 부싯돌 총으로 또는 나무나 대나무나 대마로 만든 석궁으로 새, 쥐, 원숭이, 사슴, 멧돼지, 호랑이를 잡았다. 계곡에선 물고기를 낚았다. 과일과 푸성귀, 야생 버섯, 감자, 죽순 같은 걸 채집해 먹기도 했다. 새벽에 추울 때는 나뭇잎 밑에서 게으름을 피우는 메뚜기를 잡아다 구워 먹기도 했다. 벌의 몸에 닭털을 달아서 그 뒤를 쫓아가 벌집을 찾아내고 연기를 피워 벌을 다 쫓아낸 뒤 꿀은 발라내고 애벌레는 모두 꺼내 쪄 먹기도 했다. 숲에서 목이 마르면 접시처럼 생긴 오목하고 큰 나뭇잎을 따다가 이슬을 마셨다.

몽족 언어에는 소리를 의성어로 나타내는, 단어 둘로 이루어진 서정적인 표현이 많다.(그렇다고 시어는 아니고 일상어다.) 언어학자 마사 라틀리프가 채집한 이들의 두운체 표현은 라오스의 몽족이 자연과 친밀한 관계를 유지해왔다는 점을 어렴풋이 알게 해준다. 이를테면 이런 것들이다. '쥐

쟈(zuj ziag)'는 매미 우는 소리고 '리 롱(lis loos)'은 벌이 웅웅거리는 소리다. '응플뤼 응플롱(nplhuj nplhoos)'은 돼지 꿀꿀거리는 소리고 '미 모(mig mog)'는 호랑이가 장난치는 소리다. '이 오(ig awg)'는 멧돼지가 붙어 싸우는 소리고 '치 체(txij txej)'는 뱀에게 잡아먹힌 쥐가 내는 소리다. '쉬 솨(xuj xuav)'는 뱀이 기어가는 소리고 '치이 체에(txiv txev)'는 새가 지저귀는 소리다. '뤼 롸(rhuj rhuav)'는 새가 벌레를 잡으려고 나뭇잎 사이로 다니는 소리고 '플리 플로(plig plawg)'는 새가 둥지에서 날아오르는 소리다. '지 좌(zig zuag)'는 원숭이가 나무 위로 다니며 길게 내는 소리고 '치 촤(tsig tsuag)'는 원숭이가 이 나무에서 저 나무로 뛰어다니며 짧게 뱉는 소리다. '응뤼 응렝(nruj nreev)'은 나무가 빨리 쓰러지는 소리고 '응뤼이 응로오(nrhuj nrhawv)'는 나무가 천천히 쓰러지는 소리다. '비 바(vig vag)'는 나무가 쓰러지며 다른 나무와 덤불을 스치는 소리고 '응카 응쿠(nqaj nqug)'는 많은 나무가 차례로 쓰러지는 소리다. '피 포(pij pauj)'는 과일이 땅에 떨어지는 소리고 '플리 플롱(pliv ploov)'은 과일이 물에 떨어지는 소리며 '스 솨(xuj xauv)'는 온종일 내리는 빗소리다.

정착 생활을 하는 종족이 대부분 그렇듯 몽족도 농민이었다. 푸아는 내게 그녀가 살던 마을에서는 모두가 같은 일을 했기 때문에 누구도 남들보다 특별히 귀할 게 없었다고 말한 적이 있다. 계급제도는 없었다. 글을 읽을 줄 아는 사람이 아무도 없었기 때문에 누구도 글을 몰라 박탈감이나 불편함을 느끼지 않았다. 다음 세대가 알아야 할 것은 전부 구전이나 행동으로 전해졌다. 이를테면 조상을 공경하는 법, 껭을 연주하는 법, 장례를 치르는 법, 청혼을 하는 법, 사슴을 뒤쫓는 법, 집을 짓는 법, 치마에 수놓는 법,

돼지를 잡는 법, 낟알 터는 법 모두 말이나 시범으로 이어져 온 것이다.

몽족은 쌀, 옥수수, 채소도 필요한 만큼 충분히 거두긴 했으나 확실히 잘 기른다고 할 수 있는 작물은 딱 하나였다. 그것은 양귀비였는데 서늘한 기후와 고지대의 알칼리 토양에서 특히 잘 자라는 작물이었기 때문이다. 물론 여기에도 전설이 있다. 옛날에 한 미모의 여성이 바람을 많이 피우고 살다 일찍 죽고 말았다. 그녀의 무덤엔 꽃이 한 송이 피었다. 그런데 그 열매에서 나오는 즙은 묘한 향기를 냈고 이것을 마신 사람은 그녀의 연인들이 느꼈던 황홀경을 맛볼 수 있었다. 또 그녀는 사후 추종자들의 꿈에 나타나 양귀비 재배와 아편 제조의 비밀을 가르쳐주었다. 그 꿈은 대단히 유익했던 게 틀림없다. 몽족의 양귀비 재배 기술은 최고였기 때문이다. 이로 인해 몽족은 18세기 말 영국 동인도회사가 중국에 양귀비를 들여온 뒤로 자신들이 만들어내지도 지배하지도 않은 국제 무역에 좋건 말건 발을 들여놓게 됐다.

라오스를 지배하던 프랑스 정부는 라오스 저지대에 있는 정부 공인 아편굴에 공급할 목적으로 몽족에게 아편을 세금으로 요구했다. 그들은 요구에 순순히 응했다. 몽족은 양귀비 재배에 가장 좋은 토양이 석회질 토양임을 알았고 맛을 봐서 석회질 땅을 고를 줄 알았다. 또 그들은 옥수수 줄기가 어린 양귀비를 보호해주도록 양귀비 씨앗을 옥수수 밭에 뿌릴 줄도 알았다. 양귀비 열매에 날이 세 개인 칼로 상처를 내고(양귀비 즙은 상처를 너무 깊이 내면 전부 땅으로 뚝뚝 떨어져버리고, 너무 살짝 내면 열매 껍질 속에 갇혀버린다.) 흘러나온 즙이 갈색으로 굳을 때까지 기다렸다가 긁어내 양귀비 꽃잎이나 바나나 잎으로 싸서 반죽해 덩어리로 만들 줄도 알았다. 내가 가진 몽어사전에는 스물아홉 가지의 양귀비 재배와 아편 흡연에 관한 단어가 있다. 예를 들어 '리아 옝(riam yeeb)'은 열매에 긁힌 자국을 내는 칼이고 '옝 쳉(yeeb tseeb)'은 흡연용 아편을 만들 때 아편 덩어리를 집는 데 쓰는 바늘 같은 도구다. 놀랍게도 몽족 중에는 병자나 노인 말고는 아편 중독자가 거의 없었다. 아편은 주로 치 넹이 굿을 할 때 무아경에 빠져드는 것을 돕는 데 쓰였다. 아울러 두통·치통이나 뱀에 물린 상처, 열병과 설사, 그리고 노년의 불편을 완화하는 데 쓰였다. 젊은 사람이 아편에 중독된다는 건(대개 남자가 그랬는데) 큰 흉이었다. 일할 능력이 점점 떨어져 신붓감을 구하기 어려워질 뿐만 아니라 형제와 사촌의 혼삿길까지 막는 일이었다.

몽족은 아편 생산량의 10퍼센트만을 직접 쓰기 위해 남겨두고 나머지는 전부 팔았다. 유일하게 파는 작물이기도 했는데 산에 사는 사람들에게 이보다 더 취급하기 좋은 상품은 없었다. 운반이 쉽고 상하지도 않고 무게 대비 가격이 엄청나게 높았다. 아편 1킬로그램은 쌀 500킬로그램과 맞먹었다. 평야지대 상인 한 사람이 조랑말 몇 마리를 끌고 오면 한 마을에서 생산한 아편을 모두 싣고 갈 수 있었다.

몽족은 아편값으로 지폐 대신 은괴나 은화만 받았으며 그것들을 녹여 보석을 만들거나 신붓값으로 비축해두었다. 아편 생산이 곧 부였다. 기독교 선교사들이 라오스에 처음 왔을 때 헌금 쟁반에서 작게 돌돌 만 아편 덩어리를 발견하곤 한 것은 별로 놀랄 일이 아니었다. 내 문화 중개인의 부모가 딸에게 지어줄 가장 아름다운 이름으로 메이 잉(양귀비)을 택한 것도 놀랄 일이 아니었다.

몽족은 양귀비를 재배할 때 벼나 옥수수의 경우처럼 화전 농법을 썼다. 건기 때면 여자들은 숲의 덤불을 베고 남자들은 도끼로 나무를 뱄다. 그 뒤 남자들은 횃불을 들고 비탈을 뛰어내려오며 쌓아둔 초목 더미에다 불을 질렀다. 불꽃은 하늘 높이 120미터나 치솟았고 연기는 몇 킬로미터 밖에서도 보였다. 타버린 초목이 충분히 식으면 온 가족이 들러붙어 바위나 나뭇등걸만 빼고 부스러기를 다 치웠다. 화전 농법은 밭을 갈거나 층층이 만들 필요도 없었고, 물을 대거나 거름을 줄 필요도 없었다. 겉흙은 나뭇재 덕분에 간단히 비옥해졌다. 하지만 4, 5년에 걸쳐 겉흙이 장맛비에 씻겨 내려가면 양분이 고갈된 남은 토양은 지력을 회복하는 데 20년이 걸렸다. 1950년대 라오스의 몽족은 매년 650제곱미터의 땅을 화전으로 일구었으며 그로 인해 씻겨 내려간 겉흙이 강의 흐름을 바꿀 정도였다. 양귀비는 특히 심한 피해를 끼쳤다. 화전으로 일군 벼밭은 놔두면 결국 다시 숲이 되지만 양귀비 화전엔 짐승들도 먹지 않는 억센 풀만 자랐다.

화전 농법은 몽족의 이주 생활과 관계가 있다. 마을 사람들은 가까운 땅에 농사를 짓다가 몇 해 뒤 토양이 황폐해지면 그 땅을 포기했다. 그리고 걸어서 오갈 수 있는 거리의 땅에서 농사를 짓다가 다시 황폐해지면 그 땅도 포기했다. 그다음엔 더 멀리 있는 땅에 하룻밤 묵을 수 있는 천막을 지어놓고 농사를 짓다 아예 마을을 버리고 떠났다.

하수도가 없던 시대, 냄새가 못 견딜 정도가 되면 이 성에서 저 성으로 옮겨 다니던 영국 여왕 엘리자베스 1세처럼 몽족은 마을에 오물이 쌓이고 짐승의 배설물 때문에 병이 날 정도로 불결해지면 마을을 버리고 떠났다. 인구가 너무 많아지면 대가족 단위로 근처에 작은 위성 마을을 만들기도 했다. 몽족의 주택은 쪼갠 대나무와 나무판자를 밧줄로 엮어 만든 덕에 쉽게 해체한 후 옮겨 다시 조립할 수 있었다.

몽족의 예술 역시 움직이기 쉬운 것들이었다. 달리 말해 거대 건축물 같은 것은 없었고 직물이나 보석, 음악, 이야기가 상당히 발달했다. 언제나 무리 지어 이동했기 때문에 어딜 가나 씨족과 신앙, 문화 정체성을 유지했고 덕분에 어디서도 향수에 시달리지 않았다.

화전 농민들은 이주 생활을 하면서 땅은 무한히 풍요롭다는 여유로운 믿음을 갖게 되었다. 땅이 비옥함을 잃어도 어느 마을이 건강성을 잃어도 어느 지역이 풍요로움을 잃어도 괜찮다는 확신이었다. 몽족의 속담대로 '산은 얼마든지 있다.'는 것이다. 그렇다고 그들이 나태한 건 아니었다.

이주는 어려운 결단이었다. 몽족이 중국을 버리고 인도차이나로 떠난 것은 문제를 해결하기 위해 그들이 시도할 수 있는 가장 힘들고 어려운 일이었다. 이후 1960년대와 1970년대 라오스가 베트남전쟁의 싸움터가 되었을 때, 같은 과정을 훨씬 더 심하게 반복해야 했다. 국경 안에서 이루어졌던 이주는 결국 국경을 크게 벗어나게 됐다.

1961년, 선하지만 무기력한 지식인이었던 (또 프루스트를 인용하고 포드 에드셀을 몰던) 라오스의 마지막 왕 사방 바타나는 이렇게 탄식했다.

> 우리 나라는 세상에서 가장 평화로운 나라다. [……] 라오스 사람들은 남의 부를 탐하거나 이웃과 말다툼을 한다는 생각을 가져본 적이 없다. 싸운다는 생각은 더더욱 해본 적이 없다. 그럼에도 지난 20년 동안 우리 나라는 평화도 안전도 모르고 살았다. [……] 온갖 적들이 우리 국경을 넘어와 우리 백성과 우리 종교와 나라의 평화를 멸하려 했다. 다른 나라들은 우리의

사정이나 평화엔 관심이 없다. 그들은 자기 이익만을 생각할 뿐이다.

프랑스가 디엔비엔푸(Dien Bien Phu) 전투에서 패한 뒤 서명한 1954년 제네바 협약에서는 프랑스령 인도차이나에 속하던 세 국가를 독립국으로 인정했다. 라오스, 캄보디아, (남북으로 분단되었다가 2년 뒤에 통일된) 베트남이 그 셋이다. 라오스는 중립국이 되었다. 하지만 경제적으로 침체되어 있던 이 약소국(1960년 당시 수도에는 신호등이 하나뿐이었고 아편을 제외하면 수출액은 300만 달러밖에 되지 않았다.)의 지정학적 위치는 저주받았다 할만했다. 서쪽으론 미얀마와 태국, 동쪽으론 베트남, 남쪽으론 캄보디아가 있었으니(모두 강하고 인구도 많고 내륙국이 아닌 나라였다.) 라오스는 중립을 유지하기 힘들었다. 호치민의 북베트남 무장 조직인 베트민은 라오스 공산 세력 파테트라오를 원조하기 시작했고, 파테트라오는 반공 정권인 로열 라오와 라오스 정권을 두고 투쟁을 벌이게 됐다.◆

이 무렵, 1955년부터 왕국군을 은밀히 훈련시켜온 미국이 본격적으로 개입하기 시작했다. 트루먼, 케네디, 존슨, 카터 대통령의 고문을 지낸 클라크 클리포드는 회고록에서 이렇게 말했다.

> 돌이켜보면 믿기지 않는 일이다. 하지만 [아이젠하워 대통령은] 동남아의 그 작은 내륙 왕국의 운명을 미국이 당면한 가장 중요한 문제로 보았다.

◆ 이후부터 편의상 파테트라오는 '애국전선'이나 '인민군', 로열 라오는 '왕국'이나 '왕국군'으로 칭하기로 한다.—옮긴이

1961년 임기 마지막 날, 아이젠하워는 대통령 당선자인 케네디에게 라오스가 공산 세력에 넘어가면 남베트남과 캄보디아, 태국, 미얀마까지 따라 넘어가는 건 시간문제라고 말했다. 케네디는 그 말에 동의했다. 그런데 문제가 하나 있었다. 1961년과 이듬해 제네바 회의에서 미국, 소련, 남북 베트남, 그 밖의 10개국이 라오스의 중립을 재확인하고 라오스에는 '어떠한 외국 군대나 군 관계자도 파견하지 않는다.'라는 새로운 협약에 동의했던 것이다.

바로 여기서 몽족이 등장한다. 미국은 어떻게든 라오스의 반공 정권을 지원하고 북베트남이 남베트남으로 뚫은 보급로인 '호치민 트레일'을 차단하고 싶었다. '호치민 루트'라고도 하는 이 보급로는 라오스 남동부이자 베트남 국경 인근의 복잡한 산길이었다. 그렇다면 적어도 겉으로는 합법성을 유지하며 개입할 수 있는 방법은 무엇이었을까? 협약을 위반하지 않는 선에서 미군은 베트남엔 갈 수 있어도 라오스엔 갈 수 없었다.◆ 답은 대리전쟁을 치르게 하는 것이었다. 이 어려운 문제를 케네디는 일군의 CIA 요원들을 보내 해결했다. '외국 군대'는 아니어도 돌이켜보면 확실히 '군 관계자'이긴 했던 그들은 비밀리에 몽족 게릴라군을 모집하고 훈련시키고 무장

◆ 미국이 베트남에 파병함으로써 국제 협약을 깼는지에 대해 역사가들은 30년 동안 논쟁을 벌였다. 1954년 제네바 협약에는 베트남에 외국 군대나 관계자를 파견하는 것과 모든 종류의 무기나 군수품을 반입하는 것을 금지한다는 선언이 있다. 미국과 남베트남은 이 선언에 동참하지 않되 미국은 협약을 저해하는 위협이나 무력 사용을 삼간다고 명시한 바 있다. 사학자 존 루이스 개디스에 따르면 (1954년의) 제네바 협약은 워낙 급히 작성했고 표현이 애매해 국제법의 관점으로 볼 때 위반에 대한 어느 쪽의 주장도 별 의미가 없다. 하지만 1962년 협약은 라오스만 다룬 것으로 애매한 부분이 없다.

시켰다. 그 후로도 계속 존슨 정부와 닉슨 정부의 지원을 받은 '몽족 비밀군'은 결국 3만 명이 넘는 대군이 되었다. 이들은 지상전에서 싸우고, 공중전에 참여하고, CIA의 사설 항공사인 에어 아메리카 조종사들의 길잡이 노릇을 하고, 추락한 미군 조종사를 구조하기도 했다. 또 헬리콥터나 낙하산을 타고 적진 후방에 뛰어내렸으며, 라오스 인민군과 북베트남군의 정보를 수집하고, 도로와 교량을 파괴하고, 폭격 위치를 집어내기 위해 적의 부대에 전자 송신기를 매설하고, 호치민 트레일의 보급 물자를 가로채기도 했다.

한때 이 비밀군은 CIA 최대의 해외 사업이었다. 하지만 미국 대중은 1987년까지 소문과 부인 말고는 이 군대에 대해 들어본 바가 거의 없었다. 그해 크리스토퍼 로빈스라는 영국의 탐사 보도 기자가 쓴 『큰 까마귀들: 라오스 비밀전쟁의 비행사들(*The Ravens: The Men Who Flew in America's Secret War in Laos*)』이란 책이 나오기 전까진 말이다.

1965년 존슨 대통령은 "라오스의 문제는 공산 세력이 제네바 협약을 존중하지 않는 데 있다."라며 점잖은 척했다. 하지만 그가 언급하지 않은 건 자기 나라 역시 협약을 존중하지 않고 있었다는 점이다. 미국은 위반 사실을 더 잘 숨길 줄 알았다. 로빈스에 따르면 이 전쟁은 워낙 비밀 유지가 잘 되었다. 심지어 베트남에 있던 미 공군 조종사 중에 에어 아메리카의 비행기를 조종하도록 차출된 이들은 라오스에 도착할 때까지 자기가 어느 나라에서 싸우기 위해 자원을 했는지도 알지 못했다. 다른 전역이란 말만 들었을 뿐이었다.

언뜻 보면 CIA가 지배민족인 저지대의 라오스인 대신 라오스에서 가장 외딴 지역에 사는 소수민족을 택한 것은 어리석은 선택처럼 보인다. 그러나 이런 선택을 한 이유는 라오스인이 부족하기도 하거니와 몽족에게 특별한 자질이 있다는 데 있었다. 왕국군이 있긴 했으나 그들은 전쟁을 좋아한다는 평을 받은 적이 없었다. 당시《라이프》의 한 기사는 이렇게 전했다.

> [라오스인들은] 아시아에서 가장 참한 사람들이다. 그리고 가장 초연하며 가장 비호전적이기도 하다. 때문에 라오스 군인들은 적을 다치게 하는 게 아니라 적들 머리 위로 총을 쏨으로써 미국인 참모들을 절망케 했다.

라오스 군인들은 공격을 받자마자 무기를 내려놓거나 무기를 암시장에 팔아버린다는 얘기도 있었다. 이에 비해 몽족(CIA 역시 라오스인들처럼 그들을 메오족이라 불렀다.)은 4000년 동안 싸움꾼으로 정평이 나 있었다. 그들은 제2차세계대전 때 이미 게릴라로서 근성을 인정받은 바 있었다. 그때는 라오스와 프랑스 편에서 싸웠고 전후에는 비슷한 동맹을 이루어 베트민과 싸웠다. 그로부터 20년 뒤 CIA는 프랑스가 라오스 북부에 조직했던 몽족 게릴라들의 반란 진압 네트워크를 이어받았다.

나는 1960년대 초부터 1970년대 초까지 미국 언론들의 전쟁 기사를 보며 몽족을 깔보는 동시에 존경하기도 하는 양면적인 태도에 어리둥절했다. 그들은 몽족을 기질이 흉악하면서 고귀한 야만인으로 봤다.

> 많은 원시 종족들의 경우처럼 그들에겐 '적'과 '남'이 같은 단어이며 방문객을 환대하는 것만큼 석궁 화살로 꿰어버릴 수도 있다.

메오족은 매복과 야간 기습 같은 야생적인 전술에 능한, 작지만 거친 미개인이다.

정부를 위해 싸우는 메오족이 공산 세력의 차량 행렬에 심각한 피해를 입혔다는 소문이 산에서 자꾸 들려오고 있다.

메오족은 살상을 주저하는 법이 없다. 그들은 언제든 무기를 쓸 용의가 있고 잘 다룰 줄도 안다. 이뿐 아니라 산양처럼 산을 잘도 오르내리며 매복을 하기도 하고 차량 행렬을 격파하기도 하고 적진 후미를 교란하다 산으로 숨어버리기도 한다.

몽족 가운데 상당수는 왕국 정부를 위해 싸울만한, 그래서 미국에 협력할만한 나름의 이유가 있었다. 몽족의 5분의 1 정도는 애국전선 편을 들었다.(주로 로 씨 가문 사람과 그 지지 세력이었고, 그들은 반공 세력인 리 씨 가문과 오랫동안 서로 시기하고 미워했다.) 그러나 CIA에 포섭된 이들을 포함한 절대다수는 왕국 편을 들었는데, 공산주의가 자본주의보다 이념적으로 덜 매력적이어서가 아니라 그들의 자치를 위협할 가능성이 더 높다고 보았기 때문이었다. 공산주의 농지 개혁자들이 몽족의 화전 농업을 좋게 봐줄 것 같지 않았고 더욱이 몽족은 인도차이나 식민 통치가 붕괴하기 전에 프랑스 편을 들었기 때문에 북베트남의 보복이 두려웠다. 실제로 그즈음 북베트남은 무기를 사기 위해 몽족의 아편을 몰수해서 적대감을 자극하기도 했다. 왕국 편에서 싸울만한 이유에는 사회적인 것도 있었다. 예로부터 저지대 라오스인들에게 냉대를 받아온 몽족 입장에서는 승전의 영웅이 되어 사회적 위상을 높이겠다는 생각도 있었다. 마지막으로 많은 몽족은 이 전쟁에 상당히 개인적인 이해관계를 가지고 있었다. 그들이 살고 있는 산이 가장 중요한 작전 지역이었던 단지평원에 둘러싸여 있었던 것이다.

단지평원은 라오스 북부의 고원지대로, 북부의 공산 세력이 태국 접경에 있는 수도 비엔티안(Vientiane)을 차지하려면 반드시 거쳐야 하는 요충지였다. 몽족이 이 전략적 요충지를 손바닥 들여다보듯 잘 안다는 사실을 미국의 군사 지도자들은 놓치지 않았다. 다른 고산부족들도 왕국군을 돕긴 했으나 대부분의 싸움은 몽족이 맡아 했다.

1971년 미 국무차관 U. 알렉시스 존슨은 상원군사위원회에 나가 이런 증언을 했다.

> 우리가 [라오스에서] 벌인 작전 방식이 통상적이지 않고 선례가 없긴 하지만 여러 면에서 자부심을 느낄만한 것이라고 생각합니다. 미국인 사상자가 사실상 없었으니까요. 우리가 돈으로 얻은 것은 이른바 비용 대비 효율이 대단히 높은 것이었습니다.

존슨이 한 말은 바로 몽족의 목숨값이 싸다는 뜻이었다. (CIA, 국방부, 국제개발처가 함께 지출한) 비밀군의 1년 유지비는 5억 달러 정도였다. 그에 비해 베트남전쟁의 1년 전비는 200억 달러였다. 이런 차이가 나는 이유 가운데 하나는 1971년 베트남에서 복무한 미군 이등병의 월급이 197.5달러에서 339달러였던 반면 라오스 몽족 병사들은 한 달에 2000키프(라오스 화폐 단위), 즉 3달러 정도를 받았기 때문이다. 베트남의 미군 장병들은 (스파게티, 칠면조 고기, 햄과 달걀, 소시지와 콩이 주메뉴였던) 휴대용 전투식량을 먹고 정기적으로 스테이크, 아이스크림, 맥주 등을 보충받았다. 반면 라오스의 몽족 전사들은 쌀을 먹었다. 그리고 미군 조종사들은 1년을 복무하거나 북베트남 상공으로 100번을 출격하면 집으로 돌아갈 수 있었다. 몽족 조종사 중에 가장 유명했던 리 루는 5000번 이상을 출격하다 격추되었다. 크리스토퍼 로빈스는 책에서 이렇게 말했다.

> 그들의 원정엔 완수란 게 없었다. 홍콩이나 호주에서의 휴식이나 휴가도 없었다. 전쟁은 끝이 보이지 않았다. 몽족 조종사들은 "죽을 때까지 비행한다."라고 말하곤 했다.

몽족 군인들이 전사하는 비율은 베트남에 파견된 미군보다 열 배쯤 높았다. 그러나 몽족을 미국이 사서 쓰는 용병이라 부른다면 용병이 무엇인지를 모르고 하는 말이다. 용병은 돈에 끌리건 모험에 끌리건 스스로에게 직업의 선택권이 있다. 하지만 몽족은 자기 뜻대로 전사가 된 게 아니었다. 라오스 북부를 향한 폭격 때문에 농사를 포기할 수밖에 없었고 다른 일자리도 구할 수 없는 사람이 많았던 것이다. 강제로 군인이 된 사람들도 있었다.

CIA의 지원으로 비밀군의 몽족 지휘관이 된 방 파오(Vang Pao) 장군은 자신이 원하는 차출자 수를 채우지 못하는 마을에 대해서는 식량 배급을 끊거나 부대를 보내 공격함으로써 처벌했다. 머세드의 몽족 지도자 조나스 방아이는 나를 만나자마자 이런 말을 했다.

"방 파오는 강제 징집을 했어요. 저는 운이 아주 좋았지요. 아버지가 돈이 있어서 우리 4형제 대신 다른 장정 넷을 사서 보냈으니까요. 그리고 아버지는 우리를 몰래 학교에 보냈고 그 사람들이 우리 대신 싸웠어요."

그는 거기까지만 말했다. 내가 대신 싸운 그 네 사람은 어떻게 되었냐는 질문을 감히 할 수 있었던 건 그를 더 잘 알게 된 몇 달 뒤의 일이었다.

"넷 다 죽었어요."

불편한 침묵이 한동안 흐른 뒤, 그는 화제를 바꾸었다.

방 파오는 이 전쟁에서 가장 중요한 역할을 한 사람이면서 수수께끼 같은 인물이기도 했다. 그는 타고난 지휘관으로 열세 살 때 프랑스군의 통역자이자 정글 길잡이로 군인 생활을 시작했다. 라오스 왕국군에서 고속 승진을 하던 그는 1950년대 초 사관학교에 입학을 추천받았다. 입학시험을 감독하던 대위는 이 전도유망한 지원자가 프랑스어를 거의 읽을 줄 모른다는 사실을 알고는 답을 불러줌으로써 문제를 깨끗이 해결해주었다. (방 파오는 시험 부정에 대해 전혀 부끄러워하지 않았다. 다만 그는 대위가 답을 '불러주기만' 했음을 강조했다. 소문처럼 그의 손을 잡고 답을 써준 게 아니라는 것이다. 그는 몽족 대담자에게 말했다. "웃기고 있네! 나 글 쓸 줄 알아!") 이 일로 방 파오의 명성이 손상되기는커녕(이를테면 테드 케네디가 하버드대학교 재학 시절 스페인어 시험에서 부정을 저지른 게 밝혀져 망신을 당한 것과 달리) 그의 신화가 빛을 보게 됐다는 건 주목할만한 일이다. 그는 규칙 같은 시시한 장애물 때문에 물러서는 법이 절대 없는 인물이라는 명성을 얻었다.

1961년 방 파오가 CIA에 의해 게릴라군 지휘관이 되었을 때, 이미 몽족으로선 최초로 대령 계급에 올라 있었고 유력한 세 가문의 사위가 되어 몽족에 대한 영향력을 굳힌 상태였다. 그리고 1963년에는 소장이 되었다.

그는 자신을 교육을 장려하는 근대 개혁가로 여겼다. 또 화전 농업을 비난했으며 몽족에게 라오스 사회로 동화될 것을 강요했다. 그러면서 유력한 몽족 중도주의자를 우익으로 끌어들이기 위해 유명한 치 넹에게 수송아지 두 마리를 잡아 바치도록 하고 상에 차려진 닭의 다리가 불길한 방향으로 놓여 있는 것을 보고 폭격기의 출격을 연기한 적도 있다. 그는 북베트남 포로에게 전기 고문을 하고 인민군에게 협조한 몽족 마을을 기총소사했다. 그런가 하면 많은 전쟁고아와 전쟁과부에게 좋은 아버지와 가장 노릇을 하기도 했다. 적들조차도 그의 용기를 인정했다. 그는 부하들을 이끌고 최전선까지 갔고 그러다 팔과 옆구리에 총상을 입었으며 비행기 불시착으로 목숨을 잃을 뻔하기도 했다.

CIA는 (당시의 한 선전 영화에 나오는 내레이션에 따르면) 방 파오를 "나라는 없지만 카리스마 있고 열성적이고 헌신적인 애국자"로 보았다. 그는 두 번이나 미국에 초대되어 백악관을 방문했다. 《뉴욕 타임스》에 따르면 1969년엔 "디즈니랜드를 방문했을 때 선물 받은 조로 의상을 입고 그의 부대가 되찾은 요충지인 단지평원을 시찰했다."

몽족의 협력을 안정적으로 끌어내는 가장 확실한 방법이 그들의 아편 거래를 후원하는 것임을 깨달은 CIA는 자체 항공사인 에어 아메리카의 항공기로 외딴 마을에서 생아편 덩어리를 실어 왔고 방 파오에게 시엥쿠앙(Xieng Khouang) 항공을 차려주었다. 이 항공사(일명 '아편 항공')는 라오스 북부 롱티엥(Long Tieng)의 몽족 비밀 군사 기지에서 아편을 공수해 비엔티안의 시장에 배달했다. 거기서 가공된 몽족의 아편 중 상당 부분은 남베트남으로 흘러들어가 약 3만 명의 미군을 헤로인 중독자로 만드는 데 일조했고 대부분 비밀군을 지원하는 데 간접적으로 쓰였다. 그래서 이 전쟁을 '대단한 거래'라고 하는 것이었다.

"나는 아무것도 몰랐소. 정책은 분명히 아니었으니까."

1988년 전 CIA 국장 리처드 헬름스가 《프론트라인》 기자에게 한 말이었다.(기자는 그 말을 믿지 않았다.)

방 파오가 징집한 군사 중 일부는 태국의 훈련소로 보내졌고 나머지는 롱티엥에 집합했다. 이리하여 석회암 풍부한 산이 삼면으로 방어벽을 치고 있는 버려진 양귀비밭 롱티엥은 전쟁 중에 세계에서 가장 큰 몽족 정착지가 되었다.

신병들은 CIA가 화물 수송기를 운행하기 위해 만든 활주로에서 훈련했다. 그들은 아내들이 버터 상자 골판지로 만든 과녁에 미제 M1 소총과 M2 카빈총, 압수한 소련제 기관총으로 사격 연습을 했다. 그들은 박격포를 다룰 줄 알게 됐고 직접 만든 발사대로 미 공군의 남아도는 로켓을 쏘게 됐다. 글자를 몰랐기 때문에 북베트남 보급로를 감시하던 보초들에게 지급한 무선 송신기 버튼엔 트럭과 탱크의 그림이 붙어 있었다. CIA 요원들은 석궁과 부싯돌 총에 익숙하던 몽족이 현대식 병기를 통달하는 것을 보고 혀를 내둘렀다. 1961년 한 미국인 교관은 이렇게 말했다.

"그 조그만 친구들한테 아침에 M1 소총과 탄알 50발을 줘보세요. 밤이면 200미터 밖에 있는 목표물을 살상할 수 있을 겁니다."

크리스토퍼 로빈스는 전쟁 초기 몽족 촌사람들이 암수를 가리기 위해 비행기 동체 밑을 들여다봤다는 얘기를 전하기도 했다. 몇 년 뒤, 이들 중 일부는 폭격기로 개조된 T28 프로펠러 훈련기의 승무원이나 조종사가 되어 있었다.

미국인들은 몽족의 적응력에 깊은 인상을 받았다. 가족을 데리고 롱티엥으로 온 몽족 전사들은 나무를 구하기가 힘들자 빈 쌀자루와 무기 궤짝, 드럼통을 이용해 집을 지었다. 그들은 또 수류탄으로 물고기를 잡았고 수류탄을 닭의 배 속에 넣어 호랑이 잡는 데 미끼로 쓰기도 했다. 그리고 낙하산 끈으로 물소를 맸다.

미국에선 이 라오스 내전을 "조용한 전쟁"이라 불렀다. 라오스 내전이 난투극(미국이 계속해서 왕국군을 지원하는 사이 소련과 중국은 배후에서 인민군에게 영향력을 행사했다.)이 되어버릴 만큼 베트남전쟁이 점점 요란해졌던 것이다. 그러나 몽족에겐 결코 조용한 전쟁이 아니었다. 라오스에 투하된 폭탄은 200만 톤이 넘었는데 대부분 미국 비행기가 몽족 거주지에 있는 인민군 부대를 공격하면서 퍼부은 것이었다. 9년 동안 8분에 한 번꼴로 폭격을 위한 출격이 있었을 정도다.

1968년부터 1972년 사이 단지평원 한 곳에 투하된 폭탄의 톤수가 제2차세계대전 동안 미군이 유럽과 태평양에 퍼부은 양보다 많았다. 1971년 단지평원 상공을 비행한 T. D. 올먼 기자는 야트막한 언덕 한 곳에도 폭탄 구멍이 수백 개가 넘고 평원의 식물이 고엽제 때문에 대부분 고사 상태이며 밤낮으로 소이탄이 터지고 있었다고 보도했다. 단지평원은 지금도 폭탄 구멍이 숭숭 뚫려 있고 터지지 않은 집속탄이 흩어져 있어 농민이 괭이질을 하거나 아이들이 호기심에 건드렸을 때 폭발할 위험이 항상 존재한다.

전쟁 막바지로 갈수록 몽족 사상자 수가 자꾸 늘어나자 어린 병사들을 징집하게 되었다. 그러지 않고선 계속해서 쏟아져 나오는 잘 훈련된 (그리고 매년 교대를 하는) 북베트남 군인들을 대적할 수 없었다. 『비극의 산악지대: 라오스의 몽족, 미국인, 그리고 비밀전쟁, 1942~1992(*Tragic Mountains: The Hmong, the Americans, and the Secret Wars for Laos, 1942~1992*)』에서 제인 해밀턴메릿은 1968년 당시 열세 살의 나이에 자원입대한 방 스라는 전직 군인의 말을 인용했다.

> 방 파오가 열세 살에 군인이 됐다는 건 다 알고 있었기 때문에 많은 소년이 우리 땅을 지키기 위해 싸우려고 자원을 했습니다. 저는 작고 약한 소년이었지만 우리 동족을 도울 각오를 했지요. [……] 처음 싸우러 나갔을 때 저는 총을 들고 쏠 수 없다는 걸 알게 됐습니다. 너무 무거웠거든요. 바위나 나무를 찾아 총을 받쳐야만 쏠 수가 있었습니다. 위험한 일이었지요. 그래서 방 파오한테 낙하산병이 되면 안 되겠느냐고 부탁했습니다. 그가 그러라고 해서 저는 그 훈련을 했습니다. 처음 낙하를 하는데 몸이 너무 가벼워서 둥실둥실 떠다니다가 우리 부대하고 한참 떨어진 곳에 떨어지게 되었지요. 무게 문제를 해결하기 위해 다음번에는 유탄 발사기를 안고서 뛰어내렸어요. 그러니까 남들처럼 낙하가 되더군요. 하지만 땅에 내려와 보니 유탄 발사기를 다룰 힘이 없는 거예요. 그래서 방 파오에게 첩보원 훈련을 받으면 안 되겠느냐고 물어봤지요. 그는 그러라고 했고 그게 저한테 딱 맞는 자리였어요.

라오스 북부 지역에서 미국 국제개발처의 한 원조 프로그램 책임자로 있었고 은퇴해 인디애나주의 농부가 된 에드가 '팝' 뷰얼은《뉴요커》의 로버트 샤플렌에게 이런 말을 했다.

> 며칠 전에 [방 파오의] 장교들과 있는데 [몽족] 신병 300명을 막 데려오더군요. 그 아이들 중 30퍼센트는 열네 살이 안 됐고, 여남은 명은 열 살밖에 안 됐어요. 다른 30퍼센트는 열대여섯 살이었고요. 그 나머지는 서른다섯 살 이상이었어요. 그렇다면 그 중간은 어디 있을까요? 답을 말씀드리죠. 전부 죽었습니다.

1960년 라오스에 거주하는 몽족 인구는 30만에서 40만 사이였다. 그 후 전쟁과 그 여파로 죽은 숫자가 얼마나 되는지 추정한 수치는 10퍼센트(1975년《워싱턴 포스트》보도)에서 50퍼센트(1970년 상원 법사위 난민 및 탈주민 소위원회에 제출된 보고서)에 이르기까지 그 의견 차가 컸다. 일부는 군인 전사자지만 대부분은 민간인 희생자였다. 그들은 대포나 박격포, 폭격, 지뢰, 수류탄, 전후 학살, 기아, 질병으로 목숨을 잃었다. 그런가 하면 사망 원인 중 하나가 황우(yellow rain)를 이용한 화학전인지 여부를 놓고 논란이 많았는데, 이는 몽족이 재래식 무기에 의해 대량 학살을 당했다는 엄연한 사실로부터 관심을 돌리는 역할을 했다.◆

◆ 황우에 대한 주장은 다음과 같이 요약할 수 있다. 라오스에서 인민군이 승리를 거둔 1975년, 태국으로 탈출한 몽족 난민들은 어지럼증과 피부발진, 물집, 설사, 위경련, 메스꺼움, 코피 때문에 고

남베트남 사람들에 비해 몽족의 사망자 비율이 훨씬 높았음에도 남베트남 사람들의 고통은 미국 언론에 매일같이 대서특필되는 반면에 몽족은 철저하다 할 정도로 관심의 대상에서 제외되었다. 이것은 기자들이 롱티엥에 들어가는 것이 금지된 탓도 있었다. (한번은 미국인, 영국인, 프랑스인

통받았다. 일부는 그 때문에 죽기도 했다. 그들은 이런 증상이 시작된 건 제트기, 프로펠러기, 헬리콥터에서 포탄, 수류탄, 지뢰가 떨어질 때(여기에 대해선 증언들이 다양하고 때로는 상충된다.) 작은 물방울 구름(대개 황색이었지만 흰색이나 검정색, 파란색, 빨간색일 때도 있었다.)이 함께 하늘에서 내려오면서부터였다고 했다. 몽족은 나중에 황우라 불리게 된 이것을 지속적인 저항에 대한 인민군들의 새로운 형태의 보복으로 보았다. 1981년 미 국무장관 알렉산더 헤이그는 소련과 동남아의 공산주의 동맹국들이 트리코테신 마이코톡신(trichothecene mycotoxin)이라는 진균독을 사용하고 있다는 발언을 했다. 이는 중대한 고발이었다. 화학 무기와 생물학 무기는 1925년 제네바 협정 및 1972년 생물·독소 무기 협약에 따라 금지되었던 것이다. 그런데 헤이그의 고발에 대해 1983년 의문이 제기되었다. 하버드대학교 분자생물학과 교수 매튜 메셀슨이 몽족 난민들이 제출한 나뭇잎, 잔가지, 돌에 남은 황우 샘플들이 모두 꽃가루 성분일 가능성이 높다고 한 것이었다. 메셀슨은 일부 샘플을 전자현미경으로 살펴본 결과 꽃가루 입자들이 비어 있는 것, 즉 소화를 거친 것임을 알 수 있었다. 이것이 벌의 배설물이란 뜻이었다. 벌들이 무리 지어 날면서 한꺼번에 배설하면 누런 구름처럼 떨어진다. 한 샘플에서는 벌의 털이 발견되기도 했다. 메셀슨은 몽족이 제출한 황우 샘플 대부분에 트리코테신 마이코톡신이 없으며, 있다해도 독성을 일으킬 만큼 함량이 많지 않다고 지적했다. 그는 몽족이 아팠던 게 (곰팡이 슨 음식 같은) 자연적인 원인 때문일 것이며, 증상의 원인을 잘못 짚은 게 아닌가 한다는 결론을 내렸다. 황우에 대한 고발에 회의적인 사람들은 몽족 사회에서 소문의 위력이 크다는 점을 강조했다. 황우가 트리코테신 마이코톡신 독극물이 아니라 재래식 무기, 이를테면 최루가스일 가능성이 있다는 주장도 있다. 베트남에서 미군이 쓰던 것을 베트남 공산군이 썼을 수 있다는 것이었다. 1985년 미국 한 연방정부의 화학전 전담팀은 라오스가 몽족에게 황우를 사용했다고 주장하기에는 증거가 불충분하다는 결론을 내렸다. 나도 그 의견에 공감한다. 황우에 관한 언론의 태도는 흔히 정치 노선에 따라 갈렸다. 예컨대 보수적인 《월스트리트 저널》과 《리더스 다이제스트》가 긍정했다면, 진보적인 《뉴욕 타임스》와 《뉴요커》는 회의적이었다.

기자 세 사람이 롱티엥에 몰래 들어갔는데 자신의 비밀 기지가 노출되는 게 두려웠던 방 파오는 그들의 지프차를 폭파시킬 결심을 했고 CIA 요원들이 그를 겨우 말렸다.) 몽족에 대한 기사가 나온다 해도 미국이 개입하고 있다는 중대한 사실은 대개 언급되지 않았는데 기자가 사실을 확인할 수 없거나 정보 공개가 금지되어 있기 때문이었다.

라오스 북부에선 마을의 90퍼센트가 전쟁의 영향을 받았다. 이 말은 마을 주민들이 사상을 당하거나, 이주를 당하거나, 아니면 둘 다 겪었다는 뜻이다. 라오스 인민군이나 북베트남의 야간 기습으로 집이 불타고 가장이 구타당하거나 살해당하면 온 마을 사람들이 한꺼번에 마을을 떠나곤 했다. 어떤 마을들은 미국이나 왕국군의 비행기가 불시에 가하는 폭격을 피하기 위해 집단 탈출을 하기도 했다. (1971년 롱티엥 북서쪽 48킬로미터 지점에 있는 마을 롱포트의 한 몽족 촌장은 적군의 공격과 동맹군의 폭격 중 어느 쪽이 더 무서우냐는 질문에 "폭격이지! 폭격이지, 암!"이라고 답했다.) 일부는 에어 아메리카에 의해 이주되었다. 인민군의 진격을 막을 수 없는 곳에 사람이 없으면 적의 노획물이 줄어들 것이라는 판단에 따른 것이었다. 어떤 마을은 장정들이 다 죽거나 싸우러 나가는 바람에 망하고 말았다. 남은 여자들과 아이들, 노인들만으로는 먹고살 만큼 농사를 짓는 게 불가능했던 것이다. 전쟁이라는 환경에 이주민이라는 삶의 방식을 억지로 맞춰야 했던 라오스 몽족은 1970년까지 인구 3분의 1 이상이 자국 내 난민이 됐다. 몽족 학자이자 미국 정부 고문인 양 다오는 당시에 이런 글을 썼다.

전쟁은 후아판과 시엥쿠앙 지역 내 모든 가정에 영향을 끼쳐 갓난아이를 포함한 모든 사람이 떠나거나 죽거나 둘 중 하나인 고통스러운 상황에 처하게 되었다. [……] [피난민들은] 남쪽의 임시 정착지에서 피난 생활을 해야 했다. 그곳은 먹을 것이 별로 없고 학교는 존재하지도 않았으며 위생 상태는 처참해 절망을 벗 삼아 지내야 하는 곳이었다.

이 시기는 무질서 그 자체였다. 정부는 가장 절박한 문제에만 개입했다. 더위와 장마에 시달리는 데다가 비교적 한적한 곳에서 살던 사람들이 열악한 위생 상태에 노출되다 보니 전염병이 쉽게 돌아 피난 중에 목숨을 잃는 경우가 많았고 아이들의 경우 특히 더했다.

호랑이가 나다닐 정도로 숲이 울창하던 단지평원 남서부가 불과 몇 년 사이에 계속 유입된 피난민 때문에 '도시화'되고 말았다. 일반적인 산업화나 경제 발전과는 아무 상관없이 이루어진 도시화였다. 지금은 주민 수가 500명에서 3만 명 정도인 정착지나 군사 기지에 당시에는 20만 명이 넘는 인구가 살고 있었다. 가로세로가 50킬로미터, 90킬로미터인 산악 지역에 그만한 인구가 몰려 있었던 것이다. 나머지 지역은 완전히 황폐해졌다.

이런 난리 속에서도 몽족은 전통문화를 더 굳게 지켜나갔다. 이것은 역사적으로 그들이 재난을 당하면 언제나 취하던 방식이었다. 양 다오는 가축을 다 잃은 피난민들이 희생제의를 계속하기 위해 짐승 대신 돌을 이용했다는 사실을 예로 들었다. 일부다처제는 전쟁 초기 주로 방 파오 같은 지도자가 신분을 상징하기 위해 유지하던, 점점 사라져가던 관습이었는데 전시에 성비 차이가 나면서 다시 일반화되기 시작했다. 형이 죽으면 동생이 형수와 혼인하는 형사취수 관습도 부활했다. 이 관습은 물려받은 재산을 집안의 것으로 계속 유지하는 기능을 했으나 동생이 열다섯 살밖에 안 됐을 수도 있고 여자에게 이미 자식이 열 명일 수도 있기에 새 남편에게 엄청난 부담이 되기도 했다.

하지만 몽족 대부분에게 이 자국 내 난민 생활은 20세기 문명이라는 상황에 느닷없이 불시착하여 겪는 대혼란이었다. 전후 미국으로 온 몽족 난민에 대한 일반적인 생각은 한 신문 기자의 표현처럼 "석기시대에서 우주시대로 이주했다."라는 것이었다. 그런데 이런 견해는 몽족 전통문화의 복잡성을 과소평가하는 것이며 많은 몽족이 전쟁 동안 경험한 엄청난 사회·문화·경제적 변화를 무시하는 것이다. 중국에서 여러 세기 동안 박해를 당하면서도, 19세기 라오스로 대규모 이주를 하면서도 살아남았던 생활양식이 불과 몇 년 만에, 적어도 외관상으로는 돌이킬 수 없이 달라져 버렸던 것이다. 나는 조나스 방아이에게 전쟁이 몽족에게 끼친 효과를 간단히 말해 달라고 부탁한 적이 있는데 그는 이렇게 말했다.

"우리 부모님은 어딜 갈 때 맨발에 말을 타고 다니셨어요. 우리가 살던 시골 산동네에서는 자동차란 걸 볼 수가 없었습니다. 그러다 1960년 갑자기 천지개벽이 일어났지요. 프랑스의 전쟁은 우리에게 그리 큰 영향을 끼치지 않았어요. 디엔비엔푸 전투에 연루된 몽족은 전체의 20퍼센트가 안 됐으니까요. 그러나 미국의 전쟁에 영향을 받은 건 90퍼센트였어요. 마을에 그냥 살 수가 없었지요. 여기저기로 계속해서 옮겨다녀야만 했습니다. 전쟁이 끝나고 4년 뒤에 비엔티안에 갔는데 깜짝 놀랐습니다. 검은 옷을 입은 몽족이 별로 보이지 않는 거예요. 대신에 전부 카키색 군복을 입고 다니지 뭡니까. 그리고 우리가 살던 곳은 전쟁 전에는 전부 숲이었어요. 폭격을 어찌나 당했던지……. Il n'y a plus de forêts, il n'y en a plus, il n'y en a plus, il n'y a rien du tout.(더 이상 숲이 없어요, 더는 없어요, 더는 없어요, 아무것도 없어요.)"

조나스는 그의 다섯 번째 언어인 영어로 생각을 제대로 표현하기 힘들 때면 (몽, 라오스, 태국어에 이은 그의 네 번째 언어인) 프랑스어에 의존하곤 했다.

몽족 중에도 제2차세계대전 때 평야지대 생활을 체험한 이들이 있긴 했다. 그러나 몽족 대다수는 미국의 전쟁으로 어쩔 수 없이 마을을 떠나 임시 거처에 머물게 되었을 때, 처음으로 승용차나 트럭, 트랙터, 자전거, 라디오, 손전등, 시계, 통조림, 담배 같은 것들을 볼 수 있었다. 화전 농업은 사라져갔다. 그 대신 군인이 된 몽족은 현금으로 급료를 받아 대량 생산된 상품을 구할 수 있게 되었고 시장 경제가 부상하기 시작했다. 교환 수단으로는 라오스 화폐인 키프가 은을 대체했다.

롱티엥은 갑자기 인구 3만 명이 넘는 어수선한 도시가 되었다. 포장도로도 없고 하수도도 없는 그곳에서 몽족은 국수 노점을 차리고, 구두 수선을 하고, 옷 맞춤집을 열고, 라디오를 고치고, 군용 지프차로 택시 사업을 하고, 미국인 조종사나 구호 활동가에게 통역을 하며 살았다. 몽족 여성들은 격식을 차릴 때 말고는 수놓은 검정 옷 대신에 저지대 라오스인들이 입는 룽기 치마와 공장에서 만든 짧은 블라우스를 입었다. 남자도 여자도 합성섬유로 만든 속옷을 입었다.

어떤 아이들은 학교에 다녔고, 어떤 아이들은 미국인들을 쫓아다니며 껌이나 동전을 구걸했다. 또 흙구덩이에 쪼그려 앉아 탄피를 옥수수자루와 닭털로 만든 장난감 대신 가지고 놀았다. 심지어 언어도 바뀐 현실을 따라갔다. 전통적인 의성어 표현 가운데 상당수는 새로운 연상을 포함할 정도로 의미가 확장되었다. 이를테면 '플리 플로(plij ploj)'는 대나무가 쪼개지는 소리였는데 총알 튀는 소리이기도 했다. '비 부(vig vwg)'는 바람이나 불이 이는 소리였는데 작은 비행기 모터 소리이기도 했다. '플리이 플로오(plhij plhawj)'는 새가 이 가지에서 저 가지로 잠시 옮겨갈 때의 소리였는데 헬리콥터 프로펠러 소리도 됐다. 새로운 표현인 '응치 응챠(ntsij ntsiaj)'는 M16 소총의 노리쇠를 밀거나 당기는 소리였다.

전쟁이 일으킨 가장 극심한 변화는 몽족이 가장 귀하게 여기던 자산, 즉 자급자족의 능력을 잃게 만든 것이었다. 밭은 방치되고 가축은 버려졌고 산에 사냥감이 사라져버리자 1만 명이 넘는 몽족은 미국이 후원하는 식량 투하로 연명해야 했다. 날씨가 좋고 적의 공격이 그리 심하지 않으면 에어 아메리카의 화물기가 낙하산으로 떨어뜨리고 가는 쌀이 하루 50톤이었다. 한 조종사는 이렇게 말한 바 있다.

"메오족 한 세대는 누가 쌀이 하늘에서 나는 게 아니라고 말해주면 깜짝 놀랄 겁니다."

이런 식으로 양식이 해결되자 농사를 지을 수 있는 곳에 살던 사람들은 양귀비 재배에 더 공을 들이게 되었고 그만큼 아편 거래가 활발해졌다. 몽족의 마을과 임시 거주지 모두 쌀을 공급받은 건 아니었고, 공급받는다 해도 일인당 배급량이 하루 500그램 정도였기 때문에 전에 먹는 양의 반밖에 되지 않았다. 하늘에서 떨어지는 쌀을 받아먹던 일은 지금도 몽족에게 가슴 사무치는 기억이다. 조나스 방아이에게 물어봤더니 이렇게 대답했다.

"당시의 몽족을 게으르다고 비난할 수 있을까요? 그들이 하늘에서 떨어지는 쌀만 기다리고 있었다고 생각하십니까? 몽족은 언제나 자기가 먹을 쌀을 길러왔습니다. 라오스인들은 몽족한테 소금 등의 물자를 주고 쌀을 사 먹곤 했지요. 몽족은 절대 라오스인한테 쌀을 사 먹지 않았어요! 하지만 전시에 평야지대에 내려와 보니 쌀이 충분치 않았어요. Ils n'ont plus de choix.(그들에게 다른 선택은 없었어요.)"

1973년 1월, 미국은 파리 협정에 서명함으로써 베트남에서 모든 병력을 철수한다는 서약을 했다. 2주 뒤, 미국 국무장관 헨리 키신저는 하노이로 가던 도중 비엔티안에 들러 라오스 총리인 수바나 푸마 왕자와 회담을 했다. 왕자는 미국이 라오스에서 지원을 끊고 철수함으로써 라오스가 북베트남에 좌지우지되는 게 두려웠다. 수바나 푸마는 키신저에게 이렇게 말했다.

> 라오스의 생존은 당신의 어깨에 달렸습니다. 하지만 당신은 어깨가 아주 넓습니다. 우리는 당신이 우리 이웃들에게 우리가 원하는 건 평화뿐임을 이해시켜 주시길 기대하고 있습니다. 우리는 아주 작은 나라입니다. 우리는 누구에게도 위협이 되지 않습니다. 당신이 우리 이웃들에게 라오스 국민은 전통적으로나 종교적으로 평화로운 사람들이란 사실을 알게 해주시길 기대하고 있습니다. 고대 왕국 때부터 이어져 내려온 이 작은 땅에서 평화롭게 살 수 있기를 바랍니다. [……] 그러니 우리의 위대한 친구인 미국인들이 우리의 생존을 도와주기를 기대할 수밖에 없습니다.

결과적으로 왕자가 바란 것보다 어깨가 훨씬 좁았던 키신저는 1979년 회고록에 이렇게 썼다.

나는 지금도 수바나 푸마의 절절한 애원을 떠올릴 때면 참으로 부끄럽다.

1973년 2월, 내전의 휴전과 연립정부 구성, 미국의 항공 지원 중단을 요구하는 비엔티안 협정이 체결되었다. 이에 따라 미국 국제개발처는 원조 프로그램을 중단했고 1974년 6월 에어 아메리카 항공기가 마지막으로 라오스를 떠났다. 그리고 1975년 5월 3일, 그러니까 캄보디아의 혁명파 조직인 크메르루주가 프놈펜을 장악한 지 2주 뒤, 북베트남이 사이공을 함락한 지 사흘 뒤, 아울러 공산 세력인 '라오스 인민민주주의공화국'이 600년 라오스 왕조를 대체하기 7개월 전, 인민군은 휴전선을 넘어 방 파오가 장악하고 있는 땅으로 밀고 들어갔다. 5월 9일, 라오스 인민당 기관지인《카오산 파테트라오》는 이렇게 선언했다.

메오[몽족]는 종족의 뿌리를 아예 뽑아버려야 한다.

5월 10일, 몽족 전투기 조종사가 거의 남아 있지 않고 미국의 지원도 없는 상태에서 라오스 인민군과 북베트남군에 포위된 방 파오는 마지못해 CIA 요원들의 권고에 수긍하고 롱티엥을 더 이상 지킬 수 없다는 것을 인정했다. 그로부터 나흘 동안 1000명에서 3000명 사이의 몽족이(주로 고급 장교와 그 가족이었으며 그중엔 내 통역자인 메이 잉 숑의 가족도 있었다.) 미국 비행기를 타고 태국으로 넘어갔다. (그에 비해 4월 30일 사이공이 함락되기 직전에 미국이 항공기와 배로 구출한 남베트남인은 4만 5000명이 넘었다.)

몽족은 비행기에 타기 위해 아우성이었다. 사람이 너무 많이 타서 이륙을 못 하는 바람에 문 근처에 있던 수십 명이 비행기 밖 활주로로 밀려나기도 했다. 5월 14일, 방 파오는 모여든 군중 앞에서 눈물을 흘리며 말했다.

"안녕히 계십시오, 형제 여러분. 제가 여러분한테 해드릴 수 있는 게 더 없습니다. 있어봤자 짐만 될 뿐입니다."

그는 그렇게 말하고선 헬기에 올라탔다. 미국 수송기가 마지막으로 떠나고 나서도 1만 명이 넘는 몽족은 비행기가 또 오리라 믿으며 활주로에 남아 있었다. 비행기가 더 오지 않을 것이 확실해지자 모두 울부짖기 시작했고 그 소리가 주변 산에 메아리쳤다. 롱티엥에 대한 포격은 그날 오후부터 시작되었다. 그리고 몽족은 긴 행렬을 지어 고원 너머 태국으로 이동하기 시작했다.

(11)

큰 것이 닥치다

(Lia)

1986년 11월 25일, 추수감사절 전날 리 부부는 저녁을 먹고 있었다. 며칠간 콧물을 좀 흘리던 리아는 부모와 다섯 자매, 오빠와 함께 평소처럼 부엌의 둥글고 흰 식탁에 앉아 있었다. 평소 리아는 여느 아이들처럼 잘 먹었지만 이날 저녁에는 식욕이 없어 밥과 물만 조금 먹을 뿐이었다. 식사를 마친 리아는 몹시 두려워하는 이상한 표정을 지었다. 뇌전증 발작이 있기 전이면 반드시 있는 일이었다. 리아는 나오 카오에게 달려가 안기더니 쓰러졌고 팔다리가 뻣뻣해졌다가 마구 떨리기 시작했다. 나오 카오는 리아를 안아 파란 매트리스에 눕혔다. 이럴 때를 위해 언제나 거실에 놓아둔 것이었다.

"리아가 영혼에게 붙들려 쓰러지면 대개 10분 정도 아파했어요. 그러고 나면 정상으로 돌아오고 밥을 주면 먹고 그랬어요. 그런데 이번엔 너무 오랫동안 아파해서 조카를 불러야 했어요. 그 애가 영어를 할 줄 알고 구급차를 부를 줄 아니까요."

나오 카오와 푸아는 이전까지 리아가 뇌전증 발작을 할 때면 언제나 직접 병원에 데리고 갔다. 나는 나오 카오에게 왜 구급차를 부르기로 했느냐고 물어보았다. 그는 이렇게 대답했다.

"구급차로 가면 병원에서 더 신경 써줄 테니까요. 구급차를 안 부르면 그 '초 토(tsov tom)' 같은 인간들이 애를 쳐다보지도 않아요."

메이 잉은 초 토를 어떻게 통역할지 망설였다. '호랑이한테 물린 곳'이란 뜻이었다. 그들에게 호랑이는 사악함과 능청스러움의 상징이니(몽족 민간설화에서 호랑이는 남의 부인을 훔치고 제 자식을 잡아먹는 존재다.) 아주 큰 욕인 것이다.

몽족이든 미국인이든 응급실에 구급차를 타고 가면 대체로 두 시간씩 기다리는 번거로움 없이 바로 치료를 받을 수 있다. 하지만 그날 저녁 리아처럼 위급한 환자는 어떤 방법으로 도착했건 당장 제일 먼저 조치가 취해졌을 것이다. 사실 부모가 리아를 안고서 MCMC까지 세 블록을 달려갔더라면, 돌이켜보건대 치명적이었을 20분에 가까운 시간을 줄였을 것이다. 조카가 와서 911에 전화를 거는 데 5분, 구급차가 출발하기까지 1분, 구급차가 도착하는 데 2분, 구급차가 집을 떠나기까지 14분(유별나게 오래 걸렸고 이 경우엔 재앙적일 정도로 그랬다.), 그리고 병원에 도착하기까지 1분이 소요됐다.

여러 해 뒤 닐 언스트는 구급차 보고서를 훑어보고 한숨을 지으며 말했다.

"응급 구조사가 얼마나 당황했을까. 쩔쩔맬 수밖에."

보고서에 따르면 구급차는 저녁 6시 52분 이스트 12번가 37번지에 도착했다. 다음은 응급 구조사가 남긴 기록이다.

연령: 4세

성별: ♀

병: 발작, 경련

호흡 노력: 없음

맥박: 약함

피부색: 푸르스름함

동공: 안 움직임

흉부: 뻣뻣함

골반부: 소변 가리지 못함

소리나 고통에 대한 눈의 반응: 없음

말로 하는 응답: 없음

말하자면 리아는 생사의 기로에 있었다. 응급 구조사는 혀가 목구멍을 막지 않도록 리아의 입에 플라스틱 기도를 물렸다. 콧물과 침을 빨아들인 다음 코와 입에 마스크를 대고 손으로 산소 주머니를 짜 호흡 기관에 산소를 밀어 넣었다. 그리고 항경련제를 투약하기 위해 팔꿈치 안쪽의 정맥에 정맥주사를 놓으려 했지만 실패했다. 그사이 결정적인 몇 분을 잃었음을 안 그는 운전사에게 응급 코드 3단계(가장 위급한 단계로 불빛을 번쩍이고 사이렌을 울리며 달린다.)를 걸고 전속력으로 MCMC에 가자고 했다. 절박했던 응급 구조사는 정맥주사를 다시 놓아보려 했으나 두 번을 실패했다. 나중에 그는 떨리는 필체로 "환자 계속 경련함."이라고 기록했다.

구급차는 저녁 7시 7분에 MCMC에 도착했다. 리아를 실은 이동 침대가 B호실로 돌진했다. 그곳은 응급실의 방 여섯 개 중 가장 위급한 환자들을 위한 공간이었고 구급 카트나 심장충격기, 인공호흡기 등을 갖추고 있었다. 가로세로 6미터 폭의 B호실은 규격화된 공공시설 같은 느낌을 주는 베이지색 방으로, 살균제 냄새가 은은히 풍겼고 피나 오줌이나 토사물을 닦아내기 좋게 벽면이 바닥부터 천장까지 합성 재료로 덮여 있었다. 말끔하고 차분한 느낌을 주는 벽면이었지만 숱한 대격변의 드라마가 연출되다 끝나고 나면 깨끗이 지워지는 배경이기도 했다.

리아의 몸은 이곳에 도착해서도 몹시 도리깨질을 쳤다. 입술과 손톱이 퍼레졌다. 옷을 벗길 시간조차 없었다. 간호사 하나가 리아를 감싸고 있던 담요를 찢어버린 다음 가위로 아이의 검은 티셔츠와 내의, 팬티를 잘랐다. 응급실 당직 의사와 가정의학과 전공의 둘, 간호사 하나가 리아를 둘러싼 채 정맥주사를 놓으려고 했다. 그들은 20분을 더 들여 가느다란 관에 연결한 나비형 바늘을 리아의 왼쪽 발등에 끼우는 데 성공했다. 하지만 이는 미봉책에 불과했다. 리아의 움직임이 심해지면 정맥 속에 있던 바늘이 혈관 벽을 뚫고 나가 주사액을 혈관이 아닌 조직에 주입하기 때문이었다. 주사액으로는 중추신경계를 억제하는 안정제인 발륨을 대량으로 썼다. 그러나 아무런 효과도 없었다. 전공의 중 하나였던 스티브 세거스트롬이 그날을 떠올렸다.

"우리는 발륨을 쓰고, 쓰고, 또 썼어요. 우리가 할 수 있는 건 다 했지만 리아의 발작은 점점 나빠지기만 했어요. 저는 어느새 공황 상태에 빠지고 말았어요."

스티브는 계속해서 정맥주사를 시도했고 거듭 실패하고 말았다. 리아는 20초 동안 지속적으로 몸을 도리깨질하는 발작을 반복하고 있었다. 코와 입에서 토해낸 밥알이 나오기 시작했다. 토사물이 호흡기로 들어가는 데다 숨을 폐로 들이쉬는 횡격막의 기능도 약화되어 숨을 잘 못 쉬고 있었다. 호흡 장애 치료사를 불러야 했다. 동맥 혈액가스 분석을 해보니 지난 한 시간 동안 리아의 혈액 내 산소 농도가 치명적일 정도로 낮았다는 결과가 나왔다. 달리 말해 리아는 질식사하기 직전이었다. 발작이 심하고 이를 악물고 있었지만 한 전공의가 호흡관을 리아의 기관에 삽입해 리아는 수동식 인공호흡을 받게 되었다.

닐의 호출기가 울린 건 7시 35분이었다. 그는 페기 그리고 두 아들과 함께 저녁을 먹고 있었다. 추수감사절 휴가로 다음 날 아침 시에라네바다 산 자락에 있는 별장으로 떠나기로 되어 있었다. 닐은 호출을 받고 응급실에 전화를 했다. 리아가 오랫동안 뇌전증 지속상태에 빠져 있으며 아무도 정맥주사를 성공적으로 놓지 못했고 발륨이 통하지 않는다는 소식이었다.

"듣자마자 알았어요. 큰 것이 온 거였어요."

닐이 당시를 떠올리며 말했다.

닐은 리아에게 큰일이 닥치면 자신에게 호출이 오리란 두려움을 여러 달 느껴왔고 실제로 그렇게 되고 말았다. 그는 전공의에게 발륨을 더 주고 그래도 듣지 않으면 아티반을 투약하라고 지시했다. 같은 안정제이지만 다량을 투약할 때 발륨에 비해 환자의 호흡을 멎게 할 위험이 적은 약이었다.

이윽고 그는 차를 몰고 MCMC로 달려갔다. 속도위반을 하지 않는 선에서 최대한 빨리 달려간 그는 7시 45분 응급실 문을 힘차게 걸어 들어갔다.(그에겐 아무리 흥분해도 절대 뛰어 들어가지 않는다는 원칙이 있었다.)

"믿기지 않는 광경이더군요. 영화 「엑소시스트」에 나오는 장면 같았어요. 리아는 말 그대로 누운 자리에서 점프를 하고 있었어요. 몸이 묶여 있어도 워낙 움직임이 커서 펄쩍펄쩍 뛰어올랐고 그런 동작이 쉴 새 없이 계속되고 있었지요. 그렇게 심한 발작은 처음이었습니다. 리아의 부모가 응급실 문 바로 앞 복도에 서 있던 게 기억나네요. 문이 열려 있고 사람들이 급하게 드나들고 있었지요. 그들은 모든 걸 다 봤을 겁니다. 리아의 부모와 눈이 몇 번 마주쳤지만 너무 바빠서 그때는 아무 말도 할 수 없었어요. 좀 더 확실한 정맥주사를 놓아야 했지만 늘 말썽이던 문제가 골치였어요. 리아가 비만인 데다 전에 정맥주사를 맞았던 자리가 굳어버린 문제 말입니다. 게다가 이번엔 근육이 너무 심하게 경련을 해서 더 곤란했지요. 스티브가 말하더군요. 복재정맥 절개를 하는 건 어떻냐고요.[정맥 절개를 하려면 피부를 절개한 다음 혈관(여기선 오른 발목 위의 큰 정맥)에 상처를 내고 집게로 구멍을 벌린 뒤 정맥주사관을 끼워 넣고 봉합해야 했다.] 제가 말했지요. '그래, 스티브. 지금 우리가 못할 게 뭐 있겠나. 한번 해보게.' 그러자 방 안 분위기가 확 바뀌더군요. 스티브가 절개를 하는 동안 사람들은 말 그대로 리아의 다리 위에 엎어져 있었어요. 그리고 스티브는 해냈고요! 리아에게 약을 엄청나게 주사하기 시작했지요. 그랬더니 마침내 발작이 멈췄어요. 결국엔 멈추더군요. 오래 걸렸지만 결국엔 끝이 있었어요."

나는 닐이 그때처럼 흥분하는 걸 본 적이 없었다. 스티브 역시 당시를 회고할 때 흥분하긴 했지만, 그는 본래 잘 흥분하고 말도 빠른 사람이라 평상시의 목소리 톤과 당시 응급실 B호실 장면을 떠올릴 때의 톤에 별 차이가 없었다. 하지만 닐은 평소에 아주 침착한 사람이었다. 닐이 이 이야기를 마칠 땐 그의 숨소리가 들릴 정도였다. 그가 아침이면 즐기는 13킬로미터 조깅 도중에 멈춰선 듯 크지는 않아도 분명히 들리는 소리였다.

이번이 리아의 열여섯 번째 MCMC 입원이었다. 병원 사람들 모두(응급실 간호사들, 전공의들, 호흡 장애 치료사들, 그리고 닐) 리아가 이전에 입원했을 때보다 상태가 더 나빠졌다고 생각했다. 일반적인 검사는 전부 이뤄졌다. 혈구 수, 혈액화학치, 혈압을 검사했고 호흡관이 잘 끼워져 있는지 보려고 흉부 엑스레이 검사도 했다. 부모가 리아에게 데파킨을 처방대로 주었는지를 확인하는 혈액 검사도 했다. 결과는 리아가 위탁 가정에 있다 집으로 돌아온 뒤에 한 모든 검사와 같이 투약이 제대로 되었다는 것이었다. 체온을 잴 생각은 아무도 못하다가 닐이 집에 돌아간 뒤에야 했는데 38도가 넘었다. 다른 별난 두 가지 증상(설사를 하고 혈소판 수치가 아주 낮았다.)은 차트에 별도 설명 없이 기록되었고 발작의 정도가 워낙 심한 바람에 관심 밖으로 사라졌다. 의심되는 감염이 없었기에 항생제는 투여되지 않았다.

대발작이 20분가량 지속되면 생명이 위태로운 것으로 간주된다. 그런데 리아는 이런 발작이 거의 두 시간 동안 지속되었다. 발작을 멈추었을 땐 숨은 쉬긴 하되 의식이 없었다. MCMC엔 소아 집중치료실이 없었기 때문에 머세드의 심각한 소아 환자가 모두 그랬듯 리아도 프레즈노에 있는 밸리 아동병원으로 옮겨야 했다. 한창 위기 상황일 때 푸아와 나오 카오는 응급실에 들어가는 게 금지되어 있었고 누구에게도 무엇이 어떻게 되어가고 있다는 설명을 듣지 못했다. 스티브 세거스트롬의 복재정맥 절개에 대한 처치 기록부엔 간략하게 이렇게만 적혀 있었다.

환자의 상태가 심각하여 암묵적인 동의를 받은 것으로 봄.

간호사는 잘라서 엉망이 된 리아의 옷을 푸아에게 넘겨줬다. 리아의 상태가 안정되자 닐은 복도로 천천히 걸어 나왔다. 겨드랑이부터 허리까지 땀에 젖어 있었다. 영어를 하는 조카를 통해 그는 푸아에게 상황 설명을 해주었다. 그가 그때를 떠올리며 말했다.

"그녀에게 큰 것이 왔다는 말을 했어요. 그건 리아가 겪은 최악의 발작이었고 멈추기가 정말 너무 힘들었어요. 하지만 결국 우린 멈출 수 있었어요. 그래도 리아의 상태는 대단히 심각했어요. 저는 리아 엄마한테 프레즈노로 가야 하는 이유를 설명했어요. 페기와 제가 할 수 없는 걸 해줘야 할 상황이 올 수 있다고요. 그녀에게 우리는 머세드를 잠시 떠나 있다 그다음 주에 돌아온다는 말도 해줬어요. 그녀도 이해하더군요."

리아에 대한 경과 기록부에 닐은 다음과 같이 휘갈겨 써놓았다.

> 밸리 아동병원 소아 집중치료실로 이송 주선함. 위중한 상태임을 부모에게 말했고 부모도 이해함.

그런데 정작 부모가 이해한 바는 닐이 전달하고자 했던 것과는 완전히 달랐다. 리아가 왜 프레즈노에 가게 됐다고 생각하는지 물어보니 나오카오는 이렇게 말했다.

"담당 의사가 휴가를 간다고 했어요. 그래서 의사가 없으니 애를 그리로 보낸 거지요."

푸아는 이렇게 말했다.

"리아의 의사는 리아를 잘 돌봤어요. 가끔 애가 아주 많이 아플 때 데리고 가면 며칠 만에 낫게 해줬고 그러면 애가 폴짝폴짝 뛰어다닐 수 있었으니까요. 하지만 그때는 의사가 어디 놀러가느라 리아를 다른 데 맡긴 거예요."

다시 말해 리 부부는 딸의 상태가 위중해서가 아니라 닐의 휴가 때문에 이송되었다고 생각하고 있었다. 그리고 리아가 MCMC에 계속 있었더라면 매번 그랬던 것처럼 건강을 되찾을 수 있었을 것이라 믿었다.

저녁 9시 30분, 닐은 리아를 프레즈노에 데려가도록 구급차를 주선하고 의료진에게 리아를 보낼 준비를 하라고 지시한 후, 전화로 밸리 아동병원의 소아 집중치료실 담당자와 의논을 한 다음 집으로 돌아갔다. 그는 페기에게 이렇게 말했다.

"맞았어. 결국 올 게 온 거였어."

둘은 자정이 되도록 얘기를 나누었다. 리아의 아슬아슬하던 순간순간과 그때마다 닐이 내린 결정을 빠짐없이 되짚어본 것이다. 닐은 그때를 떠올리며 말했다.

"전 완전히 불이 붙어 있었어요. 마음을 가라앉힐 수가 없더군요. 그럴 때 전 잠을 잘 이루지 못해요. 마구 먹어대기 시작하고요. 꾸역꾸역 쉼 없이 먹게 되죠. 그리고 일어난 일을 전부 페기한테 얘기해야 돼요."

그렇게 흥분한 닐은 처음 보았다. 응급실 이야기를 할 때 보통은 페기가 주도권을 잡았는데 그날은 닐이 말했다.

"그날 밤은 심정이 참 복잡했어요. 악몽이 현실로 나타났으니까요. 리아가 최악의 발작을 일으키고 애가 숨을 거두는 걸 막지 못한 게 제 탓이 되는 악몽 말입니다. 하지만 리아는 죽지 않았고 정말 유능한 사람들 덕분에 최악의 상황을 막고 위기를 넘길 수 있었어요. 그래서 제법 자부심을 느낄 수 있었죠. 그런가 하면 리아가 다음부터 어떻게 될까 생각해보니 너무 마음이 안 좋더군요. 이전 같지 않으리라는 게 거의 확실해 보였거든요."

리아는 프레즈노로 가는 70분 동안 구급차에서 그야말로 "폭발해버렸다." 닐은 이후 리아의 차트를 보며 그렇게 말했다. 리아가 밸리 아동병원에 도착한 자정 무렵 또다시 대발작이 일어났고, 사지가 심하게 도리깨질쳤다. 손가락과 발가락은 퍼랬고, 가슴은 얼룩지고 차가웠으며, 혈압은 심하게 낮았다. 백혈구 수는 너무 많았고, 체온은 40.5도를 가리켰다. 위독 환자 담당인 마세즈 코파츠는 닐 언스트에게 보낸 보고서에서 "어디에도 맥박이 잡히지 않았기 때문에" 동맥삽입관을 끼우는 게 한 시간 동안 불가능했다고 언급했다. 또 코파츠는 요추천자를 하는 동안(리아의 엉덩이에 코를 바짝 대고 해야 하는 작업이었다.) "환자가 물기 많고 냄새가 심하며 점액질 섞인 설사를 폭발적으로 한다."라고 적기도 했다. 리아의 입원은 추수감사절 휴일이 시작하자마자 생긴 일이니 이보다 더 힘들고 불쾌한 일이 없었을 것이다. 그럼에도 코파츠는 정중하면서 상투적인 인사로 (심각한 사항을 하나하나 낱낱이 설명하며 빼곡히 적은 세 쪽 분량의) 보고서를 명랑하게 마무리 지었다.

> 이 환자를 소아 집중치료실로 보내주셔서 대단히 감사합니다. 소아 위독 환자 의료진은 기꺼이 이 환자의 후속 치료를 맡겠습니다.

기꺼운 마음이건 아니건 위독 환자 의료진(신경과 의사, 전염병 전문의,

소아과 전공의, 호흡 장애 치료사, 방사선과 의사, 의료 기사, 간호사, 그리고 간호 보조원까지 함께했다.)은 정말 환자의 후속 치료를 잘 맡아 했다. 그들은 첨단 장비를 갖추고 있었고 실력도 나무랄 데 없었다. 하지만 그들도 처음엔 리아의 목숨을 살리느라 너무 바빠 병리 현상 이외의 것에 대해서는 별로 관심을 쏟지 못했다. 예를 들어 코파츠는 열두 시간 이상 쉴 새 없이 리아를 돌보는 동안 아이의 성별을 잘못 알고 있었다. "남아의 대사성 산증은 중탄산염을 투약하자마자 가라앉았다."라고 기록했던 것이다. 이런 부분도 있었다. "그의 말초 조직 순환은 향상되었고, 맥박 산소 농도계는 동맥혈 샘플의 포화와 상관성 있는 수치를 보이기 시작했다." 미국 의학의 명과 암이 여기에 있다. 환자는 여자아이라는 정체성을 잃고 분석할 증상들의 집합으로 취급되지만 의사는 그만큼 신경을 분산하는 일 없이 생명을 유지하는 일에 집중할 수 있게 된다.

리아를 보자마자 코파츠는 "심각한 패혈성 쇼크일지도 모른다."라는 진단을 내렸다. 패혈성 쇼크는 세균이 순환계에 침투함으로써 발생하며 온몸의 기능이 차례로 망가지는 현상이다. 처음에는 순환기가 급성으로 악화된다. 이후 독소를 제거하지 못하고 혈액에 산소를 충분히 공급하지 못하면서 몸의 각 기능이 차례로 장애를 일으키게 된다. 대개 폐가 제일 먼저 기능 부전에 빠지게 되고 간과 콩팥이 그 뒤를 잇는다. 조직 관류에 문제가 생기면 위장관의 기능도 손상되는데, 리아의 설사가 바로 그 전형이었다. 그러다 결국 산소 결핍으로 뇌 기능도 상실되기 시작하는데 익사하거나 질식사할 때와 같다. 이런 패혈성 쇼크의 치사율은 40퍼센트에서 60퍼센트 사이이다.

리아에겐 위급한 문제가 워낙 많았기 때문에 차근차근 따져가며 표준적인 치료를 하나씩 해나간다는 건 불가능했다. 그보다는 즉각적이고 다각적인 치료가 끊임없이 필요했다. 먼저 MCMC에서처럼 리아의 발작부터 멈춰야 했다. 발륨은 통하지 않았다. 코파츠는 절박한 나머지 티오펜탈부터 투약했다. 워낙 강력한 바르비투르산염이라 리아는 사실상 전신 마취 상태에 빠지게 되었다. 경련으로 몸시 들썩이다가 움직임을 잃고 인사불성 상태가 된 것이었다. 그때부터 '뇌전증'이란 단어는 리아의 병원 차트에서 거의 눈에 띄지 않았다.

이 밖에도 의사들이 걱정할 건 많았다. 리아의 호흡을 돕기 위해 리아를 인공호흡 장치 위에 눕히고 100퍼센트 산소만을 공급했다. 또 정맥주사관을 (왼쪽 대퇴동맥과 오른쪽 대퇴정맥에) 두 개 더 꽂았는데 혈압을 확인하고 약물을 투여하기 위해서였다. 설사 때문에 입을 통해 약물을 먹는 것은 불가능했다. 아울러 심장 기능을 모니터링하기 위해 두 심실을 통해 폐동맥 카테터를 끼워넣었다. 매우 공격적인 일련의 처치를 한 뒤 코파츠는 이렇게 기록했다.

환자가 모든 조치를 잘 견뎠다.

이 말은 리아가 불평하지 않았다는 뜻이 아니었다(내내 의식이 없었으니 틀린 말이라고도 할 순 없지만). 그보다는 기술적인 문제에 부닥치지 않았으며 환자를 죽이진 않았다는 뜻이었다.

추수감사절 오전 11시 정각, 리아는 완전히 무너지기 시작했다. 패혈성 쇼크 때문에 혈액 속에 알갱이가 생겨 응고를 막는 '파종성 혈관 내 응고'라는 장애가 진행 중이었던 것이다. 혈액의 응고 능력이 교란되자 정맥 주사관을 꽂은 자리들에서 피와 진물이 나오기 시작했다. 미처 몰랐지만 MCMC에서 혈소판 수치가 낮았던 것은 이런 증상의 조짐이었다.

코파츠는 극단적인 수단을 동원하기로 했다. 전신의 피를 두 번 갈아 주는 교환 수혈을 선택한 것이었다. 그리하여 리아의 혈액 전량은 열다섯 시간에 걸쳐 응고력이 손상되지 않은 새 피로 서서히 두 번 교체되었다. 묵은 피는 대퇴동맥으로 빠져나오고 새 피는 대퇴정맥으로 들어갔다. 처음 30분 동안은 혈압이 위험할 정도로 떨어졌으나 결과적으로 수혈은 성공이었다. 38시간 만에 다시 리아의 입술과 손가락, 발가락에 핏빛이 돌았다.

리아의 몸이 당해야 했던 시련 중에서 나오 카오의 마음을 가장 아프게 한 것은 요추천자였다.(패혈증이 중추신경계로 전이됐는지 확인하는 보편적인 검사다.) 그는 이 검사를 한 뒤에야 그런 걸 했다는 얘길 들었다.

"의사들이 우리가 병원에 오기 전에 아이 등에 구멍을 내버렸어요. 그걸 왜 했는지 나는 몰라요. 내가 아직 안 왔을 때 했고 나한테 서명하라는 서류도 없었으니까요. 그냥 아이 척추에서 뭘 빼버렸고 그 때문에 리아가 이 지경이 됐으니 참담할 뿐이었지요."

즉 나오 카오는 리아의 상태가 나빠진 것을 요추천자 탓으로 보고 있었다. 많은 몽족은 요추천자를 현세뿐 아니라 내세에도 큰 손상을 주는 검사로 보았다. 푸아는 이렇게 말했다.

"그 사람들은 리아를 병원에 데려다 놓고 고쳐주질 않았어요. 아이가 너무 안 좋아졌는데, 그 사람들이 애한테 약을 너무 줘서 그래요."

리아에게 많은 약이 투여된 건 사실이었다. 혈관 밖으로 진물이 나오는 걸 막기 위해 혈장 대체액인 플라스마네이트가 투약됐다. 혈압을 올리고 심장을 자극하기 위해 도부타민, 도파민, 에피네프린이 투약됐다. 또 혈액순환을 돕기 위해 혈관 확장제인 니트로프루시드가 투약됐고 감염을 막기 위해 일련의 항생제(암피실린, 클로람페니콜, 젠타마이신, 나프실린, 세프트리악손, 클린다마이신, 토브라마이신, 세프타지딤)가 투약됐다. 입으로 나오는 분비물을 막기 위해 로비눌이 투약됐으며 발작을 막기 위해 아티반이 투약됐다.(리아의 담당 신경과 의사인 테리 허치슨은 데파킨을 선호했지만 정맥주사로는 투약할 수 없는 약이었다.) 영양제로는 비위관(코와 위를 연결하는 관)을 통해 페디아라이트와 오스모라이트를 주입했다.

밸리 아동병원에 있는 첫 주 동안 리아는 여러 가지 진단 검사도 받았다. 패혈성 쇼크를 촉발한 감염 부위를 찾아내기 위해 흉부 초음파 검사와 갈륨 스캔을 했다. 방사성 추적 물질을 혈액에 주입하는 갈륨 스캔으로 단정할 순 없지만 문제 부위가 왼쪽 다리일 수 있다는 결과를 얻었다. 감염의 정체를 밝히기 위해서 혈액 배양도 했는데 그 결과 병원에 흔히 있는 균으로 면역력이 약해진 환자를 좋아하는 무시무시한 세균인 녹농균 양성 반응이 나왔다.

한편 각종 검사가 진행되는 동안 푸아와 나오 카오는 밸리 아동병원의 대기실에서 살았다. 나흘 밤을 의자에서 잔 것이었다. 머세드에 있는 다른 아이들은 친척들이 보살폈다. 리 부부는 MCMC에서 늘 그랬던 것처럼 리아의 침대 곁에 있는 게 왜 허락되지 않는지 이해할 수 없었다. 여기선 매시간 10분씩만 면회가 허용될 뿐이었고 그게 당시 소아 집중치료실의 일반적인 원칙이었다. 그들에겐 모텔에서 잘 돈도 병원 카페테리아에서 뭘 사 먹을 돈도 없었다. 나오 카오가 내게 말했다.

"머세드에 있는 친척들이 밥을 날라줬어요. 하지만 하루 한 번이라서 배가 고팠죠."

딸을 잠시 면회하는 동안 그들은 딸의 목구멍과 인공호흡기를 잇는 플라스틱 호흡관을 보았다. 코에는 비위관이 끼워져 있었다. 사지에는 정맥주사를 보호하기 위해 플라스틱 판자가 테이프로 붙어 있었다. 한쪽 팔에는 자동으로 팽창했다 수축하는 혈압계가 감겨 있었다. 가슴에는 전극들이 붙어 있었고, 거기 달린 전선들은 제각각 침대 곁의 심장 모니터에 연결되어 있었다. 인공호흡기는 쉭쉭 소리를 냈고 정맥주사 펌프는 삑삑 소리를 냈으며 자동혈압계는 파직파직 소리를 내다 바람 소리를 냈다. 리 부부는 딸의 볼기가 설사 때문에 벌겋게 문드러진 것을 보았다. 리아의 손과 발은 모세혈관에서 나온 혈장이 조직으로 스며들어 퉁퉁 부어 있었다. 혀끝은 발작 중 깨무는 바람에 피가 났다가 굳은 응혈투성이였다. 리아가 입원했을 당시 사회복지사는 이렇게 썼다.

> 소아 집중치료실 대기실에서 밸리 아동병원 통역자를 통해 아이 아빠를 만나보았다. 아이 아빠가 이번 입원을 이전의 입원들과 같은 것으로 보고 있다. 딸의 상태가 얼마나 심각한지를 확실히 이해하고 있기나 한지 모르겠다.

밸리 아동병원은 MCMC보다 훨씬 크고 돈도 많은 시설이어서 훨씬 광범위한 의술을 제공할 뿐만 아니라 일부 시간대에 통역자를 고용하고 있었다. 그럼에도 불구하고 리 부부는 무슨 일이 벌어지고 있는지 잘 몰라서 쩔쩔매야 했다. 이 병원은 환자의 가족과 접촉하려는 노력을 많이 하는 것으로 유명했다. 푸아와 나오 카오는 카운슬링 시간이 자신들을 혼란스럽고 화나게 할 뿐이라 이것이 스트레스를 줄이기 위한 배려인 줄은 꿈에도 몰랐다.

리아가 프레즈노에 온 지 7일째 되던 날, 의사들은 푸아와 나오 카오에게 고차원적인 검사를 두 가지 더 했으면 한다는 설명을 했다. 하나는 감염이 오른쪽 폐에서 시작됐는지 알아보기 위한 기관지 내시경 검사였고, 또 하나는 감염이 머리뼈에 있는 구멍인 부비동에서 시작됐는지 알아보기 위한 부비동 세척이었다. 또 호흡을 돕기 위해 목을 통해 후두 바로 밑의 숨통까지 구멍을 내는 기관 절개 수술도 했으면 했다. 리아의 의사 중 하나는 이렇게 기록했다.

> 부모가 통역을 통해 위험, 효과, 대안에 대한 카운슬링을 받음. 이해하며 그렇게 하기를 바라는 듯함.

하지만 리아의 부모는 그 뒤 이틀 동안 하기로 계획된 이 검사들의 의미를 전혀 이해하지 못했다. 또 왜 리아가 혼수상태인지도 이해하지 못했다. 그래서 푸아는 간호사에게 친척의 통역을 통해 의사들이 리아한테 '잠자는 주사'를 줬느냐고 물었다.

같은 날 의사들은 리아의 뇌가 오랫동안 산소 결핍을 어떻게 견뎠는지 알아보기 위해 CT 촬영과 뇌파도 검사를 했다. 그전에 한 신경과 의사는 리아가 구역 반사도, 각막 반사도 보이지 않으며 몹시 고통스러운 자극에도 무반응이라는 기록을 남겼다. 그것은 불길한 징조였고 새로운 검사의 결과는 더욱 비참했다. 다음은 한 전공의가 남긴 기록이다.

> CT 촬영의 결과 흰 부분과 회색인 부분이 잘 구분되지 않는 뇌부종 증상이 두드러졌다. 뇌파도 중엔 뇌파가 바닥에 납작 깔리는, 뇌의 활동이 사실상 없는 구간이 있었다.

리아는 실질적으로 뇌사 상태에 빠진 것이었다. 리 부부의 헌신적인 사회복지사인 지닌 힐트는 어느 날 저녁 6시에 리아의 상태를 알리는 전화를 받았다. 그녀는 복지과의 밴 차량을 빌려 리아의 친척 예닐곱 명을 태우고 프레즈노로 달려갔다. 그녀는 당시를 떠올렸다.

"누가 누군지 구별할 수도 없었어요. 그냥 우르르 올라타더군요. 병원에 도착해보니 의사들은 가족에게 리아의 죽음을 받아들일 준비를 하라고 했어요."

그날 밤 그녀는 현장 노트에 아주 작고 알아보기 힘든 글씨로 리아의 상태를 요약했다.(상심한 탓인지 너무도 간결했다.)

> 1986년 11월 25일, 리아 발작. 밸리 아동병원으로 이송.
> 심한 패혈증. 교환 수혈. 설사. 혼수상태. 뇌 손상. 식물인간.

리아의 위탁 가정 부모였던 디 코르다와 톰 코르다도 프레즈노로 차를 몰고 왔다. 디가 돌이켜보며 말했다.

"끔찍했어요. 의사들은 푸아와 나오 카오를 쳐다보지도 않았어요. 그들은 우리와 지닌만 바라봤죠. 그들은 우리를 영리한 백인으로 봤고 그들 입장에서 리 부부는 영리함과 거리가 먼 사람들이었어요."

위독한 환자를 담당하는 간호사 중 한 사람은 리아의 젖은 곳을 닦아 주고 이것저것 점검하는 사이사이 다음과 같은 기록을 남겼다.

1986년 12월 1일

17:00	뇌파 뛰지 않음.
18:00	싱 선생님[담당 의사]이 대기실에 있는 아들의 통역으로 가족에게 말함. 가족들 환자실 입회함. 엄마가 아빠를 불러옴. 울음바다.
20:00	가족들 침대 곁에 있겠다고 고집함. 언어장벽 때문에 대화가 힘들었지만 엄마에게 상냥하게 대함.
21:00	아빠가 가족의 통역으로 질문을 함.
21:15	가족들 "뇌를 고칠 약을 달라."라고 함.

간호사는 리아의 뇌를 고칠 약은 없다는 설명을 하려고 노력했다. 이튿날 새벽 3시, 그녀는 이렇게 기록했다.

엄마가 침대 곁에서 몹시 흥분하며 울고 흥얼흥얼 노래함.

푸아가 리아 곁에 있는 동안 의사들이 들어와 정맥주사들을 떼어내기 시작했다. 푸아는 내게 말했다.

“그 여자 의사는 인상이 좋아 보였어요. 그런데 아니었어요. 아주 못됐더라고. 불쑥 와서는 리아가 죽을 거라고 하면서 고무로 된 것들을 다 떼어내더라고요. 뇌가 다 썩었으니 이제 죽을 거라면서요. 그러니까 리아한테 하던 걸 다 가져가서 다른 사람한테 쓰겠다는 거였지. 그 순간 너무 무서워서 내 몸속에서 뭔가 오르락내리락하는 느낌이 드는 게 나도 죽을 것만 같더라고요.”

그 의사는 테리 허치슨의 지시에 따라 리아가 최대한 편안하게 숨을 거둘 수 있도록 생명 연장 장치를 제거한 것뿐이었다. 허치슨은 가족도 거기에 동의한 줄 알고 있었다. 그래서 기관지 내시경 검사도, 부비동 세척도, 기관 절개 수술도 취소해버렸다. 그리고 마침내 길고 암울한 리아의 병원 차트에 가장 분명한 문장을 기록하며 결정을 내렸다.

뇌파도가 비정상이므로 항경련제 투약을 끊음.

대뇌피질에 전기적인 활동이 전혀 없었기 때문에 발작도 일어날 수가 없었다. 생후 3개월 때부터 줄곧 리아의 삶을 지배해온 뇌전증이 끝난 것이었다.

의사들은 리아가 금방 사망하리라 예상해 아이가 몇 시간일지, 며칠일지 모르는 남은 생을 밸리 아동병원에서 보내는 게 편안할 것이라 생각했다. 한 사회복지사는 리 부부를 돕고 싶어서 그 지역 장의사를 소개해주겠다고 했다. 나오 카오는 너무 화가 났다. 그는 당시를 떠올리며 말했다.

"그들은 아이를 거기 두고 싶어 했어요. 리아가 머세드로 돌아가는 걸 바라지 않았어요. 그리고 프레즈노에 있는 장례식장을 이미 알아뒀더군요. 하지만 난 그렇겐 못하겠다고 했어요. 애를 집으로 돌려보내 달라고 했지요. 머세드로 가서 오빠, 언니들 보는 데서 죽게 해달라고 했어요. 그러자 저한테 무슨 서류에 서명을 하라고 하더군요. 애가 병원 밖으로 나가면 어찌 됐든 죽게 될 거라면서요."

그 서류는 지닌 힐트가 리 부부의 바람을 듣고 밸리 아동병원의 전적인 협조하에 주선한 법원의 명령이었다. 푸아와 나오 카오는 리아를 집에 데려가고 싶어 했지만 보조적인 보살핌을 위해 MCMC에 이송하기로 결정되었다. 캘리포니아주 고등법원은 "소년법원 관할 부양 아동 리아 리 문제에 대하여"라는 제목의 진술서를 받았다. 지닌이 푸아와 나오 카오를 대신해 작성한 것이었다.

> 리아 리는 저희 딸이고 10개월 동안 위탁 보호를 받다가 1986년 4월 이후로 집에 돌아왔습니다. [……] 그 뒤로 아이는 폐렴에 걸렸고 지금은 돌이킬 수 없는 뇌 손상을 입어 혼수상태입니다. 현재로선 밸리 아동병원에서 아이에게 더 해줄 수 있는 의료 처치가 없으니 저희는 구급차를 이용하여 리아를 MCMC로 돌려보내고 거기서 닐 언스트 선생님이 허락하면 아이를 집으로 데려갈 수 있게 해주시길 요청합니다. 저희는 리아가 집에서 가족들과 함께 있다 숨을 거둘 수 있길 바랍니다.
>
> 위 내용이 사실이며 저희가 아는 그대로임을 진술하며 거짓이 있을 경우

위증으로 처벌될 수 있음을 인지합니다.

1986년 12월 5일 캘리포니아주 머세드에서 작성합니다.

나오 카오 리(부)

푸아 양(모)

(12)

탈출

(Hmong)

"내 나이 세 살 반, 우리 가족과 친척들은 태국으로 떠나기로 했다." 리아의 언니 메이가 머세드 후버 중학교 8학년 때 국어 숙제로 쓴 자서전은 이렇게 시작했다.

> 우리가 태국으로 가던 길을 부모님은 결코 잊지 못할 것이다. 나에겐 살아오면서 가장 무서운 때였고 아마 부모님도 마찬가지일 것이다. 우리는 걸어서 가야 했다. 어떤 집에서는 아이들을 두고 떠나거나 때리거나 죽이기도 했다. 예를 들자면 우리 친척 중 하나는 자식 하나를 죽이려 했는데 용케 살아남아 일행과 함께 가게 되었다. 그 아이는 지금 미국에 살고 있고 이마엔 상처가 있다. 우리 부모님은 나와 내 여동생 트루, 여를 데리고 가야 했다. 엄마는 나만 데려갈 수 있었고, 아빠는 쌀이며 옷이며 이불이며 들고 갈 게 많아서 트루만 데려갈 수 있었다. 그래서 부모님은 친척한테 돈을 주고 여를 데리고 가게 했다. 태국에서 죽은 동생 하나는 걷는 게 너무 힘들어서 더 못 가겠다고 했다. 하지만 억지로 끌려서 태국까지 가게 되었다.
>
> 어디를 가나 총소리가 들렸고 군인들이 가까이 있었다. 총소리가 나면 우리는 숨을 곳부터 찾았다. 태국으로 가던 길엔 총소리가 많이 났다. 우리

부모님은 숨을 곳을 찾는 대신 우리를 업거나 끌고서 필사적으로 달아났다. 부모님은 짐이 너무 무거우면 몇 개를 버리곤 했다. 그중에는 아주 소중한 것들도 있었지만 물건보다 우리 목숨이 더 중요했다.

"짜릿한 인생 경험을 했구나! 과거시제 동사 용법 주의하고."
메이의 글 말미에 교사는 이렇게 평가했다.

1979년 리 부부는 태국으로 향했다. 전쟁 이후 라오스를 벗어나기 위한 두 번째 탈출 시도였다. 1976년에 있었던 첫 번째 시도에서 그들과 일가친척 마흔 명은 후아이수이 마을을 떠나 달아난 지 사흘 만에 버려진 논에 숨어 있다가 베트남 군인들한테 붙들리고 말았다. 그들은 총으로 위협받으며 마을로 돌아와야 했다. 나오 카오가 당시를 떠올렸다.

"우리 아이들이 숲에서 용변을 볼 때도 총을 겨누었는데, 총이 애들만 하더군요."

리 부부의 딸 퐈는 마을로 돌아오자마자 아프더니 죽고 말았다.

"그땐 아픈 사람이 참 많았는데 약이 없었지요. 그래서 우린 아이가 여덟이 아니라 일곱이 됐어요."

리 부부는 후아이수이에서 3년을 더 살며 수시로 감시를 받곤 했다. 사야부리 지역의 몽족 마을이 대부분 그랬듯 후아이수이 마을은 전쟁을 직접 겪지 않았고 아무도 방 파오에게 징집당하지 않았다. 사야부리는 라오스에서 유일하게 메콩강 서쪽에 있는 지역으로, 이 자연 장벽 덕분에 오랜 전쟁으로 파괴된 강 건너편의 숱한 마을들과는 다르게 안정적일 수 있었다. 하지만 전쟁이 끝나자 다른 모든 지역처럼 이곳 역시 정치 혼란에 휩쓸리게 되었다. 후아이수이 마을 주민들은 몽족이기에 반역자로 간주되었고 북베트남 출신 점령 세력으로부터 조직적으로 학대당했다.

나오 카오는 말했다.

"뭘 조금이라도 잘못하면 베트남 사람들이 우릴 죽이려고 했어요. 칼이나 음식 같은 걸 하나 훔치면 사람들을 다 모아놓고 모두 보는 데서 그 사람을 바로 쏘아 죽였어요. 우리가 한 해 쌀 300말을 거두면 그들이 그중 200말을 가져갔어요. 닭이 다섯 마리 있으면 네 마리를 가져가고 한 마리만 남겨줬어요. 그들은 또 한 집에 천을 2미터만 주면서 온 가족 옷을 다 해 입으라고 했어요.("그것도 형편없는 천으로요!"라며 푸아가 잠시 끼어들었다.) 천이 요만한데 어떻게 열 사람이 나눠 쓸 수 있겠어요?"

1979년 봄, 리 부부의 젖먹이 아들 예가 굶어 죽었다. 푸아가 말했다.

"그 어린것이 얼마나 춥고 배고팠겠어요. 나도 배를 곯았고요. 아기가 젖만 먹었는데, 내가 뭘 먹은 게 있어야지요. 그러니 나올 젖이 없었고 내가 이렇게 안고 있는 동안 아이가 죽었어요."

그로부터 한 달 뒤, 리 부부는 리, 양, 방, 숑 씨 가족 400명과 함께 다시 탈출하기로 했다. 이것이 메이가 글로 쓴 여행길이었다. 나오 카오가 말했다.

"제일 안타까운 건 나한테 정말 잘생긴 말이 몇 마리 있었는데 숲에 다 그냥 풀어줘야 했다는 거예요. 어디 가서 살지 죽을지 모르게 돼버렸단 말이죠. 그러고선 떠났어요. 우리는 이전부터 총을 많이 사다가 숨겨뒀었어요. 떠날 땐 젊은 사람들이 총을 들고서 앞과 좌우에 서서 걸었지요. 베트남 사람들은 우리가 탈출한 걸 알고 사방에 불을 질러서 못 가게 하려고 했어요. 불길이 여기 우리 집만큼 치솟았지요. 우리 앞뒤로 불이 막 나니까 애들이 너무 무서워했어요. 그런데 그걸 용감하게 뚫고 나가는 사람들이 있어서 모두 살아남을 수 있었어요. 그렇게 불을 뚫고 나가자 베트남인들은 우리가 몽족 대부분이 이용하던 길로 갈 것이라 생각하고 거기다 지뢰를 묻었어요. 하지만 우리는 다른 길로 갔고 지뢰 묻은 사람들이 자기 함정에 빠져 다치고 했지요. 가다가 산비탈이 너무 가파르면 아이들하고 노인들을 밧줄로 묶어서 끌어올려야 했어요. 춥고 배고프고 하니 아이들은 견디기가 더 힘들었지요. 제일 무서운 건 아이들이 많아 군인들한테 쉽게 당할 수 있다는 거였어요. 우리보다 앞서 마을을 떠난 사람들이 있었는데, 그쪽 어린아이 둘이 논에서 막 뛰어가다 베트남인들한테 총질을 당했어요. 그놈들이 얼마나 쏴댔는지 모르지만 애들 머리가 다 박살이 났다더군요."

리 부부 일행은 26일을 걸은 끝에 국경을 넘어 태국에 들어갔고 1년 동안 난민캠프 두 곳에서 지내다 미국으로 이민을 오게 되었다. 메이의 글에서 "너무 힘들어서 더 못 가겠다."라고 한 여동생 계는 처음 있던 캠프에서 죽고 말았다. 리 부부는 라오스로 돌아간다는 생각은 전혀 하지 않았다. 전후에 태국으로 탈출한 몽족과 그 밖의 15만 몽족은 박해와 동화보다는 탈출이나 저항이나 죽음을 택하는, 태곳적부터 이어져 온 몽족의 기질을 발휘하고 있었다.

몽족은 대부분 미국을 돕거나 중립을 지키려 했는데, 이 때문에 라오스 인민민주주의공화국이 자신들을 적으로 본다는 사실을 금방 깨달았다. 공산주의를 지지한 20퍼센트의 몽족은 관대한 처분을 받거나 경우에 따라 관직을 얻기도 했다. 어떤 이들은 민족보다는 당의 강령을 우선시해야 한다는 본보기 차원에서 미국에 협조한 몽족 포로들을 처형하는 일을 해야만 했다.

방 파오 장군이 비행기를 타고 태국으로 탈출한 지 3주 뒤, 아이들을 포함한 몽족인 4만 명이 비엔티안을 향해 걷기 시작했다. 그들이 메콩강을 건너 지도자와 합류하기를 원했다는 얘기도 있었고, 비엔티안 중앙정부를 찾아가 안전 보장을 요청할 계획이었다는 얘기도 있었다. 몽족 수백 명이 라오스 도시인 힌흡 근처 남릭강에 놓인 좁은 다리를 건널 때 라오스 인민군은 방아쇠를 당겼다. 이 사건으로 적어도 네 명이 총에 맞거나 물에 빠져 사망하고 수십 명이 부상을 입었다. '힌흡 학살' 소식을 들은 전 라오스 총리 수바나 푸마(그는 중립주의자로서 새 정부의 고문 노릇을 하고 있었다.)는 한 외국 외교관에게 이런 말을 했다고 한다.

"메오족[몽족]은 나를 잘 섬겼소. 라오스에서 평화를 지킨 대가가 처단이라니 안타까운 일이오."

어느 오후 나는 머세드에서 바 야오 무아의 아담하고 간소한 아파트에 초대되어 차를 마셨다. 그는 리 부부와 나의 첫 만남을 주선해준 몽족 지도자였다. 바 야오의 아버지는 시엥쿠앙의 행정 수장인 차오 무옹이었는데, 바 야오가 아홉 살 때 라오스 인민군에게 암살당했다고 한다. 바 야오의 형제 둘은 전쟁 때 목숨을 잃었다.

나는 바 야오에게 패전 후 몽족에게 어떤 일이 있었느냐고 물어보았다. 세련되면서 특이한 영어로(조나스 방아이와 마찬가지로 그는 몽, 라오스, 태국, 프랑스 말을 유창하게 하며 그 이후에 영어를 배웠다.) 그는 이렇게 대답했다.

"서구 사람들은 그게 어떤 것이었는지 이해할 수 없을 겁니다. 라오스 새 나라의 새 비전엔 몽족을 살게 해줄 이유가 없었습니다. 인민군에 동조하지 않는 사람은 돼지나 닭처럼 죽일 수 있었지요. 그들은 우릴 강제로 평야지대에 내려보냈습니다. 안 가면 가축을 죽이고 마을을 다 태워버렸지요. 집이고 쌀이고 옥수숫대고 다 타버렸습니다. 그들은 몽족 가정을 이산가족으로 만들기도 했지요. 아이들을 부모한테서 떼어다가 멀리 보내곤 했으니까요. 가문이란 걸 없애려고 이름을 바꾸게 하기도 했습니다. 몽족 말을 못 쓰게 하기도 했고요. 몽족 고유의 의식을 거행하는 것도 금지됐습니다. 제가 어릴 때 어디가 아프면 어머니께서는 치 넹을 불러주곤 했지요. 머리가 좀 아프기만 해도 그랬어요. 그런데 전쟁이 끝나고선 누가 그렇게 하려고만 해도 보안요원의 귀에 소문이 들어가 며칠 뒤 여럿이 찾아와서 그 사람을 무슨무슨 모임으로 데려가 이유를 따졌어요. 그리고 대답이 너무 반동적이면 끌고 가버렸지요. 그들은 몽족 문화가 사라져버리기를 원했어요. 그러나 몽족은 동화되지 않는단 말입니다. 중국도 몽족을 동화시키지 못했어요. 라오스 인민군은 몽족을 동화시킬 수 없어요. 2000년이 더 지나도 우리는 여전히 우리가 몽족이라고 말할 수 있을 겁니다."

리 부부는 1976년에 탈출하다 붙잡혀 비참하게 살더라도 마을로 돌아갈 수 있었던 것을 다행으로 여긴다. 많은 몽족이 평야지대나 고원지대로 강제 이주를 당해 국가 소유의 집단농장 생활을 해야만 했던 것이다.

몽족이 전통적으로 저지대에 살기를 두려워한 데에는 그만한 이유가 있었다. 재정착한 사람들은 처음 접해보는 열대성 질병에 걸리는 경우가 많았다. 고지대에서는 살 수 없는 모기가 옮기는 말라리아가 특히 그랬다. 파

괴되지 않은 고지대 마을에서 몽족이 화전 농업을 하면 모두 체포됐다. 대부분의 마을에는 인민군들이 침투해 들어왔다.

몽족 학자 양 다오는 다음과 같이 썼다.

> 대장인 듯한 사람이 몽족 집집마다 찾아다니며 대단히 정중하게 "여러분을 섬기고자 할 뿐인" 동지 두 명씩을 데리고 있어 달라고 했다. 그러나 몽족은 집집마다 두 명씩 배치된 인민군의 목적이 그들을 밤낮으로 감시하는 것임을 이내 깨닫게 되었다. [……] 그러자 곧 남편이 아내에게 무슨 얘기를 못하고, 부모가 자녀에게 말을 못하는 상황이 벌어지게 되었다. 인민군 두 사람이 말 한 마디 한 마디를 다 엿듣고 행동거지 하나하나를 다 염탐했던 것이다. 아무도 서로 믿을 수 없었다. '반동분자'가 숨어 있다는 구실로 한밤중에 사람을 깨우고 집을 뒤지는 일도 종종 있었다. 그러다 남편이나 아들이 총구에 떠밀려 어딘지 모를 곳으로 끌려가기도 했다.

어딘지 모를 곳은 흔히 라오스-베트남 국경 부근에 있는 '세미나캠프'였다. 강제 노동과 사상 교육을 병행하는 곳으로, 몽족을 위해 만들어진 곳은 아니었지만 관직에 있었거나 미국 기관에서 일했던 몽족은 한동안 그곳으로 보내졌다. 그곳은 1만 명 이상의 라오스 지식인, 공무원, 교사, 사업가, 군 장교와 경찰 간부, 그 외 왕정 지지자로 의심되는 사람 등이 모여 강제 집단생활을 하게 된 수용소였으며, 라오스의 왕과 왕비, 그리고 왕세자 세 사람이 숨진 곳이기도 했다. 캠프 수감자들은 밭을 일구고, 나무를 베고, 도로를 건설하고, 가축처럼 매여 쟁기를 끌었다. 어떤 이들은 총부리에 떠밀려 불발한 집속탄을 찾아 제거하는 일을 해야 했다. 바 야오 무아가 내게 말했다.

"세미나캠프에 끌려갔던 사람 둘을 알아요. 저와 제 아내가 그중 한 사람을 이곳 머세드에 초대해 점심을 대접했지요. 그런데 이 사람이 먹질 않는 거예요. 여러 해 굶주린 사람인데 참 이상한 일이었지요. 그 사람이 이런 얘기를 해주더군요. 하루는 수용소에서 작업을 하고 있는데 도마뱀을 봤다고 해요. 그놈을 잽싸게 잡아 숨겼대요. 보초가 보면 죽도록 얻어맞으니까요. 주머니에 넣어뒀다 아무도 안 볼 때 꺼내서 순식간에 다 먹어버렸는데 너무 행복하더래요. 도마뱀은 날고기 아닙니까! 또 매일같이 미국에 협조한 게 잘못임을 인정하는 반성문을 써야 했대요. 매일 그러다 보니 반성문 작성 실력이 좋아지더래요. 그렇게 2년, 3년, 5년이 지나니까 반성문 내용이 자기 생각이 돼버리더래요. 강제수용소에 들어가기 전에 그는 아주 강한 성격을 가진 사람이었는데 10년을 거기 있다 보니 사람이 바뀌어버린 거예요. 캠프가 사람의 인성을 완전히 망가뜨려 버린 것이지요."

몽족 2000~3000명이 인민군의 세미나캠프에서 '재교육'을 받는 사이(그것은 몽족의 기질을 없애는 강제 복종 훈련이었다.) 남은 수만 명의 몽족은 보다 몽족스러운 방식으로 새로운 체제에 대응했다. 다시 말해 무장 반란을 일으켰다.

방 파오가 탈출한 뒤 몽족 반군들은 라오스에서 가장 높은 푸비아산(단지평원 남쪽에 있다.)을 거점으로 저항운동 세력을 조직했다. 1975년 말 인민군 세력이 푸비아산에서 농사일을 하던 몽족 아녀자들을 공격하자 몽족 반군은 맹렬한 보복전을 전개하기 시작했다. 그들은 동굴에 숨겨뒀던 무기로 인민군에 충격을 가하고, 다리를 폭파하고, 도로를 봉쇄하고, 식량 보급 차량을 공격했다. 그리고 1772년 구이저우 동부의 협곡을 통과하던 청나라 군대에 했던 것처럼 적군이 지나갈 때 벼랑 위에서 바위를 굴렸다.

그곳에서 5만 명의 몽족이 죽었지만 푸비아는 1978년까지 함락되지 않았다. 그 뒤로 몽족 반군은 라오스-태국 접경인 정글에 살면서 두 나라를 넘나들며 수시로 라오스 인민군을 공격했다. 반군 대부분은 방 파오의 부관이던 파 카오 허가 이끄는 종교적 단체인 차오 파(Chao Fa, 하늘의 사도) 소속이었다. 나머지 일부는 미국에서 만들어져 방 파오가 지휘한 네오 홈(Neo Hom, 라오스 민족해방전선 연합) 소속이었다.◆ 종전이 공식 선언된 지 20년이 지났지만 두 게릴라 집단의 산발적인 저항은 아직도 이어지고 있다.

◆ 네오 홈은 논란이 많은 조직이다. 이 조직의 자금원은 대부분 라오스 출신의 피난민들이다. (미군 소장을 지낸 존 싱글롭이 의장직을 맡고 있는 우익단체, 미 세계자유회의가 1980년대 말 의복과 약품을 제공하고 조언을 해준 적이 있기는 하다.) 이 조직의 전성기이던 1980년대 초에는 미국 거주 몽족의 80퍼센트가 정기적으로 기부를 한 것으로 추산된다. 대개 가족 한 사람당 100달러의 선금에다 매달 2달러씩을 추가로 내는 식이었다. 방 파오는 그들의 기부금을 "게릴라 활동을 수행하고, 궁극적으론 현재 라오스를 지배하고 있는 공산주의 정권을 전복하는 데" 쓰겠다고 약속했다. (연방 난민 재정착 사무국 국장이던 필립 호크스는 1984년 "차라리 이빨의 요정이 정말 있다고 믿는 게 낫지만 그의 민족은 그런 소리를 듣고 싶어 한다."라고 말했다.) 500달러를 기부한 사람은 해방이 되면 라오스로 돌아갈 수 있는 무료 항공권을 약속하는 증서를 받았다. 큰돈을 내면 '임박한' 라오스 민주 정권의 군사 및 행정 요직(군 장성, 시장, 경찰서장)을 준다는 말을 들은 사람들도 있었다. 캘리포니아에 온 지 얼마 안 된 몽족 중에는 복지 혜택을 받으려면 기부를 해야 한다는 말을 들은 이들도 있었다. (방 파오가 설립했으며 국가의 재정 지원을 받는 상호부조 조직 '라오스 가족 공동체'와 계약을 맺었던 시군 복지과가 몇 곳 있긴 했지만 대부분은 네오 홈과 아무 관련이 없었다.) 1990년 캘리포니아주 사회복지국이 갈취 혐의로 네오 홈을 조사했는데, 몽족 증인 몇 사람은 살해 협박을 받았다. 네오 홈에 기부한 돈이 게릴라군에 전달된 게 아니며 미국에 있는 몽족 저항운동 지도자들의 주머니에 들어갔다는 고발도 있었다.

둘 다 수천 명이던 인원수가 200~300명으로 줄어들었다.

그러나 전후 라오스의 보복으로 인해 몽족이 가장 많이 선택한 대응은 이주였다. 이는 몽족의 전통적인 문제 해결 방법이었다. 과거 300년 동안 몽족은 중국 내에서 이동했었고 19세기 초에는 중국에서 라오스로 이주했다. 라오스의 탄압은 몽족이 직면한 가장 큰 문제였지만 기근 또한 이주의 이유가 됐다. 이 기근은 전국적인 자원 부족과 미국의 원조, 재정착 지원금, 군인 임금에 대한 높은 의존이 초래한 결과였다. 1만 명 가까운 몽족에게는 수확할 작물이 없었다. 굶주림 때문에 탈출한 몽족 중 일부는 정당한 정치난민이 아니라 경제 이민이라는 오명을 얻었다.

1975년 6월, 라오스 정부의 공식 라디오 방송국인 '비엔티안 내무국'은 몽족의 집단 탈출에 대한 정부 측의 해석을 다음과 같이 보도했다.

> 미국은 태국의 반동분자들과 공모해 메오족에게 압력을 넣어 라오스를 탈출하여 태국으로 가도록 하고 있다. 이 일의 목적은 인도주의 원칙을 따르고자 한 것이 아니다. 그들의 노동력을 싼값에 착취하고 그들을 병사로 키워 나중에 이 나라로 돌려보내 평화를 깨기 위함이다.

몽족 난민이라면 누구나 탈출할 때 겪은 일화를 가지고 있다. 통역자 메이 잉 숑과 그녀의 가족은 탈출 1순위라 롱티엥에서 다른 군 장교 가족들과 함께 비행기로 탈출했고, 이는 운이 좋은 편에 속했다. 그들이 한 일이라곤 가깝지 않은 친척들과 거의 모든 소유물을 두고 가는 것, 그리고 라오스에서 누리던 높은 지위를 하루아침에 태국 난민캠프의 합숙소와 바꾸는 것뿐이었다. 거기서 그들은 여덟 식구가 침대 하나를 쓰게 되었고 끼니 때마다 밥그릇을 들고 긴 줄을 서야 했다.

"그 집은 운이 참 좋았구먼!"

어느 날 밤 나오 카오는 메이 잉과 전후의 경험을 비교하다 그렇게 말했다.

비엔티안이나 다른 지역에서 택시로 탈출한 사람들은 그 다음으로 운이 좋은 편이었다. 소수 특권층에게나 가능했던 이 방법은 평생 모은 재산을 운전사에게 내맡겨야 했고 기사는 승객과 함께 태국 국경에 도착하기 전에 체포될 위험을 감수해야 했다.

나머지 대부분의 몽족은 걸어서 탈출했다. 어떤 사람들은 대가족 단위로 떠났고, 어떤 사람들은 8000명씩 무리를 지어 이동했다. 혼자 탈출한 몽족이 있다는 얘기는 들어보지 못했다. 롱티엥이 함락된 처음 몇 달 동안에는 인민군이 몽족의 대탈출을 조직적으로 막지 않았는데 이때는 자기 가축을 끌고서 산길로 탈출하는 게 가능했다. 나오 카오가 내게 말했다.

"그런 사람들은 도중에 자기 가축을 잡을 수 있어서 굶주리지 않았지요. 그 사람들은 참 팔자 좋았지."

그 후에 떠난 사람들은 호랑이나 사자가 다니는 길을 이용하거나 알려진 길로는 아예 다니지 않았으며 지뢰나 추적을 피하기 위해 가능하면 능선을 따라 걸었다. 리 부부처럼 태국까지 가자면 대부분 한 달 정도가 걸렸다. 그런가 하면 잡히지 않도록 계속 이동하며 숲에서 2년 이상을 지낸 사람들도 있었다. 그들은 대나무 잎을 덮고 자고 야생 짐승이나 과일, 뿌리 식물, 죽순, 나무 속껍질, 곤충 등을 먹고 살았다. 어떤 사람들은 배가 너무

고픈 나머지 땀에 전 자기 옷을 썰어 물에 넣고 끓인 다음 소금을 쳐서 먹기도 했다. 불은 연기가 보이지 않도록 밤에만 피웠다. 밤길을 갈 때는 빛을 내는 썩은 나무(여우불이라고도 한다.)를 이용하기도 했다.

많은 사람이 아이를 업고 걸었다. 아기들은 치명적인 문제를 일으킬 수 있었다. 소리를 잘 내기 때문이었다. 소리를 내지 않는 것은 무엇보다 중요했다. 위스콘신에 살고 있는 한 몽족 여성이 말하기를, 마을을 떠날 때 생후 1개월이던 아들이 1년 뒤 태국에 도착할 때까지 말을 단 한 마디도 못 배웠다고 했다. 이따금 속삭일 때 말고는 아무도 말을 하지 않았던 것이다.

머세드에서 내가 만난 어떤 몽족 가정은 아기에게 아편을 먹인 이야기를 해주었다. 이아 타오 숑이라는 젊은 엄마가 말했다.

"우리는 아기가 울면 아편을 물에 타서 먹였어요. 아기가 잠잠해져서 군인들한테 들키지 않게요. 아기 소리 때문에 알려지면 다 죽을 수 있으니까요. 아편을 타 먹이면 아기는 대개 곯아떨어져요. 하지만 잘못해서 너무 많이 먹이면 죽을 수도 있어요. 그런 일이 아주 많았어요."

이런 이야기들을 듣자니 어느 이스라엘 아기에 대한 글을 읽었던 게 떠올랐다. 팔레스타인 테러리스트들을 피해 숨어 있었는데 아기가 울기 시작하자 당황한 엄마가 아이의 입을 너무 틀어막는 바람에 아기가 질식사하고 만 것이었다. 1979년 그 일로 온 이스라엘에 애도의 물결이 이어졌다고 한다. 몽족의 경우 아편 과다 복용으로 아기가 죽는 일은 워낙 자주 일어나서 신문 머리기사를 장식하거나 세상의 주목을 끌지 못했다. 한 나라에 애도의 물결이 이어지기는커녕 살다 보면 있을 수 있는 일로 무덤덤하게 가족과 친지에게 알려지는 정도였다.

때로는 그보다 더한 일도 벌어졌다. 나오 카오에게 메이가 쓴 글에 나오는 이마에 흉터 있는 소년에 대해 물어봤더니 이렇게 대답했다.

"아주 조용해야 했어요. 그 아이 아버지는 아이가 울면 모두 다 죽으니까 아이를 죽이려고 한 거예요. 그래서 아이가 이마에 상처를 입은 거지요. 누가 아이를 구해준 덕분에 지금 머세드에 살고 있는 거고요."

건장한 어른들은 대개 돌아가며 노인이나 환자, 부상당한 사람을 부축하거나 업고 갔다. 그러다 더 감당할 수 없을 때는 괴로운 선택이지만 짐이 되는 그 친척을 (약간의 음식, 아편과 함께) 길가에 두고 갔다. 그렇게 죽은 사람들은 그 자리에서 썩었다. 그들을 묻느라 시간을 지체하는 것은 너무나 위험한 일이었다. 이는 몽족으로선 쉽지 않은 선택이었다. 몽족은 노인을 공경했으며 장례를 제대로 못 치른 혼은 영원히 떠돌게 된다고 믿기 때문이다. (제대로 된 장례란 시신을 염하고, 특별한 수의를 입히고, 짐승을 잡아 바치고, 망자의 태반이 묻힌 곳을 일러주고, 장례용 북과 껭을 연주하여 애도하고, 손으로 짠 관에 뉘어 양지바른 산에 묻어주는 것이다.) 조나스 방아이는 이렇게 말했다.

"죽은 사람을 안 묻어준다는 건 끔찍한 일입니다. 친척을 안 데리고 간다는 건 말도 못할 일이지요. 자기 아니면 그 사람 중 하나를 택해야 한다는 것만큼 비참한 일이 있을까요."

태국으로 가던 도중 몽족은 버려진 마을과 방치된 밭을 지났다. 앞서 간 난민들이 버린 보석이나 은괴, 수놓은 옷(푸아 역시 혼수로 가져온 파 응도를 다 버려야 했다.)의 더미를 지나쳐갔다. 썩어가는 시신들도 지나쳐야 했다.

머세드에서 사업을 하는 당 무아는 3주의 피난길 동안 손수 만든 석궁과 독화살로 잡은 새로 연명하다가 고아가 된 누더기 차림의 아이들 수십 명이 숲에서 잎과 흙을 먹고 있는 것을 보았다. 그는 아이들에게 먹을 것을 줄 뿐 그냥 지나쳐야 했다. 그의 아내는 돌도 안 된 아기가 죽은 엄마의 젖을 먹으려고 애쓰는 모습을 보았다. 그래도 그냥 지나쳐야 했다.

후아이수이는 메콩강 서쪽에 있었기 때문에 리 부부는 태국 국경을 걸어서 넘어갈 수 있었다. 폭이 1.6킬로미터인 메콩강은 남쪽으로 800킬로미터 이상 걸쳐 있어 라오스와 태국의 경계를 이룬다. 몽족 난민 대부분은 그 강을 건너야 했다. 조나스 방아이가 말했다.

"메콩강은 머세드강보다 열 배는 커요. 그러면 그걸 어떻게 건널까요? 몽족은 대부분 수영을 할 줄 모릅니다. 돈이 있으면 라오스 사람한테 배를 살 수도 있겠지요. 나무를 붙들고 갈 수도 있고요. 대나무가 보통 나무보다 잘 떠서 그걸 묶어서 많이 썼는데 그러다 보니 너무 많이 베서 나중엔 대나무가 없는 거예요. 그래서 높은 산에서 베어다 강까지 내려오곤 했지요. 강을 건너는 꿈은 미국에 온 사람들 누구나 지금까지도 꾸는 악몽입니다."

어떤 사람들은 겨드랑이에 대나무를 줄기째 끼고 건너려고 했다. 바나나 나무로 뗏목을 만들거나 라오스 상인한테 튜브를 사서 건너간 사람도 있었다. 그러나 튜브는 구하기도 어렵고 아주 비쌌는데, 인민군 국경 수비대가 몽족에게 튜브를 파는 사람들을 죽였기 때문이다. 여기까지 살아남은 아기들과 아이들은 대부분 부모 등에 묶인 채 강을 건너다 익사했다. 그 시신은 메콩강에 버려졌다. 태국의 한 난민캠프 의사였던 도미니카 가르시아가 1978년 국제구호위원회 의장에게 보낸 편지에는 이렇게 쓰여 있다.

[몽족 난민 중] 어떤 사람들은 3.8리터들이 빈 플라스틱 용기를 지금까지 가지고 다니고 어떤 사람들은 식품점 비닐 봉투를 부풀려 다닙니다. 이 난민들이 수용소에 온 지 한참 뒤에도 임시 '구명 장비'에 집착하는 것은 별난 일이 아닙니다. 처치를 받을 병실에도 그것을 가지고 옵니다.

지금은 머세드에 살고 있고 당시 열여섯 살이었던 한 몽족은 대가족과 함께 메콩강을 건널 때 이야기를 해주었다. 그들은 배를 한 척 구했는데, 일행의 반만 태울 수 있는 크기였다. 그와 어른 하나가 아이들을 다 태우고 먼저 강을 건넜다. 그리고 그 어른이 배를 다시 라오스 쪽으로 저어 가 나머지 어른들을 태웠다. 태국 쪽으로 출발한 배가 강을 반쯤 건넜을 때, 국경수비대는 배를 침몰시키고 물에 빠진 사람들에게 총질을 했다. 태국 쪽 강가에 있던 아이들은 부모와 삼촌과 숙모가 총에 맞거나 물에 빠져 숨지는 모습을 지켜봐야 했다.

당 무아의 사촌 무아 키는 정신 장애를 앓는 머세드의 한 여성에게 연방정부의 장애 복지 혜택을 받게 해주려다 실패한 적이 있었다. 그 여성은 일행 170명과 함께 메콩강을 건너려 했다. 무아 키가 설명했다.

"그들은 해가 지기를 기다렸다가 밤에 강을 건너기로 했어요. 그런데 인민군 부대가 기관총을 쏘기 시작했지요. 그녀는 한 곳에서 스무 명이 넘는 사람들이 죽는 모습을 봤어요. 그중 하나는 남편이었고요. 지금 그 사람이 아픈 건 못 볼 꼴을 너무 많이 봐서인 것 같아요."

어느 오후 나는 바 야오 무아와 이런저런 얘기를 나누다 문득 몽족 사회의 끈끈함에 대해 말하게 되었다. 그는 이렇게 말했다.

"그래요. 밖에 있는 사람은 몽족을 그렇게 보지요. 그렇지만 안에 있는 사람들은 자책을 해요. 많은 사람이 죄책감을 갖고 있어요. 라오스 북부에서 내려와 드디어 메콩강을 건너는데 인민군들이 총질을 해대요. 그러면 가족 생각보다 자기 생각부터 하게 돼요. 그렇게 강을 건너고 나면 메콩강을 건너기 전하고 다른 사람이 되는 거예요. 강을 건너고 나면 아내에게 당신을 내 목숨보다 사랑한다는 말을 할 수가 없어요. 아내가 봤거든요! 이제 다시는 그런 소리를 못하게 되죠! 그걸 수습하려는 건 깨진 유리를 풀로 붙이려는 것과 같아요."

몽족 가운데 라오스를 탈출하다 죽은 사람이 얼마나 되는지는 정확히 알 수 없다.(어떤 이들은 절반쯤으로 추측했고 그보다 훨씬 적다는 사람도 있다.) 그들은 라오스 인민군과 베트남인들의 총이나 지뢰에 목숨을 잃었다. 또 그에 못지 않게 병들거나 굶주려서, 추위와 비바람 때문에, 뱀이나 호랑이에게 물려서, 독성 식물을 먹거나 물에 빠져서 죽기도 했다. 마침내 태국까지 온 사람들은 태국 산적들에게 약탈당하거나 강간당하는 등 고초 끝에 경찰에게 인도되었고 거기서 난민캠프로 보내졌다. 캠프에 도착한 사람 중 80퍼센트는 영양실조나 말라리아, 빈혈, (특히 발에) 감염증을 앓는 상태였다.

처음에 몽족은 라오스 국경 부근의 여러 임시 캠프에 수용되었다. 태국이 1951년 난민 협약에 가입하지 않았기 때문에 그들은 엄밀히 말해 불법 이민자였다. 하지만 태국 정부는 다른 나라들이 비용을 대고 그들에 대한 영구 망명을 약속하는 한 임시 거주를 기꺼이 허락했다. 이후 대부분의 몽족은 태국 북동부 메콩강에서 남쪽으로 24킬로미터 떨어진 곳에 있는 대규모 캠프, 반 비나이에 몰려 살게 되었다. (라오스 국경을 넘어오는 물결은 1990년대 초까지 이어졌다.)

1986년 반 비나이 캠프의 거주민은 4만 2858명이었고 이 중 약 90퍼센트가 몽족이었다. 몽족 역사상 가장 큰 정착촌인 이곳은 방 파오 장군의 군사 기지였던 롱티엥보다 컸다. 또 이곳은 사실상 대규모 자선기관이기도 했는데 전시의 쌀 원조로 훼손된 몽족의 자급자족 능력을 더욱 약화시켰다. 어떻게 보느냐에 따라 다르겠지만 반 비나이에서의 삶은 뿌리가 뽑힌 채 쫓겨나는 파멸적인 과정일 수도 있었고, 결국엔 대다수가 가게 될 미국 도시에 적응하기 위한 예행연습일 수도 있었다.

전기, 물, 하수도가 모두 부족했지만 캠프는 인구가 상당히 밀집된, 사실상 하나의 도시였다. 1986년 한 가톨릭 구호기구에서 작성한 조사 보고서에서는 이런 결론을 내렸다.

> 도시의 빈민가가 그렇듯 반 비나이에는 열악한 보건, 과밀, 복지 의존, 실업, 약물 남용, 성매매, 아노미(자살, 방치, 외로움) 같은 문제들이 있다.

조나스 방아이는 내게 이렇게 말했다.

"반 비나이에서는 쌀과 콩을 배급받는 것 말고는 할 수 있는 일이 없어요. 그냥 텐트 생활만 하는 거예요. 그렇게 5년, 10년을 살아야 해요. 거기서 태어나고 자라는 사람도 있지요. 아이들은 축구나 배구를 하면서 놀아요. 노인들은 밤낮으로 잠만 자고요. 마냥 기다리고 기다리다 먹고, 또 기다리고 기다리다 죽고 그러는 거지요."

반 비나이에서 광견병 가장행렬을 벌였던 국제구호위원회의 열정적인 민속학자 드와이트 캉커굿에 따르면 캠프 관리자들은 몽족이 의존적이며 건강 상태가 좋지 않고 청결하지 못한 것을 몽족의 탓으로 여기고 있었다.

자부심 강하고 독립적인 산악민족이던 몽족을 땅 잃은 난민으로 왜소화 시켜버린 역사적·정치적·경제적 맥락과 그 속에서의 고군분투를 고려하지 않고 현재의 비참한 상태를 그들 탓으로 돌린다.

그는 자기가 아주 좋아하는 몽족을 캠프의 서구인 대부분이 격렬하게 싫어하는 것을 보고 놀라며 다음과 같이 쓰기도 했다.

나는 반 비나이에서 일하는 구호기구 직원들이 몽족을 묘사할 때 흔히 쓰는 표현들을 모아보기 시작했다. 가장 많이 들은 말은 '더럽다'와 '지저분하다'였고 '옴'이니 '종기'니 '똥'이니 '쓰레기 더미'니 하는 말들도 자주 따라다녔다. 위생에 대한 비난은 대개 "그들은 석기시대를 막 벗어난 사람들이잖아요."라는 한마디로 요약되었다. 거의 매일같이 들을 수 있는 의미심장한 말은 '까다롭다'였다. 그리고 거기서 파생된 다양한 표현들이 있었으니 '다루기 어렵다', '제일 까다로운 집단', '자기들 식대로만 한다', '융통성 없다', '고집불통이다', '설득 불능이다', '후지다' 같은 것들이었다. 여러 해 동안 몽족을 대했던 한 헌신적인 구호기구 직원은 내게 "신의 손길이 이곳에 있다."라고 하면서 몽족에 대해서만은 "무서운 사람들이라 함께 지낼 수가 없다."라고 말했다.

캉커굿은 '더럽다'거나 '까다롭다'는 말을 빈번히 쓰는 게 실은 "외국에서 온 서구인들이 '차이'나 '타자'를 대할 때의 불편한 마음을 드러낸 것"으로 보았다.

> 서구 구호기구 직원이 몽족과 마주하는 일은 (우주론, 세계관, 정신, 삶에 대한 감각 등에 관한) 근본적인 차이와 맞닥뜨리는 일이다. [……] 안타깝게도 [프랑스 평론가인] 츠베탕 토도로프가 일깨워준 바와 같이 "낯선 사람에 대한 우리의 최초이자 자발적인 반응은 그가 우리와 다르기 때문에 열등한 존재라 생각하는 것"이다.

이렇게 몽족을 깔보는 발언을 한 사람은 대부분 미국 출신이었으나 반 비나이 거주민의 대다수는 미국으로 이민을 갔다. 1만 명 정도의 몽족은 프랑스, 캐나다, 호주, 아르헨티나, 프랑스령 기아나 등지로 향했다. 하지만 대부분의 몽족이 미국과의 군사적 연대를 기억했고 방 파오가 이미 몬태나에 자리를 잡고 있었기에 미국을 선호하는 사람이 훨씬 많았다.

1975년 미국은 300명도 채 안 되는 몽족만을 받아들였지만(주로 군 장교와 그 가족이었다.) 점차 한도와 자격 요건을 완화해 1980년에만 2만 5000명을 허용했다. 베트남, 캄보디아 난민처럼 교육을 제일 많이 받은 몽족과 라오스인이 첫 이민 물결을 타고 미국에 왔고 교육을 덜 받은 이들은 한참 나중에 이민 물결을 탈 수 있었다. 몇 해 동안 미국은 여덟 명이 넘는 대가족은 받아주지 않는 대신 핵가족의 수는 제한하지 않았는데, 그러자 출생 증명이 없는 몽족은 이민국 관리와 인터뷰할 때 거짓말을 하기 시작했다. 그래서 둘째

부인이 딸이나 여동생이 되기도 하고 질녀나 조카가 딸이나 아들이 되기도 했다.

반 비나이를 감독했던 유엔난민고등판무관 사무소에 따르면 모든 난민 문제에는 세 가지 '지속적 해결책'이 있었다. 그것은 지역 내 통합, 자발적인 본국 송환, 그리고 제3국이었다. 그렇지 않아도 라오스, 베트남, 캄보디아에서 온 난민들 때문에 시달리던 태국은 첫 번째 해결책을 단호히 거부했다. 두 번째 해결책은 몽족이 단호히 거부했다. 그리고 1981년부터 세 번째 해결책도 거부됨에 따라 반 비나이는 일종의 영구적인 난민캠프가 되었다. 한 미국 난민 지원 담당자가 말한 것처럼 "비지속적 비해결책"이 되어버린 것이다. 1984년 태국의 유엔난민기구 부대표인 에릭 E. 모리스는 어쩔 줄 몰라 하며 이렇게 말했다.

"역사적으로 이런 경우는 없었습니다. 우리가 알기로 몽족은 재정착 제의를 받고 단체로 거부한 최초의 난민입니다."

반 비나이의 몽족 중에는 그들이 아시아를 떠나버리면 몽족의 라오스 내 저항운동이 붕괴될 것이라 걱정하는 사람도 있었다. 이 저항운동은 반 비나이 난민들의 인력과 지도력으로, 또 미국으로 간 난민들이 캠프를 통해 전해준 자금으로 지탱되고 있었다. 하지만 그들 대부분은 그보다 미국에 대한 두려움을 크게 느끼고 있었다. 먼저 이민 간 사람들로부터 미국 생활에 대한 소문을 전해들었기 때문이다. 공동주택과 도시의 폭력, 복지에 의존해야 한다는 것, 다시는 농사를 지을 수 없다는 것, 짐승을 잡아 바칠 수 없다는 것, 할아버지가 아편을 피워도 감옥에 끌려간다는 것, 거인과 공룡, 그리고 (악명 높은 1982년 반 비나이 축구장 집회에서 확실히 언급된 것처럼) 몽족 환자의 간이나 콩팥, 뇌를 먹어버리는 의사들이 두려웠던 것이다.

그러면서 상대적으로 반 비나이는 갑자기 꽤 괜찮은 곳으로 인식되기 시작했다. 지저분하고 붐비고 병이 잘 돌긴 해도 그곳은 문화적으로는 여전히 몽족의 세계였다. 여자들은 여전히 파 응도를 만들었고(이전처럼 코끼리 발이나 양의 뿔 같은 무늬 대신 군인의 총검 무늬를 수놓는 사람들이 생겼다.) 남자들은 보석을 만들었으며(은을 구할 수 없으면 버려진 알루미늄 캔을 녹여 썼다.) 많은 가정에서 닭을 기르거나 조그만 채소밭을 가꾸었다. 제일 중요한 것은 드와이트 캉커궂이 주목한 다음과 같은 사실이었다.

> 캠프 어디를 가나 밤낮을 가릴 것 없이 어느 시간대든 두세 군데서 동시에 굿이 벌어지는 광경을 볼 수 있었다. 그 모습은 단순히 이야기를 하거나 민요를 부르는 것부터 죽은 사람에게 집단적으로 공들인 제례를 올리는 것까지 다양했다. 제례에는 북소리와 틀이 잡힌 곡소리가 있었고 향과 불과 춤과 희생제의가 어우러졌다. 나는 아침마다 동트기 전에 굿판을 벌이는 샤먼의 북소리와 무아경의 노랫소리에 깨어나곤 했다.

나이가 많은 몽족일수록 떠나지 않으려 했다. 바 야오 무아는 말했다.

"캠프에는 전통문화가 그대로 남아 있었거든요. 부계에 따라 여러 세대가 함께 살아서 아이들은 할아버지 이야기를 듣고 자랐지요. 그런 게 다 바뀐다면 미국에 간들 무슨 소용이 있겠어요? 나이 든 분 중엔 모르는 사람한텐 절대 얘기 안 해도 미국에 가면 번듯한 장례와 묘가 없다는 걸 몹시 두려워하는 분들이 많았어요. 그분들한텐 그것보다 중요한 게 없거든요."

1992년 태국은 반 비나이를 폐쇄했다. 1만 1500명의 그곳 주민들은 단 두 가지 선택밖에 없다는 통보를 받았다. 제3국 재정착 신청을 하거나 라오스로 돌아가라는 것이었다. 그 사이 임시방편으로 재정착자들과 송환자들을 각각 다른 캠프에 수용하겠다고도 했다. 사람들은 공황 상태에 빠졌다. 10년 이상 미국행을 거부하던 몽족 중 일부는 혐오스러운 두 가지 선택지 중 그래도 더 안전한 미국행을 택했는데 거절당하고 말았다. 반이민 정서가 상당한 지지를 얻고 있던 미국의 옹호로 태국과 유엔난민고등판무관 사무소가 보다 엄격한 자격 요건을 요구하게 되면서 2000명 가까운 몽족이 난민 지위를 얻지 못하게 되었던 것이다.

1991년 이후로는 약 7000명의 몽족이 불안에 떨며 라오스로 돌아갔다. 그들은 억압적인 상황이 많이 완화되었다는, 즉 강제로 집단농장이나 세미나캠프 같은 곳에 수용되는 일은 없다는 말에 설득당했다. 집단으로 송환된 사람들은 고향인 산골 마을로 돌아가거나 화전 농업을 할 수는 없을지언정 가족의 안전만은 보장된다는 얘기를 들었던 것이다. 하지만 일부 몽족이 원치 않음에도 불구하고 태국 당국에 의해 라오스로 강제 송환되어 박해당하거나 살해당했다는 보도들이 이어졌다.(라오스·태국·미국 정부와 유엔난민고등판무관 사무소에서는 전부 부인하고 있다.)◆

◆ 가장 유명한 케이스는 존경받는 몽족 지도자 부 마이(Vue Mai)의 경우다. 그는 다른 몽족에게 모범을 보이도록 설득당해 1992년에 라오스로 송환되었고 1993년 비엔티안에서 실종되어 소식이 끊어졌다. 미국 난민위원회에 따르면 태국 캠프에 있던 부 가문 사람들 700명 이상이 지도자를 따라 라오스로 돌아가려고 하다가 그가 실종사한 것으로 보이자 미국에 망명 신청을 했다고 한다. 하지만 태국 정부와 유엔난민고등판무관 사무소는 그들의 요청을 거부했다.

그런가 하면 반 비나이 거주민의 대다수인 1만 명 이상의 몽족은 둘 다 불가능하다고 거절하고 방콕 북쪽에 있는 불교 사원인 왓 탐 크라복(Wat Tham Krabok)이라는 신성한 땅으로 탈출했다. 사방의 억압을 뚫고 탈출구를 찾아냈던 것이다. 그것은 타협을 모르는 그들이 역사 내내 숱하게 써왔던, 지배자가 예측하지 못하는 방향으로 빠져나가는 방법이었다. 태국 당국은 1만 명이나 되는 몽족이 손가락 사이로 빠져나가듯 달아난 것을 보고 경악했다. 그들은 더 똑똑히 알았어야 했다. 몽족에겐 언제나 궁지에서 빠져나갈 길이 있었다.

몽족의 민간설화에서 가장 뛰어난 인물로 그려지는 셰 예(Shee Yee)는 오늘날의 치 넹 이전에 있었던 치료사이자 도사였다. 한번은 사람의 피와 살을 먹는 사악한 '다' 아홉 형제가 그를 잡기 위해 매복하고 있었다. 찰스 존슨이 채집한 민담에 따르면 '다' 형제들은 온 세상으로 통하고 바위가 용과 호랑이를 닮은 산속 아홉 갈림길에 숨어 셰 예를 기다리고 있었다. '다' 형제들이 물소로 변신하자 셰 예도 물소로 변신했다. 그들이 셰 예를 뿔로 들이받으려 하자 그는 다시 사람으로 변해 마법의 칼로 그들을 조각내버렸다. 조각들이 다시 뭉쳐 살아나려 하자 그는 구름으로 변해 하늘 높이 올라갔다. 형제들이 강한 바람이 되자 셰 예는 한 방울의 물로 변했다. 형제 중 하나가 잎으로 변해 물방울을 받으려 하자 그는 사슴으로 변해 숲으로 달아났다. 그러자 형제들은 늑대로 변해 셰 예를 쫓아갔고 마침내 해가 서쪽 하늘 끄트머리에 걸릴 때가 되었다. 여덟 형제는 너무 지쳐 더 쫓아갈 수 없었지만 맏형은 포기하지 않았다. 셰 예는 버려진 쥐구멍을 보고 쥐로 변했고 맏형은 고양이로 변해 입구를 지켰다. 셰 예는 뾰족한 솜털이 달린 애벌레로 변해 밖으로 나가려고 했지만 으르렁거리는 고양이한테 쫓겨 구멍 속으로 다시 들어와야 했다. 셰 예는 쥐구멍 안에서 기다리다 점점 화가 났다. 이윽고 고양이가 잠들자 그는 아주 조그만 불개미로 변했다. 그리고 잽싸고 매섭게 고양이 불알을 물어버리고는 아내가 있는 집으로 돌아갔다.

(13)

코드 X

(Lia)

리 부부가 전후 체험을 얘기해주던 밤, 나는 무슨 말을 해야 할지 몰라 "얼마나 힘드셨겠어요."라고 했다. 그러자 푸아가 무표정한 얼굴로 잠시 나를 쳐다보더니 말했다.

"그래요, 많이 슬펐지. 하지만 라오스를 떠나올 때만 해도 사는 게 나아질 거라는 희망이 있었어요. 리아가 프레즈노에 가서 더 심해진 때처럼 슬프진 않았지."

처음에 나는 잘못 들은 줄 알았다. 3년 동안 푸아와 나오 카오는 라오스에서 아이 셋을 잃었다. 또 총탄과 지뢰와 불의 장벽을 헤쳐나왔다. 다시는 돌아올 수 없다는 걸 알면서 살던 마을과 나라를 떠나기까지 했다. 제일 아끼는 아이가 치명적인 병을 앓는다 한들 어찌 그때보다 더 나쁠 수 있단 말인가? 하지만 내가 잘못 알아들은 게 아니었다. 폭력도, 기아도, 결핍도, 망명도, 죽음도 아무리 끔찍하다 해도, 적어도 그들이 알고 이해할 수 있는 비극의 영역 안에서 일어난 일이었다. 하지만 리아에게 일어난 일은 그 영역 바깥의 것이었다.

리아는 밸리 아동병원의 소아 집중치료실에 11일 동안 있다가 1986년 12월 5일 MCMC로 옮겨졌다. 리아를 검진한 이는 똑똑하고 신경질적이기로 유명한 2년 차 전공의 데이브 슈나이더였다. 데이브는 검진 기록부에 당시의 리아를 "혼수상태에 빠진 라오스 비만 여아"라고 적었다. 입원 진단 소견은 다음과 같았다.

1. 심각한 저산소성 뇌 손상
2. 녹농균 패혈증
3. 심각한 발작성 질환
4. 파종성 혈관 내 응고를 겪은 상태
5. 패혈성 쇼크를 겪은 상태

데이브는 당시를 떠올렸다.

"그때 저는 소아과 당직을 서고 있었어요. 리아 리가 사실상 뇌사 상태로 프레즈노에서 돌아온다는 얘기를 듣고서 가슴이 철렁하더군요. 저는 그 가족을 잘 몰랐지만 그들이 비협조적이고 까다롭다는 건 알고 있었거든요. 그건 모르는 사람이 없었죠. 리아가 여기 왔을 때의 모습이 생생하네요. 이전처럼 뭘 보고 있는 게 아니라 침대에 그냥 누워 있기만 한 모습이었어요. 열이 심하게 나고 눈은 속으로 살짝 말려들어간 상태였지요. 호흡은 불규칙한 데다 아주 가빴고요. 목구멍엔 점액이 많았는데 턱 근육이 워낙 굳게 닫혀 있어서 빨아낼 수 없었어요. 전혀 움직이지 않았죠. 다리는 그냥 뻗어 있는 상태였고 팔은 쫙 펴졌다가 구부려졌다 반복했어요. 대뇌피질의 운동 신경대에서 아주 희한하고 불길한 일이 벌어지고 있다는 뜻이었지요. 고통스러운 자극을 주면, 이를테면 손톱 밑부분을 꽉 누르면 손을 빼내더군요. 보통 환자들은 그렇게 하면 제발 관두라고 소리를 질러요. 하지만 리아는 그러고 싶어도 말을 할 수가 없는 상태였어요."

리아는 소아과에 입원했다. 페기 필립이 말했다.

"처음 보러 갔을 때 모습이 기억나요. 못 볼 지경이었어요. 리아는 원래 정말 귀여운 아이였어요. 뇌전증을 심하게 앓긴 해도 '생기' 넘치는 아이였거든요. 그런데 그땐…… 그냥 거기 있을 뿐이었어요. 혼수상태에 빠지면 평화롭게 잠든 모습인 게 보통인데 전혀 그렇지 않았어요. 잠자는 공주처럼 예쁘고 편안하게 누워 있는 게 아니었다고요. 고통스러워하는 모습이었어요. 건드릴 때마다 몸이 굳어졌지요. 고통과 '싸우고' 있었다고 할까요. 숨 쉴 때마다 몹시 거슬리는 소리를 내고 있었고요.[페기는 몹시 괴로워하며 색색거리는 소리를 흉내 냈다.] 계속 이런 생각이 들더군요. 맙소사, 이대로는 얼마 못 가. 기진맥진해서 언제 숨이 끊어질지 몰라. 동시에 허치슨한테 정말 화가 나더군요. '아니, 이런 상태인 애를 보낸단 말이야?' 하는 심정이었어요."

페기가 말을 마치자 나는 닐 쪽을 보며 당시의 기분이 어땠는지 물어보았다. 그는 앉은 자리에서 불편한 듯 몸을 비틀더니 말했다.

"음, 저는 그때 바로 리아를 보진 않았어요. 사망할 때까지 돌봐주라고 보낸 줄 알았거든요. 그건 제가 가장 두려워하던 일이었어요. 저는 이미 응급실에서 호되게 겪어서 심적으로 너무 힘든 상태였어요. 그래서 그 시점에 리아 모습을 본다는 건 정말 힘든 일이었지요."

"그래서 제가 리아를 돌봤어요."

페기가 끼어들었다.

"그랬지. 사실 거의 당신 혼자서 맡은 셈이었지. 나는 일부러 조금 피하려 했고. 조금이 아니라 애써 피하려 했다고 해야겠군요. 손을 떼어버린 거예요."

닐은 리아의 모습을 볼 수 있게 되기까지 사흘이 걸렸다. 그사이 그는 리아의 병실 앞을 수도 없이 지나다녔다. 리아는 4년 동안 그의 직장 생활과 생각의 큰 부분을 차지한 환자였다. 나는 그에게 리아를 사흘 만에 봤을 때 어땠는지 물어보았다.

"식물 같은 상태였어요. 화가 나 있는 식물이었다고나 할까요."

리아를 식물이라고 부르는 건 내가 보기에 회피의 또 다른 형태 같았다. 그와 페기는 리아의 상태를 설명할 때면 영화 「매시」◆의 의사들처럼 유희적인 용어를 사용했다. 진심으로 비하하는 것이 아니라, 단지 어떤 대상에 대해 냉소적인 표현을 쓰면 거리감이 생겨 덜 감정이입하게 된다는 생각하에 마음의 고통을 줄이고자 의도적으로 그렇게 한 것이다. 이를테면 "뇌가 다 볶아졌다."라고 하는 식이었다.

리아가 입원한 뒤 간호 기록부 맨 앞에는 이런 내용이 적혔다.

맥박은 130회로 빠르고 체온은 38.9도.

주변 알아보지 못함. 비위관 잘 꽂혀 있음.

◆ 로버트 알트먼 감독의 1970년 작으로, 한국전쟁을 배경으로 하는 독특한 코미디 영화이다. 원제 MASH는 육군 이동외과병원(Mobile Army Surgical Hospital)을 줄인 말이다.—옮긴이

그리고 다른 설명 없이 이런 말도 있었다.

병실에 가족들 있고 샤먼이 굿을 함.

이 기록에 대해 당시 근무를 섰던 간호사 글로리아 로드리게스에게 물어봤더니 이렇게 대답했다.

"아, 가족들이 주술사를 불렀지요. 그 사람은 무슨 하얀 연고 같은 걸 가져와서 노래를 하며 리아의 온몸에다 그걸 발랐어요. 보드카에다 약초를 섞은 듯한 냄새가 나더군요. 리아 엄마는 애 목욕을 안 시키려고 했어요. 그 하얀 게 지워진다면서요."

어쨌든 푸아는 딸을 직접 챙기는 게 더 좋았다. 그녀는 리아의 침대 곁을 떠날 줄 몰랐다.

어느 간호사는 이렇게 적어놓았다.

침대 시트를 가는 동안 엄마가 아이를 안고 있으려 함.
엄마가 아이를 쓰다듬으며 노래를 불러줌.

간호사들은 푸아에게 리아의 갈라진 입술에 바셀린 연고를 바르고 기저귀 발진엔 데시틴 연고를 바르고 젖은 수건으로 이마를 식혀주라고 말해줬다. 또 목구멍 분비물을 빨아내고 비위관으로 영양액 넣어주는 법을 알려줬다. 한번은 푸아와 나오 카오가 약초로 만든 약을 가져와서(페기는 걸쭉하고 섬유질이 많은 진한 녹색 액체로 기억하고 있었다.) 리아에게 먹이려 했다. 리아가 그걸 삼킬 수 없다는 걸 알게 된 그들은 비위관에 따라 넣으려고 했고 페기는 리아가 어차피 죽으리라 확신하고 있었기에 간호사들에게 그렇게 하도록 놔두라고 했다.

리아가 MCMC에 입원해 있던 때는 마침 몽족의 설 연휴였다. 이 명절은 한 해 중 열두 번째 달이 기우는 첫날에 첫닭이 울 때부터 시작되었다. 설은 몽족의 명절 가운데 제일 중요하고 기쁜 때였다. 해로운 '다'를 쫓아내고 집에 있는 우호적인 영혼들에게 도움을 청하고 죽은 조상의 혼을 집으로 불러들이고 새해의 복을 기원하는 날이었다. 또 춤추고 노래하고 짝 찾는 놀이를 하고 수놓은 예쁜 옷을 입는 때이므로 몽족 여성들은 몇 달 전부터 바느질을 시작했다. 이 전통은 미국에서도 마찬가지였다. 식구 중에 설날부터 헌 옷을 입는 사람이 있으면 그 집에 가난이 닥친다고 믿기 때문이었다.

푸아 역시 그해 딸들에게 입힐 파 응도를 이미 만들어뒀었다. 태국 천에다 미국 실로 수를 놓고 옛 인도차이나 동전으로 장식한 것들이었다. 그녀는 그 옷들을 내게 보여준 적이 있는데 리아의 치마가 단연 가장 예뻤다. 분홍·초록·검정 띠를 수놓은, 가는 주름이 아주 많아서 버섯 주름 같아 보이는 옷이었다. 그녀가 내게 말했다.

"이게 리아가 입을 옷이었지. 이게 제일 예쁜 옷이었어요. 그만큼 우리가 리아를 예뻐했으니까. 이 옷은 리아 말고는 아무도 입을 수 없는 거예요. 설이면 리아가 집에 와서 뛰어놀 줄 알고 만들어뒀지요. 그런데 아픈 바람에 입지를 못했어요. 우리가 평생 설 명절을 건너뛴 것도 그때뿐이었고요."

메이는 이렇게 말했다.

"설날인데 아무것도 안 했어요. 혼을 부르는 의식도 안 했죠. 의사들이 리아가 죽을 거라고 해서 가족들은 내내 울기만 했어요."

대신에 푸아는 다른 옷가지를 병원으로 가져갔다. 일종의 수의였다. 나오 카오가 설명해주었다.

"그렇게 하는 게 몽족 전통이지요. 몽족은 숨을 거두는 사람한테 이런 옷을 입혀주지 않으면 나중에 그 사람이 벌거벗고 있는 꿈을 자꾸 꾸게 돼요. 사람이 벗고 있는 모습이란 게 별로 보기 안 좋잖아요. 그래서 특별한 옷을 입히는 겁니다. 리아 엄마가 옷을 직접 짰지요."

특별한 옷이란 검은 모자, 검은 웃옷, 허리선을 가슴께까지 올린 아플리케 장식의 치마였다. 간호사들은 리아에게 웃옷을 입히면 안 된다고 했다. 리아의 상체에 이런저런 처치를 해야 하기 때문이었다. 그래서 푸아는 처음에는 리아의 환자복 위에 웃옷을 입혔다가 나중에 간호사들이 병실을 나가자 리아에게 수의를 전부 제대로 입혔다.

리아의 병실은 언제나 형제자매와 사촌, 삼촌, 부모, 그 밖의 리 씨와 양 씨 친척들로 붐볐다. 친척들은 다른 도시에서도 찾아왔는데, 어느 간호사가 '철야제'로 기록한 그들만의 행사에 참여하기 위해서였다. 간호사 중엔 이해하려고 몹시 애를 쓰는 사람도 있었으나 대부분은 쉴 새 없는 소란 때문에 짜증을 냈다. 간호사 에벌린 마시엘은 이렇게 기억하고 있었다.

"그 사람들은 전부 말이 많고 목청이 컸고 서로 손짓발짓 하는 게 요란했어요. 그리고 우리한테 아주 질려 있었어요. 걸핏하면 우리한테 뭘 하고 있느냐, 그건 왜 하는 거냐고 물어보곤 했어요. 열두 번을 대답해도 또 물어봤고요. 우리가 하는 건 뭐든 잘못됐다는 거였지요."

디 코르다도 자주 왔고(페기는 그녀가 침대 곁에 앉아 울던 모습을 기억했다.) 지닌 힐트는 매일 왔다. 지닌이 당시를 떠올리며 말했다.

"통역할 사람이 있을 때가 드물었죠. 하지만 푸아와 저는 전부터 마음으로 통했거든요. 서로 많이 껴안곤 했어요. 통역해줄 사람이 있으면 푸아와 나오 카오는 언제나 리아를 얼마나 사랑하는지, 리아가 자신들한테 얼마나 특별한 존재인지 얘기하곤 했지요. 그러면 저도 리아가 저한테 얼마나 특별한지 얘기했어요. 한 가지 감사한 건 위탁 가정에서 그런 일이 벌어지지 않았다는 거였어요. 위탁 가정에 있다 치명적인 발작을 일으키는 게 제가 가장 두려워하던 일이었거든요. 만일 그랬다면 그들은 평생 저를 탓했을 거예요. 그리고 몽족 사회 전체에 파문이 일었겠죠. 아동보호국이 아이들을 훔쳐 가서 죽여놓는다고요."

리아가 MCMC로 돌아온 지 이틀째 되던 날, 나오 카오는 (밸리 아동병원에서 대단히 어렵게 확보한 중심 정맥주사선인) 쇄골하정맥 주사선을 제거하고 모든 투약을 중단해달라는 요구를 했다. 페기는 경과 기록부에 다음과 같이 적었다.

> 통역자의 도움을 받아 아이 부모와 오래 상의를 했다. 아동보호국 직원인 지닌 힐트도 한자리에 있었다. 부모는 항생제가 강력한 감염과 싸우는 역할을 한다는 것, 약을 쓰지 않으면 리아가 다시 감염되어 더 빨리 사망할 수 있음을 이해했다. 그들은 또 우리가 정맥주사선을 제거하면 새로운 주사선을 다시 끼울 수 없음을 이해했다. 다 이해하지만 그래도 약은 거부하고 있다. 때문에 모든 약과 정맥주사선을 끊기로 했다.

페기는 이렇게 말했다.

"제가 받은 인상은 그들이 리아가 더 시달리지 않고 평화롭기를 바란다는 것이었어요. 기본적으로 그들이 원하는 건 리아가 존엄하게 죽는 것이었지요."

그녀는 푸아와 나오 카오가 리아의 생명을 인공적으로 연장하고 싶지 않아 약을 그만 쓰기를 바란다고 생각했다. 하지만 그건 페기의 착각이었다. 리 부부는 리아가 죽을 정도로 아프다는 걸 알고 있었지만 정작 리아를 더 죽음으로 몰아넣는 건 약이라고 생각했기에 투약을 중단해달라고 요청했던 것이다.

정맥주사선을 제거하고 나자 푸아와 나오 카오는 리아를 집으로 데려가길 바란다고 선언했다. 리아는 뇌가 너무 손상돼서 체온을 조절하는 항상성 유지 기능이 망가지는 바람에 열이 41.9도까지 치솟는 등 가히 치명적인 상태였다. 때문에 페기는 리 부부에게 리아를 MCMC에 며칠 두고 살펴볼 필요가 있다고 했다. 페기가 말했다.

"저는 리아가 곧 죽으리라 판단하고 있었어요. 하지만 그럼에도 사람을 그냥 죽게 내버려 둘 수 없다는 게 서구 의학의 딜레마였죠."

마지막 며칠이라도 리아가 편하게 있기를 바란 지닌은 다음과 같은 글을 썼다.

수신: 언스트 그리고 필립

발신: 힐트

Re : 리아의 퇴원

리아를 집으로 보내기 전에 가족의 바람을 한 번 더 헤아려보면 좋겠어요. [……] 그들이 체력적, 정서적, 경제적으로 계속 부담을 질 수 있을까요? 침대, 침대 시트, 처방 음식, 청진기, 기저귀 등은 갖추고 있을까요? 그들은 이 모든 것들을 갖춰야 하고 준비가 될 때까지 방문 간호를 받아야 해요. 그들이 리아를 제대로 먹일 수 있다고 확신하세요? 그 방법을 이해하고 그대로 할 수 있다는 게 증명이 되었나요? 네 시간마다 먹이긴 할까요?

12월 9일까지 지닌과 페기는 방문 간호와 필요한 모든 물품을 지원했다. 거기엔 리아의 목구멍 분비물을 빼내는 흡인기도 포함됐고 데이브 슈나이더가 기록한 바와 같이 "아이에게 요실금이 있고 언제든 설사를 하기 때문에" 다량의 기저귀도 빠지지 않았다. 한 간호사는 다음과 같은 퇴원 지시 사항을 작성했다.

1. 오늘 저녁 8시에 글래스록 헬스 서비스에서 사람이 오면 처방전을 받습니다.
2. 12월 11일 아침 8시에 진료실로 꼭 옵니다.
3. 푹신한 매트리스를 늘 깔아둡니다.
4. 두 시간에 한 번씩 몸을 돌려주어 욕창을 방지하도록 합니다.
5. 목 분비물은 가능한 자주 빼내줍니다.

식사 지침: 아침부터 저녁 사이 네 시간마다 [영양액을] 먹입니다(하루 5회, 280그램씩). 모든 음식과 약은 비위관을 통해 줍니다.

푸아는 지시 사항을 다 이해하지 못했을뿐더러 어차피 비위관(리아의 경우, 뭔가를 삼키거나 토해내는 반응력이 손상되기도 했고 음식물이 기도로 넘어갈 위험도 있어서 꼭 필요한 장치였다.)을 통해서는 약이든 무엇이든 줄 생각 자체가 없었다. 그럼에도 그녀는 "이상의 지시 사항들에 대해 설명을 받았으며 그 내용을 이해합니다."라고 된 부분에 서명했다. 그녀의 서명은 4년 반 전 리아가 MCMC에서 태어났을 때 퇴원 서류에 한 것과 마찬가지로 FOUAYANG이라 되어 있었다.

나오 카오도 어딘가에 서명하라는 요구를 받았다. 차트에 포함되어 있지 않아 정확히 무엇인지 알 수 없으나 MCMC에서 리아를 데리고 나가는 리 부부의 결정과 관련이 있는 것으로 보인다. 퇴원 수속이 끝나는 두 시간 뒤면 리아를 데려가 집에서 마지막을 보내게 해도 좋다는 내용이 아니었을까. 그의 해석은 좀 달랐다. 그는 "누가 리아한테 무슨 약을 줬었어."라며 당시를 떠올렸다.(아마 해열제로 타이레놀을 주었는데 간호 기록부에 적힌 대로 "아빠가 거부"했을 것이다.)

"그다음엔 딴 사람이 오더니 무슨 양식에 서명을 하라면서 리아가 두 시간 뒤면 죽을 거라고 하더라고. 그 사람들은 리아를 고치고 있었던 게 아니야. 나는 그들이 리아를 고친다 해도 거기 있으면 애가 죽겠구나 싶었어요. 그리고 안 고쳐도 죽을 테니 당장 집으로 데리고 가 언니, 오빠한테라도 보여주는 게 낫겠더라고요. 나는 병원에 만족 못 해요. 병원에 아주 실망했어요. 어찌나 화가 나던지. 이게 사람을 낫게 하는 병원인가, 사람을 죽이는 병원인가 싶더라고."

리 부부는 지난 2주 동안 리아가 죽을 거란 말을 여러 번 들었다. 하지만 무슨 이유인지 그때만큼 거슬렸던 적이 없었다.(아마 정확한 시기를 들먹인다고 생각했기 때문일 것이다.) 몽족 전통에서 죽음을 미리 앞서 거론하는 것은 절대 금물이다. 나이 많은 어른에게 "돌아가시고 나면……"이라는 말을 하는 것은 용서할 수 없는 모욕이다. 대신에 "자녀분들이 120세쯤 될 때……"라고 말해야 한다. 나는 내가 아는 여러 몽족에게 만일 의사한테 자기 아이가 죽을 거라는 말을 들으면 기분이 어떻겠느냐고 물어보았다. 세 아이의 엄마인 총 무아는 외치듯 말했다.

"의사는 절대 그런 소리를 해선 안 돼요! 그러면 '다'가 아이한테 더 빨리 다가와요. 그건 '좋아, 좋아, 애를 데려가.' 하고 말하는 거나 마찬가지니까요."

보건과의 통역자인 쿠아 허는 이렇게 말했다.

"라오스에서 그렇게 말하는 건 사람을 죽이겠다는 뜻이에요. 아니면 독약을 먹이겠다든지요. 죽이겠다는 게 아니면 어떻게 그 사람이 언제 죽을지 정확히 알겠어요?"

어느 밤 나는 빌 셀비지에게 이 부부가 의사들의 발언을 사심 없는 예후가 아니라 위협으로 받아들인 것 같다고 말했다.

"놀랄 일도 아니지."

그는 그렇게 대답했다.

"리아가 죽을 거다, 리아가 죽을지도 모른다, 리아가 죽을 확률은 95퍼센트다 하는 말을 통역을 통해 들으면 어감이 상당히 혼란스러울 거야. 그러니 MCMC 사람들이 '리아는 죽어야 한다.'라고 말했다고 부모가 생각하는 것도 이상한 일은 아니지. 게다가 나는 사실 여기 사람 중에 리아가 혼수상태이고 의사 표현도 할 수 없고 유일하게 느낄 수 있는 게 고통뿐이라면 차라리 죽는 게 낫다고 생각한 이가 많다고 봐."

나오 카오는 딸이 두 시간 뒤면 죽을 거라고 말하는 종이에 서명하도록 강요받는다는 느낌을 받았고 궁지에 몰린 몽족이라면 전설의 인물 셰예 이래 누구나 할법한 일을 했다. 바로 달아나는 것이었다. 그는 3층 소아과 병실에 수의를 입고 누워 있던 리아를 안아 들고 계단을 달려 내려가기 시작했다. 그러자 한 간호사가 코드 X를 발동했다. 각 병원엔 확성 장치를 통해 울리는 응급 코드가 있다. 코드 블루는 죽어가는 환자에게 심폐 소생이 필요할 때, 코드 레드는 화재 때, 코드 X는 보안에 문제가 생겼을 때 울린다. 나오 카오는 당시를 이렇게 회상했다.

"사람들이 막 쫓아왔어요. 경찰 두 명도 불렀고요.[그가 말하는 경찰은 경비원이었다.] 그들은 내가 병원으로 돌아오길 원했어요. 경찰을 부르고 나서는 나한테 리아가 죽을 거라고 말하던 간호사가 와서 막 뭐라고 하더군요. 뭐하는 짓이냐고요. 그때 어찌나 화가 나던지 그 간호사를 밀쳐버렸고 그녀는 머리를 쾅 했지요."

데이브 슈나이더는 즉시 호출을 받았다. 때는 금요일 늦은 오후로, 그로서는 안 그래도 끔찍했던 한 주가 끝날 무렵이었다. 그리고 상황은 더 나빠질 터였다. 전공의가 받는 스트레스(33시간제 근무 교대, 성난 환자들 달래기, 실수에 대한 두려움)로 녹초가 된 데이브는 MCMC에 3개월 휴직을 신청해둔 상태였고 며칠 뒤 떠나기까지 조용하기만을 바라던 차였다.

"살아오면서 그렇게 힘든 때는 없었어요. 그러니 저는 아이를 사랑하는 아빠든 관습이 저랑 아무리 다르든 허튼짓을 참아줄 상태가 아니었어요. 그와 문화적 차이에 대해 왈가왈부할 기분이 아니었던 거죠."

데이브가 소아과 병실이 있는 층으로 달려와보니 경비원들이 이미 푸아와 나오 카오를 병실로 데리고 간 뒤였다.

"제가 가보니 간호사들이 그 사람은 못 알아듣는 말로 마구 소리를 지르고 있더군요. 정말 화가 나는 건 그가 리아의 비위관을 뽑아버렸다는 거였어요. 그는 아니라고 하지만 계단에 내팽개쳐져 있었거든요. 그들은 리아를 집에서 죽게 해주고 싶다고 했고 우리도 기꺼이 그렇게 해주겠다고 분명히 약속했어요. 하지만 그건 의학적으로 받아들일 수 있는 상황하에서였지, 아이를 굶겨 죽이는 게 아니었어요. 비위관이 없으면 당장 굶어 죽게 되잖아요. 그래서 우리가 그걸 어떻게 사용하는지 가르쳐준 거였어요. 그런데 아빠란 사람이 아이를 훔쳐 달아나 계단을 내려가며 관을 떼어내 버렸단 말이죠. 불과 몇 분, 기껏해야 한두 시간이면 집에 돌아갈 수 있게 해줬을 텐데 세상에, 그걸 못 참다니요."

데이브는 날카로운 목소리로 나오 카오에게 몇 번을 말했다. 조금만 참았더라면 리아가 집으로 돌아갈 수 있었을 텐데 이제는 틀렸다고. 비위관을 다시 끼우고 제대로 됐는지 엑스레이도 찍어봐야 한다고. 아닌 게 아니라 새로 끼운 관은 위치가 맞지 않아 다시 끼워야 했고 엑스레이도 다시 찍어야 했다. 때문에 서류 작업까지 거의 네 시간이 걸렸다. 나오 카오한테 떠밀려 벽에 부딪혔던 간호사(다행히 다치지 않았다.)를 포함한 병원 직원들은 그 사건(나중에 그들은 "납치"란 표현을 썼다.)을 예삿일처럼 넘기고 제 할 일을 해나갔다. 그들 모두 몹시 화가 났지만 아무도 나오 카오를 폭행 혐의로 고발한다거나 리아를 (그들이 생각하기에 제때) 집으로 데려가지 못하도록 방해하지 않았다.

밤 10시 15분 리아는 엄마 품에 안겨 MCMC를 떠났다. 퇴원할 때 리아의 체온은 40도였다. 부모는 리아를 아파트로 데려가 수의를 벗기고 거실 바닥에 깔아둔 샤워 커튼 위에 눕혔다. 나오 카오가 말했다.

"리아는 병원에 있었으면 죽었을 거예요. 우리는 약초를 좀 달여서 아이를 씻겼어요. 병원에선 너무 아파서 잘 때 침대가 젖도록 땀을 흘렸지요. 약을 너무 많이 먹어서 몸이 토해낸 겁니다. 하지만 우리가 달인 약초로 씻겨줬더니 땀이 멎었고 아이가 죽지도 않았어요."

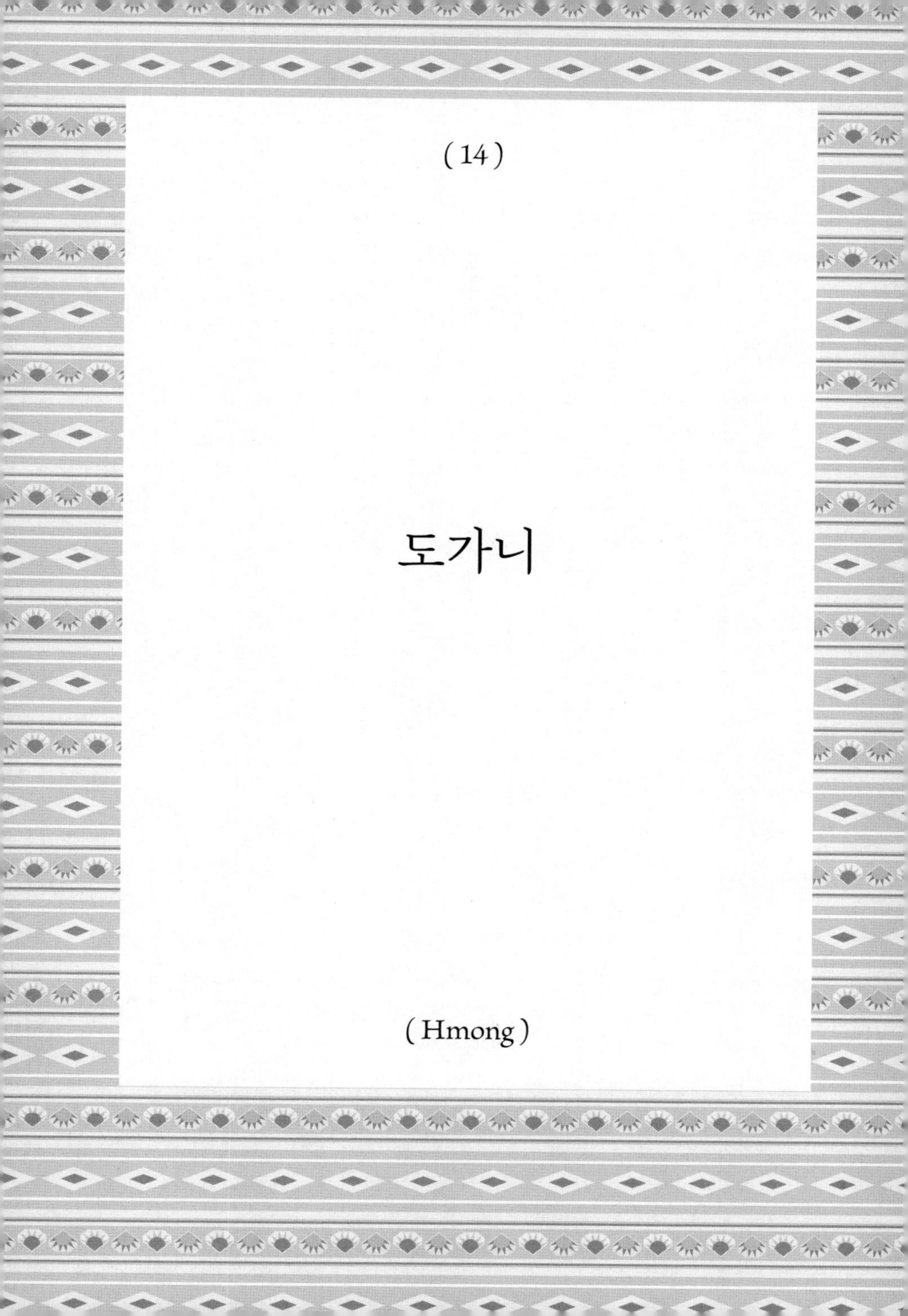
(14)
도가니
(Hmong)

여덟 명의 리 가족(나오 카오, 푸아, 총, 주아, 쳉, 메이, 여, 트루)은 1980년 12월 18일 미국에 도착했다. 짐은 옷가지 몇 개와 파란 담요 하나, 그리고 푸아가 후아이수이에서 나무토막을 파서 만든 막자사발과 막자뿐이었다. 방콕에서 호놀룰루를 거쳐 오리건주 포틀랜드로 갔고 거기서 2년을 살다가 머세드로 오게 되었다.

다른 난민들은 비행기 여행에 불안과 수모가 가득했다고 말했다. 멀미를 하고, 화장실을 어떻게 쓰는지 몰라 참고, 참자니 실례를 할까 걱정이고, 음식값을 내야 할 텐데 돈은 없고, 비닐에 든 물수건을 먹을뻔하는 수치를 맛봐야 했다. 리 부부의 경우, 당황하긴 했어도 처음 해본 여행의 신기함을 비교적 편안하게 받아들였다. 나오 카오는 비행기를 '그냥 큰 집채 같은 것'으로 기억했다.

하지만 포틀랜드에서의 첫 주는 비참할 정도로 혼란스러웠다. 지역 난민 기구에 의해 작은 셋집에 배치되기 전까지 그들은 일주일 동안 친척집 거실 바닥에서 자며 생활했다. 푸아가 말했다.

"우린 아무것도 모르니까 친척들이 다 가르쳐줘야 했어요. 친척들은 우리보다 서너 달 먼저 미국에 와 있었으니까 나았지요. 전기가 어떤 건지 말해주면서 아이들이 벽에 있는 플러그를 만지면 다칠 수 있으니 건드리지 말라고 했어요. 냉장고는 고기를 넣어두는 차가운 궤짝이라고 말해줬고요. 텔레비전을 켜서 보는 법도 가르쳐줬지요. 우리는 화장실 변기를 난생 처음 봐서 거기 있는 물이 마시거나 요리할 때 쓰는 건 줄 알았어요. 친척들이 그게 뭔지 알려줬는데, 거기 올라서야 하는지 앉아야 하는지 알 수가 있어야죠. 친척들은 우릴 데리고 가게에도 가줬어요. 거기 있는 캔이나 봉지 안에 먹을 게 들어 있는지 몰랐죠. 고기가 어떤 건지는 알 수 있었는데, 닭도 소도 돼지도 전부 작게 토막을 내서 비닐에 싸뒀더군요. 부엌에 있는 가스레인지는 요리할 때 쓰는 거라고 알려줬지만 터질까 봐 무서워 쓸 수가 있어야죠. 또 미국에선 못 먹는 음식은 그냥 버린다고 하데요. 라오스에선 그런 음식은 다 짐승한테 줬는데, 음식을 그렇게 낭비하는 게 참 이상했지요. 이 나라에는 이상한 게 많아요. 지금도 나는 모르는 게 많아서 우리 애들이 도와줘야 한다니까요. 참 이상한 나라 같아요."

17년이 지난 지금도 푸아와 나오 카오는 미국 가전제품은 사용하지만 여전히 몽족 말을 쓰고 몽족 명절을 지내고 몽족 신앙을 믿는다. 또 몽족 음식을 해 먹고, 몽족 노래를 부르고, 몽족 악기를 다루며, 몽족 전래 이야기를 하고, 미국보다 라오스와 태국의 정치 사정에 훨씬 밝다. 나와 처음 만난 건 그들이 미국에 온 지 8년째 되던 때였는데, 그때까지 집에 손님으로 초대되었던 성인 미국인은 지닌 힐트 한 명뿐이었다.

'동화'로 대표되는 미국의 과시적 이상을 더 유지하기는 어려울 듯했다. 그것은 공통의 국민 정체성을 위해 이민자들에게 본인들의 문화를 감출 것을 요구하기 때문이다. 미국의 건국 정신인 '여럿이 하나 된다.'가 뜻하는 바에 따르려고 말이다.

1910년대 말과 1920년대 초, 미시건주 디어본의 포드 자동차 공장에서는 이민 노동자들에게 무료이면서 의무적인 미국화 수업을 했다. 영어 외에도 작업 방식이나 개인위생, 식사 예절에 대한 강의를 했다. 이민 노동자들이 제일 먼저 배운 문장은 '나는 훌륭한 미국인입니다.'였다.

졸업식 때 그들은 거대한 나무 솥 앞에 모였고 강사들은 길이가 3미터인 국자로 젓는 시늉을 했다. 학생들은 각각의 전통 의상을 입고 자기네 말로 노래를 부르며 한쪽 문을 통해 솥으로 들어갔다. 그리고 몇 분 뒤 반대쪽에서 나올 때는 모두 양복과 넥타이 차림으로 미국 국기를 흔들고 미국 국가를 불렀다.

포드 자동차 회사의 '도가니(melting pot)'에서 나온 유럽 이민자들이 미국에 온 것은 미국의 주류 사회에 동화되기를 바랐기 때문이다. 하지만 몽족이 미국에 온 것은 19세기 중국을 떠난 것과 같은 이유에서였다. 즉 동화에 '저항'하고자 했기 때문이었다. 프랑스 인류학자 자크 르모안이 본 바와 같이 "그들이 우리가 사는 여러 나라로 온 것은 목숨을 부지하기 위한 것만이 아니었다. 그보다는 그들 자신을 구하기 위해, 즉 몽족의 민족성을 구하기 위해서"였던 것이다. 라오스에서 몽족의 정체성을 안전하게 지킬 수 있었다면 조상들이 끝까지 중국에서 버티려고 했던 것처럼 그들 역시 라오스에 남아 있으려고 했을 것이다. 그들에게 이주는 언제나 문제 해결의 방편이었지 매이기를 싫어하는 충동에 따른 것이 아니었다.

미국 국가를 열심히, 또는 적어도 불만 없이 큰 소리로 부르던 포드 노동자들과는 달리(푸아와 나오 카오는 가사를 단 한 단어도 알지 못했다.) 몽족

(Hmong) 도가니

은 사회학자들이 말하는 '비자발적 이주민'이었다. 비자발적 이주민은 어떤 도가니에 던져지건 잘 섞이지 않는 경향이 있다는 것은 잘 알려진 사실이다.

몽족이 미국에 바란 것은 몽족으로 남아 있도록 내버려두는 것이었다. 몽족만 사는 소수민족 거주지에 모여 살면서 정부의 간섭을 받지 않고 농사를 지어 자급자족하는 것이었다. 그래서 어떤 이들은 괭이를 챙겨왔다. 방 파오 장군은 이렇게 말한 적이 있다.

> 여러 해 동안, 아니, 애초부터 나는 미국 정부에 우리에겐 라오스에서처럼 채소를 기르고 집을 지을 수 있는 작은 땅이 필요하다고 말했습니다. [……] 큰 땅일 필요도 없고 살 수 있는 작은 땅이면 된다고 말입니다.

하지만 그런 제안은 제대로 검토된 바가 전혀 없었다. 국무부 난민 지원 부서의 대변인은 말했다.

"한마디로 불가능한 일이었어요. 비용도 너무 많이 들고 효과도 없을 테니까요. 하지만 무엇보다 자기 땅 없는 [다른 미국인들과] 다른 난민들이 엄청난 항의를 하지 않겠습니까."

방 파오의 제안을 받아들였을 때 들 가상의 비용과 지난 20년간 연방과 주의 여러 정부가 복지에 의존하는 몽족에게 지급한 실제 비용을 비교해보면 흥미로울 것이다.◆

◆ 방 파오의 계획이 실현된 유일한 곳은 남미 북부 해안에 있는 프랑스령 기아나다. 1977년 프랑

이전에 막 도착한 이민자들이 FOB(Fresh Off the Boat, 배에서 막 내린 사람)라 불린 것처럼 일부 사회복지사들은 베트남전쟁 이후 미국에 온 다른 동남아 난민들과 더불어 몽족을 JOJ(Just Off the Jet, 비행기에서 막 내린 사람)란 별칭으로 불렀다. 처음 온 베트남과 캄보디아의 난민 대부분이 여러 달 동안 지역의 수용 시설인 리셉션 센터에서 직업훈련과 언어교육을 받은 것과 달리, 그런 센터들이 문을 닫은 뒤에 온 몽족 난민들은 전부 곧장 새로운 집으로 보내졌다. 나중에는 미국으로 오는 비행기를 타기 전에 태국에서 문화 오리엔테이션을 받기도 했다. 이 강의의 내용은 주로 1달러 지폐와 10달러 지폐를 구분하는 법이나 현관문 구멍 들여다보는 법 같은 것들이었다.

재정착민에 대한 물자 공급의 세부 이행은 연방정부와 계약을 맺은 민간 비영리 기구들이 맡았다. VOLAG(Voluntary Agency)라고 하는 이 자원 단체들은 지역 후원자들의 도움을 받아 운영되었다. 미국에 처음 온 난민들은 처음 몇 주 동안 VOLAG 직원과 이민국 직원, 보건소 직원, 사회복지사, 고용지원센터 직원, 생활보호 담당 직원을 만나야 했다.

스 정부는 태국 난민캠프에 있던 몽족 500명에게 콩트강 인근의 정글에 와서 살 수 있도록 해주었다. 그리고 나중에 그곳 북서부와 동부에 거주지 두 곳이 더 세워졌다. 초기 이주민들을 따라온 프랑스 선교사들이 있었는데, 그중 한 명이 1948년부터 라오스에서 몽족과 함께 지내왔으며 가장 널리 쓰이는 몽어 표기법을 만든 이브 베르트레 신부였다. 이주민들은 땅을 개간하고 라오스식으로 집을 지어 2년 만에 경제적으로 자급자족하게 되었다. 최초 정착민 중 일부는 프랑스로 떠났지만 세 군데 정착지의 인구는 합쳐서 1400명이고 프랑스령 기아나에서 판매되는 모든 채소의 70퍼센트 이상을 생산하며 여전히 번창하고 있다. 베르트레 신부가 고문으로 있는 정착지는 몽어로 된 책을 내 국제적으로 유명한 곳이 되었다.

몽족은 관료를 별로 존경하지 않는 것으로 알려져 있다. 몽족 속담에 '호랑이를 만나면 죽는 법이고, 관료를 만나면 털리는 법이다.'란 말이 있을 정도다. 인도차이나계 난민들의 적응 문제를 다룬 한 연구에서 몽족 응답자들은 '전쟁의 기억'이나 '가족과의 이별'보다 '미국 기관과의 갈등'을 더 심각한 문제로 꼽았다. 또한 VOLAG 중에는 종교 단체와 관련된 곳이 많아 몽족 난민들은 개신교 목사들과 접할 경우가 많았는데, 목사들은 당연히 무속적 정령신앙을 좋게 보지 않았다. 난민을 지원하는 미네소타의 한 목사는 어느 지역 신문과의 인터뷰에서 다음과 같이 말했다.

"그들을 여기로 데려와서 먹이고 입히기만 하고 지옥에 가도록 내버려두는 건 죄악입니다. 우리를 만드신 하나님은 그들이 개종하길 바라십니다. 교회가 그들에게 주님을 증거하는 말을 해서는 안 된다고 생각하는 이가 있다면 제정신이 아닌 사람일 것입니다."

개종 작업은 당장 부작용을 일으켰다. 몽족의 정신건강 문제를 다룬 한 연구에 따르면 이 목사가 소속된 종교 단체의 지원을 받은 난민들은 다른 난민들에 비해 정신과 치료를 받아야 하는 경우가 훨씬 많았다.

몽족은 산에서 생활해왔고 대부분이 눈을 한 번도 보지 못했다. 그런데 미국 내 몽족의 정착지는 전부 지형이 납작하고 몹시 추운 곳들이었다. 그들은 미니애폴리스, 시카고, 밀워키, 디트로이트, 하트퍼드, 프로비던스 같은 도시로 보내졌다. 그곳에 난민을 위한 (보건, 언어교육, 직업훈련, 공공주택 등의) 복지 서비스가 집중되어 있었기 때문이다. 난민들의 빠른 동화를 위해, 또 한 지역사회에 '공정한 몫' 이상의 부담을 지우지 않기 위해 이민국은 집중보다 분산의 정책을 택했다. 그리하여 막 도착한 몽족은 스물다섯 개 주의 쉰세 개 도시로 나뉘어 배치되었다. 이민국은 그들을 관리하기 좋게 조금씩 도가니 속에 넣고 휘저었던 것이다. 아니면 로드아일랜드주 난민 재정착 사무국에서 몽족을 담당했던 존 핑크의 말처럼 "미국 전역에 버터 바르듯 얇게 펴발라 사라지게 하려고 했던 것"이다. 어느 지역에서는 한 집안사람들이 나뉘어졌다. 어느 지역에는 딱 한 집안만 정착시켰다. 그래서 같은 성씨끼리 결혼할 수 없는 금기 때문에 젊은 사람들이 지역 내에서 배우자를 구하는 게 불가능해지기도 했다. 2000년 이상 몽족 사회 조직의 토대였던 집단적인 연대가 철저히 무시되었다.

대부분의 몽족은 도시에 정착했지만 일부 가족은 일가친척들과 단절된 채 외딴 시골에 배치되기도 했다. 전통적인 도움을 받을 수 없는 이런 가족들은 대개 상당히 불안해하고 우울해했으며 편집증적인 경향을 보였다. 한번은 양 씨 집안의 한 가장(아이오와주 페어필드에서 제일침례교회의 지원을 받는 유일한 몽족 가정이었다.)이 너무 심란한 나머지 자기 집 지하실에서 아내와 네 자녀를 데리고 목을 맸다. 마지막 순간에 그의 아내가 마음을 바꿔 가족들의 줄을 끊었으나 하나뿐인 아들까지 구하기엔 너무 늦은 뒤였다. 아이오와주 대배심은 두 부모를 기소하지 않았다. 남편은 외상 후 스트레스 장애를 앓고 있었고, 아내는 남편 말고 모든 정보로부터 차단되어 독자적인 현실 인식을 할 수 없었다는 이유에서였다.

태국에서 미국 측 난민 문제 조정관으로 있었던 라이오넬 로젠블랫은 몽족에 대한 초기 재정착 행정에 치명적인 오류가 있었다는 점을 여러 해 뒤에 인정했다.

"우리는 애초부터 그들의 상황이 다르다는 걸 알면서도 특별한 조치를 하지 못했어요. 저는 지금도 그들을 데려온 건 실수가 아니라고 생각해요. 그저 돌이켜보면서 '아, 어쩌면 일 처리를 그렇게 엉성하게 했을까.' 하는 생각이 드는 거지요."

레이건 정부의 난민 관련 무임소대사를 지낸 유진 더글러스는 냉정하게 이렇게 말했다.

"그들은 지옥 같은 곳에 착륙한 셈이죠. 정말 그보다 더 열악할 수 없었을 거예요."

물론 미국으로 망명한 사람들이 전부 같은 처지였던 건 아니다. 제일 먼저 입국했던, 주로 고위 군장교이던 소수는 여러 외국어를 구사하는 지식인이었다. 또 일부는 전쟁 당시나 태국 난민캠프 시절 미국의 문화와 기술에 어느 정도 노출된 바 있었다. 하지만 그 외의 수많은 몽족은 리 부부와 마찬가지였다. 미국 생활에 적응한다는 것이 얼마나 엄청난 문제였는지는 난민 기구들이 동남아 난민을 위해 제작한 팸플릿이나 오디오 테이프, 비디오를 얼핏만 봐도 알 수 있다. 이를테면 수도 워싱턴에 있는 언어 및 오리엔테이션 자료 센터에서 제작한 핸드북 「당신의 미국에서의 새로운 삶」을 보면 다음과 같은 조언이 있다.

- 길을 건널 때는 '가시오'와 '가지 마시오'를 구분합시다.
- 편지를 보낼 때는 우표를 사용해야 합니다.
- 전화를 걸려면 다음과 같이 합니다.
    1. 수화기를 듭니다.
    2. 발신음이 들리는지 확인합니다.

3. 숫자를 하나씩 따로 누릅니다.

4. 신호가 가면 누가 대답할 때까지 기다립니다.

5. 통화를 합니다.

- 냉장고 문을 열었으면 꼭 닫아야 합니다.
- 음식 쓰레기 분해기에 손을 넣지 맙시다.
- 변기 위에 서거나 올라타지 맙시다. 깨질 수 있습니다.
- 욕조나 싱크대에 돌처럼 딱딱한 것을 넣지 맙시다.
- 이웃의 꽃이나 과일이나 채소는 따기 전에 먼저 물어봅시다.
- 추운 곳에서는 신발, 양말, 알맞은 겉옷을 착용해야 합니다. 아니면 병들 수 있습니다.
- 공공장소나 공공건물에서 코를 풀 때에는 반드시 손수건이나 화장지를 사용합시다.
- 길에서 소변보지 맙시다. 미국인들이 싫어하는 냄새가 나게 됩니다. 미국인들은 그 때문에 병이 돌 수 있다고 생각합니다.
- 공공장소에서 침을 뱉는 것은 무례하고 불결한 행동으로 보입니다. 화장지나 손수건을 이용합시다.
- 공공장소에서 코나 귀를 후비면 미국인들의 눈총을 받게 됩니다.

따라야 할 너무 이상한 관습, 너무 많은 규칙과 규정, 그리고 너무 어려운 언어와 생소한 상징들을 읽고 해독해야만 한다는 중압감에 몽족은 완전히 압도당하고 말았다. 조나스 방아이는 이렇게 말했다.

"미국에서 우리는 눈이 있어도 못 보는 소경이에요. 귀가 있어도 못

듣는 귀머거리고요."

처음 온 사람들은 잠옷 차림으로 밖에 나다니고, 전기난로를 끄려고 물을 붓고, 거실에 숯불을 피우고, 냉장고에 담요를 넣고, 변기에다 쌀을 씻었다. 또 풀장에서 옷을 빨고, 욕실 세제로 머리를 감고, 자동차 오일이나 가구 광택제로 요리를 하고, 주방 세제를 마셨다. 그들은 고양이 먹이를 먹고, 공원에 작물을 심고, 스컹크나 고슴도치나 딱따구리, 울새나 백로, 참새나 대머리독수리를 잡아먹고, 필라델피아 대로에서 석궁으로 비둘기 사냥을 했다.

미국이 몽족에게 이해할 수 없는 곳이라면, 몽족 역시 미국인들에게 이해할 수 없는 대상이었다. 언론은 '미국에서 가장 원시적인 난민 집단'이라는 딱지에 열광했고 지금도 자랑스레 그런 딱지를 꺼내 들곤 한다. (어느 몽족 컴퓨터 전문가는 1990년의 한 기사에서 이런 표현을 사용한 《뉴욕 타임스》에 보낸 항의 편지에 "분명코 우리는 라오스에서 미군 대신 싸웠던 만큼, 그렇게 원시적이진 않았다."라고 썼다.) 1970년대 말과 1980년대 초 신문이나 잡지 기사에서 흔히 써먹은 표현으로는 '미친한 산악부족', '석기시대', '시간의 안개를 뚫고 나온', '토끼굴에 빠진 앨리스처럼' 같은 것들이 있다. 사실이 확인되지 않은 보도는 끊일 줄 몰랐다. 1981년 《크리스천 사이언스 모니터》의 한 기사는 몽족의 언어가 "지극히 단순"하고 여러 세기 동안 파 응도에 자연적인 무늬를 수놓아온 몽족이 "나무 사진과 실제 나무를 연결짓지 못하"며 "몽족에겐 구전 문학의 전통과 민간설화가 없는 듯하다."라고 보도했다.

일부 언론은 몽족을 다룰 때 모든 제한을 벗어던진 나머지 최소한의 분별력조차 놓아버린 듯했다. 다음은 다수의 몽족 남성들이 자다가 악몽 때문에 갑자기 사망하는 현상을 다룬 1981년《뉴욕 타임스》사설의 일부다.◆ 이 사설의 필자는, 몽족은 "자연이 내면세계를 지배한다고 믿는다."라고 설명하며 다음과 같이 묻는다.

> 이들의 악몽은 무엇인가? 야자수 잎이 무시무시한 손가락으로 변한 것인가? 숲이 무자비한 파도가 되어 밀려든 것인가? 장미꽃이 줄기를 뻗어 자는 사람의 목을 조른 것인가? 아니면 주유소 호스가 거대한 뱀이 되어 눌러버린 것인가? 걸어 다니는 우체통이 꿈꾸는 사람을 찍어 누른 것인가? 아니면 미쳐 날뛰는 가위가 찔러버린 것인가?

'아니면 사설 필자가 약에 취한 것인가?' 나는 이 글을 읽고 나서 신문 한 귀퉁이에 그렇게 써두었다.

언론이 몽족과 아메리카 원주민을 어떻게 다루었는지에 대한 연구 과정을 지도한 미네소타대학교의 언어 인류학자 티머시 더니건은 이런 말을 했다.

"우리가 몽족을 묘사할 때 쓰는 비유적인 표현은 몽족에 대해서보다 우리 자신에 대해, 그리고 우리의 가치관에 우리가 얼마나 집착하느냐에

◆ 1980년대 초까지 미국 내 젊은 몽족 남성들의 주요 사망 원인은 돌연사 증후군이었는데, 흔히 악몽을 꾸는 도중이나 직후의 심장마비로 인한 것이었다. 심장마비의 직접적인 원인이 무엇이었는지는 여러 해 동안 칼륨 부족이니, 티아민 부족이니, 수면시 무호흡 증후군이니, 우울증이니, 문화 충격이니, 생존자의 죄책감이니 하는 설들이 있긴 했지만 아직 밝혀지지 않았다. 많은 몽족은 이 죽음이 잘 때 가슴에 올라타 숨을 못 쉬게 만드는 '다' 때문인 것으로 생각했다.

대해 훨씬 더 많은 것을 말해주고 있습니다."

걸어 다니는 우체통이 어쩌니 저쩌니 할 것이 아니라는 얘기다. 더니건의 발언은 서구인들이 '타자(몽족보다 더 '타자'인 대상이 또 있을까?)'와 마주칠 때 느끼는 불안에 대해 드와이트 캉커굿이 언급한 것과 비슷하다.

그들은 변기 위에 쪼그려 앉고 스컹크를 잡아먹고 징을 울리고 소를 잡아 바칠 뿐만 아니라 주류 문화의 관습을 받아들일 때 배타적이라 할 만큼 선별적인 태도를 보여 많은 사람에게 충격을 주었다. 이를테면 많은 몽족은 전화기를 쓰고 자동차를 모는 법은 빠르게 습득했다. 그것은 몽족끼리 교류가 활발해야 한다는 대의에 어긋나지 않는 기술이었기 때문이다. 반면 영어를 배우는 데는 소홀했다. 1987년, 상원 이민 및 난민 문제 소위원회의 앨런 심슨은 몽족을 "우리 사회에서 가장 소화하기 힘든 집단"이라 불렀다. 그것은 오래전 몽족이 중국 말도 젓가락도 쓰지 않는다고 심히 모욕감을 느낀 중국 지배층의 태도와 별다를 바 없었다.

몽족이 정말 불가사의한 존재임을 부인할 수는 없을 것이다. (예컨대 같은 시기에 미국으로 밀려들어 오던 베트남인과 캄보디아인에 비해 훨씬 더 그렇다는 것이다.) '몽(Hmong)'이란 말을 제대로 발음하는 사람은 거의 없었다. 전쟁에서 몽족이 어떤 역할을 했는지, 심지어 그게 어떤 전쟁이었는지 아는 사람도 거의 없었다. (아는 사람은 '부계와 족외혼의 풍습을 따르는 씨족 사회'에 대한 논문을 쓰는 인류학과 대학원생뿐이었다.) 미국 정부가 '조용한 전쟁'을 입단속 하는 작업을 완벽하게 했던 것이다. 몽족에게 화려한 역사와 복잡한 문화, 효율적인 사회 시스템, 부러워할 만한 가족관이 있다는 사실을 아는 사람도 거의 없었다. 때문에 몽족은 미국인들의 외국인 혐오증이라는 망상을 투사하기 딱 좋은 빈 스크린이었다.

가장 편리한 투사법은 뜬소문이었고, 몽족은 언제나 부당한 소문의 주인공이 되었다. 이는 충분히 예상할만한 일이었다. 중국에서부터 몽족은 겨드랑이에 날개가 있고 작은 꼬리가 달린 존재였던 것이다. 미국 내에 넓게 퍼진 몽족에 대한 소문은 과거 태국의 난민캠프에 돌던 미국에 대한 소문 못지않게 짓궂었다. 예를 들면 이런 식이었다. '몽족은 백인 노예무역을 한다. 몽족은 정부로부터 자동차를 지급받는다. 몽족은 보험금을 타려고 자식을 차로 들이받는다. 몽족은 딸을 팔고 부인을 산다. 몽족 여자들은 과속방지턱이 빨래판인 줄 알아서 대형 트레일러에 곧잘 들이받힌다. 몽족은 개를 잡아먹는다.'◆

이 소문은 인종차별적 농담과 짝을 이룬다. (몽족 요리책 이름이 뭐지? 당신의 개를 요리해 먹는 101가지 방법.) 개를 잡아먹는다는 소문은 전국적으로 끈질기게 사라지지 않아 도시에서 유행하는 괴담의 반열에 올랐다. 하수구에 사는 악어나 빅맥 햄버거에 든 벌레 수준인 것이다. 위스콘신대학

◆ 뜬소문이 대부분 그렇듯 이것들 역시 싹은 사실에서 텄다. 백인 노예무역 소문은 캘리포니아에서 베트남인들이 저지른 범죄에 대한 언론 보도에서 출발했는데, 그것 자체가 근거가 빈약하다. 정부의 자동차 지급 소문은 한 가정이 감당하기 힘든 자동차 등의 고가품을 여러 가족이 돈을 모아 사서 함께 쓰는 몽족의 관습에서 비롯된 것이다. 보험금 소문은 위스콘신의 14세 몽족 소년이 자동차 사고로 사망한 뒤 그 가족이 7만 8000달러를 받은 일에서 시작됐다. 딸을 판다는 소문은 신부값을 지불하는 몽족 전통에서 비롯된 것으로, 이제는 그런 오해를 불러일으키지 않도록 '양육비'라는 표현을 쓰기도 한다. 과속방지턱 소문은, 치명적이지는 않지만 몽족이 집안일을 하다가 실제로 저지른 수많은 실수에서 비롯된 것이다. 개를 잡아먹는다는 소문은 앞에서 언급한 것처럼 짐승을 잡아 바치는 몽족의 관습에서 비롯되었고, 현재도 머세드에 퍼져 있다.

교 인류학과 석좌교수인 로저 미첼은 소문의 다양한 변종들을 채집했다.

> [소문에 따르면 개를] 입수하는 방법은 다양하다. 몽족 아이들이 집으로 유인하는 방법이 있는가 하면, 동물 보호소에서 (보호소 담당자가 특정 가정의 입양 비율이 너무 높다는 사실을 눈치 채기 전까지) 데려오는 방법도 있다. 떠돌이 개를 이용하기도 한다. 가장 흔한 방법은 훔치는 것이다. 개가 뒤뜰에서 머리와 목걸이만 남긴 채 사라지는 경우가 종종 있다고들 말한다. [……] 대개 비싼 개이고 주인의 직업이 의사인 경우가 많으며 절도 현장을 목격한 사람이 자동차 번호를 적어서 경찰이 수사를 해보면 개는 이미 몽족 가정의 솥에 들어가 있다고 한다.
>
> 증거로 추정되는 것들 역시 다양하다. 도시 전설의 터줏대감인 청소부가 몽족의 쓰레기통에서 개의 유해를 발견했다는 게 대표적이다. 검침원이나 영업원 같은 사람들이 지하실에 매달려 있는 사체를 봤다고 하기도 한다. 아이들은 몽족 아이의 샌드위치에 개고기가 들어 있다고 말한다. 몽족의 냉동고에는 얼린 개고기가 꽉 차 있다는 말들도 한다. 그리고 맛을 좋게 하려고 산 채로 개의 가죽을 벗긴다는 괴기스런 한마디도 덧붙여진다.

몽족을 달갑잖은 존재로 만들고 싶어 하는 사람들은 비방만 하는 게 아니었다. 미니애폴리스의 한 청소년센터 대표의 말에 따르면, 1980년대 중반 몽족 이웃들은 "포식자들이 가장 좋아하는 고기 부위"였다. 라오스에서 몽족은 문을 잠그고 살지 않았다. 문이 없는 경우도 적지 않았다. 도둑질과 공동체 내부의 폭력을 금기시하는 몽족의 문화는 몽족 대부분이 살고 있는 범죄율 높은 빈민가에서는 상당히 불리한 점으로 작용했다. 이 경우 그들에게 가해진 폭력은 인종과는 아무 상관이 없었다. 그저 쉬운 표적인 탓이었다. 하지만 상당수는, 특히 도시의 경우는 복지 혜택이 몽족에게만 집중되어 자신들이 손해 본다고 느낀 사람들의 반감이 폭력의 동기가 되기도 했다.◆

미니애폴리스에서는 타이어에 구멍을 내고 창문을 깨는 일들이 있었다. 어느 고교생은 버스에서 내리다 얼굴을 얻어맞고 "중국으로 돌아가."라는 소리를 들었다. 한 여성은 허벅지와 얼굴과 배를 걷어차이고 가족의 현금 재산 전부인 400달러가 든 지갑을 빼앗겼다. 그 뒤로 그녀는 아이들을 밖에 나가 놀지 못하게 했고, 비밀군에서 장병 쉰 명을 지휘했던 남편은 재산을 지키기 위해 집 밖으로 나가지 않았다.

프로비던스에서는 학교에서 돌아오던 아이들이 얻어맞는 일이 있었다. 미줄라에서는 10대 아이들이 돌팔매질을 당했다. 밀워키에서는 텃밭이 파헤쳐지고 자동차가 불탔다. 캘리포니아주 유레카에서는 집 앞뜰에 불타는 십자가 두 개가 박힌 일이 있었다. 일리노이주 스프링필드 인근에서 일어난 한 단순 폭력 사건에서는 세 명의 남자가 12세 소년을 차에 태워 55번 고속도로로 나가 돈을 요구하다 쏘아 죽이기도 했다. 소년의 아버지는 기

◆ 모든 저소득 난민과 마찬가지로 미국에 막 도착한 몽족은 자동으로 RCA(Refugee Cash Assistance, 난민현금보조) 대상자가 되었다. 이 제도에 따라 일부 주에서는 다른 복지 혜택을 받을 수 없는 몽족이 생활보조를 받을 수 있었다. 하지만 그렇다고 몽족 가정이 미국인 가정보다 보조를 더 많이 받은 건 아니었다. 어느 주든 RCA는 AFDC(Aid to Families with Dependent Children, 부양 자녀를 둔 가정에 대한 보조로 1996년 복지법이 개정되기 전까지 가장 흔한 생활보조 제도 중 하나)의 복지 혜택과 똑같은 수준이었다.

자에게 이렇게 말했다.

"전쟁 같으면 적이 누군지 알지요. 그런데 여기선 누가 갑자기 다가와서 해칠지 알 수가 있어야죠."

1980년대 초 필라델피아에서는 몽족에 대한 노상강도 행위와 절도, 구타, 돌팔매질, 파괴 행위가 워낙 흔해서 시의 인간관계위원회에서 폭력 사건을 조사하는 청문회를 열곤 했다. 불화의 원인 중 하나는 몽족에게 고용 지원 차원에서 10만 달러의 연방보조금이 지급되었다는 사실이었다. 이 때문에 지역 주민들이 격분했는데, 그들은 주로 실업자였고 그런 돈이 있으면 거주 외국인이 아니라 미국 시민에게 줘야 한다고 생각했던 것이다. 제일 안타까운 사건은 퀘벡에 사는 몽족 주민인 셍 방이란 사람이 어머니와 형제자매를 만나러 필라델피아에 왔다가 쇠파이프와 돌덩이에 얻어맞고 두 다리가 부러지고 뇌를 다친 채 길거리에 방치된 일이었다. 바로 그날 그의 어머니는 아파트에서 설거지를 하다 창문으로 날아든 총알에 맞을 뻔했다. 방은 펜실베이니아 대학 병원에서 치료를 받다 감염된 피를 수혈받았다. 그는 희귀 간염으로 몇 달을 심하게 앓고 지독한 불안에 시달리며 의사들도 자신을 죽이려 한다는 확신을 갖게 되었다.

이런 사건들에서 공통적으로 두드러지는 사실이 하나 있다. 그것은 몽족이 맞서 싸우지 않았다는 점이었다. 나는 찰스 존슨이 쓴 『다 넹 몽』의 색인을 뒤적이며 그 점에 대해 곰곰이 생각해보다가 다음과 같은 부분을 발견했다.

싸움 　　　적과의 싸움…29~46, 52~58, 198, 227, 470~471

복수	살해당한 사람이 환생하여 복수하다…308~309
	혀 아홉 달린 잔인한 독수리의 혀가 잘리다…330
	남편을 추방한 왕을 삶아버린 응아오 응주아…362
	딸과 남편과 아이들을 살해한 호랑이를 죽인 가족…403
	아내를 죽인 살쾡이를 고문하다 죽인 수탉…433, 436~437
	남편을 노예로 만든 중국인 부부를 벌주고 노예로 만든 여자…456~457
	잔인한 폭군을 암살한 야이 렝…470~471
보복	악한을 번갯불로 벌주다…11, 20
	아내를 죽인 살쾡이를 고문하여 죽이다…436~437

마지막 민담을 인용하면 이렇다.

수탉은 잽싸게 내려와 살쾡이를 붙들고 절구에 던져넣고는 묵직한 공이로 내려찧기 시작했다. "다 두 응두(Da Duh Ndub)! 다 두 응두!" 그는 살쾡이의 뼈가 전부 으스러질 때까지 찧었다. 그리하여 살쾡이는 죽었다.

흔히 갖고 있는 고정관념처럼 몽족을 온순하고 수동적이며 고분고분한 아시아인으로 볼 수는 없을 것 같다. 그렇다면 왜 몽족을 괴롭힌 미국인들이 저 살쾡이 꼴을 당하지 않았을까? 『다 넹 몽』에서 다른 이야기의 배경을 소개하는 부분을 보면 어느 정도 설명이 된다.

> 우리가 면담한 사람들을 보면 몽족이 되도록 싸우지 않는다는 걸 알 수 있다. 단 일단 싸우면 무섭게 싸운다. 라오스의 다른 민족은 서로 많이 싸우지만 싸움을 대수롭게 여기지 않아 나중에 다시 친해질 수 있다. 이와 대조적으로 몽족은 일단 싸우면 그것을 대단히 심각한 문제로 받아들여 잘 잊지 않기에 계속해서 적으로 남을 수 있다.
> [……] 몽족은 이상적일 정도로 인내심이 강하고 금욕적일 정도로 자제력이 강하다. 이런 면모는 참을성 없이 충동적으로 행동하려는 사람을 나무라거나 아이들에게 올바른 행동을 가르칠 때 흔히 쓰는 표현에서 잘 볼 수 있다. '와 샤 응데(Ua siab ntev)'라는 이 말은 직역하면 '간 길게 행동하라.'라는 뜻이니, 어려움이 있으면 길게 참고 버틸 마음을 먹으라는 뜻이다.

전쟁터에서 몽족은 '간이 긴 것'보다는 용맹하기로 이름났었다. 그러나 미국에서는 강한 자존심 때문에 자신이 당했다는 사실을 인정하거나 불량배에게 같은 방법으로 대응하는 것을 거부하는 경우가 많았다. 조지 M. 스콧 주니어라는 인류학자가 샌디에이고에 사는 몽족 중 재물 손괴나 폭행의 피해자인 사람들에게 왜 자신을 방어하거나 보복하지 않았느냐고 물어본 적이 있다.

> 피해자 중 다수는 나이가 많고 적고를 떠나서 그렇게 하면 다시 앙갚음을 당할 수도 있거니와 창피스럽기도 할 것이라고 대답했다. [……] 게다가 라오 패밀리[몽족 상호부조 단체]의 회장은 왜 동족들이 공격을 당해도 라오스에서처럼 '맞서 싸우지' 않느냐는 질문에 간단히 "여기선 우리한테 지킬

만한 게 없기 때문"이라고 대답했다.

물론 예외도 있었다. 이를테면 '퐁 응데 무아(poob ntsej muag, 체면 손상)'를 당할 위험이 있다고 생각되는 경우, 맞서 싸우지 않는다면 더 모욕적일 것이라 판단했던 것이다. 프레즈노의 몽족 몇 사람은 차를 소유하고 있다는 이유로 복지 혜택이 중단될 수 있다는 소문을 듣고 군 복지과에 살해 협박 편지("보조금을 뺏어가면 당신네 머리통을 날려버리겠소.")를 보냈다. 그들은 견본 삼아 총알 몇 개와 칼 사진 몇 장을 동봉했다.(이후 보조금은 중단되지 않았고 총알도 칼도 사용되지 않았다.) 시카고에서는 몽족 노인과 아들이 계속 시끄럽게 경적을 울려대는 미국인 운전자에게 모욕을 느낀 나머지 도난 방지용 핸들 고정쇠로 상대의 머리를 구타했다. 그 미국인은 열세 바늘을 꿰매야 했다. 가중 폭행 혐의로 법정에 불려 나온 칭 숑과 브라보 숑은 판사에게 양측 모두 증언을 한 다음에 수탉의 피를 섞은 물을 마실 수 있게 해달라고 요청했다. 몽족의 전통에 따르면 거짓말을 한 다음에 수탉의 피를 마시면 1년 안에 죽게 되어 있으므로 그러기를 자청하는 사람은 진실을 말하는 사람으로 받아들여졌다. 판사는 그 요청을 거절했다. 그리고 이들에게 징역 2주와 사회봉사 600시간 형을 언도했다. 또 영어와 미국 문화를 배우라는 명령도 내렸다.

하지만 그런 경우는 드물었다. 대부분의 몽족은 자신들의 전통과 너무 다른 미국의 형벌 제도를 두려워하며 거리를 두었다. 그들이 살던 라오스 마을에는 감옥이란 게 없었다. 몽족의 정의감은 실용적이면서 인간적인 것이었다. 달리 말해 잡아 가둔다고 해서 피해자한테 도움이 되겠는가 하는 것이었다. 신체적인 형벌도 없었다. 그 대신에 남들 보는 데서 창피를 주는 여러 가지 방법이 있었고 이는 체면 손상을 죽음보다 더한 것으로 받아들이는 사회에서 강력한 억제력을 가졌다. 예컨대 남의 은괴 네 개를 훔친 자는 피해자에게 다섯 개를 돌려주고 온 마을 사람들이 다 보는 곳에서 손이 묶인 채 촌장에게 끌려갔다. 그러면 피해자는 오히려 이익을 보고 범인은 마땅한 창피를 당하고 범인의 무고한 가족은 가장을 잃지 않아도 되었다. 또 도둑질할 마음이 있던 사람들은 범인의 불명예를 목격하고서 죄를 짓지 말아야겠다고 생각했다.

미국에 온 몽족은 이유가 무엇이건 다른 사람에게 해를 끼치면 감옥에 끌려간다고 들었기 때문에 대부분은 어떻게 해서라도 그런 재앙은 피하는 게 좋겠다고 마음먹게 된다. 치명적인 교통사고를 일으켜 과실치사 혐의로 고소된, 프레즈노에 사는 차오 왕 방은 재판이 시작되기도 전에 군구치소에서 목을 매 자살하고 말았다. 재판에서 변호할 권리가 있는 줄 모르고 여생을 감옥에 갇혀 있어야 하는 줄 알았던 것이다.

어찌됐든 이웃들에게 박해당한 몽족은 대안으로 예로부터 전해오는 방법을 택할 수 있었다. 그것은 내빼는 것이었다. (사악한 '다' 9형제가 죽이려 들자 셰 예가 방어를 위해 딱 한 번 반격한 후 달아나는 방법을 택했다는 사실을 기억할 필요가 있다.) 일례로 1982년부터 1984년까지 필라델피아 거주 몽족의 4분의 3이 살던 곳을 떠나 다른 도시의 친척들과 합류했다. 거의 같은 시기에 미국 내 몽족 전체의 3분의 1이 한 도시에서 다른 도시로 옮겨갔다. 몽족은 그들을 돕던 사람들에게도 알리지 않고 급히 떠나는 바람에 사람들을 서운하게 만들기도 했다. 텔레비전 같은 물건이 승용차나 버스나 이삿짐

트럭에 들어가지 않을 경우, 그들은 별 미련 없이 그냥 두고 갔다. 한 가정만 떠나는 경우도 있었으나 대개는 대대적으로 무리를 지어 떠났다. 오리건주 포틀랜드에서는 짐을 가득 실은 몽족의 차들이 긴 행렬을 이루어 5번 고속도로를 타고 캘리포니아 센트럴밸리 지역으로 향했다. 사회학자들이 '2차 이주'라 이름 붙인 대이동으로, 몽족을 도가니 속에 고루 휘저어 넣으려던 정부의 시도는 확실하게 좌절되었다.

폭력이 대부분 지역에서 이주를 유발했으나 다른 요인도 있었다. 1982년, 미국에 온 지 18개월이 넘은 난민들에게 난민현금보조를 중지하자(그 이전에는 3년 동안 받을 수 있었다.) 일자리가 없는 많은 몽족은 부모가 다 있는 가정에도 생활보조금을 제공하는 다른 주로 이주했다. 그들이 본래 살던 주에서는 그들을 적극적으로 내보냈다. 오리건주 인적자원국에서는 예산이 부족해지자 복지 혜택을 받을 수 있는 다른 주들을 자세히 소개하는 편지를 난민들에게 보내기도 했다. 농사를 지을 수 있는 농업 지역이라는 말을 들은 수천 명의 몽족은 캘리포니아로 이주했다. 하지만 이주의 가장 중요한 이유는 같은 집안사람들과 합치기 위해서였다. 몽족은 가문들끼리는 반목하지만, 가문 내에서는 수천 명이 한 형제처럼 서로 도우며 지낸다. 몽족은 다른 친족의 편이 되려고 애쓰는 사람을 '퐈(puav, 박쥐)'라 부른다. 박쥐는 털이 길어서 새들한테 따돌림 당하고 날개가 있어 쥐들한테도 배척당한다. 몽족은 자기 친족 집단에 속해 있어야만, 소속이 없다는 수치심에 시달리며 이 무리 저 무리를 불안하게 오가지 않을 수 있었다.

몽족은 '산은 얼마든지 있다.'라는 존경스런 속담을 따랐던 것인지도 모른다. 하지만 옮겨가는 새로운 산마다 살만했던 것은 옛날 일이었다. 불행히도 몽족의 2차 정착지로 가장 인기가 좋았던 지역들은 모두 이미 실업률이 높은 상태였고, 이후에 더욱 높아졌다. 예를 들어 1976년만 해도 몽족이 없다가 7년 뒤에는 2만 명으로 늘어난 센트럴밸리 지역은 1982년 불황으로 수십 채의 공장과 사업체가 문을 닫아 실업률이 치솟았다. 때문에 단순 노동 일자리를 놓고 실직한 미국인과 몽족이 경쟁해야 하는 상황이 벌어졌다. 또한 농사짓기를 기대한 수백 명의 꿈도 깨져버렸다. 몽족 농민은 화전 일구는 법, 파종기로 벼 심는 법, 양귀비 열매의 수액 받는 법을 잘 알았지만 새로 배워야 할 게 워낙 많았던 것이다. 다음은 별로 성공을 거두지 못한 몽족 훈련 프로그램의 강의 계획 일부이다.

> 작물 종류, 토양 만들기, 기계 및 장비, 파종 시기와 이어짓기, 종자와 옮겨심기, 비료, 병충해와 잡초 관리, 질병 관리, 관개, 토양 침식 관리, 기록 관리, 수확, 세척 및 취급, 등급 및 크기 선별, 포장, 보관, 시장 선택, 상품 관리, 가격 정책, 배송 및 수령, 광고, 판촉, 소비자를 대하는 유·무언의 소통 기술 등.

1985년에는 머세드, 프레즈노, 샌호아킨 군의 몽족 인구 가운데 적어도 80퍼센트가 복지의 대상이 되었다.

하지만 그렇다고 이주 물결이 끊어지는 게 아니었다. 가문끼리의 재결합은 확산되는 경향을 보였다. 같은 지역에 같은 성씨가 많으면 서로 더 많이 도움을 주고, 더 많은 문화 전통을 함께 행하고, 공동체가 더 안정되었다. 하지만 미국인들은 2차 이주를 불안정과 의존의 증거로 보았다. 드와이트 캉커굿은 미국인의 억센 개인주의라는 이상과 몽족의 무리 내 상호의존이라는 이상의 간극을 다음과 같이 설명했다.

> 우리의 분리주의적이고 개인주의적인 윤리는 수많은 방법으로 선전되고 있다. 이를테면 식사 때 개인에게 한 벌의 식기를 주는 것, 아이들한테도 자기만의 공간이 중요하다고 인식시키는 것, "자기 식대로 하라."라는 광고 노래가 모두 그렇다. 반면에 몽족의 문화는 교향곡이 연주되는 것과도 같다. 각자가 나누어진 부분을 돌이키고, 떠올리고, 되살리고, 재결합시키는 주제를 연주하여 하나의 총체적 동일성을 이루는 것이다.

몽족의 속담 중에 이런 게 있다. '작대기 하나로는 한 끼니도, 울타리도 만들 수 없다.' 밥을 짓거나 울타리를 만들 필요가 있을 때 작대기는 서로 모여 뭉치는 수밖에 없다.

몽족이 자기들 편의대로 거처를 옮겨 이주한 지역의 경제적 부담이 되는 것을 본 연방 난민 재정착 사무국은 이주의 물결을 완화하려고 했다. 1983년 캘리포니아 바깥 몽족 지역사회의 취업과 안정을 위해 300만 달러 규모의 '고지대 출신 라오스인 계획'이 기획됐다. 직업훈련과 영어 교육 등 이주를 막는 유인책들을 제공하여 일부 지역에서 소기의 성과를 거두긴 했으나 캘리포니아로의 이주를 근원적으로 막을 수는 없었다. 이 무렵 미국에 막 도착한 대부분의 몽족 난민은 자발적인 비영리 기구보다는 미국에 있는 친척들의 도움을 받고 있었기에 정부는 더 이상 그들의 분포를 지역적으로 통제할 수 없었다. 때문에 인구 유입은 미국 내 다른 지역뿐만 아니라 태국으로부터도 (증가율이 전보다 낮기는 하지만) 꾸준히 이어지고 있었다. 난민 재정착 사무국에서는 복지 혜택이 많은 주로 몽족이 이주하는 것을 막고 이미 그런 주에 살고 있는 몽족을 그곳에서 떠나게 하는 방법을 쓰기 시작했다.

1994년 폐지된 '2차 재정착 프로그램'은 이사비와 구직 비용, 한두 달치 집세 및 식비 명목으로 한 가정당 평균 7000달러를 지원해 약 800가구의 몽족 실업자 가정을 재배치했다. 그들은 이른바 '혼잡 지역'에서 '고용 기회가 양호한 곳'으로 (즉 임금이 적어서 지역의 미국인 노동자만으론 다 충당할 수 없는 육체노동 중심의 미숙련 일자리가 있는 곳으로) 옮겨가게 되었다. 이들은 적은 임금을 받으면서도 살림을 잘 꾸려나가 그중 95퍼센트가 자립하였다. 그들은 댈러스의 제조업 공장, 애틀랜타의 전자제품 조립 라인, 노스캐롤라이나주 모건턴의 가구 공장과 직물 공장 등에서 일했다. 그들 중 4분의 1 이상은 자기 집을 살 만큼 저축했다. 펜실베이니아 랭커스터군에 사는 몽족 가정의 경우엔 그보다 많은 4분의 3이 집을 살 수 있을 만큼 저축했다. 그곳의 남자들은 농사를 짓거나 식품 가공 공장에서 일하고, 여자들은 아미시 사람들의 작업을 도와 아미시 퀼트 생산품이 진정한 토산품으로 명성을 얻는 데 기여했다. 다른 곳의 몽족은 식료품점, 목수, 가금류 가공, 기계 조작, 용접, 자동차 수리, 기계 및 금형 제작, 교사, 간호, 통역, 지역사회의 연락 창구 일 등을 했다. 미네소타의 고용주들을 대상으로 한 설문 조사에서 '몽족 노동자들을 어떻게 생각하나요?'라는 질문에 응답자의 86퍼센트는 '매우 만족'이라 답했다.

이는 몽족이 조립 라인 작업이나 성과급이 주어지는 일을 하는 조직에서 특히 그렇다. [······] 전반적으로 고용주들은 몽족의 생산성에 놀란다. 처음엔 영어 실력 때문에 일을 배우는 데 시간이 꽤 걸리지만 일단 배우고 나면 평균적인 미국인 노동자보다 일을 더 잘하는 것으로 알려져 있다.

젊은 몽족 중에는 변호사나 의사, 치과의사, 엔지니어, 컴퓨터 프로그래머, 회계사, 공무원이 되는 이들도 있다. 몽족의 자활 능력 향상을 위한 단체인 전미몽족발전협회에서는 이런 소수의 전문직 종사자들에게 다른 몽족 동포들이 그들을 본받을 수 있게 조언자나 후원자가 되어줄 것을 권장하고 있다. 상부상조의 문화 전통은 뛰어난 적응력으로 환경에 걸맞게 변화했다. 많은 몽족 학생은 인터넷 릴레이 채팅의 '몽 채널'을 통해 컴퓨터로 정보와 잡담을 주고받는다. (주로 전통 관습에 대한 의견, 대학 입학에 대한 조언, 개인 이야기 같은 내용이며 리아의 언니인 트루도 매일 학교에서 두 시간씩 컴퓨터 앞에 웅크리고 있어 부모를 당황하게 만들었다.) 인터넷에는 몽족 홈페이지도 있으며(www.hmongnet.org), 몽 포럼(HmongForums), 몽어 사용자 집단(Hmong Language Users Group) 같은 몽족 토론 사이트와 전자 메일링 리스트들이 생겨나고 있다.◆

몽족 의사와 변호사와 컴퓨터 전문가들은 적지만 꾸준히 증가하고

◆ 몽 채널은 거의 대부분 몽어 사용자들만 사용하지만 몽족 홈페이지와 전자 메일링 리스트는 미국인도 꽤 이용한다. 주로 몽족 지역사회의 선교를 맡은 모르몬교 선교사와 몽족 문화에 학문적으로나 직업적으로 관심 있는 미국인들이다.

있다. 미국에서 교육받은, 젊고 영어를 하는 몽족은 연장자들에 비해 취업이 양호하긴 하지만 여전히 대부분의 다른 아시아계 미국인에 비해 뒤처져 있다. 35세 이상의 몽족 노동자의 경우, 다수가 하급직을 벗어나지 못한다. 영어 실력이 필요한 직업은 얻을 수 없고, 현재의 자리에서는 영어를 배울 수가 없기 때문이다.

연방정부에서 실시한 '몽족 재정착 조사'를 보면 댈러스의 한 몽족 노동자는 같은 일을 3년 동안 했지만 자신이 다루는 기계의 이름을 알지 못했다. 그는 생활비는 늘어가는데 승진이나 임금 상승은 전혀 기대할 수 없다고 말했다. 그런가 하면 개인의 성장보다는 사람들끼리의 집단적인 연대를 중시하다가 좌절하는 이들도 있었다. 샌디에이고의 한 전자회사 공장 관리자는 조립 라인에서 일하는 몽족 직원이 흡족하게 일을 하자 그를 감독으로 승진시키려 했다. 그러자 그는 차마 몽족 동료들보다 높은 자리에 앉을 수는 없다며 회사를 그만둬 버렸다.

실업률이 높은 지역에 사는 많은 몽족에겐 승진 문제는 일단 논외인 경우가 많다. 그들에겐 아예 일자리가 없다. 그래서 몽족은 미국에서 '가장 성공을 못한 난민'이라는 말을 듣곤 한다. 그런데 몽족을 실패자로 보는 미국인이 성공을 가늠하는 잣대가 대부분 경제적인 것임에 주목할 필요가 있다. 사회적인 지표들(이를테면 범죄율이나 아동 학대, 혼외 출생, 이혼 등)을 적용해보면 아마 몽족은 다른 난민 집단보다 (그리고 대부분의 미국인보다) 높은 점수를 받을 테지만 이런 것들은 미국에서 우선시하는 성공 지표가 아니다. 그보다 실패의 지표인 생활보호대상자 명부에 주목했다.

우연찮게 복지 혜택이 상대적으로 후하고 수급 요건도 상대적으로 느슨한 캘리포니아, 미네소타, 위스콘신 같은 지역에서 몽족 생활보호대상자의 비율은 45, 40, 35퍼센트다.(5년 전에 65, 70, 60퍼센트였다가 나아진 것이다.) 라오스에서 쌀을 공중투하로 받으면서 시작되어 태국 난민캠프에서 매일 배급을 받으며 심화된 의존적 생활이 이곳 미국에 와서 완결된 것이었다. 몽족의 문화와 미국 복지 시스템은 구조적으로 충돌하게 되어 있어 몽족의 평균적인 가정이 복지 혜택에서 독립하는 것은 거의 불가능한 일이었다. 예컨대 캘리포니아에서 일곱 자녀를 둔(몽족 한 가정의 자녀 수로선 보통이다.) 남자가 자신이 받는 복지 수당과 식량 배급표에 해당하는 돈을 벌려면 시급 10.60달러의 일을 매주 40시간씩 해야 한다. 그러나 팔릴만한 기술과 영어 실력이 거의 없는 사람이 시간당 최저임금인 5.15달러 이상을 주는 일자리를 구하는 것은 거의 불가능한 일이며 최저 임금으로 복지 혜택만큼 벌려면 한 주에 자그마치 82시간을 일해야 한다. 더구나 1990년대 중반까지 대부분의 주에서는 한 달에 100시간 이상 일하면(예를 들어 기술을 배우기 위해 비상근 노동자로 일하거나 농사일을 처음 시작하는 경우) 모든 복지 수당과 식량 배급표와 의료보험 혜택을 잃게 되어 있었다.◆

1996년도에 제기된 복지 개혁 법안은 법적으로 이민자 신분이 확인된 사람에게도 복지 혜택을 주지 않겠다고 함으로써 몽족 사회에 엄청난

◆ 이 악명 높은 100시간 규정은 많은 몽족의 경제적 자립을 저해한다는 이유로 지역 생활보호 기구들의 요청에 따라 1994년부터 1996년에 걸쳐 캘리포니아를 시작으로 대다수의 주에서 적용되지 않게 되었다. “기본적으로 이 규정은 사람들에게 일하지 말 것을 요구했다.” 머세드군 복지과의 존 큘런은 이 규정이 마지막으로 위세를 떨치던 때 그렇게 말했다. 100시간 규정은 이후 소득에 따라 복지 혜택을 서서히 줄여나가는 방법으로 대체되었다.

풍파를 일으켰다. 생활보조금이 끊길 위기에 처하자 일부는 시민권을 신청했는데, 몽족 중년층 대부분은 넘을 수 없는 벽인 영어와 마주하곤 했다. 라오스에서 전쟁이 끝나자마자 미국으로 온, 그보다 나이 많은 몽족의 경우엔 상대적으로 형편이 나았다. 미국에 온 지 20년이 넘고 50세 이상이거나, 15년이 넘고 45세 이상인 적법 영주권자인 경우에는 영어 실력 규정이 적용되지 않았기 때문이다. 시민권 신청을 고려한 리 부부도 이런 면제 대상자에 해당했다.

일자리 사정이 나은 주로 이사를 가거나 이사할 예정인 사람들도 있었다. 일부 몽족은 친척들에게 의존하기로 결정했다. 어떤 주에서는 이민자라도 지원을 끊지 않았기 때문에 혜택이 줄거나 불안할지라도 계속 복지에 의존하려는 사람들도 있었다.

생활보호대상자가 된 것을 비난하는 것만큼 몽족을 화나게 하는 일은 거의 없다. 무엇보다 그들은 그 돈을 받을 자격이 있다고 생각했다. 몽족이라면 누구나 '약속'이란 것에 대해 나름대로 할 말이 있다. 그것은 라오스 내전 당시 CIA 요원들이 서면 또는 구두로 했던 계약으로, 미국인을 위해 싸워주면 인민군이 전쟁에서 이길 경우 불리해질 몽족을 도와주겠다고 한 약속이었다. 몽족은 불시착한 미국인 조종사를 목숨 걸고 구했고 미국인의 폭격으로 마을이 쑥대밭이 되는 것을 감내하며 '미국의 전쟁'을 도왔기 때문에 살던 나라를 탈출해 미국에 오면 영웅 대접을 받으리라 기대했다. 몽족 대부분의 말에 따르면 첫 번째 배신은 미국 비행기가 롱티엥에서 장교들만 구출해주고 나머지 사람들은 버리고 간 일이었다. 두 번째 배신은 태국 난민캠프에서 미국으로 오고 싶어 한 몽족이 전부 받아들여지지 않은 일이었다. 세 번째 배신은 자신들이 참전 용사 혜택을 받을 수 없다는 것이었다. 네 번째 배신은 미국인들한테 "복지 기금 잡아먹는다."라는 비난을 듣는 것이었다. 다섯 번째 배신은 그들에 대한 복지 혜택을 중단해야 한다는 주장을 듣는 것이었다.

복지 수당을 노령 연금으로 생각하는 노인들이 아닌 이상, 대부분의 몽족은 다른 선택권이 있다면 그것을 택하려 할 것이다. 제정신인 몽족 치고 미국에서 가장 관료적인 제도에 구속되고 싶은 이가 있겠는가? (핸드북 「당신의 미국에서의 새로운 삶」을 보면 현금보조 신청에 대해 이런 조언을 하고 있다. "다음과 같은 서류를 되도록 다 갖춰야 합니다. 원본 I-94 양식(출입국기록), 주택 임대 계약서, 사회보장 카드, 급여 명세서, 은행 계좌 내역서 또는 예금 통장, 공과 요금 고지서, 의료비 명세서 또는 장애인 증명서, 고용 증명서.") 몽족 치고 아편에 비유되는 생활양식에 중독되고 싶은 이가 있겠는가? 어느 몽족이 '데이 무 누아 야이(dev mus nuam yaj, 음식 쓰레기를 기다리는 개)' 신세가 되는 불명예를 택하겠는가? 직접 만든 석궁으로 새를 사냥하며 가족을 이끌고 태국으로 갔던 머세드의 사업가 당 무아는 내게 이렇게 말한 적이 있다.

"미국에 처음 왔을 때 어떤 한국인이 나한테 하는 말이, 게으르고 일하기 싫어하는 사람한테 정부에서 돈을 준다는 거예요. 그 말을 듣고 내가 말했죠. 이보쇼, 무슨 소리요! 지금 나보고 하는 소리요? 난 일하는 게 두렵지 않아! 우리 부모님은 날 사나이로 키워주셨소! 난 이 세상 떠나는 날까지 일할 거요!"

그는 식료품상, 통역자, 돼지 키우는 농민, 이 세 가지 일을 억척스럽게 함께 하고 있다. 그것은 그가 한때 비엔티안의 미국 대사관에서 사무원으로 근무했고 5개 국어를 구사하는 사람이니 가능한 일일 것이다. 대부분의 몽족이 그만큼 성공할 수는 없는 노릇이다. 이보다 일반적인 경우는 난민의 적응 문제를 다룬 조사에서 인터뷰한 샌디에이고의 두 중년 남성을 보면 알 수 있다. 한 사람은 이렇게 말했다.

> 나도 한때는 다른 남자들처럼 진짜 사나이였지요. 하지만 이제는 아니에요. [……] 우린 그저 하루하루 연명할 뿐이에요. 둥지 밖으로 입을 내밀고 엄마 새가 벌레를 물어다 주기만을 기다리는 아기 새들 같지요.

다른 사람은 이렇게 말했다.

> 우리는 누구한테 먹을 것을 받아먹고 살라고 세상에 태어난 게 아니에요. 지금처럼 남한테 의지해서 사는 건 너무 수치스러운 일이지요. 우리 나라에서 살 때는 이렇게 누구한테 도움을 청해본 적이 없어요. [……] 저는 영어를 배우려고 무진 애도 써보고 그러면서 일자리도 열심히 찾아다녔어요. 어떤 일이라도, 화장실 청소도 좋다고 했어요. 하지만 사람들은 믿어주질 않고, 일을 주지도 않아요. 제 자신을 보면 개똥만큼도 가치가 없는 것 같아요. 이런 말을 하고 있으니 더한 꼴 안 보게 당장 죽었으면 싶네요.

경제적 의존으로 인한 절망은 여러 요인 중 하나에 불과했다. 한 면담 조사에서 몽족과 캄보디아인과 베트남인과 중국계 베트남인 난민들을 비교했는데, 여기서 몽족 응답자들은 행복감과 삶의 만족감에서 가장 낮은 점수를 보였다. 일리노이에서 있었던 인도차이나 난민들에 대한 연구에서 몽족은 "주변으로부터의 소외"가 가장 심한 것으로 나타났다. 미네소타의 한 연구에 따르면 미국에서 1년 반을 산 몽족 난민들은 "상당히 심한 수준의 우울증, 불안감, 적대감, 공포증, 편집증, 과도한 강박관념, 자괴감"에 시달리고 있었다. 지난 10년간 이들 증상 중 일부는 완화되었지만 불안감과 적대감과 편집증은 거의 나아진 바가 없다고 한다. 내가 본 연구 중에 가장 가슴 아팠던 것은 '1987년 캘리포니아주 동남아인 정신건강 욕구 평가'로, 난민 재정착 사무국과 전국 정신건강협회에서 벌인 주 차원의 역학조사였다. 여기서 몽족과 베트남인, 중국계 베트남인, 캄보디아인, 라오스인을 비교한 막대그래프들을 보면 충격적이다. 몽족은 우울증이 가장 심했고, 심리 장애가 가장 많았으며, 정신 치료가 가장 필요한 것으로 나타났다. 뿐만 아니라 교육 수준도 가장 낮고, 문자 해독력도 가장 낮고, 취업률도 가장 낮으며, 이민 온 이유로 "두려움"을 가장 많이 꼽았고 "더 나은 삶"을 가장 적게 꼽았다.

이들이 우울해하는 이유를 몽족의 입장에서 내놓은 경우도 있었다. 오리건주 포틀랜드의 공중보건 공무원이자 몽족인 브루스 토파우 바투이는 정신건강의 개념을 설명하는 글에서 몽족은 직장 내 적응이나 가족생활의 행복 같은 문제를 간의 문제로 본다고 설명했다. 찰스 존슨이 『다 넹 몽』에서 언급한 바와 같이 간이 길어야(즉 간이 튼튼해야) 인내심이 있다고 한다면, 미국인들이 정신질환이라 일컫는 것은 혼을 잃는 바람에 간이 상한 상태라는 것이었다. 바투이가 제시하는 병력에 따르면 미국에 있는 몽족에게 흔한 병은 다음과 같다.

응유아 샤(Nyuab Siab)

해석: 괴로운 간.

원인: 가족이나 지위, 고향, 모국 등 심적으로 중요한 가치를 갖는 것을 잃음.

증상: 과도한 불안감, 울음, 혼란, 말더듬, 불면증 및 식욕 상실, 망상.

투 샤(Tu Siab)

해석: 망가진 간.

원인: 가족을 잃음, 가족 간의 불화, 가정 파탄.

증상: 슬픔, 걱정, 외로움, 죄책감, 상실감, 불안감.

뤼 샤(Lwj Siab)

해석: 썩은 간.

원인: 가족 관계에서 오는 스트레스, 목표 달성에 계속 실패함.

증상: 기억상실증, 성마름, 망상.

내가 머세드에 오기 전에 빌 셀비지는 자신이 처음 만났던 몽족 환자 얘기를 해주었다. 브루스 토파우 바투이였다면 이 환자를 괴로운 간을 가진 사람으로 진단했을 것이다. 빌 역시 크게 다르지 않게 상심한 사람으로 보았다.

"타오 씨는 50대 남성이었어. 그는 통역을 통해 허리가 아프다고 했는데, 좀 들어보니 실은 우울증 때문에 왔다는 걸 알 수 있었지. 결국 그는 광

장공포증이 있는 것으로 나타났어. 자기 집 밖으로 나가는 걸 두려워하고 있었거든. 나가서 몇 블록만 걸어도 길을 잃어서 다시는 집으로 돌아오지 못할 것이라 생각했기 때문이야. 얼마나 은유적이야! 그는 라오스에서 온 가족이 죽는 걸 보았고 자기 나라가 무너지는 걸 보았고 다시는 고향으로 돌아가지 못하게 됐어. 내가 해줄 수 있는 건 항우울제를 처방하는 것뿐이었어."

알고 보니 타오 씨는 빌이 그로부터 3년 동안 줄줄이 만나야 했던 우울한 몽족 환자 행렬의 시작이었다. 빌은 그의 심각한 '고향' 상실증을 규명하면서 문제의 본질까지 파고들었다. 사회 관습뿐만 아니라 새소리도, 나무나 꽃도, 공기 냄새도, 땅의 질감도 전부 다른 미국에 사는 몽족에게 향수의 아픔은 더 가혹한 것일 수 있었다. 몽족 시인인 두아 허는 「내 나라를 떠나는 애통함」이라는 시에서 이렇게 노래했다.

우린 일출의 새소리를 기억한다.
우린 일몰에 뛰어다니던 메뚜기를 기억한다.
우린 나뭇잎에 떨어지던 굵은 빗방울 소리를 기억한다.
우린 긴팔원숭이 수컷 우는 소리를 기억한다.
우린 파인애플, 바나나, 파파야 과실수들을 기억한다.
우린 우리처럼 서로 소리 지르던 올빼미들을 기억한다.

로드아일랜드주 재정착 사무국의 존 핑크는 프로비던스에 사는 몽족 한 무리를 데리고 플리머스 플랜테이션 야외박물관을 방문한 적이 있다.

미국에 처음 온 청교도들의 마을을 재현한 이곳엔 초가집과 풀어 기르는 닭들이 있었다. 떠날 때가 되자 한 노인이 핑크에게 물었다.

"우리 이리로 이사 와서 이 집에 살아도 되오?"

정열적인 식품상이자 통역자이자 농장주인 당 무아는 미국에 온 지 13년이 되도록 밤마다 라오스 꿈만 꾸었지 미국 꿈을 꾼 적은 한 번도 없다는 말을 했다.

"나한테 이 이야기를 들은 몽족은 백 명도 넘을 겁니다. 나는 방 파오 장군한테도 이 이야기를 해요. 그런데 다들 그렇대요."

미네소타 조사에서 몽족 난민 중에 용감하게도 여생을 미국에서 보내고 싶다고 대답한 사람은 10퍼센트밖에 되지 않았다. 나머지는 라오스에서 죽게 되기를 확신하거나 희망하는 쪽이었다. 머세드의 몽족 지도자 존 숑은 내게 이렇게 말한 적이 있다.

"나이 든 분들은 다 그렇게 말해요. 우린 돌아가고 싶어. 여기서 태어났다면야 여기 있을 수 있겠지. 여긴 참 좋은 나라이긴 하지만 우린 여기 말을 못해. 운전도 못하고. 외롭게 집에만 있어야 하지. 거기 가면 조그만 땅에 농사도 짓고, 닭이랑 돼지랑 소도 기르고, 아침이면 일찍 일어나고, 철되면 수확도 하고, 그다음 수확 철까지 있는 걸로 먹고 살면 되잖아. 그거면 충분하지. 그러면 얼마나 마음 편하겠어. 여기선 우리는 이거다 싶어서 해도 저 사람들은 틀렸다고 해. 우리가 아니다 싶은 걸 하면 맞다고 하고. 그러니 어떻게 해야겠나? 돌아가는 수밖에."

나이 많은 몽족 어른들이 돌아가고 싶은 고향은(그들은 우리 밭, 우리 땅이라는 의미의 '페이 루 테이초(peb lub tebchaws)'라 부른다.) 전쟁 이전의 라오스다. 전쟁 당시 라오스에 대한 그들의 기억은 대부분 대단히 충격적이었다. 다른 모든 스트레스를 더 심각하게 만드는 것은 '과도한 사별의 부담'이었던 것이다. 보스턴에 '인도차이나인 정신 치료 병원'을 설립하는 데 공헌한 정신과 의사 리처드 몰리카는 전쟁과 그 여파로 몽족 난민들이 살인이나 고문 같은 '중대한 외상적 사건'을 평균 열다섯 건 정도 경험했음을 알게 되었다. 몰리카는 그런 환자들에 대해 이렇게 평했다.

"그들의 심리적 현실은 꽉 차 있기도 하며 텅 비어 있기도 합니다. 그들은 과거에 대해서는 '꽉' 차 있으며, 새로운 생각이나 새로운 경험에 대해서는 '텅' 비어 있지요."

과거의 충격이나 갈망으로 '꽉' 차 있는 몽족은 옛 정체성으로 인해 현재의 위협을 대처하는 게 특히 어렵다. 나는 동남아인의 정신건강에 대한 어느 학회에 참석한 적이 있다. 여기서 에벌린 리라고 하는 마카오 출신의 심리학자는 청중 가운데 여섯 명을 강단으로 나오게 해 역할 연기를 하게 했다. 그녀는 그들에게 각각 할아버지, 아버지, 어머니, 18세 아들, 16세 딸, 12세 딸이란 배역을 주었다. 이윽고 그녀는 말했다.

"좋습니다. 그럼 전에 살던 나라에서의 지위에 따라 줄을 서보세요."

그들은 전통적인 관념에 따라 나이와 성별 순으로 줄지어 섰다. 방금 내가 언급한 순서대로 할아버지가 맨 앞줄에 당당히 섰다.

"자, 이제 여러분은 미국에 왔습니다."

그녀가 말했다.

"할아버지는 일자리가 없습니다. 아버지는 채소 써는 일밖에 할 수 있는 게 없고요. 어머니는 예전 나라에서는 일자리가 없었지만 여기선 의류 공장에 자리를 얻었습니다. 큰딸도 거기서 일하고요. 아들은 영어를 배우기 힘들어서 고등학교를 중퇴했습니다. 작은딸은 집에서 영어를 제일 잘 배워서 결국 UC 버클리에 진학하고요. 그럼 다시 줄을 서보세요."

가족들이 자리를 바꾸고 나자 나는 집의 권력 구조가 완전히 뒤집어졌다는 걸 알 수 있었다. 이제는 제일 어린 딸이 맨 앞줄을 차지하고 할아버지는 쓸쓸히 맨 뒷자리를 지켜야 했다.

에벌린 리의 이 역할 연기는 사회학자들이 '역할상실'이라 부르는 것을 생생하게 입증해주었다. 몽족 사회가 겪는 모든 스트레스 중에서 역할상실(리아의 엄마도 바로 이 때문에 무능한 게 너무 많아 보여 자신을 바보라 느끼게 되었던 것이다.)은 자아를 가장 많이 갉아먹는 것인지도 모른다. 대령이던 사람이 수위가 되고, 군 통신 전문가이던 사람이 닭 공장 인부가 되고, 전투기 승무원이던 사람이 일자리를 못 구한다는 사연들을 몽족 누구에게든 들을 수 있다. 당 무아의 사촌인 무아 키는 전직 판사였는데 여기 와서 처음엔 박스 공장에서 일하다 나중엔 기계 공장의 야간 근무 일을 하게 되었다.

"나라도 없고 땅도 집도 권력도 없으면 모두 같은 신세지요."

그는 어깨를 으쓱하며 그렇게 말했다. 대대장 출신인 왕 셍 캉 소령은 난민캠프에서 1만 명 몽족의 지도자 노릇을 하던 사람인데 미국에 와서 교회의 비상근 창구 자리를 얻기까지 5년 세월이 걸렸다. 그 일자리를 구한 뒤에도 그는 보석 공장에서 일하는 아내에게 의존해야 집세를 낼 수 있었고, 아이들이 통역을 해줘야 의사소통을 할 수 있었다. 그는 자신과 동료

지도자들에 대해 이렇게 말했다.

"우린 이 나라에 와서 어린아이가 됐지."

미국에서 몽족 아이들은 어른들에게나 있던 힘을 갖게 되었다. 영어를 하거나 미국 문화를 이해함으로써 지위를 얻는 일은 대부분의 이민자 집단에서 흔히 일어나는 현상이지만, 정체성이 전적으로 전통에 달려 있는 몽족 입장에선 특히 받아들이기 어려운 일이었다. '가축은 주인 말을 따라야 하고 아이는 부모 말을 따라야 한다.'라는 몽족 속담은 무수한 세대를 거듭하며 의문시되지 않고 내려온 말이었다.

전쟁 전 라오스에서는 가족이 함께 온종일 밭에서 일하고 밤에는 한 방을 썼기 때문에 아이들과 부모가 항상 붙어 있는 게 별난 일이 아니었다. 외딴 고지대에 있는 그들의 마을은 지배 문화로부터 단절되어 있었다. 그런데 이곳에서 몽족 아이들은 학교에서 여섯 시간을 있다가 그 후 또래들과 몇 시간을 더 함께 보내며 미국 문화를 흡수했다. 한번은 내 통역자인 메이잉 숑이 말했다.

"제 여동생들은 더 이상 몽족이라는 의식이 없어요. 한 애는 머리를 짧고 뾰족뾰족하게 하고 다녀요. 제일 어린 애는 주로 영어만 쓰죠. 걔들은 제가 그 나이 때 어른들한테 보이던 존경심이 없어요."

리아의 언니 메이는 이렇게 말했다.

"저는 파 응도를 만들 줄 알아요. 하지만 바느질하는 게 싫어요. 엄마는 '너 왜 파 응도 안 만드니?' 하고 말씀하시죠. 그러면 전 '엄마, 여긴 미국이야!' 하고 말해요."

미국화가 어떤 혜택을(이를테면 더 나은 취업 기회, 더 많은 돈, 문화적 혼란의 최소화) 가져다줄 수는 있지만 몽족 부모들은 동화하는 모습을 모욕이나 위협으로 받아들이곤 했다. 당 무아가 슬프게 말했다.

"우리 집 아이들은 햄버거와 빵을 먹어요. 부모는 애들 싫어하는 채소국이랑 밥에, 간이나 천엽, 콩팥 같은 고기를 먹는 걸 좋아하고요. 늙은 사람들은 운전면허가 없어서 젊은 사람들한테 어딜 데려다달라고 해야 해요. 그러면 이따금 애들이 바빠서 안 된다는 소리를 하죠. 애들이 우리 말을 안 들으려고 할 때가 정말 문제예요. 늙은이들 마음이 정말 상할 때죠."

반항적인 젊은 몽족은 부모의 기사 노릇을 거부하는 정도를 벗어나 때로는 마약이나 폭력에 연루되기도 한다. 1994년, 캘리포니아주 배닝에서 고등학교를 중퇴한 열아홉 살 슈 양이 독일인 관광객을 강도 살해하는 사건이 있었다. 라오스 비밀전쟁에 참전했던 그의 아버지는 기자에게 이렇게 말했다.

"우리는 통제력을 다 잃었어요. 우리 아이들은 우리를 존중하지 않아요. 제일 힘든 것 중 하나는 아이들한테 뭐라고 할 때 걔들이 '알아요, 알아.'라고 대꾸할 때입니다. 집사람하고 제가 아들한테 몽족 문화에 대해 얘기하려고 하면 이 녀석은 여기 사람들은 다르다고 하면서 들으려고 하질 않아요."

심리 치료사 수키 월러는 몽족 지역사회의 회의에 참석한 경험을 내게 얘기해주었다.

"일흔이나 여든은 된 할아버지가 앞줄에서 일어서더군요. 그는 참 가슴 아픈 질문을 던졌어요. '우리가 200년 동안 잘 지켜온 게 왜 전부 무너지고 있지요?'"

수키가 이 말을 해줄 때 나는 그 할아버지가 왜 그런 질문을 던졌는지 이해하는 한편 그 말이 다 맞는 건 아니라고 생각했다. 많은 게 무너져 내리긴 했지만 전부는 아니었다. 전후 대이동에 대한 자크 르모안의 분석(몽족이 서구로 온 것은 목숨을 부지하기 위한 것만이 아니라 민족성을 지키기 위한 것이기도 하다는 말)은 적어도 부분적으로는 미국에서 확인되었다. 나는 몽족만큼 본모습을 적게 잃은 이민자 집단을 본 적이 없다. 사실상 지금도 모든 몽족은 몽족과 결혼하고, 일찍 결혼하고, 같은 성씨끼리는 결혼하지 않는다는 전통을 지키고, 신부값을 지불하고, 대가족을 이루고 있다. 가문과 혈통의 짜임새는 아직도 견고하고, 집단적인 유대와 상부상조의 윤리도 튼튼하다. 머세드에선 거의 주말마다 몽족식 장례의 북소리나 치유 의식에서 치 넹이 내는 징 소리와 방울 소리가 들린다. 아기들은 '다'한테 혼을 유괴당하지 않도록 손목에 여러 가닥 실을 매고 있다. 사람들은 꿈을 해몽해 운수를 알아보기도 한다.(가령 아편 꿈을 꾸면 흉한 징조고, 똥을 뒤집어쓴 꿈을 꾸면 길한 징조다. 그리고 무릎에 뱀이 있는 꿈을 꾸면 임신할 징조다.) 짐승 희생제의는 기독교로 개종한 사람들 사이에서도 흔한 행사였다. 그런 사실을 조카가 심장 수술을 받게 되어 집안에서 소를 잡아 바치기로 했으니 그 주말엔 통역을 해줄 수 없다는 메이 잉 숑의 말을 듣고서 처음 알게 되었다. 내가 가족이 그렇게 신앙심이 깊은 줄은 몰랐다고 하자 그녀는 이렇게 대답했다.

"아, 네, 우린 모르몬교거든요."

더욱 중요한 것은 몽족의 가장 본질적인 기질(독립적이고, 배타적이고, 반권위적이고, 의심 많고, 완고하고, 자부심 강하고, 화를 잘 내고, 활동적이고, 격렬하고, 말 많고, 유머스럽고, 환대하고, 관대한 성격)이 여태까지 뿌리 뽑히지 않았다는 점이다. 조지 M. 스콧 주니어가 본 바와 같이 몽족은 미국에서의 고난에 "더욱 몽족이 되는" 반응을 보인 것이다.

1924년 프랑스 선교사인 F. M. 사비나는 몽족에 대한 인상을 종합해 그들의 민족성을 여섯 가지 특성으로 구분했다. 그것은 신앙심이 강하고, 자유를 대단히 사랑하고, 전통 관습을 중시하고, 타 민족과의 결혼을 거부하고, 춥고 건조한 산악지대에 살기를 좋아하고, 전쟁을 자주 겪어 강인하다는 점이었다. 이렇게 볼 때 절망과 상실로 얼룩지긴 했지만 미국에 사는 18만 몽족은 앞의 네 가지 점에서는 그럭저럭, 아니면 전보다 낫게 생활하고 있는 셈이다.◆

나는 미국 생활을 완전히 새롭게 시작하는 한 몽족 가족을 만날 수 있었다. 어느 날 리 부부의 아파트에 도착했을 때, 처음 보는 사람들이 가득한 것을 보고 놀랐다. 알고 보니 나오 카오의 사촌 주아 차이 리와 그의 아내 옝 로, 그리고 그들의 생후 8개월부터 25세까지의 아홉 남매였다. 그들은 2주 전에 각자의 짐 가방 하나씩을 매고 태국에서 왔다. 가방 속에는 약간의 옷가지와 쌀자루 하나가 있었고 주아가 치 넹의 조수였기 때문에 방울 한 벌과 북과 신성한 물소 뿔 한 짝이 있었다.

사촌 가족은 거처를 구할 때까지 푸아와 나오 카오와 함께 지냈다. 두 가족은 10년 이상 만나지 못했지만 작은 아파트에는 잔치 분위기가 흘렀

◆ 라오스를 탈출한 몽족은 15만 명 정도다. 그중 일부는 미국 외의 나라에 정착했으며 일부는 태국에 남아 있다. 지금 미국에 살고 있는 몽족은 높은 출산율 덕분에 그 숫자를 넘어섰다.

다. 작은 아이들은 미국에서 산 새 운동화를 신고 뛰어다니고 있었고 맨발 차림의 어른 넷은 자주 고개를 뒤로 젖히며 폭소를 터뜨리곤 했다. 주아는 메이 잉 숑의 통역으로 내게 말했다.

"식구가 많긴 하지만 여기서 주무셔도 돼요."

나중에 메이 잉은 내가 진짜 스무 명이나 되는 그 집 사람들과 한 바닥에 누워 잘 것이라고 주아가 생각한 건 아니라고 했다. 하지만 그게 몽족의 방식이었다. 낯선 나라에 와서 아무것도 가진 게 없는 신세지만 체면을 중시하는 몽족식 환대를 베풀려 했던 것이다.

나는 주아에게 미국에 대해 어떻게 생각하는지 물어보았다.

"참 좋긴 한데 많이 다르네요. 여긴 아주 납작해요. 여기가 어딘지 모르겠어요. 저런 것처럼[전기 스위치였다.] 처음 보는 게 아주 많아요. 저것도[전화기였다.] 저것도[에어컨이었다.] 다 처음 보는 거예요. 어제는 친척들이 우릴 차에 태우고 어딜 갔어요. 어떤 여자를 봤는데 사람인 줄 알았더니 그게 가짜라네요."

알고 보니 머세드 몰에 있는 마네킹이었다.

"집에 오는 내내 웃음을 참을 수 있어야지."

그는 자기가 잘못 본 게 얼마나 우스운 일인지를 돌이키며 다시 껄껄 웃기 시작했다. 이윽고 나는 주아에게 가족의 장래를 위해 여기서 바라는 게 뭐냐고 물어보았다.

"가능하면 일을 해야지요. 그런데 그럴 수 있을 것 같지가 않아요. 나처럼 나이 든 사람은 영어를 한마디도 못 배울 것 같아요. 어린아이야 마음먹는다면 영어를 배워서 아주 똑똑해질 수 있겠지만, 난 틀린 것 같아."

(15)

황금과 불순물

(Lia)

내가 리 부부의 아파트에서 나오 카오의 사촌과 그 가족을 만날 때, 한 아이는 처음 만난 친척들과 놀지 않고 봄날 땅거미가 지는 이스트 12번가를 지나가는 차들만 가만히 바라보고 있었다. 리 부부가 지금도 "돼지 먹이는 때"라 부르는 무렵이었다. 리아는 밝은 분홍빛 응야에 싸여 엄마 등에 업혀 있었다. 검정·노랑·초록 실로 십자수를 놓고 열여덟 개의 보드라운 털 방울로 장식한 이 포대기는 아마 몽족 역사상 가장 큰 응야였을 것이다. 리아의 키는 90센티미터가 넘고 몸무게도 16.3킬로그램이나 되었다. 푸아는 리아를 소아용 휠체어에 태우기보다 그렇게 업는 것을 좋아했다. 머세드군 보건과에서 준 휠체어는 거실 한구석에 가만히 모셔져 있었다. 푸아와 리아는 숄 하나를 두르고 있었는데, 리아가 뻣뻣하고 움직임이 없었기 때문에 좀 떨어져서 보면 한 사람 같았다.

리아는 거의 일곱 살이었다. 지난 2년 동안 의사들은 리아가 금방이라도 죽을 줄 알았지만 부모는 보란 듯이 리아를 살려냈다. 단 죽지는 않았지만 사지 마비와 뇌성 마비에 대소변을 못 가리고 움직이지 못하는 상태였다. 이른바 '식물인간' 상태였다. 리아의 팔은 가슴 쪽으로 바짝 당겨진 채 주먹을 꼭 쥐고 있었다. 이는 뇌 손상으로 운동 기능이 상실됐다는 것을 의

미했다. 때로는 다리가 덜덜 떨리기도 했다. 어떤 때는 고개를 끄덕끄덕했는데, 마구 들썩이는 게 아니라 무슨 질문에 대답하듯 느릿느릿 했다. 신음 소리를 내거나 낑낑거리는 때도 있었다. 리아는 계속해서 호흡을 하고, 음식물을 삼키고, 잠을 자고, 깨어나고, 재채기를 하고, 코를 골고, 끙끙거리고, 울기도 했다. 이런 행동들은 리아의 뇌간이 손상되지 않았기에 가능한 것이었다. 하지만 전뇌가 좌우하는 자각 있는 정신 활동은 할 수 없었다. 가장 두드러진 비정상적인 증상은, 맑은 눈동자이긴 하지만 이따금 멍하니 한곳을 노려보거나 겁먹은 듯 한쪽으로 마구 쏠리는 현상이었다. 리아를 보며 나는 대뇌피질의 신경 전달 기능에 문제가 생긴 것 이상으로 리아에게 무언가가 결여되어 있으며, 그것이 리아의 부모가 말하는 영혼이 아닐까 생각하지 않을 수 없었다.

나는 신경과 의사인 밸리 아동병원의 테리 허치슨에게 이런 말을 한 적이 있다.

"하지만 아이한테 '어떤' 의식이 있는 게 분명해요. 리아가 울 때 엄마가 안고 흔들어주면 그친단 말이죠."

허치슨은 이렇게 대답했다.

"음, 그럼 파리지옥을 생각해보세요. 파리가 이파리 속으로 들어올 때 이파리는 작정을 하고 닫을까요, 아니면 그냥 그렇게 하는 걸까요? 저는 그냥 그런다고 생각합니다. 리아는 파리지옥 같아요. 움직임은 전부 반사작용일 뿐입니다. 그런 사람들한테 느낌이 어떠냐고 물어볼 방법은 없지만요, 저는 리아가 생각도 기억도 의식도 없지만 엄마의 손길에 반응하는 게 적어도 이론적으로는 가능하다고 믿습니다."

나는 리 부부에게 딸의 지각 능력에 대해 어떻게 생각하느냐고 물어보았다. 나오 카오는 이렇게 말했다.

"우리가 안아주면 아이가 그걸 알고 싱긋 웃어요."

푸아는 이렇게 말했다.

"가끔 부르면 난 줄 아는 것 같아요. 나를 보지는 못하는 것 같으니까 확실히는 모르죠. 우리 아기는 잘못한 게 아무것도 없어요. 착한 딸인데 이렇게 있으니 죽은 것만 같을 때도 있어요. 요즘은 매일 그래요."

1986년 12월 9일, 리아는 40도의 고열에 호흡이 불안정한 상태로 MCMC에서 집으로 돌아왔다. 코와 입 속에 있는 분비물을 뱉어내거나 삼킬 능력도 없이, 언제 죽을지 모른다는 진단을 받은 상태였다. 그런데 며칠 뒤 리아의 체온은 정상으로 돌아왔고 호흡은 안정되었으며 삼키고 토해내는 반사 신경이 회복되었다. 의사들은 머리를 긁적이며 대뇌수질과 시상하부의 부기가 가라앉은 덕분이 아닌가 했다. 부모는 달인 약초 물로 여러 날 동안 쉬지 않고 몸을 닦아준 덕분이라고 생각했다. 지닌 힐트가 당시를 떠올렸다.

"그들은 샤워 커튼을 거실 바닥에 깔아놓고 리아를 뉘었어요. 푸아는 약초 달인 물에 아이를 담그다시피 했어요. 스펀지에 적셔 온몸에 바르고 머리카락과 얼굴에도 그렇게 했어요. 대단히 사랑스럽게, 어루만지듯 그렇게 했어요."

리아가 집에 돌아온 뒤 처음 며칠간, 지닌은 매일같이 리 부부의 집에 찾아왔다. 때문에 푸아와 나오 카오는 일주일 내내 그 혐오스런 비위관을 사용해야만 했다. (리아가 살아 있는 동안은 사용해야 한다는 지시를 받았던 것이다.) 그들은 지닌의 안내에 따라 두 시간마다 유아용 영양액 57그램씩을 비위관에 따라넣었고, 잘 들어가는지 확인하기 위해 주사기로 공기를 주입해 청진기로 공기방울 소리를 들어야 했다. 나오 카오가 당시를 떠올렸다.

"정말 천천히 내려가데요. 게다가 어떻게 쓰는지 알 수가 있어야지. 그놈의 관이 플라스틱 두 가닥으로 되어 있는데 음식물이 막히면 더 먹일 수가 없어요."

결국 그들은 그것을 뽑아버리고 영양액을 젖병에 담아 손으로 짜 먹이기 시작했다. 그런데 이 방법이 완벽하게 통했다. 의사들은 비위관 없이 뭘 먹이다간 리아가 질식해 죽을 것이라 했었다. 유일한 문제는 처방한 비위관을 사용하지 않는다며 메디캘에서 영양액 값을 지불하지 않겠다고 한 점이었다. 그러자 닐과 페기는 신생아 엄마들에게 무료로 지급하는 철분 함유 시밀락 분유 샘플을 박스째 주기 시작했다.

메디캘에서는 휠체어나 흡인기에 대해선 기꺼이 비용을 지불하려 했지만 소아용 병상에 대해서는 선을 그었다. 지닌은 리 부부가 전혀 요구하지 않은 환자용 침대 문제에 리아의 상태에 대해 본인이 느끼는 모든 슬픔과 분노를 집중시켰다.

"메디캘에서 그 돈을 못 대겠다고 하자 화가 머리끝까지 치밀더군요. 지역 사무국의 전능하신 의사 하나는 몽족은 어차피 바닥에서 자니까 그런 게 필요하지 않다고 말하더라고요. 그 인간은 지독한 인종주의자였고 저는 그에게 제 생각 그대로 말했어요. 어찌나 화가 나던지. 펄쩍펄쩍 뛰었다니까요. 그리고 사방팔방에 전화를 했어요. 그러다 결국 전화번호부에서 발견한 어느 의료 장비 회사에서 새 병원 침대를 리아의 집으로 배달해주겠다고 하더군요. 완전히 무료로 말이에요."

하지만 지닌은 리아가 그 침대에서 자지 않는다는 사실을 알지 못했다. 그것은 리 부부의 조그만 침실에서 자리만 차지하고 있을 뿐이었다. 푸아가 내게 말했다.

"리아는 늘 우리하고 잤어요. 리아는 우리 침대에서 자는 유일한 애예요. 밤이면 리아를 안고 자면서 쓰다듬어 주지요. 발이나 무릎을 안 쓰다듬어 주면 리아가 막 울거든요."

리아가 이후 처음으로 병원 진료실에 다시 왔을 때, 닐은 당직을 서고 있었다. 마지막 입원 기간 동안 그는 리아를 맡지 않으려고 일부러 피했기 때문에 푸아와 나오 카오를 한 번도 본 적이 없었다. 여러 해 뒤에 그는 리아의 차트를 훑어보다가 리아가 다시 왔을 때의 진료 기록을 오랫동안 들여다보았다.

> 오늘, 리아는 겨드랑이 체온 36.8도로 열이 없고 체중 19킬로그램에 헤모글로빈 수치는 11이다.

나는 이 기록에 그렇게 끌릴만한 것이 있는지 궁금했다. 그는 목청을 가다듬으며 말했다.

"처음 다시 찾아온 그때가 제게는 정말 의미 있는 순간이었어요. 감정이 북받쳐오르더군요. 지닌 힐트도 같은 방에 있었지요. 통역자도 있었고요. 저는 푸아한테 리아의 그런 상태를 보는 게 나로서는 정말 힘들었다고, 같은 방에도 있기 힘들었다고, 리아에게 닥친 일은 제가 가장 두려워하던 일이었다고 말했지요. 그리고 정말 미안하다고요. 제가 정말 놀란 건, 그들이 리아가 당한 일 때문에 저를 원망할 줄 알았는데, 그녀가 저를 동정했다는 사실이에요. 그녀는 이해를…… 아무튼 그녀는…… [여기서 그는 무슨 말을 할지 몰라 하다가 겨우 말을 이었다.] 그러니까…… 제가 그때 좀 울었던 것 같아요. 그러자 그녀는 저보고 고맙다는 말을 하더군요. 그리고 절 안아줬어요. 저도 포옹을 했고요."

그는 다시 목소리를 가다듬었다.

"아무튼 그랬어요."

푸아에게 그때 이야기를 물어봤더니 이렇게만 말했다.

"리아의 의사는 리아 때문에 정말 마음 아파했어요."

나오 카오는 인상을 찌푸리며 아무 말도 하지 않았다. 그는 MCMC와 그곳에서 일하던 모든 사람에게 여전히 화를 풀지 않았다. 본래 남편보다 협조적이었던 푸아는 모든 불만을 프레즈노의 의사들에게 돌렸다. 그곳은 리아에게 "약을 너무 많이 준 곳"이었다. 그래서 푸아는 프레즈노의 의사가 아닌 닐과 페기를 어느 정도 용서할 수 있었던 것이다. 그녀가 보기에 '의사 부부'는 리아를 이렇게 만든 장본인이 아니라 휴가를 떠나 리아를 엉뚱한 사람들 손에 맡긴 죄, 그러니까 상대적으로 덜 무거운 태만죄를 지은 사람들인 셈이었다.

몇 달 후, 좀 냉소적으로 말하자면 리아는 생기 넘치는 아이가 되었다. 리아의 차트에는 어느 페이지에나 "저산소성 국소빈혈성 뇌 손상으로 운동 불능"이라는 고칠 수 없는 뇌 손상을 입었다는 언급이 있었으나 어느 한 진료 기록에는 이런 메모도 있었다.

문제:　　　　발작 장애로 데파킨 복용→해결됨

문제:　　　　비만→해결됨

달리 말해 리아는 뇌 손상을 입으면서 뇌전증이 치유되었고, 세월이 흐르며 키가 커짐에 따라(다시 일어선 적이 없으니 길어졌다고 해야겠다.) 의무적으로 먹은 부드러운 음식이 비만을 치유한 것이었다. 페기는 명랑하면서도 비꼬듯 말했다.

"애가 정말 건강해졌죠. 그렇게 건강한 적이 없었어요. 완벽하다 할 정도였죠. 완벽한 식물 말이에요."

빌 셀비지가 한때 건조하게 말한 것처럼 리아는 갑자기 '간호사들이 딱 좋아하는 부류의 환자'가 되어버렸다. 무시무시한 발작 장애에다 정맥주사 놓을 혈관을 찾을 수 없는 과잉 행동 성향의 아이에서 아마도 다시는 정맥주사가 필요하지 않을, 움직임 없고 불만 없는 몸뚱이로 변한 것이다. 동시에 가정의학과 의료진들이 보기에 리아의 부모는 아동 학대자에서 모범적인 간호자로 변모했다. 처음부터 리아를 봐온 전공의 테레사 캘러핸은 내게 이렇게 말했다.

"아이가 그렇게 큰 걸 보면 부모가 엄청 잘 돌본 게 틀림없어요. 대부분의 아이들은 식물인간이 되면 바짝 말라서 뼈하고 가죽만 남거든요. 제가 본 열일곱 살짜리 애는 네 살짜리만 해보였어요."

닐은 이렇게 말했다.

"부모가 띠로 리아를 업고 진료실에 올 때마다 리아는 언제나 깨끗하고 잘 차려입은 빈틈없는 모습이었어요. 정말 흠 하나 잡을 데가 없었지요.

대단히 인상적이었어요."

페기는 또 이렇게 덧붙였다.

"그들은 대부분의 백인 부모보다 아이한테 잘했어요. 백인 부모였다면 아이를 당장 시설로 보냈을 거예요."

푸아와 나오 카오는 왜 진료실 의료진들이 입원 당시 의료진들보다 훨씬 더 잘 대해주는지 도무지 알 수 없었다. 그들이 보기에 딸은 분명히 변했지만 부모로서 그들의 행동은 변한 게 조금도 없었던 것이다. 나오 카오가 생각해낼 수 있는 이유는 하나뿐이었다.

"이제는 리아가 화장실에 잘 안 가니 깨끗해서 좋아들 하는 것 같아요."

리아의 인기가 좋아진 이유를 변비 덕분으로 돌리는 것을 보고 나는 언젠가 그가 했던 말이 기억났다. 내가 라오스에 한번 가보고 싶다고 하자 그는 기술과 위생에 대한 미국인들의 집착을 알기 때문에 이렇게 말했다.

"별로 안 좋아할 걸요. 자동차도 거의 없으니까. 대신에 태국의 치앙마이에 가면 아주 좋아할 거예요."

내가 왜냐고 묻자 그는 이렇게 대답했다.

"거긴 청소부가 많으니까."

이제는 항경련제를 처방할 필요도 없고 리 부부가 처방전을 따르는지 확인하지 않아도 되었기 때문에 머세드의 의사, 간호사, 아동보호국 직원, 보건과 직원, 지난 4년 동안 리 부부가 딸을 잘 돌보지 않는다고 주장했던 권위적인 소년법원 담당자들은 조용해졌다.

1987년 3월 5일, 리아가 위탁 가정에서 돌아온 뒤로 줄곧 보호관찰 대상으로서 딸을 돌봐온 리 부부의 법적 제약이 해제되었다. 캘리포니아주

고등법원 머세드 지부에서는 "소년법원의 부양 아동인 리아 리 문제에 관하여"라는 판결문에서 다음과 같이 선언했다.

> 위 미성년자의 최대 이익을 위하여 소년법원의 관할권을 종료하는 것이 합당해 보임에 따라, 지금까지 리아 리를 소년법원의 부양 아동으로 지정해 온 본 법원의 명령을 종료하고 위 미성년자도 같은 명령에서 해제됨을 명령한다.

푸아와 나오 카오는 이 문서를 절대 믿지 않았다. 물론 그들은 이 글을 읽을 수도 없었고 내용을 몽족 말로 풀어서 하기도 거의 불가능했다. 그들은 딸이 또다시 정부 소유가 될지도 모른다는 두려움을 계속 갖고 있었다. 친척집에 간 사이 딸을 위탁 가정에 빼앗겨버린 일을 결코 잊을 수 없었던 푸아는 여러 해 동안 리아 곁을 잠시도 떠나지 않으며 '경찰'에게 아이를 빼앗기지 않으려 했다. 나오 카오는 이렇게 말했다.

"우리가 그냥 두면 그들은 또 리아를 데려갈 수 있겠지요. 하지만 우린 리아를 너무 사랑하기 때문에 누가 데리고 가는 걸 원치 않아요. 집사람은 아이를 데려가지 못하게 매일같이 지키고 있지요. 집사람이 그들을 그냥 두지 않을 겁니다."

인류학자 조지 M. 스콧 주니어는 라오스에서는 다음과 같다고 썼다.

> 아이들은 대개 사랑을 아주 많이 받는다. [……] 신체적으로나 정신적으로 기형인 아이들은 오히려 더 많은 사랑을 받았다. 그것은 기형이 유산이나

사산처럼 부모가 과거에 저지른 잘못에서 비롯된 것으로, 따라서 속죄하는 마음으로 차분히 인내하며 받아들여야 한다는 믿음이 꽤 크기 때문이다.

푸아와 나오 카오는 자신들보다는 미국 의사들 잘못 때문에 리아가 그렇게 됐다는 생각을 많이 갖고 있었다. 그러니 속죄할 이유는 별로 없어 보였다. 그러나 그들로서는 리아에게 애정을 퍼붓는 것 말고 다른 것은 상상도 할 수 없었다. 언제나 리아를 성스러운 공주처럼 떠받들었던 그들이었다. 이제 항상 부모와 형제자매의 시중을 받게 된 리아는 훨씬 더 왕녀 같은 지위를 누리게 되었다. 리아는 말도 움직임도 없지만 언제나 가족들의 생활 중심에 있었다. 리아가 휠체어에 앉아 있으면 누군가가 반드시 곁을 지켰다. 웅야에 싸여 업혀 있으면, 업은 사람이 엄마든 아빠든 언니들이든 언제나 달래느라 몸을 흔들어주었다. 벽에는 다른 여덟 형제자매 그 누구보다 리아의 사진이 많았다. 지닌이 한때 적어주었던 시간표(일어나기, 약 먹기, 학교 가기, 놀이 시간)는 리아가 더는 약을 먹지도, 학교에 가지도, 놀지도 않지만 여러 해 동안 계속 벽에 붙어 있었다. 아침에 여전히 일어나는 것인지는 한참을 따져봐야 할 문제였다.

리 부부는 리아에게만 생일 파티를 열어주었다. 해마다 7월 19일만 되면 이스트 12번가의 아파트 앞에는 리아의 친척들과 동네 몽족 아이들이 넘쳐났다. 지닌 힐트는 프리스비와 비치볼, 물총을 가져왔다. 푸아는 다진 돼지고기와 양파로 속을 채운 춘권과 그날 아침에 잡아 머리와 혀가 불길한 조짐을 보이지 않는지 확인하고 끓인 닭국과 도리토스를 내놓았다. 미국식 생일 케이크도 있었다. 촛불을 켜고 첫 조각을 자르는 건 지닌의 몫이었다. 하지만 정작 파티의 주인공인 리아는 촛불을 끄지도 못하고 케이크를 먹을 수도 없었다. 리아는 무표정한 얼굴로 휠체어에 꼼짝없이 앉아 있었고 학교에서 미국 노래를 배운 아이들이 생일 축하 노래를 불러주었다.

리아는 여전히 예쁜 아이였다. 내가 병원에서 보았던 식물인간 상태의 환자들처럼 처진 입술에 윤기 없는 머리칼, 목욕을 해도 오줌 냄새가 나는 창백한 시신 같은 모습과는 차원이 달랐다. 리아의 검은 머리는 윤기가 흘렀고 피부는 보드랍고 탄탄했으며 입술은 붉고 큐피드의 활처럼 탱탱했다. 몸에선 향긋한 냄새가 났다. 가족들이 리아를 아주 매력 있는 아기처럼 대하는 게 전혀 이상해 보이지 않았다. 비록 키는 91.4센티미터지만 리아는 여전히 기저귀를 차고 젖병으로 먹고 곧잘 보채는 아기였던 것이다. 푸아는 리아를 꼭 안아주고, 쓰다듬어 주고, 흔들어주고, 무릎에 앉혀놓고 통통 튕겨주었다. 노래를 불러주기도 하고, 목에다 코를 비비기도 하고, 손가락을 잡고 장난을 치기도 하고, 배에 입술을 대고 소리를 내기도 했다. 리아가 애완동물(이를테면 털이 보드랍고 성질이 온순한 골든 리트리버) 같아 보일 때도 있었다. 리아의 여동생인 팡은 언니를 끌어안고 귀를 잡아당기길 좋아했다. 그리고 마이, 트루와 함께 리아 위에 쌓기 놀이를 하듯 올라타곤 했다. 세 아이가 바동거리며 키들거리는 사이 한 아이는 말없이 앉아 있을 뿐이었지만.

라오스에서 푸아는 아이들을 흙바닥에서 씻겼다. 개울에서 길어다 데운 물을 작은 그릇에 담아 부어가며 씻겨주었던 것이다. 이제 그녀는 리아를 매일같이(더울 땐 두 번씩) 욕조에 앉혀놓고서 목욕시켰다.

"보통은 욕조 안에 같이 들어가요. 다 씻겨줄 때쯤이면 어차피 나도

다 젖으니까."

목욕이 끝나면 푸아는 딸의 팔과 다리를 굽혔다 펴기를 반복했다. 마치 어린아이가 바비 인형의 팔다리를 접었다 폈다 하는 듯한 이 반복 운동은 근육이 완전히 수축되어 굳어버리는 일이 없도록 군 보건과에서 가르쳐준 것이었다. 음식을 먹일 때는 스푼을 쓰거나 구개파열이 있는 아기들이 빨기 좋게 만든 꼭지가 넓적한 젖병을 이용했다. MCMC 진료실의 어느 전공의는 "부모가 영양액과 쌀 시리얼을 먹인다."라고 기록했다. 사실 리아는 돼지고기와 닭고기도 먹었다. 단 그것은 푸아가 라오스에서 가져온, 손으로 깎아 만든 막자사발에 곱디곱게 빻은 것이었다. 이따금 푸아는 어미새처럼 닭고기를 먼저 씹어 리아의 입에 넣어주기도 했다. 그리고 아침마다 시금치처럼 생긴 '조(리아를 위해 주차장에서 길렀다.)'라는 채소를 잔뜩 끓여 죽처럼 만들어 먹였다. 먹을 때 리아는 대개 긴 다리를 좌우로 뻗은 채 푸아 무릎에 앉았고 푸아는 음식이 뜨겁지 않은지 입에 대어 확인해보고는 아이를 얼러 가며 조금씩 입에 넣어주었다. 푸아는 리아의 입에서 침이 흐르면 언제나 냅킨이나 종이 타월보다는 손으로 닦아주었다. 한번은 그녀가 리아에게 밥을 먹이면서 말했다.

"먹이는 데 오래 걸리지요. 애 입을 벌리고 속을 들여다봐야 해요. 아직 안에 밥이 있는데 더 넣어주면 토할 수도 있으니까요. 그리고 목 뒷부분을 계속 잡고 있어야지, 안 그러면 삼키질 못해요."

그러더니 그녀는 명랑하게 웃으며 밥알이 묻은 리아의 입술에 뽀뽀를 했다.

이따금 나는 이 정도면 그리 끔찍한 건 아니라는 생각을 하곤 했다.

리아는 장기 요양 시설이 아니라 집에서 살았고, 따돌림 받는 게 아니라 사랑의 대상이었다. 몽족 사회에선 리아를 거리낌 없이 받아들였다. 리아의 엄마는 아이가 위탁 가정으로 보내졌을 때처럼 자살할 심정도 아니었다.

푸아와 나오 카오가 다른 아이들을 좀 등한시한 건 사실이었다. 특히 막내로서 제일 귀여움을 받아 마땅한 팡이 제대로 사랑을 받지 못했다. 팡은 간신히 걸음마를 하기 시작했을 때 보호받지 못하고 아파트 안팎을 드나들었고 비닐봉지나 식칼까지 가지고 놀기도 했다. 그래도 가족 중에 그 누구도, 심지어 10대 아이들도 내가 아는 미국 아이들과는 달리 리아 때문에 창피해하거나 귀찮아하지 않았다. 리아의 그칠 줄 모르던 뇌전증이 없어지자 집에 있는 자녀 중에 제일 큰 딸인 메이는 병원에서 통역을 해야 하는 중압감에서 벗어나게 되었다. 리아가 위탁 가정에서 돌아온 그 이듬해 메이는 8학년 자서전 숙제에 이렇게 썼다.

> 나는 부모님과 함께 병원에 가서 통역을 해야 했다. 나는 내 마음대로 지낼 수가 없었다. 부모님한테 제일 필요한 사촌이 이런저런 이유로 늘 바빴던 것이다. 나는 어디를 가나 부모님의 통역자가 되다시피 했다.

그에 비하면 동생을 응야에 싸서 업어주고, 영양액을 먹여주고, J가에 있는 세이브 마트에서 가족을 위해 쇼핑을 하는 것은 훨씬 쉬웠다.

내가 이런 안일한 생각에 빠지려 할 때마다 나오 카오의 폭발적인 분노("그놈의 의사들 때문에 우리 애가 이 지경이 됐어!") 혹은 그보다 자주 있던 푸아의 갑작스런 신세 타령을 보면 정신이 번쩍 들곤 했다. 푸아는 깔깔 웃다가 어느새 코를 훌쩍이는 때가 있었다. 몇 주 동안 불평 한마디 없다가 갑자기 이런 한탄을 하기도 했다.

"리아가 너무 무거워요! 업고 다닐 수가 없어! 다른 사람들은 좋은 데도 구경하고 한다는데 난 어림도 없어!"

푸아는 2년 동안 리아의 거대한 응야 말고는 파 응도 한 장 수놓지 못했다며 이런 말을 하기도 했다.

"리아는 너무 아파요. 나는 너무 슬프고, 리아 때문에 너무 바빠서 살아 있다는 것 말고는 아무것도 몰라요."

한번은 엎드려 몸을 앞뒤로 흔들며 통곡을 하고 있기에 무슨 일이냐고 물었더니 이렇게만 대답하는 것이었다.

"내가 리아를 얼마나 사랑하는데요."

부엌 선반에는 반쯤 남은 데파킨 시럽 병이 몇 해 동안 그대로 있었다. 더 이상 필요 없어서 닐과 페기는 이미 오래전에 버린 줄 알고 있는 약이었다. 리아에게 먹이기 위해 남겨둔 것이 아니었다. 미국 의사들이 워낙 중요하다고 강조하던 것이라, 마치 더 이상 통용은 안 되지만 가치를 다 잃은 것 같지는 않아서 차마 버릴 수 없는 외국 동전처럼 모셔놓았던 것이다.

푸아와 나오 카오는 그들 말마따나 '몽족의 약'으로 리아를 치료했다. 나오 카오가 설명했다.

"병원에서 주는 약 같은 건 리아한테 먹일 수 없어요. 만일 그랬다간 아이 몸이 완전히 굳어지면서 꽉 잡아맨 매듭처럼 꼬여버리니까요."

그들은 태국에서 수입한 풀뿌리 분말과 주차장에서 기른 약초로 차를 만들어 리아에게 먹였다. 그들의 침실 천장에는 끈으로 매단 스텐 사발이 달려 있었는데 안에는 성스러운 물이 차 있었고 종이 두 장으로 덮여 있었다. 리아의 떠도는 혼을 유인하기 위해 치 넹이 매달아둔 것이었다. 그로부터 몇 주 뒤부터 리아는 손목에 혼을 매어두는 실을 감고 지냈다.

그들이 그토록 싫어하던 항경련제는 더 처방되지 않았고 푸아와 닐이 포옹한 뒤부터 의사들에 대한 푸아의 감정이 거의 애정 어린 것이 되어버렸기에 리 부부도 1년에 한 번은 리아를 MCMC 진료실에 데려갔다.(단 입원실은 이용하지 않았다.) 이제 리아의 문제는 변비, 결막염, 인두염 정도여서 외래 환자로서 잠깐 다녀가면 되는 정도였다. 리아가 약속한 날 오지 못하면 진료실의 고지식한 컴퓨터는 이런 편지를 보냈다.

> 리아 리 씨께
>
> 귀하는 1988년 2월 29일 필립 선생님과의 약속을 지키지 못했습니다. 담당 의사께선 귀하를 진료할 필요가 있다고 하십니다. 머세드 병원 가정의학센터로 전화 문의하시고 다른 날짜를 잡으시기 바랍니다.

리아는 절대 전화를 걸지 않았다. 이제 리 부부가 머세드의 의료진과 마주칠 때는 치 넹처럼 가정방문을 하는 공중보건 간호사가 올 때뿐이었다. 간호사는 처음엔 매주, 그다음에는 매달 한 번씩 오더니 나중엔 1년에 두세 번씩 왔다.

간호사의 이름은 마틴 킬고어였다. 마틴은 덩치가 크고 상냥하며 괴짜인 남자였다. 머세드군 보건과 사람들 중 누드촌에서 휴가를 즐기며 온몸을 그을린 유일한 사람이었을 것이 분명하다. 그는 정치적으로 진보적이고 IQ가 150이며(자기 비하적인 미소를 지으며 그렇게 털어놓은 적이 있다.) 대화 여기저기에 고전문학을 양념처럼 섞어 쓰는 이였다. 그는 리아의 병명인 '저산소성 국소빈혈성 뇌 손상'이란 말만큼이나 자주 리아의 다이몬과 모이라에 대해 이야기했다.(다이몬은 그리스 신화에 나오는 영적 존재이고, 모이라는 운명의 세 여신이다.) 한번은 그가 리 부부와 의료진들의 관계를 시시포스 신화에 비유했다. 마틴의 비유를 닐에게 말해줬더니 닐은 시시포스에 대해 들어본 바 없다고 했다. 산꼭대기까지 바위를 밀어 올리라는 벌을 받았지만 정상에 거의 다다르면 바위가 굴러 떨어져 다시 밀어 올려야만 하는 저주를 받은 사람이라는 설명을 해주자, 닐은 "그거 딱이네!"라며 감탄했다. 나중에 나는 이런 생각이 들었다. 닐은 반사적으로 자신과 시시포스를 동일시했겠지만, 리 부부라면 바위를 미는 사람이 바로 그들 자신이라고 했을 게 틀림없다고.

마틴이 리아와 그 가족을 처음 만난 것은 1985년 봄, 그러니까 리아가 위탁 가정에 맡겨지기 전이었다. 그는 리 부부가 딸에게 테그레톨과 페노바비탈을 제대로 주고 있는지 확인하기 위해 방문했다. (리 부부는 그렇게 하지 않고 있었다.) 그는 앞으로 닥칠 일이 무엇인지 알지 못한 채 다음과 같은 편지를 MCMC에 보냈다.

이런 흥미로운 일을 맡겨주셔서 감사합니다.

그 뒤부터 그가 닐과 페기에게 보낸 (말끔하게 타자 쳐서 격식 있게 쓴) 편지들에는 바위가 거듭해서 굴러 떨어져도 꿋꿋이 산으로 밀어 올리는 그의 노력이 해를 거듭하며 고스란히 드러나 있었다. 이제 그가 제일 우려하는 것은 리아의 변비였다. 부분적으로 리아의 신경 장애가 원인이 되어 위장 기능이 전반적으로 둔화된 탓이었다. 1988년 2월, 리아의 식물인간 상태가 1년 넘게 지속되었을 때, 그는 페기에게 '일주일에 한 번꼴로 리아의 대변이 꽉 찬다.'라고 알렸다. 다음은 보고서적인 재치가 드러나는 모범적인 문장이다.

> 엄마는 메타무실을 열심히 먹이고 있다고 말하지만 병은 꽉 차 있고 먼지가 앉아 있습니다.

한번은 마틴이 가정방문에 함께 가자며 나를 초대했다. 나는 그와 리 부부가 서로를 어떻게 대하는지 궁금했다. 머세드 의료계 종사자 대부분과 달리 마틴은 몽족의 열렬한 지지자임을 자처하는 인물이었다. 그는 머세드에서 내가 만난 그 누구보다도 라오스 비밀전쟁에서 몽족이 어떤 역할을 했는지 잘 이해하고 있는 사람이었으며 지역 신문에 독자들의 편협성을 혹평하는 편지 수십 통을 보낸 적도 있었다. (한 독자는 격분한 나머지 마틴을 총으로 쏴버리겠다고 위협했고 마틴은 전화번호부 이름을 바꿨다.) 마틴은 리 부부를 싫어하지 않았다. 오히려 침팬지보다 자식을 돌볼 줄 모른다며 그가 비난하던 일부 백인 의뢰인들보다 좋아했다고 해야겠다. 그는 리아를 위탁가정에 보내기로 한 닐의 결정이 못마땅해 직업상의 객관성을 저버리고 나오 카오에게 이렇게 말하기도 했다.

"미스터 리, 미국에선 이런 일을 당하면 변호사를 구합니다."

나는 리 부부와 말이 통하는 사람이 있다면 그게 마틴일 것이라고 생각했다.

마틴과 그의 통역자인 쿠아 허가 리 부부의 아파트에 도착했을 때, 푸아는 바닥에 꿇어앉아 리아에게 젖병으로 물을 먹이고 있었고 나오 카오는 부인 옆에 팡을 안고 앉아 있었다.

"안녕하세요, 미스터 리!"

마틴이 쩌렁쩌렁 울리는 소리로 인사했다. 나오 카오는 카펫이 깔려 있는 바닥만 바라볼 뿐 아무 말이 없었다. 마틴은 바닥으로 몸을 낮추고 말했다.

"자, 미스터 리, 지금 딸이 먹고 있는게 뭐죠? 액체로 된 것인가요?"

나는 막자사발에 으깬 닭고기와 돼지고기에 대해 푸아와 나오 카오가 마틴에게 얘기하지 않은 걸 알고는 놀랐다. 작고 성실하고 겸손한 남자인 쿠아 허는 마틴의 질문을 거의 들리지 않는 목소리로 통역했다. 그는 마틴이 하는 질문들을 영어에서 몽어로, 그리고 리 부부의 대답을 몽어에서 영어로 전부 그런 목소리로 통역했다.(또는 통역해보려고 애썼다.)

푸아가 뭐라고 웅얼거렸다. 그러자 쿠아는 "아주 부드러운 음식이라네요."라고 했다.

마틴이 말했다.

"음, 리아의 체중이 늘지도 줄지도 않는다는 건 증명이 됐습니다. 그러니 어떤 걸 먹이든 영양적으로는 확실히 괜찮다고 할 수 있겠지요."

이어서 그는 아무 설명 없이 리아의 발바닥을 간질이기 시작했다. 엄지발가락이 얼마나 반응하는가로 중추신경계가 얼마나 손상됐는지 알아보는 바빈스키 반사 테스트를 한 것이었다. 이윽고 그는 리아의 배에 청진기를 댔다. 그러자 리아는 늑대 울음 같은 소리를 내기 시작했다. 푸아는 리아한테 볼을 맞대고 "쯧쯧쯧" 하며 어르는 소리를 냈다. 마틴이 말했다.

"장이 움직이는 소리가 나는지 보는 거예요. 장 움직이는 소리가 거의 안 나네요. 그러면 이번엔 가슴 소리를 들어보죠. 폐는 좋네요. 자, 그건 그렇고요. 지난번에 제가 체온을 매일 재면 왜 좋겠는지 설명했지요. 다른 문제가 생기기 시작하는지 알아볼 수 있으니까요. 기억하고 계실까요?"

쿠아가 말했다.

"그렇대요. 매일 하고 있다고."

마틴은 만족스런 표정을 지었다.

"그럼 평상시 체온이 얼마나 되지요?"

"30도나 40도 정도래요."

그 말에 마틴은 잠시 어쩔 줄 모르다 말을 이었다.

"아, 그럼 이번엔 맥박으로 넘어가보죠."

그는 리아가 손목에 찬 혼을 매어두는 실들 사이로 손가락을 밀어 넣었다.

"자, 맥박을 재어볼게요. 100이네요. 엄마가 매일 재는 게 좋습니다."

"엄마가 맥박을 잴 줄 모른다고 하네요."

쿠아가 말했다.

"어, 그냥 손가락을 여기 대고 시계를 보면서 1분 동안 재면 돼요."

하지만 푸아는 시계도 없었고 1분이 뭔지도 몰랐다.

이때 당시 세 살이던 여동생 팡이 리아의 가슴에 달려들었다.

"그럼 안 돼. 놀기 좋은 다른 애가 있을 거야."

마틴은 영어를 한마디도 할 줄 모르는 팡에게 말했다.

"쿠아, 두 분한테 다른 아이들을 조심시키는 게 좋다고 말해줘요. 리아는 인형이 아니니까."

그는 기침을 한 번 하더니 말했다.

"자, 그럼 배변 문제로 넘어가봅시다. 리아가 제 힘으로 대변을 볼 수 있나요, 아니면 먼저 약을 줘야 하나요?"

리 부부가 때때로 사용하던 둘코락스 정을 말하는 것이었다. 몽족은 완하제를 항생제처럼 호의적으로 받아들였다. 작용이 빠르고 분명하고 부작용이 없어 보이기 때문이었다.

"변이 나오게 하려고 약을 쓴다고 하네요."

"네, 그런데 그런 약은 평상시엔 안 쓰는 게 훨씬 좋습니다. 그보다는 메타무실 같은 섬유질을 먹이는 게 좋습니다. 계속해서 약을 먹이면 리아가 자기 힘으로 장을 비우는 능력을 잃게 돼서 약에 의존하게 되니까요."

이 말을 쿠아가 통역해주자 푸아와 나오 카오는 그를 빤히 쳐다보기만 했다. 그들은 4년이란 세월 동안 딸에게 주기 싫은 약들을 주라는 소리만 들어왔었다. 그런데 이제는 그들이 주기 '바라는' 약을 주지 '말라고' 말하고 있었다. 마틴이 말을 이었다.

"두 분한테 제 할아버지 얘기를 들려주고 싶군요. 할아버지는 말년에 20년 동안이나 엡섬염을 드셔야 했어요. 그런 완화제는 한 번 먹기 시작하면 끊을 수가 없으니까요. 두 분이 엡섬염을 아실까요? 보기만 해도 끔찍한 물질이지요. 황산마그네슘이거든요."

쿠아는 난처한 표정을 지었다. 나는 그가 황산마그네슘을 어떻게 통역했는지 알 수 없었다.

"그래서 제 영혼을 과거로 보내서 할아버지한테 말할 수 있다면 저는 이렇게 말하겠어요. '할아버지, 제발 시작하지 마세요! 그것 말고 메타무실을 드세요!' 메타무실을 영양액에 타서 먹이진 마세요. 아시겠죠? 영양액은 주로 우유예요. 우유는 변비의 주범이고요. 차라리 접착제를 먹이는 게 낫습니다. 메타무실을 프룬 주스에 타서 먹이는 게 좋아요, 아시겠죠? 프룬 주스를 마시면 막힌 게 뻥뻥 뚫려요. 잠수함 잡는 어뢰 폭탄 노릇을 하지요. 그런데 두 분이 프룬 주스가 뭔지 아실까?"

그들은 분명코 몰랐고 쿠아 역시 몰랐다. 이쯤 되자 쿠아는 몽족 말 사이사이에 프룬 주스를 끼워 넣어가며 통역하는 수밖에 없었다. 그가 어뢰 폭탄은 어떻게 통역했는지 생각하지 않는 게 나을 것 같았다. 마틴이 이어 설명했다.

"자두로 만든 주스를 말하는 거예요. 자두를 따서 말린 다음에 즙을 낸 것이죠. 두 분이 가게에 가서 찾아보기 좋게 제가 써드리죠."

그는 노란 종이에다 큼지막하게 다음과 같이 썼다.

프룬 주스

나오 카오는 종이를 받아들고는 멍하니 쳐다볼 뿐이었다. 글자야 읽을 수 있다 치더라도 프룬이 뭔지 알 수가 없었다.

"궁금한 게 하나 있어요."

마틴이 말했다.

"리아가 손목에 띠 같은 걸 차고 있던데 얼마 전에 몽족과 그 종교에 관한 책을 보다가 궁금해지더라구요. 그 띠가 리아의 상태와 신앙적으로 무슨 상관이 있는지 설명해주실 수 있을까요?"

리 부부의 표정은 갑자기 닫혀버린 문처럼 굳어졌다.

"그런 것에 대해서는 아무것도 모른다고 하네요."

쿠아가 말했다.

하지만 그들은 요전 날 밤만 해도 혼을 훔쳐가는 '다'에 대해 한 시간을 얘기하지 않았던가! 그때 메이 잉이 집에 가야 하지만 않았다면 두 사람은 한 시간도 더 이야기하려 했을 것이다. 그런데 오늘은 어찌된 일인가? 개방적이고 활달하고 수다스럽던 내 친구들이 권위적이다 싶은 사람을 만나 식물인간처럼 돼버렸다. (물론 마틴은 그들을 강압적으로 대할 바엔 차라리 직장을 그만둬 버릴 터이다.) 그들은 마틴이 온 뒤로 스무 마디도 하지 않았다. 소리 내어 웃기는커녕 미소를 짓지도, 눈을 마주치지도 않았다. 그러자 나는 이런 생각이 들었다. 닐과 페기가 몇 해 동안 대해온 사람들이 바로 '이런' 이들이었다. 그러니 지닌 말고는 모두가 그들을 도무지 말이 안 통하는 바보들로 볼 '만'도 했다. 물론 마틴 역시 그렇게 유식하면서도 그들 앞에서는 쩔쩔매는 꼴이 돼버리곤 했다. 마치 이 저주 받은 관계에서는 양쪽 다 상대방의 황금을 불순물로 만들어버리는, 연금술의 반대 과정을 거치는 듯했다.

"자, 그럼 이게 오늘 우리가 할 수 있는 최선인 것 같습니다."

그 말과 함께 마틴은 힘겹게 바닥에서 일어났다.

"두 분이 제가 적어준 쪽지를 가지고 있으니 프룬 주스를 구할 수 있겠죠. 구하고 나면 제가 더 설명을 해드리죠. 안녕히 계세요, 미스터 리. 안녕히 계세요, 미시즈 리."

우리는 마틴의 차 쪽으로 걸어갔다. 쿠아는 말없이 열 걸음쯤 떨어져 따라왔다. 마틴은 인상을 찌푸렸다. 그는 이번 방문이 아주 잘못됐다는 걸 알았지만 딱히 무엇 때문인지는 알 수가 없었다. 정중하지 못했던 걸까? 리 부부의 신앙에 흥미를 보인 게 몽족 문화에 대한 불경인 걸까? 그들이 잘못했다 싶어도 비판해선 안 됐는데 그러지 못하기라도 한 걸까?

"전 최선을 다했어요. 제가 얼마나 참으면서 일일이 다 설명하는지 보셨죠?"

그는 길고 느리게 한숨을 쉬었다.

"할 수 있는 한 최선을 다하고 있어요. 어떤 날엔 리아가 그리스 비극의 인물 같다는 생각을 하곤 합니다. 이를테면 에우리피데스의 작품에 나오는 인물요. 안 그런 날엔 음…… 메타무실 같은 것만 생각하죠, 뭐."

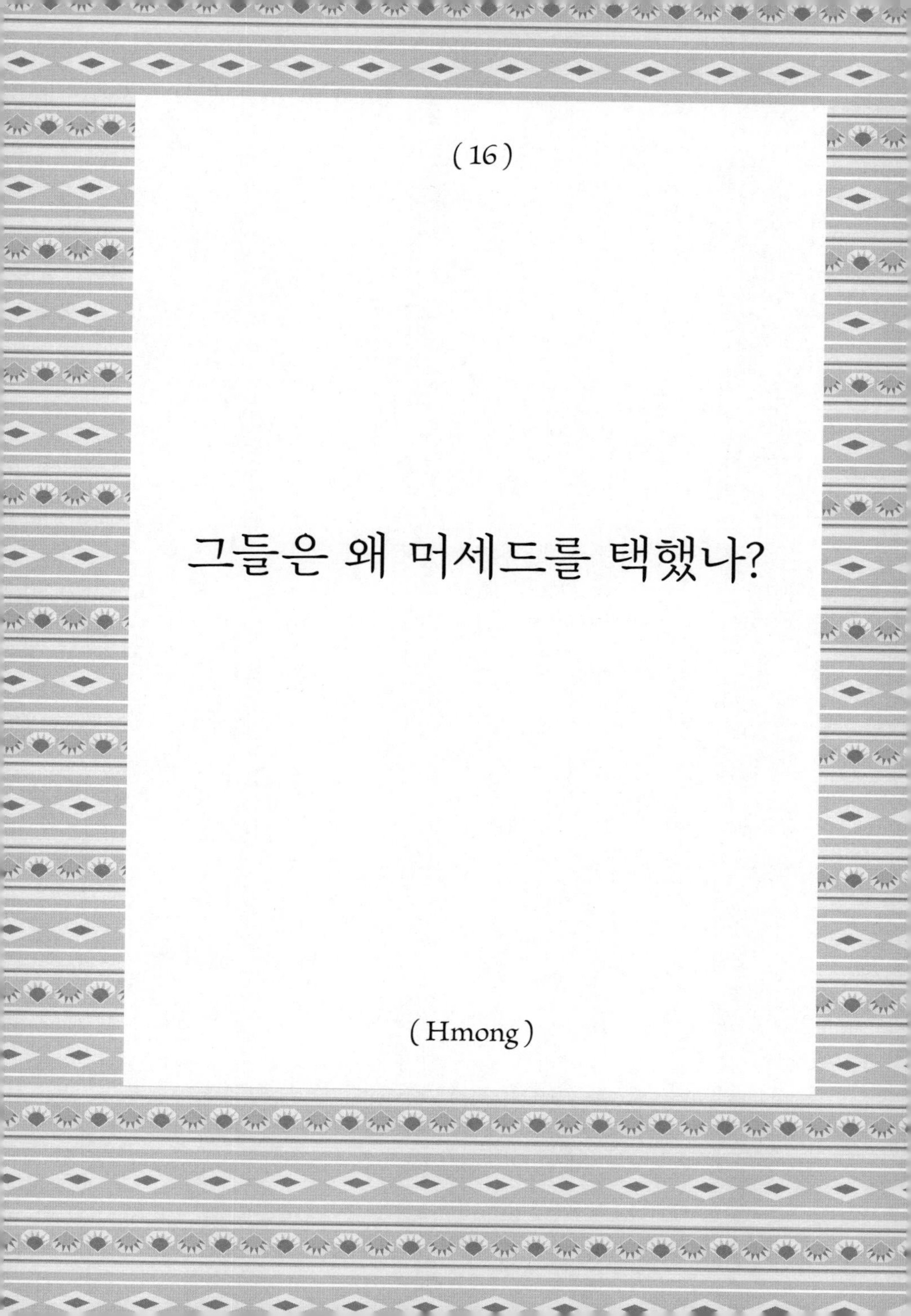

(16)

그들은 왜 머세드를 택했나?

(Hmong)

리 부부를 만나기 몇 달 전 머세드에 처음 온 날, 나는 빌린 차를 몰고 몽족을 찾느라 빙빙 돌고 또 돌았다. 빌 셀비지가 머세드 주민의 6분의 1은 몽족이라고 말했기 때문에 그 엄청난 통계치를 믿고 이곳을 찾아온 것이었다.

그가 잘못 알았나 싶었다. 베어크릭 북쪽에 있는 큰 가로수 길에서 유모차를 밀고 다니고, 오래된 중심가에서(세련된 가게들은 외곽의 머세드 몰로 다 옮겨갔다는 사실을 나는 아직 모르고 있었다.) 픽업트럭을 고속으로 몰고 다니는 사람들은 하나같이 영화 「청춘 낙서」◆의 인물들처럼 미국적이었다. 나는 R가에 있는 엑슨 주유소에 들러 앞 유리를 닦아주는 프랭크란 사람에게 몽족이 어디 사는지 아느냐고 물어보았다. 프랭크가 말했다.

"저기 기차길 건너편에 드글드글해요. 몽족이 너무 많아서 잘 다니지도 못할 정도예요. 그 인간들이 엄청 많다는 건 확실히 알겠는데 왜 여기로 왔는지는 모르겠어요. 왜 머세드를 택했는지 모르겠단 말이죠."

그러더니 머세드군의 어느 호수에서 무면허로 낚시를 하다 잡힌 몽족

◆ 「스타워즈」로 유명한 조지 루카스 감독의 1973년 작으로, 1960년대 초 미국 베이비붐 세대의 10대 시절을 향수 어린 시선으로 그려냈다.—옮긴이

몇 사람 얘기를 해줬다.

"경찰이 오자 그들은 무릎을 꿇었어요. 처형당할 줄 알았던 거지!"

그는 고개를 젖히며 껄껄 웃었다.

나중에 마틴 킬고어는 이런 '멍청한 몽족 이야기'가 유감스럽게도 머세드 농촌 사회의 주된 농담거리가 되어버렸다고 내게 말했다. 그들 중 일부는 센트럴밸리 지역에서 100년도 넘게 뿌리 내리고 산 사람들이었다. 마틴이 말했다.

"프레즈노 촌사람들이 아르메니아 사람들에 대한 인종적인 우스개를 만들어내지요. 스타니슬라오에선 그 대상이 포르투갈 사람들이고 여기선 몽족이에요."

들리는 말에 따르면 어떤 몽족 엄마는 경찰에게 "당신 아이가 못된 짓을 하면 TV에다 묶어두면 된다."라는 말을 듣고 곧이곧대로 했다. 어떤 몽족 농민은 사람 똥을 거름으로 썼다. 어떤 몽족 세입자는 옆방에 있는 친척과 말을 주고받으려고 벽에다 구멍을 뚫었다. 어느 몽족 대가족은 침실이 하나 딸린 아파트 2층에 살았는데, 어느 날 아래층에 사는 미국인 부부가 천장에서 물이 샌다고 불평했다. 건물 주인이 알아보니 위층에 사는 몽족 가족이 전부 침실에서만 지내고 거실바닥을 온통 흙으로 덮고는 채소를 심고 물을 주더라는 것이었다.

이런 이야기들이 사실인지 아닌지 누가 알겠는가? 프랭크와 같이 친절한 사람들도 편견을 가질 수밖에 없는 분위기에서 그게 무슨 대수겠는가? 몽족의 속담대로 '구멍 난 그릇은 다 틀어막아도 사람 입은 못 틀어막는 법'인 것이다. 지난 한 세기 반 동안 센트럴밸리 지역에는 외국에서 태어난 정착민들의 물결이 뜻하지 않게 계속 이어졌다. 멕시코인, 중국인, 칠레인, 아일랜드인, 네덜란드인, 바스크인, 아르메니아인, 포르투갈인, 스웨덴인, 인도인, 그리스인, 일본인, 필리핀인, 예멘인, 동인도인이 그들이다. 이들 민족은 제각각 맞춤식 외국인 혐오증을 한바탕 불러일으켰다. '멍청한 몽족 이야기'는 가장 최근의 유행일 뿐이었다.

1880년대에는 '머세드 중국인 반대 협회'가 비슷한 일을 했다. 머세드강에서 사금 채취를 하거나, 센트럴 퍼시픽 철도를 놓으러 왔다가 정착해서 베어크릭 근처에 있는 벽돌 공장에서 일하거나, 14번가에서 팬탠 노름방을 연 화교들에 대한 반발이었다. '머세드 일본인 반대 협회'도 마찬가지로 1920년대 일본인 농민들을 쫓아내려고 했다. 제2차세계대전이 끝나기 직전, 강제수용소에 억류된 일본계 미국인들을 살던 집으로 돌아가게 해줄 것인지 결정하는 투표에서 찬성보다 반대가 200배나 높았던 것도 같은 정서에서 비롯된 것이었다.

나는 프랭크가 가르쳐준 대로 센트럴 퍼시픽 철도를 건너갔다. 이 화물 열차 선로는 머세드 남부를 가르는 16번가와 나란히 놓여 있었다. 이 부근은 원래 차이나타운이었다가 1950년 99번 고속도로를 내느라 헐린 지역이었다. 철길을 건너가자 과연 모두가 몽족이었다. 그때 처음으로 몽족을 보게 되었다. 우중충한 2층짜리 아파트 단지 앞에서는 한 무더기의 아이들이 서로 잡기 놀이를 하고, 공을 차고(축구는 반 비나이에서 배웠다.), '취(txwv, 일종의 공기놀이)'를 하고 있었다. 주차장에는 자동차보다 약초 화분이 더 많았고 열대우림 같은 동네 밭에는 청경채와 여주, 레몬그라스가 무성했다. 동네 식품점에서는 수아 허와 아내인 이아 무아가 20킬로그램들이 쌀자루와 메추리알, 오징어채, 지역 몽족 밴드의 카세트테이프, 파 응도 장식용 금속, 두통 다스리는 파스, 멍이 든 데 바르는 끈끈한 연고, 열 다스리는 장뇌 연고, 달여 먹으면 해산한 여자의 죽은 피가 빠진다는 향 좋은 나무 조각을 팔았다.

당시에는 몰랐지만 미국에서 몽족이 가장 집중된 곳에 발을 디딘 것이었다. 프레즈노나 미니애폴리스-세인트폴 일대에 몽족 인구가 더 많긴 하지만, 머세드의 몽족은 전체 인구 대비 비율이 훨씬 높았다. 내가 처음 머세드에 도착했을 때는 (빌 셀비지가 단언한 바와 같이) 머세드 사람 여섯 중에 하나가 몽족이었고 지금은 다섯 중에 하나가 됐다. 몽족이 많다 보니 바야오 무아가 말하듯 "비엔티안보다 여기서 몽족 문화를 지키는 게 더 쉬워"졌다.

때때로 나는 센트럴밸리의 다른 도시들(프레즈노, 비살리아, 포터빌, 머데스토, 스톡턴, 새크라멘토, 메리스빌, 유바시티)이 머세드의 교외에 불과한 게 아닌가 하고 생각했다. 몽족 가정은 언제나 친척들을 방문하러 이 도시 저 도시로 차를 몰고 가곤 했는데 밸리 지역에서 다른 곳으로 이사를 갔을 경우 문중 모임이 있으면 대부분 머세드에서 모이곤 했다. 라오스에서 주변의 위성 마을에 살던 사람들이 일이 있으면 고향 마을로 돌아오는 것처럼 말이다.

머세드엔 열네 개 몽족 문중이 있어서(쳉, 팡, 항, 허, 콩, 쿠, 리, 로, 무아, 타오, 방, 부, 숑, 양) 젊은이들은 족외혼 전통에 맞는 배우자를 찾는 데 아무 문제가 없었다. 조금만 둘러봐도 병을 가져오는 '다'와 교섭을 하는 치 넹을, 약탕 달이는 약초 치료사를, 분쟁을 중재하는 집안 어른을, 죽은 사람의 혼이 열두 하늘을 거쳐 저세상으로 갈 수 있도록 절절한 소리로 인도하는 껭 연주자를 발견할 수 있었다.◆ (껭은 원래 대나무 관 여섯 개로 만들지만 머세드에서는 대나무를 구하기 힘들어 PVC 파이프를 이용하기도 한다. 플라스틱으로 만들어도 연주만 잘하면 혼이 소리를 따라가는 데 문제가 없다고 한다.)

인류학자 에릭 크리스털은 《머세드 선스타》 기자와의 대담에서 J가의 K마트에서 몽족 말이 들리는 것이 얼마나 특별한 일인지를 얘기한 적이 있다. 15년 전만 하더라도 서구 세계 어디에서도 그런 말을 듣는 것 자체가 불가능했던 것이다. 크리스털은 아이디어와 열정이 넘치는 자유 언론 활동가로, 대화를 한다기보다는 열변을 토해내는 스타일의 사람이었다. 그는 머세드의 몽족 지역사회를 연구했으며 몽족의 생활도구(채소 담는 소쿠리, 아편 수확용 칼, 샤먼의 모자 등) 전시회를 열기도 했다. 내가 UC 버클리에 있는 크

◆ 껭이 대나무든 플라스틱이든 듣는 이에게 '말'을 한다는 것(이를테면 망자의 혼에게 길을 가르쳐 준다는 것)은 비유가 아니다. 여섯 개의 관 중에 네 개가 몽어의 성조를 나타내기에 껭 소리를 알아듣는 법을 배운 사람은 그 노래를 해석할 수 있다. 서구식으로 몸과 마음을 구분하거나 의료와 종교를 구분하지 않듯이 몽족은 언어와 음악도 나누지 않는다. 그들의 언어는 음악적이며, 음악은 언어적이다. 몽족의 모든 시는 노래다. 말하는 갈대라 불리는 다른 악기들도 말과 가락의 경계를 허문다. 잎이란 뜻의 '응플롱(nplooj)'은 나뭇잎(대개 바나나 잎)을 말아서 입에 물고 불어서 떠는 소리를 내는 악기인데 이때도 음의 높낮이를 달리해 단어의 성조를 표현한다. 몽족의 모든 악기 중에서 가장 시적인 것은 '응카(ncas)'이다. 이는 작은 놋쇠붙이로 입에 물고 손가락으로 튕겨 소리내는 구금이다. 이 악기는 본래 연인들이 썼다. 라오스에서는 청년이 애인의 집 밖에서 부모가 듣지 못하게 응카를 연주하곤 했다. 청년은 달콤한 말로 구애를 하다 가장 결정적인 구애를 할 때면 부끄럽기도 하고 감상에 젖기도 하여 응카를 쓰곤 했다. 처녀는 청년을 좋아하면 자신의 응카를 꺼내 화답했다. 처녀의 반응이 없으면 청년은 처녀한테 구애를 한 게 자신이 아니라 자신의 악기였다며 거절당한 아픔을 달랬다. 현재 머세드에서 껭 연주자는 찾기 쉬우나 구애의 수단으로 응카를 쓰는 일은 사라져가고 있다.

리스털의 사무실에 찾아가서 머세드에 산다고 했더니 그는 너무 반가워하며 의자에서 펄쩍펄쩍 뛰다시피 했다.

“정말 좋으시겠네요! 제가 그런 곳에 산다면 저는 늘 몽족하고만 돌아다닐 거예요! 제가 머세드를 아주 좋아하거든요. 몽족이 까다롭지 않아서 그런 게 아니에요. 실은 ‘대단히’ 까다로운 사람들이지요. 제가 처음 거기 갔을 때 그 사람들은 꽤 적대적이었어요. ‘당신이 뭘 원하는지 알기나 해? 당신 도대체 자기가 어떤 사람인 줄 모르는 거야? 꺼져버려!’ 뭐 그런 식이었지요. 미엔 사람들은 누가 관심을 보이면 함께 앉은 지 2분밖에 안 됐는데도 자기 집에 와서 살라고 해요. 캄보디아인들도 캄보디아에 관심을 보이면 참 좋아하지요. 그런데 몽족은 계속해서 시험을 해요. 대신에 그 시험을 통과하면 환상적으로 잘해주지요. 몽족은 이 세상에서 가장 잘 짜여 있고 가장 응집력이 강한 사회를 이루고 있어요. 지도층의 통솔력이 최상이고, 서로 잘 돕고, 민족 정체성을 지키는 데 헌신적이며, 자신들만의 장소에 대한 의식이 이 세상에서 가장 강하기도 하지요. 그런 것들을 머세드에서 다 확인할 수 있어요. 그곳 몽족들은 자신들이 몽족이라는 사실에 자부심이 정말 대단해요.”

나는 머세드에서 오래 지낼수록 자주 이런 질문을 하게 되었다. 왜 ‘이곳’일까? 어떻게 1만 명 이상의 사람들이 라오스의 산마을에서 ‘요세미티 치과의사협회 스마일 콘테스트’나 ‘롬프 앤 스톰퍼스 스퀘어 댄스’가 열리는 이곳에 와서 살게 된 걸까? 어떻게 입주자 환영 선물 꾸러미에 (몽족은 달라고 한 적 없는) 아카펠라 동호회나 목각 인형 워크숍 홍보 전단지가 들어 있고, 해마다 열리는 군 축제 때 ‘베스트 우량아’나 ‘베스트 레몬파이’,

'베스트 암소' 상을 주는 이곳에서 살게 되었을까?

프랭크가 던진 질문처럼 "왜 그들은 머세드를 택한 것일까?"라는 질문에 대한 답이 하나로 압축된다는 것을 서서히 알게 되었다. 그것은 '당 무아'였다. 프랭크가 당을 모른다는 건 어찌 보면 다행스러운 일인지도 모른다. 그는 일에 지칠 줄 모르는 식품점 주인이자 통역자이자 돼지 기르는 농장주이며 한때는 비엔티안의 미국 대사관에서 사무원 겸 타자원까지 했었다. 프랭크는 당 무아와 머세드의 관계가 개척자 다니엘 분과 켄터키 또는 피리 부는 사나이와 그가 아이들을 이끈 코펠베르크 언덕의 관계와 같다는 것을 안다 해도 별로 감사해하지 않을 것이다. 그보다는 당이 믿을 수 없을 정도로 아메리칸 드림을 충실히 좇는 것을 보고 혀를 내두를 것이다.

당이 설립한 통역 및 연락 창구 역할을 해주는 사무소인 '캘리포니아 맞춤 사회 서비스'에 있는 그의 방에 내가 처음 갔을 때, 그는 전화를 하고 있었다. 그는 몽족 말로 빠르게 말하다가 이따금씩 마땅한 대응어를 찾을 수 없을 때는 '커뮤니케이션 부족'이니 '신청서'니 '은행 지점장'이니 '이해 충돌'이니 하는 말을 영어로 했다. 당은 얼굴이 둥글고 체구가 단단한 사람으로 침착하고 권위 있는 CEO의 분위기를 풍기는 이였다. 그는 알람 시간을 알려주는 큼직한 전자시계를 차고 D라고 쓰인 굵은 금반지를 끼고 있었다. 명함은 빨강, 하양, 파랑으로 된 것이었다. 상업적인 애국심은 집안 내력인 게 분명했다. 당의 사무실 바로 옆방을 쓰는 사촌 무아 키는 주로 몽족에게 귀화 시험에 대비해 콜롬버스와 최초로 성조기를 만든 벳시 로스, 양원제의 장점을 가르치는 것으로 가족을 부양했다. 당은 희생제의용 돼지를 길렀지만 영적인 신조에 대해 선택적이었으며 편의에 따라 '다'의 존재를 무시했다.

"나는 다종교 신자라고 할 수 있어요. 내가 귀신을 믿지 않는 건 귀신의 보스가 되고 싶기 때문이지요. 귀신을 무서워하면 귀신이 우리의 보스가 되어버려요."

당 무아의 보스는 당 무아밖에 없을 것이라는 건 확실했다. 당 무아와 그 가족은 전에 버지니아주 리치먼드에 살았고, 그곳에 사는 유일한 몽족 가정이었다. 그들은 1976년 초 미국에 온 지 얼마 안 되어 처음으로 눈을 구경했다. 그때 당은 밤새 누가 와서 온 나무에다 소금을 뿌린 줄 알았다고 했다. 그는 아침 9시부터 저녁 6시까지, 그리고 밤 9시부터 새벽 6시까지, 하루 열여덟 시간을 일했다. 그렇게 한 일은 신문 접는 일이었는데 5개 국어를 구사하는 그의 능력을 전혀 살리지 못하고 "졸려 죽도록" 피곤한 노동이었다. 그는 그 일을 계속했다간 "3년 만에 죽을 게 뻔해 보였다."라고 했다. 그때 그가 받은 급여는 시간당 2.90달러였다. 그는 짬이 나면(그게 언제였는지 늘 궁금하지만) 리치먼드 도서관에 가서 다른 주들의 기후나 토양, 작황에 대한 자료를 읽었다. 그러다 남부 캘리포니아에 사는 형제가 센트럴밸리 지역이 기후가 좋으며 다양한 인종이 산다는 얘기를 해주었다. 또 몽족 사이의 풍문으로 방 파오 장군이 머세드 인근에 큰 과수 농장을 사들일 계획을 세웠다는 이야기를 듣고 마음을 굳히게 되었다. 그가 당시를 떠올리며 말했다.

"그래서 1970년산 수동식 호넷 승용차를 550달러에 샀지요. 그리고 미국인 교회 후원자한테 말했어요. 내일이면 캘리포니아로 떠난다고요. 그랬더니 그 사람이 깜짝 놀라요! '보세요, 거긴 강도도 많고 지진도 나고 하는 곳이에요.' 하지만 내 마음은 이미 정해졌다고 말했죠. 그러니까 그는 그 차로는 안 되니 6기통 체로키 지프를 주겠다고 해요. 내가 말했죠. '고맙지만 내가 당신 차를 받으면 신세를 지게 됩니다.' 그러니까 그 교회 사람들이 얼마나 서운해하던지. 다음 날 아침 향을 피우고 조상님들한테 무사히 여행할 수 있게 해달라고 기도를 했죠. 그러자 후원자가 하는 말이 '기도는 주님한테 해야죠!' 내가 말했어요. '당신네 주님께서 날 이 미국에 데려와서 얼마나 고생을 시켰는지 몰라요.' 그러고서 밖에다 물 한 그릇, 밥 한 그릇 떠놓고 산신님한테 기도를 하는데 눈물이 막 나와요. 내 평생 울어본 적이 없었지요. 태국에 갈 때도 안 울었어요. 그런데 원, 그땐 눈물이 그렇게 나더라고요. 난 또 이렇게 말했어요. '나는 키는 작아도 어엿한 어른입니다. 내 계획대로 해야겠습니다.'"

당 무아는 옷이며 솥이며 접시며 텔레비전 등을 차에 가득 실었다. 차 뒤쪽 범퍼는 거의 바닥에 닿고 앞 범퍼는 너무 들려 앞이 안 보일 정도인 상태로, 당은 가족을 태우고 태양을 따라 40번 고속도로를 이틀 동안 달렸다. 머세드에 도착했을 때 남은 돈은 34달러뿐이었다. 때는 1977년 4월 중순, 하늘은 너무 맑아 서쪽으로 코스트산맥이 보이고 동쪽으로 시에라네바다산맥이 보였다. 공기는 아몬드 나무 꽃향기로 향긋했다. 머세드의 여름은 오븐 같은 찜통이었고, 겨울이면 저수지에서 찬 안개가 밀려들었다. (예전에 푸아는 거기 사는 '다'가 자기를 붙들고 집까지 따라왔다고 말한 적이 있다.) 하지만 봄철의 센트럴밸리는 (존 스타인벡의 작품 속 조드 가족이 오랜 여행 끝에 광활한 푸른 들판에 다다랐을 때 한 말처럼) "더럽게 아름다운 곳"이었다. 잘 익은 복숭아와 무화과가 끝없이 펼쳐져 있었고(그래서 당은 과일 따는 일자리를 얻었다.) 덫으로 쉽게 토끼와 다람쥐를 잡아서 요리해 먹을 수 있었다. 도시는 깨끗하고 조용했는데 1872년에 놓인 센트럴 퍼시픽 철도 때문에 길들이 반듯반듯 놓인 덕분이었다. 여기엔 거지도 부랑자도 없었다. 볼링장처럼 평평한 잔디밭이 펼쳐져 있고 해발 50미터밖에 안 되어 고산민족 출신의 거주지로 삼기엔 좀 이상하긴 했지만 리치먼드보다는 훨씬 나았으며 당의 친족들이 살던 하트퍼드나 디트로이트의 슬럼보다는 말할 것도 없이 나았다. 사람들 대부분에게 머세드는 어딘가에서 어딘가로 차를 몰고 가는 도중 잠시 거쳐 지나가는 곳이었지만 라오스에서 태국을 거쳐 버지니아를 지나 캘리포니아까지 오느라 지친 당에게 이곳은 그토록 바라던 종착점이었다.

과수 농장을 사려던 방 파오의 계획은 결국 실패로 돌아가고 말았다. 난민들이 몰려들지도 모른다는 군민들의 불안을 군 감사위원회가 받아들인 것도 있고 장군이 계약서에 서명하기 전날 밤 불길한 꿈을 꾼 탓이기도 했다. 그럼에도 불구하고 머세드와 센트럴밸리 나머지 지역에 대한 호의적인 소문은 미국 전역에 있는 불만 많던 몽족 사회에 퍼지고 말았다. 결국 동부에서부터 다 찌그러진 차들의 행렬이 이어지게 됐다. 처음엔 찔끔찔끔 이어졌지만 곧 홍수를 이루기 시작했다. 에릭 크리스털이 당시를 떠올렸다.

"한마디로 대단했지요! 아칸소 번호판 같은 게 길거리에 막 보이기 시작했어요. 말 그대로 사방에서 쏟아져 들어오는 것 같더라니까요! 머세드는 지금도 믿기지 않을 정도지만 그땐 '훨씬' 더했어요."

이 지역에 살면서 세금을 내는 주민이 아닌 인류학자의 입장에서는 머세드의 몽족에 열광하기가 확실히 더 쉬울 것이다.

"일자리를 구해 저금을 하면 논밭을 조금이라도 살 수 있을까요?"

영화 「분노의 포도」에서는 톰 조드의 질문에 이런 대답이 돌아왔다.

"안정된 일자리를 구할 수는 없을걸."

몽족이 그랬다. 그들은 영어도 못하고 경험도 없었기에 농사와 관련된 제일 나은 일자리를 구할 수 없었으며 멕시코 이민자들이 이미 꽉 차 있어서 제일 못한 일자리조차도 구할 수 없었다. 처음《머세드 선스타》는 새로 온 주민들을 외국 손님 대하듯 하면서도 '몽'이란 단어를 지도나 사전에서 찾아볼 수 없었기 때문에 활자화하기를 꺼렸다. (지역 기자들은 몽족을 '라오스인'이라 불렀고 당 무아가 구사하는 5개 국어는 '지역 방언, 라오스어, 태국어, 프랑스어, 영어'가 됐다.) 하지만 몽족은 이내 신문 헤드라인을 장식하기 시작했다. 그리고 그들을 지칭하는 관례어는 '난민'이었다.

"난민이 제한된 복지 서비스를 바닥내다", "난민 학생들로 학교 과밀", "주정부 빈약한 난민 예산 지원에 감사위원회 분개", "난민 지원에 더 많은 예산 필요".

더 많은 예산이 필요했던 이유는 1980년대 초에 시작되어 현재◆까지 지속되고 있는 머세드 지역의 경제 위기 때문이었다. 머세드는 지난 30년 동안 캘리포니아주 쉰여덟 개 군 중에서 일인당 소득이 35위에서 53위를 오가는 수준이었다. 하지만 몽족이 오기 전까지는 그나마 견딜만했다. 몽족이 몰려든 것은 마침 전국적인 경기 후퇴와 더불어 연방정부 및 주정부의 복지 예산 삭감과 시기적으로 겹쳤다. 현재 머세드군의 몽족 가운데 79퍼센

◆ 집필 당시인 1997년.—편집자

트가 생활보호대상자로, 군 내 다른 주민들의 경우 18퍼센트인 것과는 대조적이다.

1995년 머세드는 원치 않게 같은 주의 다른 어느 군보다 복지 수혜 인구가 많은 곳이 되었다. 복지비의 절반은 연방정부가 부담하고 주정부는 47.5퍼센트를, 머세드군에서는 2.5퍼센트를 부담한다. 이 2.5퍼센트는 수치상으로는 얼마 안 되는 것 같지만 실제로 매년 거의 200만 달러에 달하는 액수이고(1980년에 비해 2.5배나 많은 금액이기도 하다.) 여기에 추가되는 행정 비용이 100만 달러 정도이다. 군에서는 다른 곳의 재정 지출을 감당하는 동시에 수백만 달러를 확보하려다 보니 그만한 희생을 감수해야 했다. 이를테면 도서관 세 곳을 폐쇄하고, 스물네 개 공원 중에 스물한 개의 유지 보수를 중단하고, 공석인 보안관 자리 다섯 개를 계속 비워두고, 군 판사 여섯 명 전원의 담당 건수를 늘려야 했다. 또 보호관찰과 직원 수를 줄이고, 도로 정비 건수를 줄이고, 문화 예술 예산을 삭감하고, 소방 관련 부서들을 전부 주 산림국 소속으로 이전해야 했다. 더구나 발의 상태인 복지 개혁 법안이 수정되지 않고 통과될 경우 문제는 더욱 악화될 수밖에 없었다. 연방정부의 예산이 삭감되면 줄어든 예산의 일부를 군에서 메워야만 하기 때문이다. 나는 개혁 법안도 수정되지 않고 머세드 인구 구성비도 변하지 않으면 어떻게 될지 군 사회복지사에게 물어봤다. 대답은 이랬다.

"파산이죠, 뭐."

물론 머세드의 재정 위기에 오직 (또는 주로) 몽족의 책임만 있는 건 아니다. 머세드의 복지 혜택 수급자 중에는 백인과 히스패닉도 아주 많다. 다만 그들이 몽족에 비해 덜 두드러지고 덜 빈축의 대상이 되는 이유는 인구

수에 비해 수급자가 차지하는 비율이 낮기 때문이다. 다시 말해 몽족은 대부분이 복지 수급자이지만 머세드의 다른 인종 집단은 그렇지 않다. 게다가 주민들의 분노는 복지에 집중되고 있지만 사실 머세드군은 훨씬 더 큰 비용을 치러야 하는 문제들 때문에 부담을 안고 있었다. 그것은 점점 더 많은 사람들이 농업에서 공업으로 옮겨 가는 것, 1980년 이후로 거의 매달 실업률이 두 자릿수를 기록하고 있는 것(이는 전국의 세 배 수준이다.), 지역 주민에게 1000개 이상의 일자리를 제공하던 캐슬 공군 기지가 1995년 폐쇄된 것, 1992년 캘리포니아주의 판매세와 재산세가 조정되어 세수입이 주에는 더 많이 돌아가고 군에는 더 적게 돌아가게 된 것이었다.

여기서 문제는 조정된 재산세는 눈에 보이지 않지만, 사우스사이드 쪽 어느 도로로 차를 몰고 가도 몽족은 항상 보인다는 점이었다. 불법 이민자에게 공공 서비스 제공을 금지하자는 주민 투표인 '주민 발의 187'에서 군민 열 명 중 일곱 명이 찬성을 한 곳에서는 합법적인 이민자라도 환영받기 어려운 법이었다. 그렇다고 머세드 사람 모두가 몽족에 대해 불만인 건 아니었다. 이 지역 교회들은 언제나 그들을 후하게 대했다. 그리고 적은 수지만 주로 다른 도시 출신으로 열성적이고 진보적이며 교육 수준이 높은 전문직 종사자 집단은 제프 맥마흔과 같은 의견이었다. 《머세드 선스타》의 젊은 기자인 그는 내게 이런 말을 했다.

"머세드가 센트럴밸리 지역의 다른 도시들과 다른 점은 동남아 사람들이 대단히 많다는 사실이에요. 다른 도시들은 모두 작고 칙칙하죠. 동남아 사람들의 문화는 이곳 지역사회에 축복이에요. 아니면 어떻게 머세드 같은 곳이 역사 속에서 한자리를 차지할 수 있겠습니까?"

《머세드 선스타》는 문화다양성 섹션을 신설했으며 머세드 상공회의소에서 배포하는 관광 소책자에는 군 법원과 지역 야생동물 박물관의 박제 곰 다음으로 미소 띤 몽족 여성이 파릇파릇한 상추와 깍지콩을 한아름 안고 있는 사진이 실려 있다.(단 전통 의상이 아니라 라코스테 반소매 셔츠 차림이다.) 몽족이 아직 신기하고 흥미롭던 1980년대에는 머세드의 많은 여성이 이런저런 이유로 모임을 만들었다. 이를테면 '난민과 친구 되기 프로그램'의 자원봉사자들은 몽족 가정을 애플게이트 동물원에 데려가거나 자기 집 뒤뜰 바비큐 파티에 초대했다. 댄 머피의 아내인 신디는 몽족 여성들에게 재봉틀과 식기세척기 쓰는 법을 가르쳐주었다. 청소년 단체인 4H클럽의 청소년 상담사인 잰 하우드는 집안 청소하는 법을 가르치는 강좌를 개설했다. 잰의 통역자인 파 부 타오는 그녀가 온갖 세제의 사용법을 시범 보인 것에 감동한 나머지 그녀의 다리가 부러졌을 때 4H캠프장 나무의 이끼를 잔뜩 모아다 천에 싸서 다친 부분을 압박해 부기를 빼주는 것으로 화답했다.

내가 본 것 중 몽족이 받은 가장 따뜻한 환영은 머세드군청 이사실에서 열린 귀화식이었다. 거기에서 열여덟 명의 몽족이 (라오스 저지대 사람 두 명, 멕시코인 아홉 명, 포르투갈인 다섯 명, 필리핀인 세 명, 베트남인 두 명, 인도인 두 명, 태국인 한 명, 한국인 한 명, 중국인 한 명, 오스트리아인 한 명, 쿠바인 한 명과 더불어) 미국 시민이 되었다. 모두 헌법 전문, 국기에 대한 경례가 담긴 역사서, 자유의 여신상 사진, 미합중국 대통령의 축하 편지, 작은 미국 국기를 받았고 공짜 탄산음료를 무제한으로 마셨다. 받침대에 세워둔 머세드군민의 노래 악보(여기는 고구마로 유명한 고장 / 우유와 닭도 유명하지요 / 토마토와 알팔파 / 톡톡 씹히는 아몬드도 좋지요) 옆에 선 마이클 하이더 판사는 모인 사람들에게 연설을 했다. 대부분은 한마디도 알아듣지 못했지만 공손한 태도로 경청했다.

"우리는 각자 다른 여러 곳에서 이곳으로 와 하나의 위대한 나라를 이루고 있습니다. 저도 마찬가지로, 제 아버지는 레바논 출신의 귀화 시민이었습니다. 미국에서는 경찰이 여러분 집 문을 부술까 봐 걱정하지 않아도 됩니다. 어떤 종교든 믿어도 되고요. 언론의 자유가 완전히 보장되어 신문에서 지도자들을 비난할 수도 있습니다. 정부에서 여러분의 땅이 필요할 경우엔 그냥 빼앗아갈 수 없습니다. 제일 중요한 건 여러분 하나하나가 바로 옆에 앉아 계신 분과 똑같은 기회를 누리게 된다는 점입니다. 제 아버지는 당신 아들이 판사가 되리란 걸 꿈도 꾸지 못했을 겁니다. '여러분'의 자녀는 의사가 될 수도 있습니다. 저는 미합중국 시민이 된다는 게 얼마나 멋진 일인가를 말할 때면 가슴이 뜁니다! 축하합니다! 여러분은 우리 가운데 하나가 되셨습니다!"

하지만 나는 하이더 판사의 연설을 들으며 얼마 전에 의사 로버트 스몰과 나누었던 대화를 떠올렸다. 자기 의견을 내세우는 데 주저함이 없는 그는 머세드 주민들 대부분의 의견을 대변하는 말을 했다.

"저와 제 친구들은 몽족이 여기로 몰려들기 시작할 때 몹시 화가 났어요. 얼마나 화가 나던지요. 우리 정부는 아무 조언도 동의도 구하지 않고 우리 사회에 무위도식하는 사람들을 떠맡겨 버렸어요. 왜 우리가 그들을 특별 대우해줘야 합니까? 제가 아는 젊은 아일랜드인 친구는 미국에 와서 교육받고 일하고 싶어 했지만 받아들여지지 않았어요. 그런데 몽족은 메뚜기 떼처럼 몰려들어 그냥 정착해버렸단 말입니다. 그들은 생활보호대상자라는 게 부끄러운 일인 줄도 몰라요. 여기 와서 그냥 행복한 거지요."

내가 몽족 난민들이 우울증을 앓는 경우가 많다고 말하자 스몰은 이렇게 말했다.

"그게 무슨 말씀이세요? 그 사람들한텐 여기가 천국이에요! 집 안에 변기도 있죠. 틀기만 하면 물 마실 수 있는 수도꼭지도 있죠. 일 안 해도 때만 되면 생활보조금이 나오죠. 이런 천국이 어디 있습니까?"

그보다 온건한 머세드군 복지과장인 존 큘런과도 얘기를 나눴다. 생활보호대상자 관리 책임자인 그는 이렇게 말했다.

"머세드는 여러 해 동안 꽤 보수적인, 백인 계통이 우세한 지역사회였어요. 다른 민족 출신들은 오랜 세월에 걸쳐 사회의 일원이 된 데 반해 몽족은 갑자기 대거 몰려왔지요. 이곳 사회 사람들에게는 충격이었습니다. 그러니 반발이 더 많을 수밖에요. 또 그들은 군 재정 수입의 많은 몫을 가져갑니다. 군 재정이 아주 심각하게 타격을 받았다는 건 부인할 수 없는 사실이지요. 제가 보기에 몽족에 대한 머세드 주민들의 반응은 인종주의적인 문제가 아니라 배를 집어삼킬지도 모를 파도에 대한 불안감 문제인 것 같아요."

하지만 때로는 인종주의의 문제이기도 했다. 어느 날 당 무아가 자신의 가게인 무아 오리엔탈 푸드 마켓을 나서는데 차를 타고 지나가던 처음 보는 남자가 그에게 소리를 지르기 시작했다. 당이 당시를 떠올렸다.

"마흔다섯쯤 된 사람 같았어요. 84년식 닷선 차를 몰고 있었지. 날 보더니 다짜고짜 이러는 거예요. '야 임마, 너 왜 여기 왔어? 왜 베트남에서 안 죽었어?' 허허, 우리 선친께서 늘 말씀하셨지요. '누가 너한테 짐승처럼 굴면 너는 사람처럼 대해라.' 그래서 난 미소를 지으면서 잘 응대하려고 애썼지요. '나도 당신 같은 여기 시민이다. 전화번호를 알려달라. 우리 집에 초대할 테니 몽족 음식을 같이 들면서 두세 시간이고 이야기를 나눠보자.' 그랬더니 그냥 가버려요. 아마 그는 참전 용사인데 날 보고 적인 줄 알았던 모양이에요."

당의 추측은 괜한 억지가 아니었다. 실제로 머세드 주민의 대부분이 몽족을 베트남인으로 잘못 알았던 것이다. 시장을 지낸 마빈 웰스도 마찬가지였다. 그는 상공회의소에서 있었던 오찬 자리에서 캘리포니아의 "베트남 난민들"이 참으로 "문제"라는 발언을 했던 것이다. 라오스는 육지로 둘러싸여 있는데도 몽족을 '보트피플'이라 부르는 경우도 많았다. 대부분의 몽족에게 배라곤 총탄 세례를 뚫고 메콩강을 건널 때 이용했던 대나무 뗏목뿐이었는데 말이다. 진짜 보트피플인 남베트남 출신들은 적어도 미국의 동맹이기라도 했다. 그보다 더 심한 경우도 있었다. 일례로 몽족이 베트콩 일당인 줄 안 MCMC의 시설 보수 직원이 데이브 슈나이더에게 병원에 "뭣 같은 월남 것들만 득시글거린다."라고 한 경우다.

이곳의 몽족은 자신들이 미국에 맞서 싸운 게 아니라 미국을 '위해' 싸웠다고 설명하느라 거듭거듭 애를 먹는다. 당 무아는 혼자 몽족 홍보팀 노릇을 한다. 그는 기회만 있으면 군복 입은 자기 삼촌 사진이 실린 《내셔널 지오그래픽》을 펼쳐 보이고 비밀군을 다룬 비디오테이프를 틀었다. 센트럴 밸리 인근에 사는 한 사람은 자신이 죽은 뒤에도 자신의 과거를 오해하는 일이 없도록 조치를 취했다. 프레즈노 북동쪽 톨하우스 묘지(산세가 라오스를 닮아 수십 명의 몽족이 묻힌 곳으로, 주민들이 장례식이 시끄럽다며 불만을 제기한 바 있다.)에 있는 그의 묘비엔 다음과 같이 새겨져 있다.

사랑하는 아버지요 할아버지
추아 차 차

1936년 4월 20일 생
1989년 2월 27일 졸
1961년부터 1975년까지 CIA를 돕다

1994년 프레즈노에서는 몽족 생활보호대상자들이 시위를 벌였다. 그들 중 다수는 전직 군인으로, 매주 공공 근로를 열여섯 시간씩 해야 한다는 새로운 규정에 대해 '노예 노동'이라며 반발한 것이었다. 아직도 '약속(CIA가 해주기로 한 보상)'을 믿는 나이 많은 몽족과 마찬가지로 그들은 조건 없는 원조를 받아 마땅하다고 생각했다. 그들은 자신들의 군복무에 대해 미국인들이 감사해야 한다고 생각했고, 미국인들은 돈을 받는 그들이 감사해야 한다고 생각했다. 그리고 서로 상대가 고마워할 줄 모르는 것에 대해 분개했다.

머세드군 복지과 회의실에는 라오스 비밀전쟁의 결말을 묘사한 커다란 파 응도가 걸려 있다. 자수와 아플리케로 장식한 이미지로 몽족이 롱티엥에서 미국 비행기 네 대에 몰려들고, 등에 거대한 짐을 지고 태국으로 걸어가고, 넓은 강을 헤엄쳐 건너 반 비나이에 정착하고, 마침내 미국행 비행기로 데려다줄 버스에 짐을 싣는 모습들이었다. 이 파 웅도 맞은편에는 몽족 수천 명의 복지 관련 파일을 볼 수 있는 컴퓨터가 있었다. 그곳에 기록이 보관되어 있는 많은 몽족 가족처럼 리 부부 역시 파 웅도에 새겨진 몽족의 비극에는 대단히 익숙했지만 컴퓨터에 저장된 몽족의 복지 수급이 다른 주민들에게 초래하는 분노는 의식하지 못했다. 내가 푸아와 나오 카오에게 생활보호대상자로 살아가는 게 어떤 기분이냐고 물어봤을 때 푸아는 이렇게 말했다.

"복지 혜택이 사라질까 봐 겁나지요. 일자리 구할 생각을 하면 도저히 못할 것 같으니까. 먹을 양식을 못 구할까 봐 무섭지요."

나오 카오는 이렇게 말했다.

"라오스에선 가축도 있고, 밭도 있고, 집도 있었잖아요. 그런데 이 나라에 와서 가진 건 하나도 없으니 복지 혜택으로 살아가는 수밖에. 가축도 없고 밭도 없으니 옛날 생각이 많이 나지요."

두 사람 다 미국인들이 일하지 않는 그들을 어떻게 생각할지에 대해선 한마디도 하지 않았다. 그들에겐 그것이 문제가 아니었던 것이다. 중요한 건 왜 미국의 전쟁 때문에 그들이 라오스를 떠나야만 했으며 그들 부모나 조부모는 상상도 못할 길을 거쳐 결국 머세드란 곳까지 오게 되었느냐는 점이었다.

이따금 나는 머세드의 몽족이 초점에 따라 달라 보이는 그림 같다는 생각을 하곤 했다. 이를테면 한편으로 보면 꽃병 같지만 다른 한편으로 보면 두 사람의 얼굴 같은, 어느 쪽으로 보건 적어도 처음에는 절대 다른 쪽 패턴으로 인식할 수 없는 그림 말이다. 복지 관련 통계치는 끔찍한 수준이다. 그런가 하면 다른 한편에서는 작지만 주목할만한 발전의 증거가 눈에 들어온다.

예를 들어 지난 10년 동안 태국에서 난민들이 계속 들어왔음에도 생활보호대상자 비율이 5퍼센트 줄었다는 사실이다. 또 정부에서 보조한 직업훈련 과정을 졸업한 300명 이상의 몽족이 재봉 기계를 다루거나, 가구를 만들거나, 전자부품을 조립하거나, 지역의 다른 산업에 종사한다는 사실이다. 뿐만 아니라 1995년 연방정부의 복지법 개정으로(1996년 개혁 법안의 준비 운동 차원이었다.) '3세 이하 자녀나 장애인이 없는 비결손 가정의 경우 부모 모두 공부를 하거나 일을 해야 한다.'는 규정에 따라 몽족 여성 수십 명이 영어 수업을 듣기 시작했다. ("일을 해야 한다."라는 요건은 머세드에 일자리가 있었다면 더 효과적이었을 것이다.)

머세드의 교육 여건 역시 보는 사람의 관점에 따라 달라진다. 한편으로 보면, 몽족 아이들은 다른 사람들에겐 재앙이었다.(스몰이 고개를 가로저으며 '피임'이란 말을 계속 중얼거리게 만들 정도로 몽족의 출산율은 매우 높았다.) 그냥 두면 아시아인 학생만 남게 될 학교의 과밀 부담을 덜고 인종차별을 없애기 위해 머세드 교육 당국에선 갖은 수단을 동원했다. 이를테면 초등학생과 중학생 약 2000명을 버스로 실어 나르고, 초등학교 세 곳과 중학교 한 곳과 고등학교 한 곳을 신설했다. 아울러 군 박람회장에 일흔 개 이상의 트레일러를 갖다놓고 수업을 하도록 했는데, 트레일러가 도착하기 전까지는 식당이나 강당, 전시관에서 수업을 했다. 또 일곱 개 학교를 지정해 시차를 두어 방학 없이 아이들을 받아 가르치는 교실을 운영하기도 했다.

한편 몽족 아이들은 학교 규율을 어기지 않고 자주 우등생 명단에 이름을 올렸다.◆ 리 부부의 자녀를 예로 들면 네 명의 아이가 자신의 반에서 '이달의 학생상'을 받았다. 메이 리의 8학년 영어 수업을 지도한 릭 위브너는 메이를 '친구들 가운데 리더이며 생각이 분명하고 줏대 있는 학생'이라 적은 편지를 내게 보낸 적이 있다. 편지에서 그는 다음과 같은 말을 했다.

> 몽족 학생들은 대부분 열심히 공부하고 빨리 배웁니다. 부모들은 언어장벽에도 불구하고 회의에 적극적으로 참여하고요. 많은 경우 학생들이 부

◆ 머세드의 몽족 학생들은 전국 몽족 학생들의 전형이라고 할 수 있다. 미네소타에서 시행된 연구에 따르면 몽족 고등학생은 다른 민족 학생들에 비해 숙제에 더 정성을 들이고 성적도 더 좋은 것으로 나타났다. 샌디에이고에서는 몽족 학생들이 백인, 흑인, 히스패닉, 캄보디아인, 필리핀인, 라오스 저지대 사람들에 비해 평균 성적이 높았다. 단 베트남인에 비해서는 점수가 현저하게 낮았는데, 이는 학생들 부모의 학력이 (특히 이민 초기에) 크게 차이가 났다는 점을 고려해야 한다. 1980년 기준으로 베트남 난민 성인들의 평균 교육 연수는 12.4년이었고 몇 해 뒤 조사한 몽족 성인의 교육 연수는 1.6년에 불과했다. 몽족 학생들은 캄보디아인과 라오스 저지대 사람을 포함한 동남아인보다 수학은 더 잘하지만 독해 점수는 낮은 것으로 나타났고 일부 주에서는 중·고교 중퇴율이 비교적 높게 나타났다. 이는 여학생인 경우 특히 그랬는데, 우수한 학생일지라도 일찍 결혼해서 아기를 낳는 전통적인 문화에 따르곤 했기 때문이다. 하지만 최근에는 여학생의 중퇴율이 꽤 낮아졌다. 웬디 워커모펏은 자신의 저서 『아시아계 미국인의 성공담의 이면(*The Other Side of the Asian American Success Story*)』에서 몽족 학생들의 성적이 우수하다는 것은 사실과 좀 다를 수 있다고 말한다. 몽족 학생 중 상당수가 열등반 수업을 받기 때문이다. 그녀는 그 이유가 몽족이 집단 윤리 때문에 개인 간의 경쟁을 자제하기 때문이라고 설명한다. 그녀는 또한 몽족이 구전 전통 때문에 암기력은 좋으나 표준화된 시험을 치르는 데는 문제가 있다고 지적한다. 이와 함께 몽족 학생들이 학습 이해도가 좋은 집단이라는 일반화된 편견으로 인해 이중 언어 수업이나 이중 언어 상담교사라는, 소수민족이 받을 수 있는 교육 서비스를 받을 기회를 박탈당했다고 주장한다. 최근 몽족 대학생들을 대상으로 한 조사에 따르면 민족 정체성이 강한 사람이 그렇지 않은 사람보다 더 성공한다는 결과가 나왔다.

모의 통역자 노릇을 하지요. 부모들은 대개 자기 아이를 가르쳐줘서 고맙다는 인사를 합니다. 그리고 아이가 열심히 하는지, 예의는 바른지, 집에서 어른들이 도울 일은 없는지 물어보지요.

몽족 10대들을 위한 대학 진학 및 진로 선택에 관한 설명회에 참석한 적이 있다. 여기서 조나스 방아이는 '교육: 여러분 미래의 열쇠'라고 쓴 현수막 아래에 서서 초자연적이다 싶을 정도로 조용한 청중에게 말했다.

"미국에서는 아이가 배 속에 있을 때부터 엄마는 책과 연필 생각을 합니다. 여러분 부모님은 칼이나 망치나 연장을 만지며 살았어요. 그래서 여러분을 도와줄 수 없어요. 그러니 여러분은 책을 친구 삼아야 합니다. 학교에서 제대로 못 배우면 그게 누구 탓이지요? 누구 잘못입니까?"

아무도 대답을 안 했다.

"대답하세요!"

조나스는 천둥같이 소리쳤다.

남학생 하나가 작은 목소리로 "자기 자신이요."라고 말했다.

"그렇지!"

조나스가 외쳤다.

"겁내지 말고 말해요! 겁쟁이처럼 가만히 있고, 시험 볼 때도 부끄럽다고 가만히 있으면 '낙제'할 겁니다! 공부 안 하는 사람은 성공할 수 없어요! 우리는 여러분이 2000년도에 성공하기를 바라고 있어요!"

장내는 여전히 조용했다. 그러다 곧 학생들의 박수가 터져나오기 시작했다.

머세드에 사는 몽족 10대들은 대개 조나스의 청중들처럼 건전하고 공손하지만 일부 소수는 '파괴의 사나이들'이니 '피의 아시안 크립스'니 '오리엔탈 록'이니 하는 갱에 가입하기도 했다. 폭력단은 왜곡된 집단 윤리의 발로로 1980년대 중반부터 센트럴밸리 지역에 퍼져나가기 시작했다. 머세드엔 흑인 갱과 히스패닉 갱도 있지만 지역 경찰관들은 몽족 갱이 총을 가장 많이 가지고 다니며 가장 잘 사용한다는 데 의견을 모았다.

그러나 몽족을 싫어하는 지역 주민들은 몽족 갱에 대한 불만보다는 몽족이 연관된 작고 특이한 범죄에 훨씬 더 집착하는 것 같았다. 이를테면 몽족이 미성년자를 납치해 신부로 삼는다거나 마약 밀수를 한다는 소문이 그랬다. 지역 경찰서에서는 도끼자루나 사진틀, 대나무 의자, 티백, 국수 봉지 같은 데서 아편이 발견됐다고 확인한 바 있다. 그밖에 낚시 및 사냥에 관한 법을 어겼다는 얘기도 많았다. 《머세드 선스타》에서는 몽족이 샌루이스 저수지에서 주낙이 잔뜩 달린 470미터짜리 그물로 농어를 밀렵하고, 솥과 프라이팬을 두드려 사슴을 몰아 잡고, 논병아리를 잡아 끓여 먹는다는 기사를 실은 적이 있다. 이 이야기들은 모두 사실이 아닌 건 아니지만 편파적인 것이었다. 정상 참작이 가능한 다음과 같은 정황들을 전부 빼고 이야기한 것이다. 이를테면 몽족의 결혼 관습엔 대부분의 미국인이 모르는 문화적인 맥락이 있었다.◆ 아편 밀수는 흔치 않았으며 대부분이 노인들의 약으

◆ 《로스앤젤레스 로욜라 국제법 및 비교법 저널》에서 다룬 프레즈노의 한 사건 기사에 따르면 '지 포이 냐(zij poj niam, 보쌈 결혼)' 풍습은 다음과 같은 것이다.

몽족이 행하는 합법적인 혼인 풍습으로, 남자가 의례적인 구애 행위에 돌입하면 시작된다. 여

로 쓰기 위한 것이었다. 라오스에선 고산민족이면 누구나 어떤 규제나 제한 수량 같은 것 없이 사냥과 낚시를 했다. 게다가 몽족은 동일한 처지의 다른 민족들에 비해 범죄율이 전반적으로 낮았다.

제일 자주 들리는 비난은 몽족이 끔찍한 운전자라는 얘기였다. 별로 그런 것 같지 않아서 나는 군 교통과를 찾아가 책임자인 존 맥도니엘에게 어떻게 생각하는지 물어보았더니 이렇게 대답했다.

"여러 면에서 저는 그들이 제 이웃이어서 아주 좋습니다. 그러나 운전 실력에 관해서라면 문제가 달라지지요. 보행자 권리를 무시한다거나 정지 신호에 멈추지 않고 그냥 통과한다거나 속도를 인식하지 못한다거나 하는 경우가 많지요. 모두 판단 착오의 문제이고요. 그리고 면허를 취득할 때에 필기시험에서 부정행위를 하는 경우도 꽤 있지요."

자가 남자에게 구애를 받아들인다는 표시를 하면 남자는 첫날밤을 치르기 위해 여자를 자기 집으로 데려가야 한다. 몽족 전통에 따르면 여자는 먼저 "아니, 아니, 아니, 난 아직 준비가 안 됐어요."라며 저항할 필요가 있다. 형식적이라도 울거나 하는 저항을 하지 않으면 그만한 가치도 매력도 없는 여자 취급을 받을 수 있다. 남자는 여자의 시늉뿐인 반대를 무시하고 여자를 신방으로 끌고 가 혼인을 완성시킬 필요가 있다. 구혼자가 주도권을 행사할 만큼 박력이 없으면 남편감으로서 너무 약하다는 평을 받게 된다.

이에 대해 바 야오 무아는 이런 말을 했다. "우리 세대 사람한테 어떻게 결혼했느냐고 물어보면 90퍼센트는 납치범이나 마찬가진 걸 알게 될 거예요. 그건 나도 마찬가지고요." 하지만 이 나라에 사는 젊은 몽족 세대 안에서는 남자는 여자의 저항을 형식적인 것으로 받아들인 반면, 여자는 정말 거부하는 경우들이 있었다. 이런 오해 때문에 강간이나 납치 혐의로 고소하는 일들이 벌어졌고 여자가 미성년인 경우엔 특히 그랬다. 대부분의 경우는 지역의 집안 어른들이나 소년법원의 중재로 해결됐다. 위에서 언급한 사건은 프레즈노 고등법원까지 올라갔고 법원은 피고의 '문화적 항변'을 참작하여 선처를 호소할 수 있게 해주었다.

"어떻게 부정행위를 하나요?"

"바느질로요."

"바느질이라고요?"

렌즈 초점이 삼중으로 된 안경을 꼈고 코미디언 에드 윈을 좀 닮은 맥도니엘 씨는 책상 서랍을 열며 말했다.

"영어를 몰라 문제를 읽을 수 없는 사람들이 되는 대로 찍고 나서 채점한 답안을 집에 가져가서 친구들에게 보여주지요. 그러면 그들은 정답 동그라미만 외워요. 시험 유형이 다섯 가지에 46문항이고 셋 중에 하나 고르기니까…… 봅시다, 46 곱하기 15 하면 690개의 답을 외워야 하네요. 기억력이 아주 좋은 사람들이긴 하지만 너무 많죠. 그래서 이런 작은 커닝 페이퍼를 만들어 오는 사람이 가끔 있지요."

그는 서랍에서 안경집 하나를 꺼냈다. 그 안에는 안경 닦는 천 같은 미니 파 응도가 있었고, 거기엔 흠잡을 데 없이 정교한 십자수 솜씨로 문제 보기마다 정답이 X자로 수놓아져 있었다. (다섯 가지 유형에 맞추어 실의 색깔도 모두 달랐다.)

또 그는 체크무늬 코트를 꺼내 보여주었다. 코트에는 옷깃마다 조그만 사각형들이 바느질로 메워져 있었다. 줄무늬 스웨터도 하나 끄집어냈는데 앞면과 양 소매에 보일까 말까 하게 흰 실로 바느질이 되어 있었다. 그리고 소매에 아주 작은 파란색 바느질이 되어 있는 하얀 셔츠도 보여주었다.

"정말 정교하잖아요?"

그가 감탄하며 말했다. 나는 과연 그렇다고 하며 물었다.

"이렇게 하는 사람을 적발하면 어떻게 하시나요?"

"불합격 처리하고 증거물은 압수하지요."

나는 시험장에 들어갈 때보다 옷 하나를 덜 입은 채 나오는 운수 사나운 몽족의 모습을 상상해보았다.

그날 밤 나는 묵고 있던 빌 셀비지의 서재 바닥에 누워 있었다. 침낭 곁에 나는 몽족 사진들을 붙여두었었다. 《내셔널 지오그래픽》에 실린 파웅도 차림의 몽족 아이들, 《머세드 선스타》에 실린 청바지 차림의 10대들, 전위적인 느낌을 주는 미국 옷차림의 리 가족들 사진(내가 찍었다.)이었다. 모두 예뻐서 잠이 안 올 때면 한참을 쳐다보곤 하던 것들이었다. 그날 밤은 무슨 이유에서인지 '능력이 다른(differently abled)'이란 말이 머릿속을 계속 맴돌았다. 그것은 진보적인 기자들 사이에 한때 유행하던 표현으로 '장애를 가진(disabled)'이란 말의 대체어였다. 나는 그 말이 완곡하면서 겸손한 체하는 표현 같아 늘 싫었다. 그런데 그날 문득 그 말 때문에 밤잠을 설치게 된 것이다. 그전에 나는 온종일 몽족이 윤리적인가 아닌가를 놓고 이리저리 재어보고 있었고 드디어 늦은 밤 결론을 내릴 수 있었다. 그들은 '윤리가 다른(differently ethical)' 이들이었던 것이다!

내가 보기에 몽족은 E. M. 포스터의 유명한 격언인 '친구를 배반하기보다는 나라를 배반하는 게 낫다.'라는 말을 충실히 따르는 셈이었다. 그들은 나라를 세운 적도 없고 거주하고 있던 곳마다 그 나라의 박해를 받았기에 그들에게 국법을 엄수하라고 하는 것은 지나친 요구였다. 그들에게 규칙이나 규정은 집단 윤리와 충돌할 때 특히 깨기 쉬운 것이었다. 여기서 집단윤리란 타인의 윤리를 무시하기 위한 구실에 불과한 게 아니라 나름의 '엄연한' 윤리를 말한다.

몽족의 전설에는 도덕적으로 인식되는 인물이면서도 가족이나 친구를 지키기 위해 왕이나 용이나 '다'나 그밖의 힘을 가진 상대에게 거짓말을 하는 인물이 많이 등장한다. 나는 미국 정부와 동일시되는 사람이 고소하게 속아 넘어가는 '다' 역할을 하는 현대판 이야기들을 숱하게 들을 수 있었다. 이를테면 몽족은 태국 난민캠프에서 식량 배급을 더 많이 타기 위해 자녀들이 실제 나이보다 많다고 주장하고, 미국이 나이 많은 사람은 원치 않는다는 소문 때문에 부모가 실제보다 젊다고 주장하고, 이민국 관리에게 방계 가족을 직계 가족이라 말하곤 했다. 또 미국에 와서는 아이들이 학교에 더 오래 다닐 수 있도록 실제 나이보다 어리다고 말하고, 장애 혜택을 받기 위해 의사에게 거짓말하고, 가족의 복지 수당을 늘리기 위해 배우자와 이혼했다고 주장하고, 아이들끼리는 친구에게 학교 과제물을 베끼게 해주곤 했다. 내가 아는 몽족이 다 그랬던 건 아니다. 대부분은 그러지 않았다. 그러나 그렇게 했다고 해서 부끄러워하지는 않았다. 그보다 미국인 후원자들과 지난 경험에 대해 이야기하다가 자신들의 행동이 비윤리적인 것으로 간주되는 것을 보고 놀라는 편이었다. 그들이 보기에 정말 비윤리적인 (그래서 용서할 수 없는) 것은 친척들을 저버리는 것이었던 까닭이다.

영어를 전혀 읽지 못하는 나오 카오 리가 운전면허 필기시험에 통과한 것은 존 맥도니엘이 말해준 바로 그 방법대로 답지 어디에 X표시를 하면 되는지 다 외운 덕분이었다. 그는 쪽지에 연필로 어느 정도 표시를 해서 가라는 말을 듣고 그대로 했다.(그가 보기에 시험은 운전을 안전하게 하는 능력을 측정하기보다는 순전히 기술적인 테스트 같았다.) 몽족 입장에서 그가 시험을 통과한 것은 글 모르는 사람들의 지혜가 관료주의에 승리를 거둔 일이었다. 정상적으로 공부를 해서 통과할 수 있었다면 그렇게 애를 써서 할 필요가 없었을 것이다. 내가 존 맥도니엘과 면담한 지 얼마 뒤, 캘리포니아주 교통국에선 몽족을 위한 구술시험 및 필기시험을 마련했다. 이와 함께 몽족 수험자들의 부정행위 비율은 머세드의 다른 인종 집단과 같은 수준으로 낮아졌다. 나오 카오에게 운전면허증은 없어선 안 될 자격증이었다. 그게 없다면 친척집을 어떻게 방문한단 말인가? 가족이 제일이었고, 그다음이 집안, 그다음이 같은 몽족이었다. 그 외 다른 모든 일들과 다른 사람은 앞의 세 가지보다 한참 다음의 문제여서 같이 나열하는 것만으로 불경일 정도였다. 대부분의 몽족과 마찬가지로 나오 카오도 식구나 집안사람을 속이느니 차라리 죽으려 할 것이라고 나는 생각한다.

집단 윤리는 나오 카오가 운전면허 시험을 통과할 수 있는 원동력이 되었을 뿐만 아니라 그의 모든 생활에서 흔들림 없는 판단을 하고, 사람들의 됨됨이를 확실히 평가하고, 더 크고 혹독한 미국보다는 서로 돕고 사는 몽족 지역사회 안에서 활동할 수 있게 하는 역할을 했다. 크게 볼 때 민족적 유대감에 먼저 끌리기 때문에 몽족이 그토록 서로에게 관대하고 팀워크가 좋고 인정이 많은 것이다. 그런가 하면 내가 보기에 자신보다 집단을 우선시해야 한다는 의무감은 부정적인 결과를 낳기도 한다. 특히 지역사회의 교육을 받은 지도자들은 스트레스, 프라이버시 침해, 거의 형벌에 가까운 책임감에 시달리는 듯했다. 나오 카오의 경우엔 나이도 있고 영어도 몰라 두 개의 문화에 양다리를 걸침으로써 느끼게 되는 갈등과 혼돈으로부터 자유로웠다. 그의 생활은 즐길만한 것은 아니어도 최소한 '명쾌'했던 것이다. 하지만 몽족 사회와 미국인 사회에서 공히 높은 지위를 차지한 몽족

인사는 사정이 달랐다.

당 무아는 예외였다. 그는 워낙 저돌적이어서 스트레스나 의심 같은 건 물 속으로 발사된 어뢰처럼 그냥 스쳐지나가 버리는 것 같았다. 게다가 당은 영어를 할 수 있고 교육을 받은 몽족이면 거의 다 하는 일을 하되(이를테면 남의 불필요한 홍보 우편물을 해독해주고, 세금 신고서를 작성해주고, 관계 기관에 전화를 해주고, 학교 통신문을 해석해주는 일) 대가를 받았다. 대부분의 몽족은 그런 일을 무료로 해주었다.

시엥쿠앙 지방에서 간호 행정 일을 하다 미네소타에 정착해서 몽족의 창구 노릇을 해주던, 여러 개 언어를 구사하는 한 여성에 대해 들은 적이 있다. 그녀는 트윈 시티즈 몽족 지역사회에서 업무 시간을 가리지 않고 이어져 오는 끝없는 요구에 완전히 지치고 말았다. 결국 집안사람들에게 아무 말도 없이 머세드로 이사를 와버렸고 미국인만 상대하면 되는 일자리를 얻었다.

"전화하지 마세요. 조용히 살고 싶은 사람이니까."

그녀를 아는 사람은 내게 그 말부터 했다. 가족에 대한 (집단 윤리가 훨씬 더 강한 형태로 응집된) 충성심 때문에 힘든 점도 있었다. 잰 하우드의 다리가 부러졌을 때 약초 싼 붕대로 마사지를 해준 통역자 파 부 타오는 UC 데이비스에 좋은 자리를 제의 받았던 일을 이야기해주었다. 그는 아버지한테 그 얘길 꺼냈다가 노발대발하는 모습을 보고 아쉽긴 해도 주저 없이 제의를 거절했다. 아버지는 파 부가 머세드의 친지들 곁을 떠날 생각을 했다는 것만으로도 너무 화가 나서 이렇게 물었다는 것이다.

"돈이 중요하냐, 가족이 중요하냐?"

1970년대 초까지만 해도 라오스의 몽족 인구 30만 명 중에 해외 대학에 재학 중인 사람은 서른네 명밖에 되지 않았다. 그중 둘은 머세드에 정착했고, 그 둘은 다름 아닌 바 야오 무아와 조나스 방아이였다. 둘 다 비엔티안의 최고 엘리트 학교인 리세 나시오날을 졸업했고 프랑스 대학교에서 학사 및 석사 학위를 받았다. 조나스는 파리 교외에서 컴퓨터 시스템 분석가로 일하다 그만두고 1983년 미국으로 이민을 왔다. 리 부부 같은 문맹인 농민들이 이민자로 받아들여져 몽족 난민들이 한 번에 가장 많이 미국에 들어온 직후였다. 바 야오도 같은 해 국제적인 포장 회사의 중역 자리를 그만두고 미국으로 왔다. 그가 내게 말했다.

"제가 여기로 온 것은 도덕적인 책임감 때문에 돕고자 온 것이지요. 우리 세대가 프랑스에 남아 있었다면 계속 죄책감에 시달렸을 겁니다."

바 야오와 조나스는 그들이 아는 모든 몽족뿐만 아니라 그들이 아는 (나를 포함한) 모든 미국인보다도 지적인 세계인이었다. 그들은 머세드에서 지도자 역할을 함으로써 존경은 받았지만 돈은 얼마 받지 못했고, 내가 알기론 마음의 평화도 별로 얻을 수 없었다.

나는 바 야오 무아를 잘 알고 있었다. 몇 달 동안 오후마다 창도 없고 좁은 그의 사무실에 앉아 몽족의 종교나 군대의 역사, 병 치료, 친족 관계, 결혼, 장례, 음악, 의상, 건축, 요리 등에 관해 물어보곤 했던 것이다. 이를테면 내가 누구에게 잘못을 하면 다음 생엔 내게 당한 사람의 소로 태어나서 농사일을 해야 한다는 말을 해준 것도 바 야오였다. 미국 의사들이 몽고반점이라 부르는, 아시아 아기들의 엉덩이의 푸른 점이 실은 아기가 엄마 배 속에 있을 때 '다'한테 얻어맞은 자국이라고 말해준 것도, 몽족이 장례 때 망자에게 신기는 신발의 발부리 부분은 위로 들려 올라가야 한다고 가르쳐준 것도 그였다.

바 야오는 훤한 이마 윗부분이 봉긋하고 이목구비가 섬세해 귀족적인 풍모가 느껴지는 사람이었다. 나이는 나와 비슷했으나(나와 처음 만났을 때 30대 중반이었다.) 그와 함께 있으면 나는 언제나 아이가 된 기분이었다. 그도 그럴 것이 나는 6학년 때 그랬던 것처럼 조그만 책상이 붙어 있는 의자에 앉아 있었을 뿐더러 그는 내가 모르는 것을 너무 많이 알고 있었고 나의 무지함에 대단한 인내심을 보였던 것이다. 내가 이해할 수 없는 것을 합리적으로 설명해달라고 하면 그가 그저 고개를 가만히 가로저으며 이렇게 말하던 때가 얼마나 많았는지 모른다.

"앤, 다시 한번 말씀드리지만 몽족의 문화는 데카르트적 합리의 세계가 아니에요."

바 야오는 라오스 가족 공동체의 사무국장이었다. 앞에서도 언급한 바 있는 이 상호부조 조직은 머세드의 몽족 지역사회 주민들이 생활보호제도의 미로를 헤쳐나갈 수 있게 도와주고, 직업훈련 과정을 지원하고, 동족끼리의 갈등을 해결하고, 라오스와 태국의 소식을 계속 접할 수 있게 해주는 단체였다.◆ 몽족 사회는 미국인 사회의 기대에 늘 부응하지는 못했지만 스스로를 돌볼 줄 알았다. 바 야오는 내게 단체의 조직도를 그려가며(이건 데카르트적이었다.) 설명해준 적이 있다.

◆ 앞에서 1990년대 초 '라오스 가족 공동체'의 몇몇 지부가 방 파오 장군의 저항군에 기부한 돈을 갈취한 혐의로 조사를 받았다고 언급했다. 머세드 지부도 조사 대상 중 하나였는데, 부적절한 행위는 발견되지 않았다.

"맨 위에 회장이 있고 자문위원이 여덟 명 있지요. 그다음엔 이사가 열한 명 있습니다. 그다음에 지부장 열일곱 명이 있고요. 그리고 지부 회원은 6000명입니다. 예를 들어 살던 집에서 쫓겨날 처지가 된 사람을 돕는 데 100달러가 필요하다고 합시다. 지부장 열일곱 명이 각각 소식을 전하면 모두가 5센트든 10센트든 기부합니다. 그러면 다음 날 필요한 돈이 모이지요. 누구 집에 초상이 나면 같은 식으로 다음 날 조의금이 전달되고요. 복지 제도에 무슨 변화가 있으면 마찬가지로 소식이 전달됩니다. 누구 집 아이가 문제를 일으켰으면 경찰에 넘어가기 전에 몽족 사회 안에서 해결할 수 있는 건 하고요. 그런 식으로 하면 우리 사무실에선 직원 네댓 명이 6000명 회원을 위해 일할 수 있지요. 문제없어요."

그 네댓 명에게 개인 생활이건 뭐건 없어도 그만이라면 문제가 없을 것이다. 바 야오는 잠을 못 자서 눈이 붓고 빨건 때가 많았다. 한번은 머세드 경찰과 어느 몽족 가정 사이에서 중재 역할을 하느라 밤을 꼬박 샌 다음 출근하기도 했다. 그 가정은 제사용으로 프레즈노에서 잡은 돼지를 실어오다가 교통사고가 나는 바람에 99번 고속도로 북쪽 방향 여러 차선에 돼지 각 부위를 흘리고 말았다. 또 한번은 프레즈노에서 가출한 10대 소녀 셋이 머세드의 삼촌 집에서 돈을 훔치다 잡힌 사건을 처리하느라 밤을 새기도 했다. 바 야오는 아이 삼촌에게 경찰에 신고하지 말라고 설득한 다음 소녀들을 집에 데려와 부모가 올 때까지 있도록 했고 임신한 아내를 깨워 아이들에게 음식을 해주라고 했다. 하지만 부모는 고마워하지 않았다. 그가 내게 말했다.

"부모는 제가 애들을 더 호되게 다루지 않았다고 불만을 터뜨렸어요.

그들이 올 때까지 몰랐는데 알고 보니 우리 집안과 아내 집안을 통하면 다 이래저래 아는 사람들이더군요. 참 지독한 노릇이지요! 그게 우리 문화에서는 제가 그 아이들을 따끔하게 가르치는 부모 역할도 해야 한다는 뜻이니까요. 제가 녀석들한테 매질을 좀 했어야 하는데 제 임무를 다 하지 않았다는 겁니다."

나는 바 야오의 얼굴이 환해지는 것을 한 번밖에 보지 못했다. 그가 구상한 야심찬 주택 건설 계획을 설명할 때였다.

"차일즈 대로와 제라드 대로 저편에 몽족 타운을 건설하고 싶어요. 그 땅을 살 수 있는 금융 패키지를 마련하게 된다면 우리는 200, 300채의 주택을 지을 수 있어요. 그러면 여기서도 지붕을 라오스에 있는 몽족 전통 가옥처럼 올릴 수 있겠지요. 집집마다 작은 텃밭도 일굴 수 있고요. 몽족을 위한 쇼핑센터도 열 겁니다. 우리가 번듯하게 몽 타운을 지으면 사람들의 자부심도 강해질 거예요. 백인들이 몽 타운을 보고 지저분하다고 하면 체면이 깎일 테니 주민들이 관리도 잘할 거고요. 우리의 마을을 만들면 몽족이 경제적으로 자립하는 데도 도움이 될 겁니다. 이 꿈이 실현된다면 몽족에 대한 이미지 개선에도 큰 도움이 될 테고요!"

그러나 내가 1년 뒤 머세드에 들렀을 때 몽 타운에 대해 들어본 사람은 아무도 없었고, 바 야오는 라오스 가족 공동체 일을 그만두고 집집마다 다니며 보험 외판원 일을 하고 있었다. 내가 아는 한 미국인은 "바 야오는 내가 아는 몽족 중에 제일 혹사당한 사람이었어요."라고 했다. 나중에 그는 미네소타주 세인트폴로 이주해 아시아계 학생들에게 상담을 해주고 메트로폴리탄 주립대학교에서 몽족 문화를 가르치는 일을 했다. 그의 전화번호는 이제 전화번호부에 올라와 있지 않다.

바 야오와 마찬가지로 조나스 방아이도 24시간 걸려오는 전화를 받으며 통역과 중재와 상담을 도맡아 했다. 나도 참석했었던 대학 진학 및 진로 선택에 관한 설명회 강연 말미에 조나스는 10대 청중에게 이런 말을 했다.

"밤낮 가리지 말고 아무 때나 전화들 해요."

나는 그때 이 말이 표현 그대로 받아들여질 것임을 알았다. 그는 또한 가족이라는 무거운 책임을 지고 있었다. 그는 내게 자기 집에 왜 두 형제의 식구들도 함께 사는지를 설명하면서(둘 중 하나는 자녀가 아홉이었다.) 이렇게 말했다.

"형이 또 하나 있는데 이젠 아주 미국 사람이 다 돼버렸지요. 그래서 형제들하고 함께 살려고 하질 않아요. 형 말이 여긴 미국이니까 누구나 다 자기 힘으로 살아야 한다는 거예요. 제가 말했지요. 나는 '몽족'이라고. 몽족은 누구든 혼자 힘으로 살 수 없어요."

교육을 많이 받은 몽족 대부분이 그랬듯 조나스도 늘 너무 지쳐 보였지만 말랐어도 강단 있고 잘생긴 사람이었다. 그의 본명은 방 나였다. 이름을 조나스 방아이로 바꾼 건 프랑스에 살 때였는데 이력서에 적은 이름이 너무 아시아 사람 같지 않아야 일자리 제의가 더 들어올 것 같았던 것이다. 지금 그는 두 가지 일을 하고 있다. 하나는 머세드 공교육계의 이중 언어교육 전문가 일이고 또 하나는 머세드대학에서 몽 언어를 가르치는 일이다. 나는 초등학교 교실에서 아이들 책상에 앉아 영어와 프랑스어를 섞어가며 그와 대화를 나누곤 했다. 나는 그가 대답할 수 없는 몽족 역사나 언어학에 관한 질문은 절대 하지 않았다.

바 야오와 마찬가지로 조나스는 늘 바쁘면서도 나를 쫓아내는 법이 없었기에 도움에 감사를 표시할 방법을 찾기로 했다. 선물을 주는 게 좋을까? 그건 좀 위험했다. 그가 다시 갚아야 한다고 느낄지 모르는 일이었던 것이다. 게다가 나는 선물을 잘 고를 자신이 없었다. 한번은 라오스와 머세드와 뉴욕 사이에 다리를 놓았으면 싶은 마음에 푸아와 나오 카오에게 작은 플라스틱 지구본을 선물했다가 그들이 지구는 납작한 줄 믿고 있었다는 걸 알게 된 적이 있었다. 그럼 조나스와 그의 아내를 빌 셀비지의 집으로 초대하면 어떨까? 그런데 이건 그들을 혼란스럽게 할 수 있었다. 몽족의 인식 범주 안에 거실을 함께 쓰는 플라토닉한 이성 관계란 없었기 때문이다.

"근사한 레스토랑으로 초대하면 어때?"

빌이 의견을 내놓았다.

그래서 어느 저녁 7시, 나는 지역의 한 스테이크 집에 앉아 조나스를 기다렸다. 그는 아내가 아이들을 돌봐야 해 참석할 수 없다고 했다. 애들도 애들이지만 그녀가 영어를 잘 못하는 걸 조나스가 쑥스러워하는 건 아닌가 싶었다.

반짝반짝하고 달라붙는 은색 상의에 미니스커트를 입은 레스토랑 여종업원이 오더니 누굴 기다리느냐고 물었다.

"몽족 남자분요. 내 일을 도와준 분이죠."

종업원은 놀란 표정으로 말했다.

"저는 머세드에 막 이사를 왔는데요. 몽족에 대해서는 전혀 모르거든요. 그러다 오늘 처음으로 몽족을 보게 됐어요. 제 남자친구가 '저 사람이 몽족이야.'라고 하더라고요. 저는 그랬어요. '아니, 그걸 어떻게 알아?' 제가 보기엔 중국 사람하고 똑같았거든요. 남자친구 말이 그 사람들은 이 세상에서 제일 운전을 못한대요. 몽족을 보더니 완전히 딴 데로 돌아서 가더라니까요! 제가 보기에 몽족은 이런 레스토랑엔 잘 안 오는 것 같은데요." (그 말을 듣고 나는 이런 생각이 들었다. '그럼, 잘 안 오지. 그건 그렇고, 넌 조나스의 구두를 닦기에도 마땅치 않아.')

조나스는 45분 늦게 도착했다. 어떤 학생 때문에 늦어진 것이었다. 나는 그가 7시에 도착하기 어려울 줄 애초부터 알았으면서도 그게 나한테 편한 때라고 생각해서 그가 동의를 했는지, 아니면 그의 인생이 항상 그랬던 것처럼 또 한 번 완전히 다른 곳으로 끌려갈 뻔하다가 겨우 올 수 있었는지 알 길이 없었다. 저녁 식사는 성공적이지 못했다. 조나스는 5개 국어를 구사하는 사람이지만 여종업원의 말을 알아듣기 힘들어 했다. 아직 10대인 여종업원이 아주 빠른 밸리 지역 여자애들 말을 구사했기에 그는 그녀가 뭐라고 하는지 몇 번이나 내게 물어봐야 했다. 또 그는 예의를 차리느라 메뉴 중에 제일 싼 것을 시켰다. (잘 몰라서 그랬던 건 절대 아니었다. 그는 이 스테이크 집이 맥도날드로 보일 정도로 파리의 여러 레스토랑을 다녀봤던 이였다.) 더구나 우리의 대화는 밋밋하고 잘 끊어졌다. 그래서인지 조나스는 자리를 파할 때 안심하는 눈치였다. 우리는 밖으로 나와 어두운 주차장에 서서 이야기를 나누었다. 그가 조용히 말했다.

"앤, 나는 말이에요. 몽족이든 프랑스인이든 미국인이든 사람들하고 대화를 나눌 때 농담을 제일 늦게 알아듣는 사람이에요. 나는 카멜레온 같은 사람이에요. 아무 데나 갖다놔도 살아남겠지만 어디 '속하지는' 못해요. 난 확실히 여기에도 속하지 않는 사람이죠."

그러고 나서 조나스는 집으로 차를 몰았다. 아내와 세 자녀, 형제들과 그들의 아내들, 그리고 형제들의 열 명의 자녀와 시도 때도 없이 벨이 울려대는 전화가 있는 곳으로.

(17)

여덟 가지 질문

(Lia)

리아는 죽지도 낫지도 않았다. 푸아는 종종 딸이 걷고 말하는 꿈을 꾸곤 했지만 깨어 보면 리아는 침대 위의 그녀 곁에 오그라져 있는 작고 말 없는 껍데기였다. 이제 리아는 가족의 추억과 분노와 혼란과 슬픔을 전부 담을 수 있을 만큼 커 보이지도 않았다. 시간이 거의 멈춰버린 듯 키도 조금씩만 자라고 몸무게도 조금씩만 늘어서 언제나 또래 아이들보다 훨씬 어려 보였다. 그러는 사이 집에 있는 형제자매들은(여섯 명 모두 운동을 잘하고 2개 국어를 구사하며 몽족과 미국인의 세계를 무난히 오가고 있었다.) 리아 주변에서 쑥쑥 자랐다. 쳉은 해병대 예비군에 입대해 걸프전쟁에 차출되었으나 사우디아라비아로 날아가기 이틀 전에 전쟁이 끝나 푸아는 죽다가 살아난 심정이었다. 메이는 프레즈노 주립대학교에 진학해 보건학을 전공했다. 메이의 선택은 어린 시절 부모와 의료 기관 사이에서 임시 중재자 노릇을 했던, 긍정적이기도 부정적이기도 했던 경험의 영향이 컸다. 여는 머세드 고교에서 최우수 운동선수상을 받은 배구 스타였고, 2년 뒤에는 메이처럼 프레즈노 주립대학교에 진학해 체육교육학을 전공했다. 트루는 머세드 고교의 학생회 회계 담당이 되었고 회원이 200명이 넘는 몽족 사회 봉사 조직인 '청소년 문화회'의 회장이기도 했다. 마이는 빼어난 축구 선수이면서 머세드 10대

중에서 제일 예쁘기로 소문나 남자애들 사이에는 경쟁을 불러일으켰고 여자애들에게는 원망의 대상이 되었다. 팡은 까불거리며 다니던 꼬마에서 몽족 전통춤에 소질이 있는 차분한 여학생으로 변해 있었다. 리 부부의 자녀들은 청소년기를 거치며 약간의 동요를 겪긴 했으나 미국인 가정에서도 당연하게 여길 사고조차 일으키지 않았다. 트루가 내게 이런 편지를 썼다.

> 우리 부모님은 이 세상에서 제일 좋은 부모 같아요. 우리는 가진 건 별로 없어도 1남 8녀와 엄마, 아빠가 다 끈끈해요. 아마 이런 가족은 없을 거예요. 저는 우리 가족을 이 세상 무엇하고도 바꾸지 못할 거예요.

나오 카오는 체중이 불었고 고혈압으로 고생했다. 푸아는 자주 피로를 느꼈다. 지닌 힐트는 리 부부의 건강이 안 좋아진 것을 보고 리아를 다시 셸비 센터에 보내 특수 교육을 받게 하자고 다그쳤다. 리아를 가르치기보다는(그건 과거의 일이었다.) 부모에게 매일 몇 시간이라도 한숨 돌릴 짬을 주자는 목적에서였다. 부부는 리아를 또 정부한테 강탈당할지 모른다는 두려움 때문에 처음엔 주저했지만 지닌을 믿었기에 결국 동의했다.

마침 디 코르다는 위탁 보호를 맡은 자녀들 중 하나가 지체가 심해 셸비 센터에 다녔기에 거기서 리아를 자주 볼 수 있었다. 리아는 손가락이 완전히 굳어버리는 일이 없도록 손을 틀에 끼우고 묶인 채 누워 있었다. 디는 그런 모습을 차마 볼 수 없었다. 코르다 가족은 리아의 신경 장애를 보고 큰 충격을 받았다. 때문에 온 가족이 머세드군 정신건강과에 가서 디가 말하는 "죽었지만 살아 있는 리아"를 본 충격을 치료할 필요가 있었다. 상담사의 권고에 따라 (낳거나 위탁받거나 입양한) 디의 아이들은 그림을 그렸다. 디가 말했다.

"웬디는 엄마와 아기가 있는 그림을 그렸어요. 리아가 엄마 곁에 있는 모습을 본 거지요. 줄리는 무지개와 구름과 새를 그렸어요. 리아가 더 울 필요가 없다는 뜻이지요. 마리아는 아주 내성적인 아이인데 루이가 리아 얘기를 해주니까 막 울었어요. 리아를 마음으로 느낀 거예요! 그래서 마리아는 깨진 심장과 삐죽삐죽한 울타리와 밖에서 들여다보는 눈을 그렸어요. 심장은 슬픔이고, 울타리는 리아가 우리 삶과 연결되면서 넘은 벽이지요. 눈은 슬픔의 눈물을 흘리며 바라보는 제 눈이고요."

1993년, 지닌 힐트는 디즈니랜드에 휴가를 갔다가 급성 천식발작으로 호흡부전에 빠져 심각한 산소 결핍을 겪는 바람에 뇌 기능이 완전히 망가지고 말았다. 달리 말해 그녀는 '저산소성 국소빈혈성 뇌 손상'을 앓게 됨으로써 리아와 같은 운명에 빠진 것이었다. 그리고 사흘 뒤, 지닌은 파트너인 카렌 마리노가 지켜보는 가운데 숨을 거두었다. 푸아가 내게 말했다.

"제니가 죽었다는 소리를 들으니 가슴이 무너져 내리데요. 제니가 결혼도 안 하고 자식도 안 낳을 거라면서 그래야 우리 애들 키우는 걸 도울 것 아니냐고 한 말이 생각나서 더 울었어요. 그런데 그렇고 죽고 자기 말대로 할 수도 없으니 미국 사람이라도 내 자식을 잃은 것 같았어요."

닐 언스트는 MCMC 전공의 과정에서 주는 '올해의 교수상'의 첫 수상자가 되었다. 페기 필립은 머세드군 보건소장이 되었는데, 그것은 40년 전 그녀의 아버지가 있던 자리였다. 그들은 계속해서 소아과 진료와 더불어 가사와 육아를 분담했다. 그들이 크리스마스 편지에 쓴 것처럼 "정신없이 쏟아지는 빨래, 점심, 청소, 환자 보기, 신생아 심폐 소생, 전공의 수업" 같은 과제들을 꼼꼼히 따져가며 나눠 했던 것이다. 리 부부에 대한 그들의 이해심과 그들에 대한 리 부부의 이해심은 한층 깊어졌는데, 그들 역시 아이가 중병을 앓는 경험을 하면서부터였다. 큰아들인 토비가 3학년 마지막 달에 급성 림프구성 백혈병 진단을 받았던 것이다. 닐은 댄 머피에게 진단 얘기를 꺼내려다 울음보가 터지는 바람에 말을 할 수 없었다. 한번은 검진을 받으러 리아가 다녀간 뒤 닐이 내게 이런 편지를 보냈다.

> 리 부인이 우리 아들이 백혈병에 걸렸다는 소문을 들었었나 봅니다. 소문이 그녀 귀에까지 그렇게 빨리 들어갔다니 놀랍더군요. 진료실에서 페기가 리아를 검진했는데, 리 부인은 토비의 건강을 몹시 걱정하면서 아이가 어떠냐고 이것저것 물어보더랍니다. 이래저래 묻는 걸로 봐서나 표정으로 보나 정말로 몹시 염려하고 있더래요. 돌아갈 때엔 리 부인이 페기를 안아줬고 둘이서 안고 눈물을 흘렸답니다. 엄마로서 겪는 슬픔이 문화장벽을 다 허물어버린 것이지요.

토비는 3개월간의 화학 요법을 받은 뒤 완화 국면으로 접어들었다. 닐은 다른 편지에서 이렇게 말했다.

> 리아의 엄마는 우리 마음속에 늘 특별한 자리를 차지하고 있습니다. 언제나 토비에 대해 물어보지요. 이제는 그녀를 볼 기회가 별로 없어요. 그들이 리아를 워낙 잘 돌보고 있으니까요. 그래도 그들은 여전히 특별합니다.

리아가 뇌사 상태에 빠진 뒤, 푸아와 나오 카오는 미국 의학에 대해 가지고 있던 일말의 신뢰마저 거의 다 거두어버렸다. ("거의"라고 한 것은 푸아가 닐과 페기만은 예외로 두었기 때문이다.) 한번은 딸 메이의 팔이 부러지는 바람에 MCMC 응급실에 갔더니 의사들이 깁스를 해야 한다고 말하자 나오 카오는 바로 메이를 집으로 데리고 와버렸다. 그리고 약물에 팔을 담근 뒤 약초 범벅을 바르고 습포제로 싸주었다. 그러자 메이는 일주일 뒤 완전히 정상으로 돌아왔다. 전기레인지로 끓이던 기름 솥이 푸아의 치마에 엎질러져 치마가 불타고 그녀의 오른쪽 둔부와 다리가 화상을 입었을 때, 그녀는 닭 두 마리와 돼지 한 마리를 잡아 바쳤다. 열여섯 번째 아이를 가졌다가 일찌감치 유산했을 때, 푸아는 병원에 가지 않았다. 그리고 푸아가 열일곱 번째 아이를 가졌다가 4개월째에 심상찮은 유산을 했을 때 나오 카오는 사흘을 버텼지만 푸아가 하혈을 하며 정신을 잃고 거실 바닥에 쓰러지자 그제야 구급차를 불렀다. 그리고 자궁 입구를 확장해 속을 긁어내는 소파 수술을 허락한 것도 MCMC의 산부인과 당직 전공의가 사정사정(그야말로 절박했던 것이다.)을 하고서였다. 나오 카오는 푸아가 병원에 있는 동안 돼지 한 마리를 잡았고, 그녀가 집으로 돌아온 뒤에도 돼지를 잡았다.

리아는 셸비 센터에 다시 다니기 전에 으레 하는 디프테리아와 백일해와 파상풍에 대한 예방접종을 받았다. 거의 같은 무렵 리아는 이따금 발작성 경련을 일으키기 시작했다. 증세가 짧고 가끔인 데다가 약한 편이어서 (그리고 아마도 그간의 쓰디쓴 경험에서 배운 바가 있기도 해서) 닐은 항경련제를 처방하지 않기로 했다. 푸아와 나오 카오는 예방접종이 경련을 일으켰다고 확신하고는 닐에게 다시는 무슨 일이 있어도 리아에게 접종을 안 하길 바란다고 말했다.

MCMC의 가정의학과 전공의 과정 책임자가 된 댄 머피는 몽족 환자 하나를 잘못 치료하면 몽족 사회 전체에 대한 치료를 실패하는 것이라는 말을 내게 한 적이 있다. 나는 그 말이 옳다고 생각했다. 자기 아이가 리 씨네 어린 딸처럼 되는 걸 원치 않아서 병원을 멀리 한 몽족 가정이 얼마나 많은지 누가 알겠는가? 머세드의 리 씨 집안과 양 씨 집안에서 리아에게 무슨 일이 있었는지 모르는 사람이 없었다.(나쁜 의사들 같으니!) 그건 MCMC 소아과에서 리아에게 무슨 일이 있었는지 모르는 사람이 없는 것과 마찬가지였다.(나쁜 부모들 같으니!) 리아의 케이스는 몽족 사회에는 의료 종사자들에 대한 최악의 편견을, 의료계에는 몽족에 대한 최악의 편견을 확실히 심어주었다.

가정의학과 진료실 의료진들은 깨끗하고 향긋한 냄새가 나고 차림이 말끔한 리아를 보며 부모의 정성에 감탄했다. 그런가 하면 1986년 이후로 리아와 접촉해본 적이 없는 바로 옆 입원실 간호사들의 불만은 해가 갈수록 점점 더 크고 격해져만 갔다. 이를테면 이런 식이었다. 리 부부는 왜 딸이 무료로 의료 서비스를 받은 걸 조금도 감사할 줄 모른단 말인가? (닐은 간호사들의 불만에 동의하지는 않았지만 리아의 치료비를 계산해보았다. 리아가 그간 미국 정부로부터 지원받은 액수는 의사·간호사·사회복지사의 급여를 빼고도 25만 달러에 달했다.) 리 부부는 왜 언제나 '자기들' 식대로만 하겠다고 고집하는가? 그리고 (이게 여전히 가장 큰 죄였는데) 리 부부는 왜 처방을 따르지 않는가? 간호 보조인 샤론 예이츠가 한 말은 그런 생각을 가장 잘 대변한다.

"부모가 리아한테 약을 제대로 주기만 했더라도 애가 지금 같지는 않았을 거예요. 저는 리아가 위탁 가정에서 돌아온 뒤로 부모가 애한테 약을 전혀 안 줬다고 생각해요."

하지만 나는 리아가 위탁 보호를 받다 돌아왔을 때 푸아와 나오 카오가 리아에게 약을 처방대로 (하루 세 번 4시시의 데파킨을) '정확히' 줬다는 걸 알고 있었다. 리아의 항경련제에 대한 의문 몇 가지를 해소하고자 프레즈노로 가서 테리 허치슨을 만나보았다. 밸리 아동병원에서 리아의 치료를 감독했던 소아신경과 의사 말이다. 나는 리아가 엄청난 신경 장애를 입게 되기 9개월 전 그가 쓴 퇴원 기록에서 리아를 "아주 예쁜 몽족 아이"라고 적고 리아의 부모를 "리아한테 아주 관심이 많고 아주 잘해줌"이라 적은 부분을 발견했다. MCMC의 차트에선 절대 볼 수 없는 표현이었다.

빌 셀비지는 내게 허치슨은 '소문난 괴짜'라고 했다. 그는 정이 많아 전공의들이 좋아하면서도 새벽 4시에 회진 돌기를 고집해 두려워하는 대상이기도 했다. 숱 없는 머리를 아주 짧게 깎고 다니며 나와 만난 날에는 크고 노란 기린 무늬가 있는 넥타이를 매고 있었다. 그의 방문 앞에는 막 걸음마를 할 정도의 아이 눈높이에 이런 글이 붙어 있었다.

어린이 구역
보살피고 사랑하는 마음으로 들어오세요

내가 리아의 약과 마지막 발작과의 상관관계를 묻자 그는 이렇게 대답했다.

"약은 아마 아무 상관이 없을 겁니다."

"네에?"

"리아의 뇌는 패혈성 쇼크 때문에 망가진 거예요. 혈액 속에 들어온 녹농균이 일으키는 증상이죠. 그게 어쩌다 리아한테 옮겨갔는지는 저도 모릅니다. 아마 계속 모르겠죠. 제가 아는 건 패혈성 쇼크가 발작을 일으킨 거지 그 반대는 아니라는 겁니다. 리아가 그 이전에 앓았다는 발작 장애 때문에 마지막 대발작이 더 심했거나 쉽게 시작되거나 할 순 있었겠지만 본래 있던 발작 증세들은 부수적이라 중요한 게 아닙니다. 리아한테 발작 증세가 없었더라도 결과는 마찬가지였을 거예요. 어쨌든 혼수상태와 쇼크 증세를 보였을 테니까요. 단 문제가 뭐였는지 더 일찍 알 수 있었겠죠. 여기 밸리 아동병원에 왔을 때는 너무 늦었어요. 아마 MCMC에 도착했을 때도 이미 늦었을 거예요."

"그것하고 아이 부모가 이전에 처방대로 안 한 것이 상관있나요?"

"전혀 없습니다. 약이 끼칠 수 있는 유일한 영향은 우리가 처방한 데파킨이 리아의 면역 체계를 약화시켜 녹농균에 더 쉽게 감염되게 했을지도 모른다는 것뿐이지요. [데파킨은 종종 백혈구 수치를 떨어뜨려 감염에 맞서는 면역력을 약화시키곤 한다.] 저는 지금도 데파킨이 최적의 약이라고 믿고 있고 다시 처방한다 해도 데파킨을 쓸 거예요. 그런데 문제는 리아의 가족이 처방대로 데파킨을 착실히 먹였다면 오히려 패혈성 쇼크가 오도록 도와준 셈일 수 있다는 점이죠."

"리아의 부모는 약을 너무 많이 써서 문제가 됐다고 생각하거든요."

"음, 사실과 별로 동떨어지지 않은 얘기라고 할 수 있죠."

허치슨이 말했다. 나는 그를 빤히 쳐다보지 않을 수 없었다.

"머세드로 돌아가세요."

그가 말했다.

"그리고 MCMC 사람들 모두에게 이야기하세요. 리아 문제는 가족 탓이 아니라고요. 우리 잘못이라고요."

차를 몰고 머세드로 돌아오는 내내 나는 쇼크 상태였다. 나는 리아에게 패혈증이 있다는 걸 알고 있었다. 그러나 문제의 뿌리는 언제나 발작 장애라고만 생각했다.

'리 부부가 결국 옳았구나. 리아가 정말 약 때문에 저 지경이 됐구나!'

그날 밤 나는 닐과 페기에게 허치슨이 한 말을 전했다. 언제나 그랬듯 진실을 밝히고자 하는 그들의 욕구는 자신들의 명성을 지키려는 욕구보다(그런 게 있긴 했다면) 더 강했다. 그들은 곧바로 내가 가지고 있던 리아의 차트 복사본을 보여달라고 하더니 빌 셀비지의 소파에 함께 앉아 자료를 샅샅이 뒤지기 시작했다. 리아가 MCMC에 있을 때부터 패혈증이 있었을지 모른다는 증거가 있었는데 경황없을 때 빠뜨린 건 아닌지 살펴본 것이었다. 둘이서만 통하는 비밀스러운 말(칼슘 3.2, 혈소판 2만 9000, 헤모글로빈 8.4)로 서로 중얼거리는 그들을 보니 애정 가득한 말을 속삭이는 연인들 같았다. 페기가 말했다.

"저는 늘 아동병원에서 온갖 주사선을 공격적으로 끼워서 리아가 패혈증을 앓게 됐다고 생각했어요. 그런데 아닐 수도 있겠네요. 여기 조짐들이 있어요."

닐이 말했다.

"저도 그랬어요. 여기 MCMC에 있을 때부터 패혈증이 있다고 생각했다면 요추천자를 해봤을 거예요. 제가 항생제 투여를 안 한 건 리아가 그전에 올 때마다 패혈증을 보인 적이 한 번도 없었기 때문입니다. 거의 매번 문제는 발작 장애였고 이 경우엔 분명 리아가 겪은 최악의 발작이었어요. 그래서 저는 먼저 안정을 시키고 아동병원으로 옮기도록 주선했지요. 그리고 연구소 결과가 전부 나오기 전에 집으로 돌아갔고요."

그의 말이 변명처럼 들리지는 않았다. 그는 오히려 더 궁금해하는 것 같았다.

닐과 페기가 집으로 돌아가자 나는 빌 셀비지에게 닐이 리아의 패혈증을 알아차리고 처치하지 못한 게 그의 실수라고 생각하는지 물어보았다. 허치슨이 리아의 운명은 MCMC 응급실에 도착하기 전에 이미 결판났을 것이라 한 것(그리고 패혈증이 아니더라도 발작의 강도가 점점 심해져 결국엔 뇌 손상을 입었을지 모른다는 점)과 상관없이 말이다. 빌이 말했다.

"닐은 있는 방법은 다 써보는 사람이야. 만약 닐이 실수를 했다면 그건 모든 의사가 실수를 하기 때문이지. 병원에 처음 온 아이였다면 닐은 100퍼센트 패혈증 검사를 했을 것이고 그걸 잡아냈을 거야. 그러나 상대는 리아였어. MCMC의 그 누구도 리아에게서 발작 말고는 아무것도 알아채지 못했을 거야. 리아는 '곧' 발작이었으니까."

MCMC의 전공의들에겐 여전히 '리아'하면 발작이었다. 그들은 리아를 호흡관을 삽입하거나 정맥주사를 놓거나 정맥 절개를 실습하게 해준 한 밤의 끔찍한 응급 환자로만 기억하고 있었다. 그들은 언제나 리아를 과거 시제로만 언급했다. 사실 닐과 페기도 자주 '리아의 사망'이니 '리아를 죽인 원인인지도 모를 무엇'이니 '리아가 죽은 이유'니 하는 말을 자주 썼다. 그건 허치슨도 마찬가지였다. 그는 내게 "리아가 죽었을 때 위탁 부모도 함께 있었나요?"라고 물어본 적이 있었던 것이다. 나는 그에게 리아는 살아 있다고 말해주었지만 그는 5분 뒤에 또 이렇게 말했다.

"처방을 따르지 않은 것과 리아의 죽음은 아무 상관이 없었어요."

이러한 태도가 무심함이라고만은 할 수 없었다. 그것은 패배를 인정하는 태도이기도 했다. 리아가 의사들에게 죽은 존재가 된 건(사회복지사들은 절대 인정하지 않는 죽음이었다.) 의학이 한때 리아를 위해 지나친 주장을 했던 것에 대해 이제는 포기 선언을 해야 했기 때문이었다.

나는 닐에게 아쉬움이 남지 않느냐고 물어본 적이 있다. 그는 예상대로 리 부부와의 관계보다는 약 선택에 초점을 맞췄다.

"데파킨을 더 일찍 썼더라면 하는 아쉬움이 있지요. 의학적으론 세 가지 약이 최적이라 하더라도 리 가족이 따르기에는 셋보다는 하나가 쉬울 것이란 의견을 받아들였더라면 어땠을까 싶어요."

그 말에 내가 물었다.

"리아를 안 만났더라면 좋았겠다는 생각은 안 드시나요?"

"아뇨, 아뇨, 전혀요!"

그의 부정이 너무 강해서 나는 좀 놀랐다.

"그런 심정일 때도 있었죠. 하지만 지금 돌이켜보면 아니에요. 문화장벽이 견고하더라도 최선을 다하되, 제가 원하는 바와 반대되는 일이 일어날 경우엔 완전한 성공보다는 작은 성공에 만족해야 한다는 것을 깨달았어요. 제가 모든 것을 통제할 수는 없다는 걸 리아에게 배웠죠. 저한텐 그게 아주 힘든 일인데 그래도 노력해야죠. 리아는 저를 덜 고지식한 사람으로 만들어줬어요."

그다음에 푸아를 만났을 때, 리아 일을 통해 배운 게 있느냐고 물어보았다.

"아니, 난 배운 거 없어요. 머리만 더 복잡해진 것 같으니까."

그때 그녀는 리아에게 아기 달래는 소리를 내며 죽처럼 만든 조를 스푼으로 떠먹이고 있었다. 리아는 입을 헤벌리고 있었다.

"나는 의사들이 어떻게 리아가 평생 이럴 거라고 말하면서 낫게 하지는 못하는지 이해를 못하겠어요. 앞일을 알면서 그걸 바꾸는 법은 어떻게 모르지요? 이해할 수가 없어요."

"그럼 푸아 당신은 리아가 앞으로 어떠리라 생각하세요?"

내가 물었다.

"그걸 알 수 있나요. 난 의사가 아닌데. 치 넹도 아니고요. 하지만 리아가 앞으로 계속 이렇겠다 싶은 생각은 들지요. 그러면 어떻게 될까 생각하면 눈물밖에 안 나오고요. 리아를 낳았으니 있는 힘껏 언제나 돌봐줘야 해요. 하지만 애 아빠도, 나도 죽고 나면 누가 리아를 돌봐줘요? 리아의 언니들이 동생을 예뻐하긴 하지만 그렇다고 돌봐줄 수 있는 건 아닐 거예요. 공부하느라, 일하느라 얼마나 힘들고 바쁘겠어요. 그래서 그 애들이 리아를 미국 사람들한테 맡겨버릴 생각을 하면 마냥 눈물이 나지요."

푸아는 소리 없이 울기 시작했다. 메이 잉은 그녀를 안아주며 머리를 어루만졌다. 푸아가 이어서 말했다.

"나는 미국 사람들이 리아 같은 애들을 어디로 보내는지 알아요. 그 사람들이 오래전에 리아를 데려갔을 때 프레즈노에 있는 그런 데에 가봤죠. [푸아는 리아가 위탁 가정에 가기 전 투약을 모니터링하고 안정시키기 위해 잠시 가 있던 지체아와 장애아를 위한 장기 요양 시설을 떠올린 것이었다.] 죽은 사람들이 사는 집 같았어요. 아이들이 너무 슬퍼하면서 울기만 하는데 어찌나 불쌍하던지. 모두 쉼 없이 울기만 해요. 어떤 애는 머리는 큰데 몸은 정말 조그맣데요. 어떤 애는 다리가 바짝 말라서 거듭 넘어지고요. 그런 걸 봤어요. 그러니 미국 사람들이 리아를 그런 데로 데려가면 리아는 죽고 싶어도 못 죽고 고생만 할 거예요."

푸아는 볼에 흐르는 눈물을 손등으로 얼른 훔쳐냈다. 그리고 훨씬 부드러운 손길로 리아의 입을 닦아주고는 천천히 몸을 흔들어주었다.

"그런 생각을 하면 가슴이 무너지지요. 우리가 미국이 아니라 라오스에 계속 살았더라면 어땠을까 하는 생각을 많이 해요. 그랬다면 리아가 절대 이렇게 되지는 않았을 테니까요. 여기 의사들은, 그 대단하신 분들은 정말이지 아는 게 많긴 하지만 리아한테 무슨 실수를 했을 거예요. 약을 잘못 줘서 애를 이 지경으로 만든 거죠. 우리가 라오스에 살고 있었다면, 리아를 이렇게 만든 게 '다'라면 우리는 숲에서 약초를 구해 먹였을 거예요. 그러면 리아는 나았을 것이고 하다못해 말이라도 할 수 있었을 테니까요. 하지만 이건 미국에서 벌어진 일이고 미국 사람들이 이렇게 만들었으니 이제 우리 약으론 애를 낫게 할 수가 없어요."

리 부부가 라오스를 떠나지 않았더라면 리아는 계속되는 대발작으로 영아기나 유아기를 넘기지 못하고 목숨을 잃었을지도 모른다. 미국 의학은 리아의 목숨을 지키기도 하고 위태롭게 만들기도 했다. 나는 어느 쪽이 리아의 가족에게 더 상처가 되는지 알 수 없었다.

푸아를 만난 그날 밤 이후, 나는 무엇을 어떻게 했다면 결과가 달라졌을까 하는 생각을 하며 리아의 이야기를 속으로 거듭거듭 재생해보았다. 이야기의 결말 부분을 허치슨이 전면적으로 뜯어고쳤다고는 하지만 애초에 리 부부가 항경련제를 제대로 먹였다면 리아의 상태가 정상 수준에 가까워졌을지도(또는 가까워지고 있을지도) 모른다는 점은 누구도 부인할 수 없을 것이다. 분명치 않은 건 만일 누군가에게 책임이 있다면 그게 누구인가 하는 점이었다. 만일 닐이 데파킨을 더 '일찍' 처방했더라면 어떻게 달라졌을까? 만일 그가 리아를 위탁 가정에 보내는 대신 방문 간호사를 이용해 약을 먹이도록 했다면? 만일 그가 양쪽 문화에 한 다리씩 걸치고 있는 바야오 무아나 조나스 방아이 같은 몽족 지도자를 찾아 중재를 의뢰해 처방에 관한 의심들을 잠재울 수 있었다면? MCMC에 더 나은 통역자가 있었다면?

어느 날 댄 머피를 MCMC 구내식당에서 만나 이런 '만일' 목록을 나열했더니 그는 데파킨보다는 통역자 쪽에 더 관심을 보였다. 그러나 그는 리 부부와 의사들 사이의 간극은 메울 수 없는 것이어서 무엇으로도 결과를 바꾸지 못했으리라 보았다. 그는 이렇게 말했다.

"리아를 만나기 전까지만 해도 저는 무슨 문제든 마주앉아 오래오래 얘기를 하다 보면 안 풀릴 게 없다고 생각했지요. 그런데 리 부부의 경우, 우리는 필요하다면 녹초가 되도록 대화를 나눌 용의가 있었지만(그리고 그들을 세계 최고의 통역자가 있는 의과대학에라도 보내주겠다는 심정이었지만) 그래봤자 그들은 자기네 방식이 옳고 우리는 틀렸다고 생각할 거예요."

댄은 미지근한 코코아를 천천히 저으며 그렇게 말했다. 그는 밤샘 대기 근무를 하던 중이었다.

"리아의 케이스로 저는 더 이상 세상을 이상주의적으로 볼 수 없게 됐어요."

메울 수 '없는' 간극이었다고? 나는 리아가 태어난 지 얼마 안 돼 리 부부가 MCMC 의료진과 처음 마주치던 때를 자꾸 떠올리게 되었다. 당시 통역자는 아무도 없었고 리아의 뇌전증은 폐렴으로 오진되었다. 만일 응급실의 전공의들이 '동물 병원 의사'가 되는 대신, 몽족이 믿거나 두려워하거나 바라는 걸 알려고 노력해 애초부터 리 부부의 신뢰를 얻어낼 수 있었다면(아니면 적어도 신뢰를 짓밟지 않았다면) 어떻게 달라졌을까? 지닌 힐트는 전공의들에게 리아의 사례를 어떻게 보는지 이야기해달라고 부탁한 적이 있었지만 아무도 반응이 없었다. 마틴 킬고어가 이야기를 해보려고 했지만 때는 이미 너무 늦어 있었다.

물론 리 부부의 시각은 의사들에게 불가해한 것이었는지 모른다. 의사들의 시각이 리 부부에게 불가해했던 것과 마찬가지로 말이다. 바 야오 무아가 내게 말한 바와 같이 몽족 문화는 데카르트적이지 않다. 그렇게 볼 때 서양 의학만큼 데카르트적인 건 없으리라. 병원 차트를 읽고 리아와 그 가족을 이해한다는 것은(나는 차트를 이해하는 데만 수백 시간을 바쳤다.) 서정시를 일련의 삼단논법으로 축소해가며 해체하는 것과 같은 일이었다. 하지만 리아를 생후 3개월 때부터 맡았던 전공의들과 소아과 의사들에겐 '차트' 말고는 리아의 세계를 안내해줄 길잡이가 없었다. 그들 각자가 그들이 아는 언어로는 표현할 수 없는 문제들을 이해하려고 발버둥칠 때마다 차트는 점점 더 길어져 결국 40만 단어가 넘는 기록이 되어버렸다. 그 단어들 하나하나는 기록을 남긴 사람들의 지식과 훈련과 선의를 반영하고 있었지만 어느 것 하나도 딸의 병에 대한 리 부부의 관점은 다루지 않았다.

내가 읽어본 이문화간 의료에 관해 논의한 자료에서는 거의 모두 여덟 가지 질문을 인용했다. 하버드 의과대학의 사회의학부 학장으로 있는 정신과 의사이자 의료인류학자인 아서 클라인먼이 개발한 것으로, 환자에 대한 '설명 모형'을 이끌어내기 위해 고안한 질문들이다. 여덟 가지 질문을 처음 봤을 때 너무 쉽다 싶어 진가를 제대로 알지 못했다. 그러다 쉰 번쯤 읽고 생각하자 그때부터 쉬운 것들이 흔히 그렇듯 실은 천재적인 질문일지도 모른다는 생각이 들기 시작했다.

리아가 맨 처음 발작을 겪고 아직 아무 약도 처방되지 않았을 때 이 여덟 가지 질문을 받았다면 리 부부가 어떻게 답했을까? 얼마 전부터 이런 생각을 했고 내가 생각해본 바를 클라인먼 교수에게 전화를 걸어 얘기해보기로 마음먹었다. 단 좋은 통역자가 있고 그들이 마음 편히 사실대로 말할 수 있다고 할 때 말이다. 그들은 이런 식으로 답했을 것이다.

1. 이런 문제를 뭐라고 부르십니까?

   코 다 페이요. 영혼한테 붙들리면 쓰러진다는 뜻이지요.

2. 문제의 원인은 무엇이라고 생각하십니까?

   혼을 잃어서 그렇지요.

3. 이 문제가 어쩌다 시작됐다고 생각하십니까?

리아의 언니 여가 문을 쾅 닫는 바람에 리아의 혼이 겁을 먹고 몸에서 달아나 버리면서지요.

4. 어떻게 아픕니까?

몸을 마구 떨면서 쓰러지지요. '다'라는 영혼이 리아를 붙들어서 그런 거예요.

5. 얼마나 아프고 얼마나 오래 갑니까?

왜 그런 걸 자꾸 물어보세요? 실력 있는 의사라면 답을 알고 있어야지요.

6. 환자가 어떤 처치를 받아야 한다고 생각하십니까? 그런 처치를 통해서 환자가 어떻게 되는 게 가장 중요하다고 보십니까?

리아한테 약을 줄 땐 일주일치 이상 주면 안 돼요. 약을 먹고 나으면 약을 더 먹으라고 하면 안 되고요. 피를 뽑거나 등골에서 골수를 빼내는 것도 하면 안 돼요. 또 집에서 몽족 약도 쓰고 돼지랑 닭도 잡아 바치고 해야 돼요. 우리는 리아가 건강해지길 바라지만 뇌전증을 영영 멎게 하기를 원하는지는 잘 모르겠어요. 우리 문화에서 뇌전증이 있다는 건 귀한 사람이란 뜻이고 자라서 샤먼이 될 수도 있다는 뜻이니까요.

7. 아픈 것 때문에 제일 큰 문제는 무엇입니까?

리아가 아파하는 걸 보면 마음이 아프지요. 그리고 여한테 자꾸 화를 내게 돼요.

8. 아픈 것 때문에 제일 두려운 건 무엇입니까?

리아의 혼이 영영 돌아오지 않는 거지요.

나는 이런 답변을 클라인먼이 아주 기이하게 여겨 몹시 당황할 줄 알았다. (내가 비슷한 이야기를 닐과 페기에게 말했을 때 그들의 반응은 "리 씨 부부가 뭘 어떻게 생각한다고요?"였던 것이다.) 그런데 그는 매 답변마다 열띤 목소리로 "그렇죠!"라고 반응했다. 그에게는 놀랄만한 이야기가 아니었다. 오히려 하나하나 흐뭇한 답변이었다. 그의 입장에서는 의사로서 리아만큼 매력적인 환자를 만나기도 어렵고 리 부부만큼 훌륭한 부모를 만나기도 어려웠던 것이다.

나는 나중에 무슨 일이 벌어졌는지(항경련제 처방에 대한 리 부부의 불이행, 위탁 가정, 치명적인 신경 장애) 설명한 다음, 지난 일이지만 리아의 소아과 의사들에게 해줄 조언이 있느냐고 물어보았다. 그는 바로 대답했다.

"세 가지를 말씀드리죠. 첫째, '이행'이란 말을 쓰지 말아야 합니다. 아주 형편없는 표현이에요. 도덕적인 위계를 암시하는 말이지요. 사람들이 원하는 건 장군의 명령이 아니라 대화거든요. 둘째, 강제의 모델을 찾기보다는 중재의 모델을 찾아야 합니다. 몽족 사회의 일원을 찾거나 의료인류학자를 찾아 중재를 구할 수 있거든요. 단 중재란 이혼 과정 같아서 양측이 다

양보한다는 자세를 가져야 합니다. 제일 중요한 게 무엇인지 정한 다음에 나머지는 전부 기꺼이 타협할 수 있어야 합니다. 셋째, 이 케이스에선 몽족 환자와 그 가족의 문화가 대단히 강력한 영향을 끼치고 있는데, 그에 못지 않게 의학이라는 문화도 큰 자리를 차지한다는 걸 이해할 필요가 있습니다. 자기 문화가 나름의 취미나 정서나 편향이 있다는 걸 이해하지 못하면서 어떻게 남의 문화를 제대로 다룰 수 있겠습니까?”

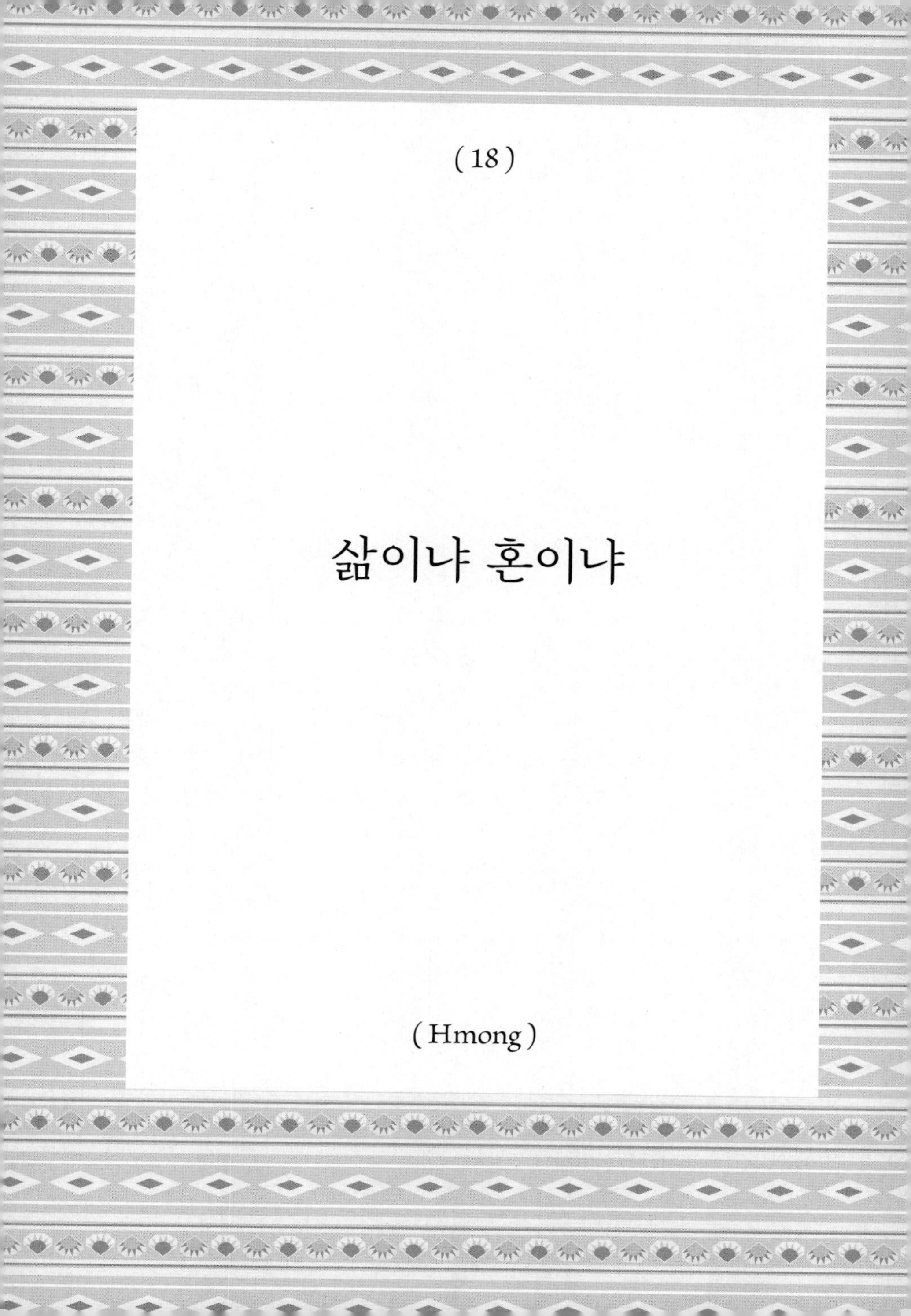

(18)
삶이냐 혼이냐
(Hmong)

만일 리아가 닐 언스트와 페기 필립 대신 아서 클라인먼에게 치료를 받았다면 지금 걷고 말할 수 있을까. 나로서는 알 수 없는 일이다. 하지만 리아의 삶이 망가진 건 패혈성 쇼크나 부모의 불이행 때문이 아니라 타문화에 대한 오해 때문이라는 것에 대해서는 확신을 갖게 되었다.

리아의 케이스는 내가 여러 해 동안 알게 된 족히 100건은 될 몽족의 의료 케이스 중 하나였다. (클라인먼이라면 모든 질환을 병리 현상이 아닌 개인의 이야기로 보기 때문에 '이야기'라는 표현을 쓸 것이다.) 대부분은 끝이 좋지 않았다. 의사도 환자도 (자기 경험이든 남의 일이든) 좋았던 것보다는 끔찍했던 것을 더 생생히 기억하기 때문에 모두 사실 그대로라곤 볼 수 없겠지만 몇 가지 소개하자면 이렇다.

샌디에이고의 한 여아는 구순구개열을 가지고 태어났다. 의사들은 부모에게 수술을 해서 고치자고 했다. 그들은 수술이 간단하며 안 할 경우 아이가 따돌림을 당할 것이라고 했다. 하지만 부모는 아기를 데리고 병원에서 달아나 버렸다. 몇 해 전 가족이 라오스에서 태국으로 탈출하던 때, 아기 아빠가 돌로 새를 잡았는데 제대로 하지 못해 새가 고통을 받으며 죽었고 그래서 그 새의 영혼이 딸에게 구순구개열을 준 것이기 때문이었다. 벌을 받지 않겠다고 하는 것은 중대한 모독일 터였다.

미시건의 한 아이는 눈에 악성 종양이 자라는 망막모세포종을 앓았다. 의사들은 암의 전이를 막기 위해 안구 적출 수술을 해야 한다고 말했다. 그러자 부모는 아이를 데리고 미시건에서 떠나버렸다. 아들이 수술을 받으면 다시 태어나도 계속 불완전한 신체를 갖게 된다고 믿었던 것이다.

미네소타의 한 아이는 척추가 기형이었다. 의사들은 부모에게 교정 수술을 해야 한다고 말했다. 그러나 아이가 태국 난민캠프에서 태어났을 때, 치 넹이 부모에게 아들이 몽족 지도자로 크게 될 인물이라고 말하며 아이의 몸을 고치면 부모가 죽게 된다고 경고했었다. 부모가 마지못해 수술에 동의한 지 며칠 뒤, 수술을 하기 전에 아빠가 죽고 말았다. 엄마는 아들을 데리고 주를 떠났다.

다섯 명의 아이를 순산했던 머세드의 한 여성은 여섯 번째 아이를 분만하기 직전에 병원에 갔다. 간호사들은 산모에게 태아보다 탯줄이 먼저 나오는 탯줄 탈출증이 있는 것을 발견하고는 탯줄을 압박하지 않기 위해 산모를 엎드리게 해 머리와 가슴을 바닥에 대고 엉덩이를 들게 한 다음 태아의 머리가 산도로 나오지 못하게 밀어 넣었다. 동시에 그들은 남편에게 어서 제왕절개 수술 동의서에 서명을 하라고 압박했다. 남편은 압력에 못 이겨 서명을 했는데, 아내는 수술 준비를 하는 동안 아기를 그냥 낳아버리고 말았다. 그 자리에 통역자는 없었다. 부부는 간호사들이 몽족이 아이를 많이 낳는 게 싫어서 아기한테 해를 끼치려 했고, 의사들은 돈을 더 벌기 위해 수술을 하려 했다고 생각했다. 그래서 이 엄마는 그 뒤로 아이를 전부 집에서 낳기로 마음먹었다.

물론 결과가 좋은 경우도 있었다. 소아과 사례는 아니었지만 여기 몇 가지를 소개해본다.

미국에 막 도착한 어느 젊은 참전 용사는 임시로 배치된 캘리포니아의 임시 수용 시설의 샤워실에서 목을 매려 했다. 그로부터 며칠 동안 그는 한 병실에 격리되었고 미국 음식을 먹어야 했고 종합 건강검진을 받아야 했다. 검사에는 물론 혈액 검사도 포함되어 있었다. 그러자 그는 먹지도 자지도 않았고 결국 의사들은 혈액 검사를 중단했다. 그리고 그에게 몽족 음식을 주자 다시 먹기 시작했다. 또 밤에 다른 몽족 남자 한 명과 같이 있게 해주었고 그러자 잠도 자기 시작했다. 그가 자식들을 먹여 살릴 수 없을까 봐 걱정하는 것을 눈치챈 의사들은 난민현금보조 제도에 대해 설명해주고 그가 앞으로 살 집의 사진을 보여주었다. 다행히 그와 그의 가족은 아이오와에 성공적으로 정착했다.

머세드의 한 중년 남자는 감염으로 입원하게 되었는데, 통상적인 입원 양식을 적던 중 통역자한테서 사망 시 장기 기증을 하겠느냐는 질문을 받았다. 의사들이 그를 죽게 만들어 심장을 가지려 한다고 생각한 그는 몹시 불안해하며 당장 병원을 떠나겠다고 말했다. 통역자는 겨우 그를 말린 다음 의사들이 좋은 뜻으로 그렇게 하는 것임을 확신하게 해주었다. 이 환자는 회복할 때까지 며칠간 병원에 있었고 그를 동정한 병원 행정직원은 다른 몽족도 비슷한 오해를 할 수 있으리라는 생각에 싸우다시피 하여 입원 양식에 장기 기증 칸을 없애는 데 성공했다.

샌프란시스코의 한 병원 사회복지사는 공중보건과의 의뢰로 통역자와 함께 폐결핵을 앓는 여성의 집을 방문하게 되었다. 항결핵제인 이소니아지드 알약을 거부하는 환자였다. 사회복지사 프란체스카 파는 임신 8개월인 환자에게 말을 걸려고 했다. 그러자 통역자가 말했다.

"안 돼요. '남편'한테 먼저 얘기해야 돼요."

파는 남편에게 왜 아내가 약 먹는 걸 원치 않느냐고 물어보았다. 그러자 통역자가 다시 말했다.

"아니, 아니요. 아직 그렇게 물어보면 안 돼요. 먼저 덕담부터 좀 해야 돼요."

파는 남편에게 아이들이 절대 아프지 않기를, 밥그릇이 비는 날이 없기를, 가족 모두 언제나 함께 지내기를, 몽족이 다시는 전쟁을 겪지 않기를 바란다고 했다. 그녀가 그렇게 말하자 단단히 굳어 있던 남편의 팔짱이 풀리기 시작했다.

"자, 이젠 왜 아내가 약을 먹지 않는지 물어봐도 되겠어요."

통역자로부터 이 말을 듣고 파가 물었다. 남편은 아내가 약을 먹으면 팔이나 다리가 없는 아기가 나올 거라고 했다. 파는 환자의 배를 만지며 남편에게 아기가 이미 팔과 다리를 가지고 있으며 없다면 배가 이렇게 부를 리도 없고 발길질도 하지 않을 거라고 말했다. 남편은 고개를 끄덕이고 다른 방으로 가더니 커다란 병을 가져와 속에 모아둔 약을 파의 손에 쏟으며 아내에게 약을 먹이겠다고 했다.

마지막 사례는 특별히 유심히 살펴볼 만하다. 프란체스카 파는 MCMC에서는 대체로 하지 않던 것, 특히 리아에 대해선 더욱 안 하던 것을 여러 가지 시도했기 때문이다. 먼저 그녀는 가정방문을 했다. 그리고 유능하고 적극적인 통역자를 대동했고 단순한 통역자(즉 열등한 이)가 아니라 문화 중개인으로(개념상으론 대등하나 이 경우엔 우월한 이로) 대우했다. 또 그녀는 그 가족의 신념 체계 안에서 소통했다. 교섭하기 위해 자신의 신념 체계(이를테면 페미니즘 입장에서 볼 때 아내 대신 남편을 상대해야 한다는 불쾌함)를 주장하지 않았던 것이다. 그녀는 위협하지도 비판하지도 가르치려 들지도 않았다. 서양 의학에 대해선 거의 아무것도 말하지 않았다. 계획에 의존한 게 아니라 면담 시의 직감에 따랐던 것이다.

더구나 프란체스카 파는 몽족을 '좋아하기도' 했다. 아니, 사랑했다고 해도 좋을 것이다. 그것은 몽족 환자나 의뢰인이나 연구 대상과 좋은 관계를 맺었던, 내가 아는 모든 사람의 공통된 특징이기도 하다. 댄 머피는 지난 10년간 자신이 만난 가장 존경할만한 사람 열 명 중에 일곱에서 여덟 명은 몽족이라고 했다. 지닌 힐트는 자기 집에 불이 나면 제일 먼저 들고 나올 게 푸아가 바느질해준 파 응도 액자라는 말을 했다. (이 액자는 지금도 그녀 파트너의 식탁 앞 제일 좋은 자리에 걸려 있다.) 수키 월러는 몽족 의뢰인들을 많이 접하다 보니 미국인들은 상대적으로 참 메말랐다는 느낌을 받는다고 했다. 인류학자인 에릭 크리스털과 드와이트 캉커굿은 몽족 문화에 심취해 있으며 몽족 민속에 대한 그들의 논평은 학문적으로 의심할 여지가 없겠지만 때로는 연애편지처럼 느껴지기도 한다.

닐과 페기도 몽족을 좋아하긴 했다. 하지만 사랑하지는 않았다. 그들은 처방해주는 약을 잘 먹고 보험회사에서 제때 비용도 지불해주는 백인 중산층 환자만을 받을 수도 있었다. 그러나 이타주의자인 그들은 정반대를 택했다. 그들의 선택은 도덕적으로 만족스러운 것이었다. 하지만 환자가 그들의 말을 듣지 않고 가장 효과적인 처치를 방해할 경우 문화 다양성은 장애물이 되었다. 닐과 페기는 뛰어난 의사였으나 클라인먼의 정의에 따르면(즉 병에 맥락과 의미를 부여하는 심리사회적이고 문화적인 측면을 고려했는가 하면), 적어도 리아를 만난 초기 시절에는 불완전한 의사였다.

사랑은 소아 뇌전증의 원인이나 진단과 달리 가르칠 수 없는 것이다. 사랑은 누가 누구에게 베풀 수만 있을 뿐이다. (나는 닐과 페기가 이제는 푸아를 사랑한다고 믿는다.) 의사가 몽족 환자를 더 잘 돌보기 위해 해줄 수 있는 게 사랑 말고 또 있을까?

정신건강 문제를 전통적인 간 질환으로 설명한 몽족 보건 공무원 브루스 토파우 바투이는 몇 가지 권고를 하고 있다. 놀랄 것도 없이, 그 경고는 의료적인 게 아니라 문화적인 것이다. 이를테면 몽족의 건강을 전반적으로 향상시키기 위해서는 여성 환자는 여성 의사가, 남성 환자는 남성 의사가 돌보게 해야 한다. 그리고 모든 결정에 환자의 가족들을 참여시켜야 한다. 통역자는 두 언어뿐만 아니라 두 문화를 이해하는 사람이어야 한다.◆ 몽

◆ 두 문화를 다 이해하고 섬세한 통역을 하는 일은 의사에게도 환자에게도 도움이 되지만 통역자는 스트레스를 많이 받는다. 머세드의 몽족 지도자로 종종 비공식적으로 의료 관련 통역을 하는 존 숑은 내게 이런 말을 했다. "의사가 원하는 대로 환자가 하지 않으면 의사는 통역자한테 화를 내요. 환자가 원하는 걸 의사가 들어주지 않으면 환자는 통역자한테 화를 내요. 저는 중간에 껴서 이렇게 말하는 수밖에요. 나는 당신네들 양쪽을 다 돕고 싶은데 왜 둘 다 나한테 화를 내냐고요." 의사들이 프란체스카 파처럼 통역자의 말을 따르거나 통역자가 몽족 환자에게 느끼는 고통스런 공감을 인정하는 경우는 드물다. 프레즈노에 있는 밸리 의료센터의 통역자인 타이 팡은 몽영 해부 및 의학 용어집인 『몽어 사용자를 위한 기본 인체 및 의료 정보(*Tuabneeg Lubcev Hab Kev Mobnkeeg Rua Cov Haslug Hmoob*)』에서 이렇게 말한다. "나는 연민 때문에 이 책을 기획하게 되었다. 몽족 동포들이 두려움과 걱정, 근심 때문에 기력을 다 잃는 것을 보니 내 혼이 병드는 듯했던 것이다."

족에게는 불필요하다고 여겨지는 수술을 받도록 설득하거나 동의했을 경우, 결과를 좋게 하기 위해서는 가족과 지역사회 지도자의 도움을 받아야 한다. 혈액 채취는 최소화해야 한다. 친척이나 친구들이 병실에 언제든 있을 수 있게 허락해야 한다. 병원에서 샤먼의 굿을 허락해야 한다. 정신건강을 위해서는 천 짜기나 음악이나 춤이나 은세공 같은 전통 기예를 권장해야 한다. 미국이 라오스에서 벌인 군사 작전에 몽족이 기여한 바를 인정해야 한다. 몽족 가족들 앞에서는 아버지의 권위를 깎아내리지 않도록 주의해야 한다. 난민들에게 스스로 도울 수 있는 기회를 더 주어야 한다. 그들에게 지나친 관심을 보이지 않아야 한다.

제일 중요한 것은 결합 치료를 하는 것이라고 바투이는 (그리고 다른 많은 이들은) 말한다. 즉 대증요법적인 서양의학과 전통적인 치료술을 결합해야 한다는 것이다. 나오 카오 리의 표현을 따르자면 '약간의 약'과 '약간의 넹'을 병행하는 것이다. 의사는 병을 고치지만 전통적인 치료사들은 아픔을 낫게 한다는 말을 한 적 있는 클라인먼은 결합 치료를 하면 의사와 환자 사이에 신뢰를 증진시키는 것 이상의 효과가 있다고 본다. 병이 워낙 심리사회적 요인의 영향을 많이 받기 때문에 결합 치료를 하면 실제로 결과가 더 좋아진다는 것이다. 리 부부는 약초와 피부 치료와 희생제의를 다 이용하면서도 리아의 병원 처치를 방해하지 않고 병행할 수 있었다. 닐과 페기는 리 부부가 전통 치료법을 쓴다는 사실을 막연히 알기는 했으나 (이를테면 리아의 가슴에서 동전 문지른 자국을 봤을 때) 결코 묻지도 않았고 권하지도 않았다. 그들은 브롱스에 있는 링컨 병원의 소아과 의사인 루이스 에스테베스를 따라해볼 생각도 전혀 하지 않았을 것이다. 이 의사는 푸에르토

리코인이나 도미니카인 환자를 산테리아교 사제에게 보내기도 하고 퀸스에 있는 엘름허스트 의료센터의 정신과 의사인 야스민 코야조에게 보내기도 했다. 코야조는 조현병 환자를 위해 멕시코의 민간 치료사인 쿠란데로를 병원에 불러 정화 의식을 거행하도록 해주는 이였다. 그녀는 그러고 나면 쿠란데로의 정화 덕분인지 환자들이 항정신병 약을 훨씬 더 잘 먹는다고 했다.

바투이는 이렇게 쓰기도 했다.

> 몽족의 전통 치료는 사람에게 결코 해로운 게 아니며 조금이나마 도움이 될 수 있기에 의뢰인의 치료 과정의 일부로 심각히 고려되어야 마땅하다.

그런데 아쉽게도 그의 첫 번째 전제는 항상 옳은 게 아니었다. 몽족의 민간요법 중에는 비소나 납이나 아편이 포함된 경우도 있었다. 하지만 순전히 형이상학적 차원으로만 행해지는 치 넹의 개입은 언제나 안전하며 많은 사람이(바투이와 수키 월러, 드와이트 캉커굿, 자크 르모안을 포함한다.) 치 넹을 치유 과정의 이상적인 협력자라 믿고 있다. 몽족의 문화에서는 몸과 마음을 둘로 나누지 않으며 몽족 난민들이 앓는 병은 심인성인 경우가 워낙 많기 때문이다. 캉커굿에 따르면 의료계와 영계 사이의 골을 치 넹만큼 잘 메워줄 수 있는 이는 없다고 한다.

> 샤먼은 모든 면에서 가장 전형적인 중재자다. 샤먼은 지상과 천상을 오갈 수 있는 능력을 부여받은, 경계를 넘나들 수 있는 존재다. 샤먼의 특별한

재능과 임무는 극과 극을 만나게 해주는 것, 물리적인 세계와 정신적인 세계를 의미 있게 연결시켜주는 것이다. 그래서 샤먼은 원형적인 연결자로서 사다리, 다리, 밧줄 또는 뿌리는 땅속으로 뻗고 가지는 하늘로 뻗는 우주의 나무 같은 이미지와 동일시된다. [……] 이 두 세계가 만나는 것을 찬미하고 실현하는 것, 그리고 그 울림을 한 세계에서 다른 세계로 전하는 것이 샤먼의 특별한 책임이다. 그래서 샤먼은 처방약이나 물리적인 치료를 거부하지 않는 것인지도 모른다. 약은 샤먼이 상징과 신앙을 다루는 일과 직접적인 경쟁 관계에 있는 게 아닌 것이다. 아닌 게 아니라 나는 반 비나이 난민캠프의 초가집 안에 있는 샤먼의 제단 위에 의사의 처방약이 모순된 것 없이 놓여 있는 모습을 보았다. [……] 샤먼은 자연적인 치료법과 초자연적인 치료법을 대립적인 게 아니라 보완적인 것으로 본다.

캉커굿은 자신이 뎅기열을 앓았을 때 치 넹의 환자가 되어봤기에 알고 있었다. 그는 반 비나이에서 친구들이 지켜보는 가운데 그의 혼을 부르는 의식이 거행되는 것을 보고는 "정성과 인간미가 물씬 풍기는" 한 편의 따뜻하고 명랑한 드라마였다고 묘사했다.(그러면서 그는 원기가 회복되는 것을 느꼈다고 한다.)

르모안은 치 넹이 사제라기보다는 정신과 의사에 훨씬 더 가깝다는 말을 했다. 하지만 이 사이에는 아주 큰 차이가 있다.

샤먼의 작업을 정신 치료 과정과 비교해보았다. 여기서 정신분석가는 자아의 상처를 긁어 자기 분석을 자극하는 반면에 몽족 샤먼은 환자의 자아

> 가 개입되는 일은 모두 피하는 설명을 하려 한다는 사실을 알게 되었다. 환자는 언제나 밖에서 가해지는 힘에 당하거나 자아의 일부로부터 어쩌다 분리되는 희생자로서 그려졌다. 그리고 이런 상황을 샤먼이 규명해주고 극복해줌으로써 건강을 되찾게 되었다. 고통과 관련하여 죄책감은 어디에도 개입될 여지가 없었다.

이 부분을 읽으면서 나는 몽족이 위협이나 비난을 당하면 싸우거나 달아나는 경우가 얼마나 많은지 생각해보게 되었다. 그것을 의료의 영역에서 해석하자면 다양한 형태의 불이행으로 볼 수 있는 일이었다. 치 넹이 굿을 할 때 죄책감을 차단하는 것은 몽족의 기질에 완벽하게 맞아떨어졌다. 의사가 일반적으로 던지는 메시지는("이 약을 먹지 않으면, 이 수술을 받지 않으면, 다음 주 화요일에 나한테 안 오면, 안 좋을 줄 알아요!") 그렇지 않다.◆

1980년대 중반 프레즈노의 중부 캘리포니아 다민족 서비스 센터는 연방정부의 단기 지원금 10만 965달러를 받았다. 몽족 치료사들과 서구 정신

◆ 드와이트 캉커굿은 반 비나이에 살면서 캠프의 위생을 개선하기 위해 고안해낸 행위 예술 프로그램에서 의도적으로 책임을 지우지 않는 방법을 이용했다. 청결 캠페인을 이끄는 '청결의 어머니'는 캠프 주민들에게 이렇게 알렸다.

> 그대들이 산골에 살 때에는
> 바람과 비가 쓰레기 치워주었죠.
> 이젠 반 비나이에 사람이 너무 많으니
> 우리 모두 쓰레기를 치우도록 합시다.

캉커굿은 이에 대해 다음과 같이 지적했다. "그녀는 설득 대상인 사람들을 비하하는 법 없이 행동의 변화를 촉구했다. 책임을 여건의 문제로 돌림으로써 그럴 수 있었던 것이다."

건강 전문가들을 활용하는 통합적인 정신건강 서비스를 제공하기 위한 자금이었다. 이에 따라 여덟 명의 치 넹이 자문위원으로 고용되었다. 그들은 250명의 환자를 치료했는데, 대부분 정신건강의 일반적인 경계를 넘어서는 불만을 호소하던 사람들이었다. 이 프로젝트의 경과 보고서는 미국 납세자들이 자금 지원을 한 자료 중 가장 놀라운 것 가운데 하나다. 여기엔 '악귀 쫓는 의식', '이승과 저승을 나누는 의식', '큰 전기레인지 위에 사는 신령을 달래는 의식'이 포함된 열여덟 가지 치유 의식이 기록되었다. 보고서에는 "때로는 의식 자체만으로도 충분했다."라는 말이 있다. "그렇지 않은 경우라도 일단 의식이 거행되고 나면 의뢰인은 정식 의료 서비스 제공자의 수술이나 약 같은 의료 행위에 대한 권고를 더 잘 받아들였다." 다음은 보고서에 나오는 두 사례에 대한 요약으로, 다르긴 해도 둘 다 긍정적인 결과를 보인 경우다.

사례 번호 3

불만 사항/증상:

담낭 문제. 의뢰인은 가슴 오른쪽부터 등 쪽이 예리한 통증으로 고통스럽다고 호소했다. 가만히 쉬는 것 말고는 아무 일도 할 수 없다고 한다.

평가: 전문의는 담낭에 문제가 있으니 수술을 해서 바로잡아야 한다는 진단을 내렸다. 이런 진단이 나온 뒤 치 넹과 상의했다.

치료 방안: 치 넹은 물에 치유의 힘을 부여하는 의식을 거행한 다음, 고통을 없애주기 위해 아픈 자리에 그 물을 발라주었다. 하지만

통증은 계속됐고 의뢰인은 문제가 영적인 게 아니라는 판단을 내렸다. 그러곤 의사를 찾아가 수술을 받겠다고 했다.

결과: 수술은 잘됐고 의뢰인은 병이 나았다고 보고했다.

사례 번호 9

불만 사항/증상:

의뢰인의 음경이 한 달 정도 부어 있었다. 그는 전문의의 치료를 받았으나 잠시만 고통이 사라질 뿐 부기는 빠지지 않는다고 했다.

평가: 치 넹은 그가 개울에 사는 신령을 노하게 했다고 판단했다.

치료 방안: 치 넹은 치유의 영혼인 '넹'을 불러 병을 낫게 하고 고통을 없애주기로 했다. 치 넹은 그릇에 담은 물을 입으로 뿜어 환부에 뿌려주었다. 그리고 노한 신령에겐 향 다섯 개를 바쳐 고통을 없애주고 부기를 빼달라고 부탁했다.

결과: 의식이 끝나자 의뢰인은 나았다.

14개월 뒤 보조금이 끊기면서 이 프로그램은 종료되었다. 그리고 내가 아는 한, 바로 앞 사례는 연방 보건복지부에서 후원한 처음이자 마지막 음경 치료 푸닥거리였다. 1990년 이후로 많은 의료 기관이 미국 인구 성장률의 절반 이상은 이민자와 그 자녀들에게서 비롯된다는 사실에 눈을 뜨게 된 것 같았다. 또한 이민자들이 병원에 찾아가 치료비를 낼 형편이 된다 해도 주류 의료 관행에 대해 문화적인 거리감을 느껴 잘 가지 않는다는 사실도 인식한 듯했다.

세계적으로 가장 널리 사용되는 의학 교과서인 『머크 매뉴얼(*The Merck Manual*)』의 경우 1992년 판에 처음으로 「이문화간 의료 문제」라는 장이 신설됐다. 전체 2844쪽 중에 세 쪽밖에 되지 않았고, '환자의 이행'을 다룬 장을 비롯해 다른 어느 부분과도 상호 참조가 되어 있지 않았지만, "영혼에 의한 발병"이니 "무아지경"이니 "문화 상대주의"니 하는 표현들이 활자화된 것만으로도 최소한의 권위를 얻게 되었다. 이 책에 수록됨으로써 다른 모든 책이 이런 개념들을 수용하게 되었기 때문이다.

10년 전만 해도 어느 의과대학이나 전공의 과정에서도 이문화간 수련은 찾아볼 수 없었다. 그러다 1995년 처음으로 정신과 전공의를 위한 미국 표준 지침에 환자의 문제에 대한 문화적 영향을 평가하자는 말이 등장하기 시작했다. 그리고 1996년 미국 가정의학회에서 '문화적으로 민감하고 만족스러운 의료를 위한 핵심 이수 과정 권고 지침'을 마련했다. 이러한 저서의 저자들이 권하는 것들 중에는 '바파 바파(BaFá BaFá)'라는 시뮬레이션 게임이 있다. 이 게임 참여자들은 두 개의 신화적 문화권으로 나뉘며 각자 다른 관습과 금기를 갖는다. 각 집단은 자기만의 문화를 고집함으로써 불가피하게 상대를 곡해하고 불쾌하게 하며 게임이 끝난 후 자민족 중심주의에 대해 논할 때까지는 자기 문화가 우월하다는 확신을 가져야 한다.

이제는 대부분의 의학도가 이문화간 문제에 대해 적어도 인식은 할 정도가 되었고 때로는 얼핏 아는 체를 하고 지나가기도 한다. 위스콘신대학교에서는 최근에 '통합 다문화 과정'을 개발해 패널 토론 및 집단 토론, 사례 학술대회, 학생 면담, 역할 연기, 가정방문을 하도록 한다. 하버드대학교에서는 모든 신입생이 '환자이자 의사인 나('의사이자 환자인 나'가 아니라는 게 아주 중요하다.)'라는 과목을 들어야 하며 여기서 통역자의 도움을 받아가며 클라인먼의 여덟 가지 질문을 적용해야 한다. 뿐만 아니라 그들은 '미국인 소아과 의사가 갓 이민 온 동남아 아기에 대한 외과 수술 동의서를 정말 제대로 설명할 수 있을까?'나 '치료자와 환자가 다른 민족일 때 정신 치료법을 쓴다는 게 윤리적인 일인가?'라는 어려운 문제도 고민해야 한다.

전공의 프로그램 중에도 비슷한 방향을 따라 발전 중인 것들이 있다. 샌프란시스코 종합병원에서는 가정의학과 전공의라면 누구나 '난민 진료소'의 당직을 서야 한다. 난민 진료소는 1979년 이후로 수십 개 언어를 사용하는 2만 명 이상의 난민이 건강검진을 받은 곳이다. (몽족 남편에게 아내한테 결핵 치료제인 이소니아지드를 먹이도록 설득한 프란체스카 파도 이곳 사회복지사였다.) 전공의들을 위한 오리엔테이션 책자에는 B형 간염이나 지중해성 빈혈, 장 기생충에 대한 간략한 설명 말고도 대량 학살 생존자인 동남아인들의 증상을 평가하는 논문, 통역자의 도움을 받기 위한 지침, 베트남인과 캄보디아인과 라오스인과 몽족의 관습을 비교하는 여덟 쪽 분량의 도표가 있다.

분야 최고 수준인 곳들에서야 그렇다고 해도 이런 흐름이 머세드 같은 곳에는 얼마나 스며들었을까? 알아보니 생각했던 것보다는 훨씬 나았다. 1996년 머세드군 보건과에서는 시애틀에서 개발한 이문화간 교육 과정인 '다리 놓기' 프로그램을 도입해 간호사와 행정 직원과 통역 직원에게 타문화 환자를 대하는 능력과 '문화적 역량'을 길러주고자 했다. 또 몽족 말로 MCMC를 안내하고 '왜 의사들은 무례할까요?' 등과 같은 질문에 답을 해주는 프로그램을 제작하여 몽족을 위한 지역 방송 채널에 내보내고 있다.

MCMC에서는 얼마 전 55세의 몽족 남성이 장에 구멍이 나서 왔는데, 가족이 수술에 동의하는 데 사흘이 걸려 사망할뻔한 일이 있었다. 그가 두 달 이상 입원해 있는 동안 모든 전공의가 그를 돌봐줬고 복도에서 그의 사례에 대해 토론을 했다. 다음과 같은 흥미로운 질문들이 주목받기도 했다. 치 넹에게도 성직자처럼 MCMC를 방문할 수 있는 자격을 주면 어떨까?◆ 몽족이 문화 중개인 노릇을 하면 어떨까?◆◆ MCMC에서 부업으로 통역을 해주는 연구소 조수나 간호 보조(이것조차 전에는 비용이 너무 든다고 묵살되었다.) 대신 자격 갖춘 통역자를 고용하면 환자들의 입원 기간도 줄고 병원비도 절약되지 않겠는가? 마지막 질문은 특히 적절하면서 민감한 것이었다. 1990년대 새롭게 도입된 관리의료 보험 방식 때문에 MCMC로 위탁되거나 입원하는 숫자가 급감했고 때문에 군에서는 적자를 메우기 힘

◆ 치 넹은 전에도 리아의 경우를 포함하여 MCMC의 일부 몽족 환자들을 찾아간 적이 있었다. 단 공식 인가를 받은 건 아니었다. 빌 셀비지는 이따금 자신의 몽족 환자들, 특히 우울증 환자의 경우엔 치 넹을 만나보라는 권고를 하곤 했다. 머세드 봉사회의 수키 월러는 정신건강 문제로 상담 온 사람들을 치 넹에게 보내는 경우가 많았다.

◆◆ 1995년 이후로 보건과 난민 프로그램의 매릴린 모첼은 MCMC의 문화 중개인으로서 몽족 환자와 병원 의료진 사이의 중재자 노릇을 했다. (모첼은 보건과의 이문화간 혁신 업무의 책임자이기도 했다.) 장에 구멍이 난 사람이 입원했을 때, 그녀는 밤을 새워가며 친척, 문중 사람, 지역사회 지도자, 의사, 간호사, 영양사와 상의했으며 한 번에 예순 명씩 몰려들어 병원 복도를 메워버리는 방문객을 막는 경비원들과도 의논을 해야 했다. 모첼은 자신이 관리하는 몽족 직원들의 경우 "전문가에 대한 존경심이 강해" 문화 중개인으로서 적극적인 역할을 하지 못하는 게 아쉽다고 말한다.

들어 병원을 대규모 의료 기업에 임대할 생각까지 했던 것이다.

하지만 변화는 쉽게 이루어지지 않으며 현장 최전선에서는 더욱 그렇다. 의과대학에서 의사와 환자와 통역자의 이상적인 '좌석 배치'는 직각삼각형을 이루는 것이라고 배우는 것과 현실에서 부딪치는 것은 다른 문제인 것이다. 24시간제 근무가 겨우 끝나갈 무렵, 잔뜩 모여 있는 몽족으로부터 손가락질을 받은 의사가 환자와 통역자가 빗변을 이루는 직각삼각형에서 자신은 직각의 꼭짓점에 있어야 한다는 생각을 떠올리기는 어려운 일이다.

최근에 머세드에서 이문화간 노력이 있었다는 말을 듣고, 나는 MCMC에서 만났던 나이 든 몽족 위암 환자를 떠올렸다. 그녀의 가족은 전공의의 영어도, 그가 그려주는 소화 기관 그림도 이해할 수 없어 수술에 동의하지 않고 버텼다. 나는 그 전공의가 실력 있는 통역자를 데려오기 위해 백방으로 뛰어다닐 줄 알았다. 하지만 내 생각과 달리 그는 병원 의학 도서관에서 위암에 대한 네 편의 논문을 읽느라 고개를 숙이고 있었다. 또 댄 머피가 '발병률 및 사망률 학술대회'에서 뇌졸중으로 혼수상태에 빠진 중년의 몽족 여성에 대한 발표를 하던 게 생각났다. 그녀의 가족은 정맥주사와 비위관을 다 치워버리고 중환자실에 치 넹을 불러올 수 있게 해달라며 그녀의 침대 곁에서 시위를 하다시피 했다. (MCMC에선 그 요구에 응했고 그녀는 숨을 거두었다.) 댄이 논의를 문화적인 문제로 끌고 가려 할 때마다 전공의들은 당장 라베탈롤이나 히드랄라진 같은 항고혈압제의 효능에 대한 논쟁으로 돌아가려 했다.

이런 사고방식 때문에 만화의 소재로 고지식한 의사들이 곧잘 등장하곤 하는 것이다. 가슴은 없고 머리만 있는 형식주의자로, 문제가 있으면 소통을 하기보다는 약 처방을 하거나, 스캐닝을 하거나, 꿰매거나, 부목을 대거나, 절개하거나, 마취하거나, 부검하려는 유형 말이다. 다행히 MCMC의 경우도 그렇고 실제 의사들은 로봇이 아니다. 단 클라인먼이 '생의학 문화'라 부르는 것에(그가 말하는 것을 들으면 의학이 아이누 문화나 와이와이 문화라는 말처럼 이국적으로 들린다.) 근시안적으로 지나치게 의존하는 경향을 보이는 경우가 흔한 것은 사실이다. 하지만 의사들이 이런 문화에 젖어 있다고 해서 일반적인 원칙이 변하는 것에 저항하는 것은 아니다. 오히려 그 반대다. 그들은 새로운 약이나 기술이나 절차가 임상 실험으로 효과가 있다고 판명되면 열심히 받아들인다. 그렇다고 클라인먼의 여덟 가지 질문에 대해서나("하지만 이건 영혼 때문에 생긴 문제가 아니잖아요. 내가 왜 망상에 빠져야 하죠?") 모든 의사의 직무에 민속학적 방법도 포함되어야 한다는 그의 주장에 대해서("하지만 난 인류학자가 아니잖아요. 난 위장병 전문의예요!") 꼭 공감하는 것도 아니다. 성과를 향상시켜줄 기술 혁신에 뒤처지지 않기 위해 출퇴근길에 평생의학교육 테이프를 열심히 들으면서도 이문화간 의료에 대해서는 생명을 구하는 요법이라기보다는 그들의 합리성에 공격을 가하는 일종의 정치적 속임수로 여길 수도 있다.

내 책상 앞에는 리아 가족의 사진들과 함께 종이 두 장이 나란히 붙어 있다. 각각의 종이에 나는 '몽 방식'과 '미국 방식'이라는 말을 달아놓았다. '몽 방식'은 치 넹이 환자의 부은 음경을 성공적으로 치료한 사실을 요약한 프레즈노의 정신건강 보고서를 복사한 것이다. '미국 방식'은《미국의사협회보》에 실린 "의사에게도 감정이 있다."라는 제목의 기사를 복사한 것이다. 이 글을 쓴 사람은 하버드 의대의 윌리엄 M. 진이란 강사인데, 그는 의사들도 "여러 가지 일을 하거나", "임상적인 거리를 유지하거나", "환자에게 부정적인 반응을 보이는 데 대한 자책감을 갖기" 때문에 자신의 감정을 간과할 위험이 있다는 가정을 한다. 그렇다면 의사는 자기한테 감정이 있다는 것을 어떻게 알 수 있을까? 진의 말을 몇 마디 인용하자면 이렇다.

> 대부분의 감정들은 신체적으로 대응되어 나타난다. 걱정은 배 속을 긴장시키거나 심한 발한 작용을 수반할 수 있다. 화는 근육이 전반적으로 긴장되거나 이를 악무는 행동으로 나타날 수 있다. 성적인 흥분은 음부가 얼얼해지거나 털이 서는 현상을 동반할 수 있다. 그리고 슬픔은 결막 충혈이나 가슴 답답함으로 느낄 수 있다.

이 글은 빌 셀비지의 집에서 처음 읽었다. 나는 밤마다 빌이 MCMC에서 돌아오기를 기다리며 그의 오래된 인류학 교과서들과 의학 잡지 더미를 오가며 어느 쪽이 더 불가해한지 곰곰이 생각해보곤 했다. 그날 나는 다 쓰러져가는 소파에 앉아 내 몽족 친구들 누구라도, 만약 미국 의사들은 자기가 화가 났는지 알기 위해 글을 읽어봐야 한다는 말을 듣는다면 다시는 MCMC에 가지 않을 것이라는 생각을 했다. 빌이 33시간 근무를 마치고 휘청거리며 돌아왔을 때, 나는 지금 벽에 붙어 있는 글을 읽어주었다. 둘 다 얼마나 크게 웃었는지 옆집의 개신교 근본주의자들을 깨워버린 것 같았다. TV를 부숴버린 다음 둘레를 빙빙 돌며 춤을 췄다는 그 이웃 말이다.

빌은 내게 자신은 자기 감정을 잘 느껴서 발한 작용이나 결막 충혈 없이도 걱정이나 슬픔을 구분할 수 있다고 장담했다. 나는 그의 말을 믿었다. 빌은 옛날 시골 의사 타입이었다. 달리 말해 스트레스를 해소하기 위해 MCMC의 신생아실에 가서 우는 아기를 안고는 그칠 때까지 왔다 갔다 하는 의사였던 것이다. 하지만 유감스러운 건 진의 말에도 일리가 있다는 사실이다. 미국에서 가르치는 의학이란 학생들의 감정을 분리하는 것이다. 학생들을 둔감하게 만드는 일은 의과대학 수업 첫날부터 시작된다. 학생들은 각자 메스를 받아들고 시신을 도려내는 실습을 한다. 시신은 '이상적인 환자'라는 별명으로 불린다. 잘못해서 죽지도 않고, 불평이나 소송도 절대 하지 않기 때문이다. 처음 칼질은 언제나 어렵다. 그러다 3개월쯤 지나면 학생들은 도려낸 사람 비곗덩이를 스테이크 조각 치우듯 태연히 쓰레기통에 버리게 된다. 낯 두꺼워지듯 감정이 무뎌지는 건 필요한 일이기도 하다.(그게 전해져오는 지혜다.) 그렇지 않고선 의사들이 만성적으로 겪는 괴로움과 좌절을 견딜 수 없기 때문이다. 그러니 심리적 분리는 일의 일부이기도 하다. 그래서 의사들이 자기 친척은 맡지 않으며(감정 때문에 치료를 그르칠 수 있다.) 위생 차원을 넘어 개복한 환자의 얼굴이 의사에게 보이지 않도록 가리는 것이며(개성이 부여되면 마음이 흐트러지게 된다.) 리아가 돌이킬 수 없는 뇌 손상을 입고 프레즈노에서 돌아왔을 때 닐 언스트가 피한 것이다.(그로서는 참을 수 없는 사실이었다.)

그런 경향에 맞서는 칭찬할만한 시도로 스탠퍼드 의대에서는 학생들에게 현재가 자신이 갖고 있는 공감 능력의 최고 상태일 것이라는 사실을, 그리고 통념에 굴복하다 보면 의대 4년 동안 공감 능력이 점점 떨어질 것임을 알려주었다.

"그러면 어떻게 되는 거죠?"

질겁한 학생이 질문하자 교수는 이렇게 대답했다.

"실력이 늘수록 본래의 자기는 점점 작아지는 거지."

다른 몇몇 의과대학처럼 스탠퍼드에서는 한때 '온전한 의사와 온전한 환자'라 불리던 모델을 되살리려는 시도를 하고 있다. 의사는 병원에서 (의대 입시에서 우수 점수를 받은 실력이 아니라) 인간다움을 한껏 발휘해야 하며, 환자를 (416호실의 부속물이 아니라) 온전한 인간으로 대해야 한다는 것이다. 이런 모델은 새로운 게 아니라 본래 모든 의사가 배우던 것이다. 현대 의학의 아버지라 불리는 윌리엄 오슬러는 이렇게 말한 적이 있다.(혹은 이렇게 말했다고 한다.)

"어떤 사람이 무슨 병을 앓는지 묻기보다는 어떤 병을 누가 앓느냐고 물어보라."

1992년부터 1995년 사이, 전문의가 아니라 일반의(일반내과, 일반소아과, 가정의학과)를 택하는 의과대 졸업 학생이 거의 배로 늘었다. 이러한 현상은 오슬러의 따끔한 한마디를 떠올리게 만든다. 그들의 선택은 경제적 요인에서 비롯된 경우도 있지만(관리의료 보험 방식은 전문의의 진료보다 보험수가가 싼 일반의의 1차 진료를 우선하기 때문이다.) 이상주의가 이유인 경우도 꽤 있었다. 오슬러 같은 유형이 더 많아진다면 다른 누구보다 몽족이 더 많은 혜택을 보게 될 것이다. 인류학자인 엘리자베스 커톤은 자신이 아는 한 몽족 환자에게 보다 정밀한 치료를 받기 위해 전문가를 소개해주겠다는 말을 하자, 실력이 좋거나 유명한 사람을 소개해달라고 하지 않고 "저를 보살펴주고 좋아해줄 사람을 아시나요?"라고 물었다는 말을 전했다.

내가 진의 글에 '미국 방식'이란 꼬리표를 다는 것은 부당한 일이었는지도 모른다. 여러 해 전, 내가 지금보다 몽족을 더 낭만적으로 보고 있었을 때(그러면서 덜 존경할 때) 한 보건학술대회에서 미네소타의 어느 역학 전문가와 대화를 나누게 되었다. 그녀가 몽족을 위해 일한 적이 있다는 사실을 알고서 나는 서양 의학의 무감각에 대해 탄식하기 시작했다. 그러자 이 역학 전문가는 날카로운 눈빛으로 나를 바라보더니 "서양 의학은 생명을 구하잖아요."라고 말했다.

'음, 그건 그렇지!'

나는 그 사실을 잊지 말고 있어야 했다. 아버지를 대장암으로부터 구해준 것도, 남편과 나를 불임으로부터 구해준 것도, 그리고 애초부터 항경련제를 잘 먹었다면 리아를 뇌 손상으로부터 구해주었을지 모르는 것도 다 그 차갑고 직선적이고 데카르트적인, 몽족과는 너무 다른 사고방식이었던 것이다.

보건을 일방적인 관계가 아니라 주고받는 관계로 보아야 한다는 드와이트 캉커굿의 철학은 서양 의학이 '실제로' 일방적이라는 사실을 무시하는 것이다. 의사들은 환자들이 모르는 지식을 습득하기 위해 의과대학과 전공의 과정을 견딘다. 의료 문화가 바뀔 때까지는 프란체스카 파의 "우리의 현실관은 관점일 뿐 현실 자체가 아니다."라는 말을 받아들이기는커녕 고려할 의사가 있는지조차도 의문이다. 하지만 그들에게 환자의 현실을 '인정'이나마 해달라고 요구하는 건 큰 무리가 아니리라 생각한다. 다시 말해 머세드군 보건과 직원에게 온 우주를 신성한 것으로 보는 가정의 아이에 대해 다음과 같이 기록하도록 만드는 맹목만은 피해달라는 요구는 할만하다고 본다.

성명:	리, 리아
주로 사용하는 언어:	몽
인종 집단:	몽
종교:	없음

드와이트 캉커굿의 치 넹은 지상과 천상, 자연과 초자연, 의료와 영성의 문턱을 넘나드는 데 별 어려움이 없을지 모른다. 하지만 일반인들에게 경계를 넘나드는 것은 어려운 일이다. 빌 셀비지와 수키 월러를 해산물 전문 식당에 초대한 저녁만 해도 그런 사실을 얼마나 절감했던가. (조나스 방아이와 함께 가본 뒤로 그 스테이크 집은 멀리하고 있었다.) 두 사람은 서로 이름은 들어 알고 있었지만 만나본 적은 없었다. 둘 다 평화봉사단 출신이고 몽족을 위해 일하기 때문에(빌은 의사로, 수키는 심리 치료사로) 공통점이 많을 줄 알았다.

우리는 생선 요리를 먹으며 몽족의 무속신앙에 대해 이야기했고 수키는 아는 게 아주 많았다. 그녀는 MCMC의 한 의사에게 자기가 아는 치 넹은 하느님과 직통 전화가 개설되어 있다는 말을 한 적이 있다고 했다. 그 의사는 "그래요, 난 생화학하고 직통 전화가 개설되어 있어요."라고 대답했다고 한다. 수키가 어느 편인지는 분명했지만 빌은 대수롭지 않다는 표정이었다.

디저트를 먹으면서는 리아의 사례와 이문화간 소아과 진료 전반에 대한 이야기가 이어졌다. 빌이 말했다.

"어떤 상황이든 가장 약한 사람을 위해 일해야 합니다. 여기선 바로 어린아이죠. 아이의 안녕은 부모의 신앙보다 중요해요. 부모가 반대하더라도 아이한테 제일 나은 걸 해줘야 해요. 아이가 죽게 되면 20년 뒤에 부모의 신앙을 받아들일 건지 거부할 건지 결정할 기회도 사라져버릴 테니까요. 죽고 나면 끝이죠."

"글쎄요."

수키가 못마땅한 듯 대꾸했다.

"당신은 직업상 그렇게 해왔겠죠."

빌이 대답했다.

"나는 의사가 아니라도 그렇게 생각할 거예요. 내 동생을 지키는 기분으로 그렇게 할 겁니다."

수키가 말했다.

"그건 횡포예요. 병이 영혼 때문에 생긴 것이라 믿어서 수술을 거부하는 가족이 있다면 어떻게 하시겠어요? 아이가 수술을 받다 죽으면 영영 저주받을 게 확실하다고 믿는다면요? 게다가 죽음 자체가 그리 중요하지 않을 수 있다고 본다면요? 어느 게 더 중요하죠? 삶인가요, 혼인가요?"

빌이 말했다.

"둘러서 말할 것 없죠. 당연히 삶이 먼저죠."

그러자 수키가 말했다.

"아니요. 혼이에요."

(19)

희생제의

(Lia)

조그만 불개미로 변해 사악한 '다'의 고환을 물기 전, 셰 예는 어느 도사 밑에서 3년 동안 있었다. 셰 예는 원하는 대로 무엇으로든 변신하고, '다'들을 죽이고, 바람처럼 날아다니고, 아픈 사람을 치유하고, 죽은 사람을 살리는 법을 배웠다. 세상에 병이 워낙 많았기 때문에 그의 치료술은 꼭 필요한 것이었다.

병이 생겨나게 된 이야기는 다음과 같다. 어느 날 악독한 신인 '농'의 아내가 돼지우리만큼 큰 알을 낳았다. 이 알은 3년 동안 부화하지 않았다. 농의 아버지가 알에다 주문을 외워봤더니 안에서 사악한 '다'들이 지껄이는 소리가 들렸다. 그는 농에게 알을 태워버리라고 했다. 하지만 농은 말을 듣지 않았다. 결국 알이 깨져 안에서 '다'들이 우루루 몰려나왔다. 그들이 제일 먼저 한 일은 농의 아내를 뼛조각 하나, 털 한 올, 심지어 속눈썹 하나 남김없이 먹어치우는 것이었다. 그래도 배가 고팠던 그들은 농을 쫓아갔다. 농은 그가 사는 하늘에서 땅으로 내려가는 문을 열어버렸다. 그러자 문 밖으로 물소처럼 크고 불처럼 시뻘건 '다'들이 불꽃을 꼬리처럼 달고 떨어져 내렸다. 농은 무사했지만 그날 이후로 땅에는 병과 죽음이 퍼지게 되었다.

셰 예는 여러 해 동안 '다'들과 싸우기도 하고 아픈 사람들을 치료해주기도 했다. 그는 날개 달린 말과 성스러운 물 한 그릇, 신령한 치료 도구 한 벌, 한 무리의 보좌 신령의 도움을 받았다. 어느 날 농은 셰 예의 갓 태어난 아들을 죽인 다음 셰 예를 속여 아들을 먹게 했다. 셰 예는 자신이 무슨 짓을 했는지 깨닫고는 너무 슬프고 경악한 나머지 땅을 떠나 하늘의 문으로 이어진 계단을 올라갔다. 아들의 원한을 갚기 위해 그는 농의 양 눈을 찔러 버렸다. 눈이 멀어버린 농은 분을 풀지 못한 채 하늘의 어느 산자락에 살고 있고, 셰 예는 산꼭대기 동굴에서 보좌 신령들에 둘러싸여 지내고 있다.

셰 예는 다시는 땅으로 돌아가지 않았지만 사람들을 병과 죽음의 손아귀에 남겨두지 않았다. 그는 하늘로 향하는 계단을 오른 뒤 성수 그릇에 담긴 물을 입에 담아 치료 도구들(칼, 징, 딸랑이, 손가락 방울 한 쌍)에다 힘껏 뿜었다. 그러자 이 무구들은 조각조각 나뉘어 땅으로 떨어졌다. 이렇게 흩뿌려져 내리는 성수에 맞거나 무구 조각을 잡은 사람은 치유의 신령을 모시는 치 넹으로 선택받는다.

이제 하늘로 통하는 문은 치 넹 말고는 열 수가 없다. 치 넹은 아픈 사람의 떠나버린 혼을 찾기 위해 셰 예와 보좌 신령들을 불러내고 천마를 타고서 하늘 계단을 오른다. 도중에 만나는 사악한 '다'를 속이기 위해 치 넹은 셰 예인 척하며 그렇게 치유자인 셰 예의 꾀와 용기와 자질을 갖는다.

리아의 치유 의식을 거행하기로 한 치 넹은 자신의 무구인 칼과 징과 딸랑이와 방울을 가져왔다. 날 수 있는 말도 가져왔다. 이 천마는 길이 3미터에 폭 25센티미터의 널빤지로, 네 개의 홈에 받침대 같은 다리 두 짝을 끼우면 벤치가 되었다. 리 부부네 거실을 가득 메운 사람들에게 이 벤치는 단순한 가구가 아니었다. 하나의 상징도 아니었다. 경건한 가톨릭 신자에게 빵과 포도주가 그리스도의 살과 피의 상징이 아니라 진짜 살과 피인 것처럼 하늘을 나는 진짜 말이었던 것이다.

리 부부는 일찌감치 동트기 전에 일어났다. 푸아는 이렇게 말했다.

"아침 일찍 넹 제례를 올려야 하니까요. 혼이 돌아오기 좋은 때가 그때거든. 그리고 날이 뜨거우면 돼지가 지쳐 죽을 수 있으니까." ('돼지는 어차피 죽일 거잖아요!'라고 생각하다가 죽은 돼지는 희생제의에 쓸 수 없다는 걸 문득 깨달았다.)

내가 도착할 무렵 해가 솟아오르고 있었고 이스트 12번가 쪽으로 열린 현관문 사이로 옅은 빛줄기가 들어오고 있었다. 낡은 카펫이 있는 거실 바닥에는 페인트칠을 할 때 쓰이는 반투명 비닐보가 깔려 있었다. 돼지 피가 카펫에 묻지 않도록 깔아둔 것이었다. (정확히 말하자면 '돼지들'이라고 해야 하는데, 온 집안을 위한 작은 돼지 한 마리와 리아를 위한 큰 돼지 한 마리를 잡아 바치기로 되어 있었기 때문이다.) 리 부부는 전날 한 축산 농가에서 225달러를 주고 돼지들을 데려왔다. 복지 수당과 친척들의 부조를 모아 마련한 돈이었다.

가스레인지 위에 놓인 세 개의 큰 알루미늄 솥에는 돼지털을 뽑는 데 쓰일 물이 가득 담겨 있었다. 리 부부와 친척들이 기른 싱싱한 채소와 약초가 든 자루들은 푸아가 라오스에서 가져온 막자사발 곁에 놓여 있었다. 전통적인 잔치 음식, 이를테면 다진 돼지고기와 채소가 들어간 쌀 전병말이, 집에서 기른 채소와 함께 끓인 돼지 뼈와 고기, 창자와 간과 염통과 허파를 잘게 썰어넣고 끓인 국(메이 잉이 웅가 수프라 부른 것), 그대로 굳힌 돼지 생피, 닭국, 매운 소스 두 가지, 밥에 들어갈 재료들도 있었다. 몽족의 속담엔 이런 게 있다. '친구들과 있으면 맛없는 채소도 고기처럼 달고 물도 술처럼 달다.' 친구는 물론 좋은 음식까지 있으면 더욱 좋다. 넹 의식을 거행한 다음 있을 잔치는 한밤중까지 계속될 터였다.

이날 새벽 나오 카오는 특별한 종이로 영혼의 세계에서 쓰는 돈을 한 뭉치 만들었다. 돼지에게 혼값을 지불하고 영계에서 필요한 이런저런 셈을 치르기 위한 것이었다. 두꺼운 크림색 종이들을 꿰어 가리비 모양으로 만든 이 지전은 치 넹의 제단 옆 카펫에 놓여 있었다. 제단은 셰 예의 동굴을 상징하는 것으로 라오스에선 똑같이 생긴 나무 한 쌍으로 만드는 것이었다. 이때 하나는 왼쪽에 세우고, 또 하나는 도끼로 쳐서 해 지는 쪽으로 쓰러뜨린다. 그런데 이곳의 제단은 조잡한 나무에 《머세드 선스타》의 스포츠면으로 덮여 있었다. '90일 동안 납부금 없음!'이라는 냉장고 광고 위로 치 넹의 신성한 무구, 즉 셰 예가 쓰던 도구들이 놓여 있었다. 빨갛고 하얀 술들이 달린 짧은 칼, 무쇠로 만든 오래된 징, 원숭이 뼈끝에 검은 천을 감아 만든 징채, 탬버린만 한 쇠고리에 작은 쇠원반들을 단 딸랑이, 청동 도넛 모양에 가운데 작고 빈 쇠구슬들을 매단 손가락 방울 한 쌍이었다. 무구들 옆에는 밥을 담은 갈색 플라스틱 그릇 하나와 날달걀 하나가 있었다. 셰 예의 보좌 신령들이 먹을 양식이었다. 일회용 커피 컵 세 개와 하얀 사기그릇 하나에는 성스러운 물(치 넹의 혼이 사악한 '다'들에게 쫓기면 뛰어들어야 할 호수였다.)이 담겨 있었다. 제단 앞에 있는 작은 초는 아직 켜져 있지 않았지만 치 넹이 여행할 보이지 않는 세계를 밝힐 터였다.

나는 치 넹의 능력과 영향에 대한 민속학적 논평을 많이 읽어보았다. 하지만 지고의 형이상학적 교섭자이자, 혼의 위대한 죄 협상 흥정인, 악령에 맞서 싸우는 발군의 투사(내가 접해본 여러 숭배적인 별칭들 중 셋을 인용했다.)라는 치 넹을 드디어 만나게 됐을 때, 텔레비전 앞에 앉아 「곰돌이 푸」 만화를 보고 있는 사람일 줄은 전혀 상상하지 못했다. 이날의 의식을 거행할 치 넹은 차 쿠아 리라는 사람이었다. 그는 파란색 샌들에 검은 바지, 춤추는 판다 그림이 있는 하얀 티셔츠를 입고 있었다. 메이 잉 숑이 치 넹은 모두 마른 사람들이라는 말을 내게 한 적이 있다. 보이지 않는 세계를 여행할 때 무아지경에 빠져 몸을 떠느라 에너지를 너무 낭비하기 때문이라고 했는데, 차 쿠아 리도 과연 그랬다. 40대 후반으로 보이는 그는 마르고 근육질인 몸에 이목구비가 날카롭고 표정이 결연한 사람이었다. 자신이 거행하는 의식에 대해 대가를 요구하는 것은 그의 명예에 어긋나는 일이었고 (특히 같은 가문인 리 부부에 대해선 더욱 그랬다.) 그에게 자발적으로 대가를 지불하는 가정들이 있기도 했으나 그는 생활보호대상자로 살아야 했다. 대신에 자신이 주관한 희생제의에 쓰인 돼지머리와 오른쪽 앞다리는 늘 받았다. 그는 돼지머리를 먹고 아래턱을 아파트 앞에 내다 말린 다음 선반에 모아놓은 다른 턱뼈들 곁에 두었다. 그리고 몽족 달력으로 한 해 마지막 날에 그것을 태우는 의식을 거행했다. 그제야 돼지의 혼은 목숨을 바쳐가며 사람의 혼을 대신하던 임무로부터 해방되어 다시 태어날 수 있었다. 라오스에서 그는 돼지 턱뼈를 아궁이에 넣어 태웠다. 머세드에서는 오븐의 칠면조 구이용 칸에 넣어 태웠다. 숯이 된 조각들은 동네 밖에 있는 나뭇가지에다 올려두었다. 그 나무는 그가 이미 여행한 하늘 문 아래에 있는 것이었다.

갈색과 흰색 얼룩무늬가 있는 작은 암퇘지는 거실로 옮겨져 비닐 위에 놓였다. 치 넹은 의식을 시작했다. 제일 먼저 하는 것은 새해를 맞아 가족의 건강과 안녕을 기원하는 의식이었다. 리 가족은 거실 한가운데 다닥다닥 붙어 섰다. 머리에 검은 천을 두른 치 넹은 먼저 돼지를 끈으로 묶었다. 돼지는 가볍게 꿀꿀 소리를 냈다. 이윽고 그는 그 끈으로 리 가족도 모두 하나로 묶었다. 돼지의 혼은 보호받아야 할 사람들의 혼과 연결됐다. 치 넹은 가족 각 사람의 혼을 세 부분으로 이루어진 것으로 여겼다. 하나는 사후에 무덤을 지킬 부분이고 또 하나는 죽은 자들의 땅으로 갈 부분이며 나머지 하나는 환생할 부분이었다. 때문에 세 부분 모두 안전해야 했다. 이윽고 돼지의 목을 땄다. 그것은 치 넹이 아니라 나오 카오의 사촌이 했다. 치 넹은 값을 매길 수 없을 정도로 귀중한 것을 주는 짐승과 좋은 관계를 유지해야 했기 때문이다.

라오스였다면 이 의식은 리 부부의 집에서 거행됐을 것이다. 라오스의 집은 나오 카오와 푸아가 가족뿐 아니라 우호적인 여러 신령을 위해 지은 거처였다. 그 신령들은 아들의 태반을 묻은 중심 기둥에 살면서 집안을 지켜주는 우두머리 신령, 집 둘레 네 기둥에 사는 조상들의 신령, 오르막 쪽 벽에 사는 재물의 신령, 내리막 쪽 문에 살며 가축을 돌봐주는 신령, 그리고 두 아궁이의 신령이었다. 신령의 존재는 그 집에 사는 사람이라면 누구나 느꼈을 것이다. 하지만 이스트 12번가 37번지의 아파트 A호에서 신성한 분위기를 유지한다는 건 오르막길에서 적과 싸우는 일 같아 보였다. (기둥도 없고 아궁이도 없고 리 부부의 말대로 세 들어 살기 때문에 우호적인 신령들도 없었던 것이다.) 텔레비전은 소리 없이 늘 켜져 있었다. 「곰돌이 푸」 다음에는 애틀랜틱시티에서 벌어지는 헐크 호건과 랜디 새비지(일명 마초맨)의 레슬링 시합이 중계됐다. 제단에서 1.5미터 떨어진 반대편 벽에서는 냉장고가 웅웅 소리를 냈고 그 안에는 나중에 치 넹도 한 병 마실 버드와이저 맥주 한 상자가 들어 있었다. 셰 예와 보좌 신령들이 드나들어야 할 현관문 왼쪽에는 제일 큰 사이즈의 아기 기저귀 상자가 보였다. 문은 열려 있었다. 나는 이게 마음에 걸렸다. 어떤 미국인이 지나가다 바닥에 돼지가 쓰러져 죽어 있고 사람 아홉 명이 끈으로 묶여 있는 광경을 본다면 어떻게 될까?

치 넹이 다음 의식을 준비하는 동안 나오 카오의 남자 사촌들은 잡은 돼지를 주차장으로 옮겼다. 주차장이 아파트 건물 뒤편에 있어 길에서 보이지 않아 다행이었다. 펄펄 끓인 물을 돼지 사체에 부은 다음 칼로 털을 긁어냈다. 그러곤 능숙하게 내장을 도려내고 염통이나 간이나 허파 등은 세탁 세제용 통에 던져 넣었다. 창자는 폈다가 다시 잘 감아두었고 빈 돼지 배 속은 정원용 호스로 씻어냈다. 돼지털과 살점이 군데군데 섞인 핏물이 작은 물줄기를 이루며 주차장 바닥을 흘렀다. 쳉과 메이, 여, 트루, 마이는 놀라는 기색 없이 흥미롭게 지켜보고 있었다. 농가에서 자라는 아이들처럼 그들은 죽음에 익숙해 있었고 필요하다면 직접 돼지를 잡을 수도 있었을 것이다. 그들은 모두 여덟 살이 안 되어 닭을 잡고 털을 뽑을 줄 알았고 큰 아이들은 부모를 도와 돼지를 잡은 적도 몇 번 있었다.

이윽고 우리는 아파트 안으로 돌아갔는데 순간 분위기가 완전히 바뀐 것을 알 수 있었다. 설명할 수 없는 무슨 마술이 있었는지 점점 시들해지던 분위기가 완전히 역전되어 있었다. 모두가 그 차이를 느낄 수 있었다. 리 부부의 아이들은 주차장에서 돌아올 때는 웃고 떠들다가 문턱을 넘어서는 순간 잠잠해졌다. 텔레비전은 꺼져 있었다. 제단에는 초가 밝혀져 있었다. 향이 피워져 있었고 아파트를 가득 메운 연기가 보좌 신령들을 인도

할 터였다. 이제 치 넹은 검정색 비단 저고리를 입고 있었는데, 소매 부분은 남색이고 허리에는 빨간 띠가 둘러져 있었다. 발은 맨발이었다. 어울리지 않던 미국식 옷들을 다 치워버린 그의 내면(영적인 쓰임을 위해 선택받은 그의 자질)은 이제 밝고 강한 빛을 발하고 있었다. 나는 그를 과소평가했음을 깨달았다.

이제는 리아의 차례였다. 푸아와 나오 카오는 리아의 상태가 영적인 치료의 범위를 넘어섰을지도 모른다고 생각하고 있었다. 다른 치 넹이 그들에게 약 때문에 리아가 돌이킬 수 없이 망가졌다는 말을 했던 것이다. 그는 원인이 영적인 것이고 넹을 그만큼 자주 했다면 리아가 벌써 다시 말을 할 수 있어야 한다는 말도 했다. 하지만 리아가 이런 상태일지라도 병세에 어느 정도의 차도가 있을 수 있었다. 리 부부는 리아가 좀더 편해져서 밤에 울지 않기를 기대했던 것이다. 그리고 여러 해 동안 계속 희생제의가 실패하긴 했지만 일말의 가능성이 다 사라져버린 것은 아니었다. 리아의 혼을 다시 발견하고 혼을 붙들고 있는 '다'들이 대신 돼지의 혼을 받아주어 리아가 건강을 되찾게 될 수 있다는 희망의 불씨가 아직 남아 있었다.

푸아는 거실 한가운데 빨간 철제 접이의자에 앉아 있었다. 검은 바지에 검정과 파랑이 섞인 블라우스 차림이었다. 미국식이긴 해도 치 넹과 마찬가지로 몽족 전통 빛깔에 맞춘 것이었다. 윤기가 흐르는 긴 검은 머리는 등 뒤로 치렁치렁 드리워져 있었다. 리아는 엄마 무릎에 앉아 있었고 줄무늬 티셔츠에 맨다리를 내놓은 기저귀 차림이었다. 푸아는 리아의 머리를 자기 목에다 기대놓고 귀에다 뭐라 속삭이며 머리를 쓰다듬어주었다. 리아는 갓난아기마냥 엄마의 몸에 쏙 달라붙어 있었다.

치 넹은 지전 다발을 리아의 어깨에 걸어주었다. 이 돈은 리아가 기간 만료된 생명의 비자를 갱신하는 데 필요했다. 나오 카오의 사촌은 살아 있는 갈색 닭을 치켜들고 흔들었다. 리아의 혼을 부르는 후 플리 의식에 바칠 닭이었다. 이 의식은 리아가 태어난 지 얼마 안 됐을 때 한, 혼을 받아들인 의식과 같은 것이었다. 닭을 잡아서 끓인 다음 리아의 혼이 돌아왔는지 알아보기 위해 검사를 거치기도 할 터였다. 발이 잘 붙어 있고 눈이 멀쩡하고 혀가 위로 꼬부라져 있고 머리뼈가 맑은 빛깔이면 길조였다. 이 중에 제일 중요한 건 발이었다. 발가락 하나가 다른 것과 어긋나 있으면 (집단 윤리를 따르지 않는 몽족이 공동체에 부적합한 것처럼) 부조화와 불균형이 있다는 뜻이었다. 사촌은 닭에게 이렇게 읊었다.

그대의 다리가 멀쩡하길 바라노라.

그대의 눈이 멀쩡하길 바라노라.

그대의 혀가 멀쩡하길 바라노라.

그대의 부리가 멀쩡하길 바라노라.

그대의 머리뼈가 맑기를 바라노라.

온 가족과 스무 명 넘는 친척들이 리아를 둘러쌌다. 그들의 온 신경은 움직임 없는 리아에게 집중되었다. 마치 확대경으로 모은 햇빛이 대상을 태워버리기 직전 같았다. 디 코르다는 이런 말을 한 적이 있었다.

"리아는 사랑할 줄도 알고 사랑받을 줄도 알아요."

무엇을 잃어버렸건 리아는 아직 사랑받는 법을 알고 있었다.

푸아가 리아의 코에 입을 맞추며 말했다.

"네가 오늘은 기분이 참 좋구나!"

한 사촌의 아들이 닭을 부엌으로 가져가 단숨에 목을 벴고 쏟아지는 피를 비닐 봉투에 담았다.

리아의 돼지는(더 크고 진한 갈색의 돼지였다.) 발에 끈이 묶인 채 거실로 옮겨졌다. 리아가 여자였기 때문에 돼지는 수컷이어야 했다. 둘의 혼을 합치는 일은 일종의 혼인이기도 했던 것이다. 돼지는 바닥에서 꿀꿀거리며 발버둥쳤다. 이어서 치 넹은 돼지 목에 끈을 매고 푸아와 리아도 함께 묶었다. 리아의 혼을 돼지와 연결하듯 엄마하고도 이은 것이었다. 그러고는 또 돼지와 모녀 사이를 오가며 딸랑이를 마구 흔들어 어딘가에 있을 리아의 혼이 들을 수 있도록 했다. 그리고 징을 계속 울려 보좌 신령들을 불렀다. 마지막으로 길게 자른 반질반질한 물소 뿔 두 조각을 바닥에 던져 신령들이 소리를 들었는지 알아보았다. 뿔 조각의 납작한 면이 모두 위로 향하면 아니라는 뜻이었다. 하나는 위로 하나는 아래로 향하면 아직 확실치 않다는 뜻이었다. 둘 다 아래로 향해야 비로소 주인이 부르는 소리를 보좌 신령들이 다 들었다는 뜻이었다.

돼지는 리아에게 큰 선물을 주는 대신 그 대가를 받아야 했다. 그래서 치 넹은 제단 옆 바닥에 있던 두툼한 지전 다발을 들고 와 돼지 옆에 놓아주었다. 그리고 쪼그려 앉아 돼지에게 조용히 속삭였다. 대가를 넉넉히 치를 터이며 해가 바뀌기 전에 돼지의 혼이 지는 의무를 면해주겠다는 설명이었다. 이윽고 그는 뿔 조각을 다시 던져 돼지가 받아들였는지 알아보았다. 그렇다는 답이 나오자 그는 돼지에게 감사를 표하고 돼지와 모녀를 묶은 줄을 풀었다. 그리고 리아의 병을 물리치기 위해 칼을 휘둘렀다. 그다음 제단에서 컵 하나를 집어들고 입에 물을 한 입 머금더니 셰 예가 그랬던 것처럼 떠는 소리를 내며 뿜어냈다.

푸르르르르르.

푸르르르르르.

그가 말했다.

"금하고 은으로 된 물이니라. 이 물로 아픈 데를 싹 씻어가거라."

푸르르르르르.

부엌에서는 칼 가는 소리가 들려왔다.

남자 둘이서 접이의자 두 개 위에 돼지를 올려놓았고 남자 셋이 돼지를 붙들었다. 이윽고 한 친척이 돼지의 목을 찔렀다. 돼지는 비명을 지르며 몸부림을 쳤다. 다른 친척은 스텐 그릇을 들고 피를 받았다. 하지만 상당량이 비닐과 카펫과 사람들의 맨발에 튀었다. 치 넹은 돼지의 지전을 집어 쏟아지는 핏줄기에 가져다댔다. 피는 돈이 돼지의 것임을 확실히 하는, 씻을 수 없는 자국을 남겼다. 치 넹은 피 묻은 지전으로 적신 방울을 리아의 등에 대며 보좌 신령들의 이름을 하나씩 불렀다. 이젠 리아에게도 자국이 남았으니 리아를 아프게 하려는 '다'가 있어도 감히 손을 댈 수 없게 된 것이다. 치 넹은 그런 식으로 아픈 데를 더 씻어냈다.

푸르르르르르.

그런 다음 그는 리아의 어깨에 걸친 지전을 집어 희생된 돼지의 옆구리에 얹었다.

등에 돼지 핏자국이 찍힌 리아는 이제 이 세상 어딜 가더라도 치유가 필요한 아픈 아이라는 것을 인정받을 수 있게 되었다. 그리고 이제는 치 넹이 보는 데 있지 않아도 되었기에 푸아는 리아를 침실로 데리고 가 침대에 사뿐히 눕히고는 라오스에서 가져왔던 파란 담요를 다리에 괴어준 뒤 선풍기를 틀어주었다. 리아의 시선은 위쪽으로 고정되었다. 윤기 흐르는 머릿결이 선풍기 바람에 하늘거렸다.

이제 치 넹은 가장 위험한 의식을 할 채비를 마쳤다. 벤치 한가운데 선 그는 머리띠의 일부를 풀어 얼굴에 드리웠다. 시야를 완전히 가려 이 세계에서는 봉사가 되었지만 보이지 않는 세계는 볼 수 있었다. 이렇게 시야를 가린 천은 (향불, 징과 딸랑이의 최면적인 반복, 치 넹의 반복적인 동작과 더불어) 그가 무아지경으로 돌입하는 것을 도왔다. 라오스였다면 아편을 쓸 수도 있었겠지만 꼭 필요한 건 아니었다. 보좌 신령이 곁에 있는 한 그는 마음껏 다른 의식 상태로 빠져들 수 있었다.

치 넹은 이어서 셰 예의 날개 달린 말을 타고 앉아서는 카펫에 닿은 발을 꼬았다 풀었다 하기도 하고 오른손에 든 딸랑이와 왼손에 끼운 방울로 말방울 소리를 내며 율동적으로 발을 구르기도 했다. 그러는 사이 그의 조수는(비행 조종사들이 쓰는 검은 선글라스를 낀 젊은 남자였다.) 징을 울려 신령들에게 여행이 시작됐음을 알렸다. 그렇게 30분쯤 지나자 조수는 양손을 치 넹의 허리에 얹었다. 그러자 치 넹은 단 한 박자도 흐트러지지 않고 단번에 일어서더니 벤치 위로 다시 뛰어올랐다. 보좌 신령들 모두가 그의 곁을 지키고 있었던 게 분명했다. 그들의 도움이 아니었다면 그의 몸은 그런 도약을 하기에는 너무 무거워져 있었을 것이다.

이 때 치 넹은 자기 목숨을 걸고 있었다. 무아경에 빠져 있는 동안 그의 혼은 몸을 떠나 있었기에 혼이 돌아오기 전에 떨어지기라도 하면 죽을 수도 있었던 것이다. 이럴 땐 그 누구도, 이 세상에서 가장 뛰어난 치 넹도 그를 도울 수 없었다. 떨어지지 않더라도 도중에 그가 죽기를 바라는 '다'들을 만나면 물리치기 위해 온 힘과 꾀를 다해야 했다.

이제 치 넹은 마구 달리기 시작했다. 말 위에서 뛰기도 하고 바닥에서 달리기도 했다. 때로는 말이 되어 말 소리를 내기도 했다. 몽족 말과 중국말이 섞인 옛 주문을 단조로 노래하듯 크게 읊조리기도 했다. 그 말은 리 부부도 알아들을 수 없었으나 그가 리아의 사로잡힌 혼을 구출하기 위해 보좌 신령들에게 이야기하고 '다'들과 협상한다는 것은 알았다.

현관문이 닫혀 있어 거실은 아주 덥고 갑갑했다. 향불 연기 때문에 공기가 텁텁했다. 징 소리가 울리고, 딸랑이가 저렁저렁 소리를 냈다. 벤치 이음매 부분이 과열될까 봐 물을 부어 식히는 이도 있었다.

이제 말은 하늘로 이어진 계단 위를 날아올랐다. 하늘 문이 막 열린 것이다. 이윽고 치 넹은 농의 집 앞을 지났고 이어서 셰 예의 동굴이 있는 산을 오르고 있었다.

치 넹이 여행을 하는 동안 닭을 치켜들었던 사촌은(혼을 부르는 이였다.) 현관문을 열더니 길과 마주보고 섰다. 그의 발치에 있는 작은 상에는 잡은 닭과 약간의 밥, 계란, 그리고 향불이 놓여 있었다. 그는 오른손에 뿔 조각 한 짝을, 왼손에는 딸랑이를 들었다. 이따금 그는 둘 중 하나를 땅에 던져 뿔이나 작은 원반의 방향을 보고 자기가 맡은 일이 잘되고 있는지 판단하곤 했다.

그대를 부르노라.

그대를 부르노라.

그는 리아의 혼에게 읊조렸다.

그대 위한 계란이

그대 위한 밥이

그대 위한 닭이

그대 위한 모든 게 여기 있노라.

아파트 안에서는 지전을 태워 보이지 않는 세계로 보내고 있었다. 징 소리가 울렸다. 치 넹의 말은 점점 더 빨리 내달렸다. 혼을 부르는 이는 이스트 12번가 쪽을 바라보며 계속 읊조렸다.

그대 어디 있는가?

그대 어디로 가버렸는가?

아우를 찾아갔는가?

누이를 찾아갔는가?

사촌을 찾아갔는가?

꽃을 보러 갔는가?

라오스에 있는가?

태국에 있는가?

하늘에 있는가?

햇님에게 가버렸는가?

달님에게 가버렸는가?

그대 집으로 돌아오시게.

어머니께 돌아오시게.

아버지께 돌아오시게.

누이에게 돌아오시게.

형제에게 돌아오시게.

나 그대를 부르노니!

나 그대를 부르노니!

이 문으로 들어오시게.

가족에게 돌아오시게.

돌아오시게.

돌아오시게.

돌아오시게.

돌아오시게.

돌아오시게.

돌아오시게.

돌아오시게.

| 15주년판 후기 |

공통의 언어

『리아의 나라』가 처음 발간된 것은 15년 전이지만 내가 처음으로 머세드에 있는 리 부부의 아파트로 찾아간 지는 24년이 넘는다. 1988년 5월 19일, 나는 유선 스프링노트에 이런 메모를 남겼다.

> 맨발인 엄마가 가만있는 아이를 품고 흔들흔들 한다
> 기저귀, 스웨터, 손목엔 끈
> 아기 같지만 아기치곤 너무 크다
> 엄마는 뽀뽀도 하고 어루만지기도 한다

그때 나는 몰랐다. 이 가만있는 아이가 결국 나에게 어떤 영향을 끼칠 것인지를.

리아는 놀랍게도 아직까지 살아 있다.◆ 지속적인 식물인간 상태에 빠진 사람들 대부분이 6개월 안에 사망한다. 나머지는 대개 5년 안에 사망하며 거의 다 요양시설에서 그렇게 된다. 리아의 가족들은 그 다섯 배 되는 시

◆ 2012년 8월 31일, 숨을 거두었다. 당시 리아는 서른 살이었다.—편집자

간 동안 집에서 리아를 보살펴왔다. 리아는 한때 내가 보았던 아이 중 가장 예뻤다. 그런데 이제는 수척하다. 피부는 예전엔 워낙 매끈하고 깨끗해서 엄마가 마냥 어루만지는 게 이해될 정도였는데 지금은 거칠고 누르께하다. 손가락은 굽은 채 굳어 있다. 하지만 리아는 여전히 결벽적일 정도로 청결하다.

엄마인 푸아는 이제 늙었다. 언제 태어났는지 본인도 몰라 나이를 정확히 알 수 없는 그녀가 쇠약해지자 딸들이, 그중에서도 트루가 리아 보살피기를 떠맡았다. 전에는 리아를 한번 먹이려면 두 시간이 넘게 걸렸다. 그러다 리아가 가루음식 때문에 흡인성 폐렴으로 고생한 뒤 가족들은 마침내 비위관을 받아들였다. 이제는 한 끼를 먹이는 데 10분밖에 걸리지 않는다. 하지만 여전히 리아를 씻기고 입히며 기저귀 갈고 가래 뽑아내고 한밤중에 달래는 게 보통 일이 아니다. 가족들은 여전히 리아의 생일이면 바비큐를 곁들인 축하를 한다. 그리고 일 년에 한두 번 치 넹을 집으로 들여 짐승을 잡아 바친다. 리아의 회복보다는 날마다의 고통을 덜어주길 바라는 마음에서다.

리아의 머릿속에서는 뇌간만이 기능한다고 한다. 하지만 나는 리아가 어느 정도의 의식, 적어도 감각 기억은 가지고 있다고 믿는다. 언젠가 푸아가 사촌과 한동안 집을 비운 사이, 리아를 방문한 적이 있다. 전날 트루가 리아를 데리고 잤는데 리아가 몇 시간을 흐느끼더란다. 리아는 무언가 결핍을 느꼈던 것이다. 친숙한 엄마의 냄새, 엄마의 소리, 엄마의 몸 윤곽, 그런 게 아니었을까.

리 부부의 집을 방문할 때마다 리아가 내 존재를 의식하지 못했다는 걸 안다. 이는 리아가 신경 장애를 겪은 지 1년 뒤 리아와 처음 만났을 때부터 마찬가지였다. 하지만 우리 둘 사이에 상호 관계를 느끼게 하는 리아의 존재감을 나는 너무나 강렬히 의식하고 있다. 리아를 만나기 이전의 나는 달랐다. 그때였으면 리아처럼 말이나 생각, 일도 못하고 웃지도 못하며 내 용어로 '기여'도 못하는 누군가를 만났을 때, 친절히는 대했겠지만 별 가치는 없는 사람으로 여겼을 것이다. 사람이긴 해도 부분적인 사람 말이다. 리아를 알고 나서 나는 달라졌다. 주변 사람들에게 그토록 소중한 그녀인데 어찌 가치 없다고 할 수 있단 말인가? 그녀가 내 가정생활, 작가로서의 내 삶, 내 사고방식 전부를 바꿔버렸는데도 기여한 바가 없다고 어찌 말할 수 있겠는가? 내 책을 읽은 분들 일부에게도 영향을 끼쳤을지 모를 그녀에게 말이다.

"리아가 아직 살아 있나요?" 이게 늘 첫 번째 질문이다. 그다음은 "나머지 식구들은 어떻게 됐죠?"라는 질문이다. 뇌전증을 앓는 몽족 아이에 관한 이야기에 관심을 가질 독자가 열일곱 명 정도뿐일 거라고 예상했기에 (내 집필 속도를 본 출판사의 예상도 마찬가지였다.) 아직도 이 책에 관한 편지나 이메일을 받을 때마다 놀라움을 금치 못한다. 나에게는 여전히 매우 중요한 사람들에 대해서 누군가가 마음을 쓴다는 사실을 알게 되는 건 언제나 기쁜 일이지만 말이다.

나오 카오 리는 2003년에 울혈성 심부전으로 세상을 떠났다. 가족들은 지금도 그의 빈자리를 느낀다. 그가 세상을 떠나고 몇 년 뒤 메이는 내게 이런 편지를 보냈다.

"어릴 때 애들이 놀리거나 못되게 굴어서 울면서 집에 돌아올 때마다 아빠가 하시던 얘기가 기억나요. '못되게 구는 사람들을 만나게 되면 절대 그들처럼 되지 않게 해달라고 기도해라. 아주 좋은 사람들을 만나게 되면 그들을 조금이라도 닮아서 더 나은 사람이 되게 해달라고 기도해라.'"

나오 카오가 지금 살아 있다면 자신과 푸아가 잘 교육 받고 성실하고 훌륭한 자식들을 뒀다는 사실을 거듭 확인하게 될 것이다. 10대 중반에 미국에 왔던 총과 주아만 빼고 리아의 나머지 형제자매들은 모두가 대학을 다니거나 졸업했다. 팡은 학생이고, 쳉은 치위생사이며, 여◆는 치과 보조사이다. 트루는 시군 주민지원실에서 일하고, 마이는 교도소에서 근무하며, 메이는 카이저 퍼머넌트 병원에서 임상보건지도사로 있다.

메이는 카이저 퍼머넌트 병원의 나파-솔라노 군 윤리위원회 소속으로, 치료에 대해 환자 가족들과 의사들 사이에 이견이 있을 때 중재 역할을 한다. 이 병원 환자 중 몽족은 극소수지만 리아가 MCMC에 다닐 때 그녀가 부모의 통역 및 중재 노릇을 할 때와 크게 다르지 않은 역할을 맡은 셈이다. 메이에게 일에 대해 물어보니 이런 답을 했다.

"거기 사람들에게 이런 얘길 했어요. 이 분야에서 일하기 전에는 부모님이 리아 때문에 겪는 모든 좌절이 의사들 잘못인 줄 알았다고요. 집에서 날마다 본 게 부모님이 리아를 낫게 하려고 뭐든 하려는 모습이었거든요.

◆ 독자들이 특히 여에 대해 물어보는 경우가 꽤 있다. 여가 아파트 문을 쾅 닫는 바람에 리아의 혼이 놀라 달아나서 리아가 '코 다 페이'를 앓게 된 것을 가족들이 아직도 탓할까 봐 걱정이 된다는 것이다. 리아가 더는 뇌전증을 앓지 않고, 리아가 영혼의 문제로 식물인간이 된 게 아님을 가족들이 알고, 여를 사랑하지 않는 일은 무척 어려웠기에 여는 오래전에 용서를 받았다.

그러다 여기서 일하면서부터는 그 누구 탓도 아니라는 걸 알게 됐죠."

리아의 형제자매는 모두 북부 캘리포니아에서 서로 한 시간 거리 내에 살고 있으며 그중 다섯 명은 기혼이다. 푸아는 이제 손주가 스물아홉 명이다. 숭, 자, 퐁, 청, 줄리, 도시, 샌디, 크리시, 대니, 애슐리, 멜로디, 레슬리, 션, 스테파니, 캐런, 카탈리나, 다오, 셰인, 크리스틴, 샘, 케이틀린, 스카이, 미카일라, 페일런, 사빌라, 쿤룬, 엘리야, 알렉슬리, 유리. 이 중 가장 큰 아이가 서른한 살이고 막내가 세 살이다. 증손자도 타이탄, 케일런, 타팡가 이렇게 셋 있다.

몽족 문화로의 여정에서 없어서는 안 될 길잡이가 되어주었던 네 사람은 지금도 센트럴밸리 지역에 살고 있다. 바 야오 무아는 성인 학습자를 대상으로 하는 미네소타의 한 대학에서 몽족 학생들을 상담하다가 새크라멘토로 이주해 재무 서비스 및 마케팅 분야에 종사하고 있다.

"왜 경영 쪽이냐고 친구들이 물어보면 저는 이렇게 말해요. '학생들이 졸업할 때 대학에 가기 위해 일을 그만뒀을 때의 급여를 보여줬는데, 그게 지금 급여보다 많다. 그 생각만 하면 악몽을 꿔 잠을 못 잔다. 우리는 그 친구들에게 더 잘사는 법을 알려주겠노라 약속했는데, 거기엔 꿈도 없었고 돈도 없었다. 이제는 사람들이 돈을 벌도록 도울 수 있으니 악몽에 시달리지 않는다.'"

지칠 줄 모르는 당 무아는(이름을 가지고 놀리는 미국인이 하도 많아서 지금은 '댄'이라 불리기를 더 좋아한다.) 병원과 법원에서 통역을 한다. 그는 다년간 '동남아시아계 미국인 전문직협회'에서 일하며 새롭게 설립된 UC 머세드에 더 많은 몽족 지역민이 취업할 수 있게 로비도 하고, 몽족 정치인들의 선거운동도 돕고, 적십자 자원봉사도 하며 지냈다.

“저처럼 운이 좋아서 이 나라에 오기 전부터 학교를 다녔던 사람들은 여기 와서 지역사회를 위해 봉사합니다. 평생 봉사하는 거죠.”

조나스 방아이는 석사와 박사 과정을 마치고 프랑스어, 라오스어, 몽 언어, 수학에 대한 교원 자격을 획득했다. 그는 두 권 분량의 몽 언어 교재를 공동집필하기도 했다. 그는 현재 머세드대학에서 몽 언어를 가르치고 외국인 학생 지원업무를 총괄하고 있으며 대학평의회로부터 가장 뛰어난 교원으로 선정되기도 했다. 그는 말했다.

“제 인생 시계가 째깍째깍 저를 압박하는 느낌이에요. 남은 인생 동안 할 수 있는 건 다 하라고요.”

그는 주말이면 댄 무아와 함께 오토바이를 타고 49번 도로를 따라 시에라풋힐즈 지역을 질주하며 스트레스를 날려버린다.

메이 잉 숑은(지금은 결혼해 메이 잉 리가 되었다.) 새크라멘토에 산다. 1988년 우리가 머세드 시내에 있는 방콕 레스토랑에서 처음 만나 민주화 과정에서부터 몽족 10대들의 문화 취향에 이르기까지, 또 미국의 인도에서 침을 뱉어서는 안 된다고 경고했던 그녀의 돌아가신 아버지 얘기까지 온갖 대화를 나눌 때, 나는 그녀가 사무 보조원으로 오래 일하지는 않을 것 같다는 느낌을 받았다. 결국 메이 잉은 풀타임으로 일하며 네 아이를 기르면서도 밤 시간과 주말에 공부해 학사와 석사 학위를 땄다.

나는 그녀가 몽족 가정에 사회 및 보건 서비스를 제공하는 단체인 ‘몽 여성 문화유산협회’의 임원으로 다년간 활동하며 지역의 몽족 리더에서 전국의 몽족 리더로 발전하는 모습을 지켜보았다. 그녀는 현재 이 단체의 자문위원이며 단체의 통역 훈련기관에서 수석 교원으로 일하고 있다. 그녀는 2001년, 몽 여성의 위상을 드높이는 데 기여한 사람에게 매년 수여되는 '전미 몽 여성 리더십 어워드'를 수상하기도 했다. 2005년에는 '로버트 우드 존슨 재단 지역사회 보건 리더 어워드'를 수상했고, 부상으로 10만 달러의 보조금이 그녀가 속한 단체에 주어졌다. 지역 보건을 개선하기 위해 '말할 수 없는' 난관을 극복한 공로였다.

메이 잉은 열여덟 살에 '미스 몽' 3위로 선발된 바 있다. 그녀의 딸 메르세데스는 같은 나이에 엄마보다 한 단계 높게 '미스 몽 인터내셔널'이 되었다. 이 대회는 우주에서 가장 어여쁜 여자를 찾아나선 남자에 관한 몽족 설화인 '응로 나와 응고 응초(Nraug Nab and Nkauj Ntsuab)' 이야기에서 영감을 받아 만들어졌다고 한다.

리아를 맡았던 의사들은 전부 머세드를 떠났다. 그들 중 부자가 된 사람은 없으며, 의료 서비스가 부족한 분야에 기여하기 위해 가정의학과와 소아과를 택했단 사실을 잊은 사람도 없었다. 빌 셀비지는 노스캐롤라이나 시골의 작은 의료원에서 일하고 있다. 이곳에서 15년간 주임 의사로 일하다가 지금은 "가정의학과 일반 의사로서 본인과 함께 늙어가는 지역민들의 진료를 담당하고 있다."라고 전했다.

댄 머피는 오리건 중부의 한 공장 지역에 있는 병원의 진료과장으로 일하고 있다. 그는 책임자이기 때문에 (MCMC에서처럼 15분만이 아니라) 매번 30분 이상을 진료에 할애하는 재량을 발휘할 수 있다. 덕분에 그는 "손톱을 찧어 찾아온 환자라도 어떻게 지내는지 물어보고 유방조영상이나 대장내시경 검사를 언제 다시 받아야 할지 알려줄" 시간이 많다고 한다. 그는 "환자와 가족 중심의 치료"라고 하는 접근법의 열렬한 지지자가 되었다. 이 접근법에서 환자와 그 가족은 원하는 게 무엇이냐는 질문을 받음으로써 치료행위의 모든 단계에 공식적으로 참여하게 된다. (댄은 이때 그들이 원하는 것과 그들이 원할 것이라고 '우리'가 생각하는 것이 매우 다른 경우가 많다고 했다.) 그는 또 약물 처방부터 대기실 디자인에 이르기까지 다양한 문제에 의견을 제시한다. 그는 이런 방식이 의료 실수를 줄이고, 결과를 더 좋게 하고, 비용을 낮추고, 불쌍한 환자를 줄이고, 귀 기울일 줄 아는 의사를 더 만들어내는 데 기여할 것이라 믿고 있다.

닐 언스트와 페기 필립은 오리건에 있는 댄을 여러 해 방문하며 그의 병원 안팎에서의 삶을 부러워하다가 그의 병원에 합류했다. 두 사람 다 매일 달리기, 자전거, 하이킹, 테니스, 수영으로 '땀 흘리며 상쾌해지는' 일에 열심이다. 닐은 자전거 도로경주에서 자기 연령대에 비해 뛰어난 기록을 달성한 바가 여러 번 있다. (물론 운동시합은 그에게 새로운 분야가 아니다. 지난번에 닐은 이 책을 쓸 때 인터뷰를 하던 시절에는 전혀 언급한 바가 없는 얘기를 무심코 던졌다. UC 버클리 시절 투수로서 무안타 경기 기록을 가지고 있다는 것이었다.) 두 사람의 큰아들 토비는 소년 시절 백혈병을 앓았지만 지금은 나이키에서 일하며 20년 동안 발병 없이 트라이애슬론 경기에 나갈 만큼 건강해졌다고 한다.

닐과 페기는 지금도 자주 리아에 대해 생각하고 얘기한다. "저희는 아마 지금 같은 상황이라 하더라도 같은 결정을 내리지 않을까 싶어요. 더 나은 의료수단과 통역이 없던 당시 조건에서라면 말이죠." 닐이 말했다. "단 경력 초기가 아니라 말기의 소아과 의사로서, 지금의 저희라면 리아 가족에게 조금은 덜 엄격한 요구를 할 거 같아요. 그렇다고 해도 결과는 마찬가지겠지만요."

닐과 페기가 소아와 의사로서 20년 동안 근무했던 MCMC(나오 카오가 자기 딸이 두 시간 만에 사망할 거라고 하는 서류에 서명을 강요당한다고 믿고서 딸을 '납치'한 병원)는 뜻밖에도 문화교류 혁신의 온상이 되어 《뉴욕 타임스》와 《샌프란시스코 크로니클》 특집기사의 취재원이 되었으며 미국 전역 다수 프로그램의 모델이 되었다. MCMC는 2009년 '서터 머세드 메디컬센터'로, 이어 '머시 메디컬센터 머세드'로 바뀌어 미국에서 처음으로 샤먼인 치 넹을 환자 보살핌에 공식적으로 참여시키는 프로그램을 제도화했다.

머세드 시내에 있는 한 사회복지기관은 몽족과 여타 소수민족 환자들이 소외감을 덜 느끼도록 병원과 협업하는 훈련 프로그램 '헬시 하우스'를 도입했다. 또 '파트너스 인 힐링'이라는 프로그램을 만들어 지역의 치 넹이 직접 수술실을 시찰하고, 현미경을 들여다보고, 혈액검사에 대해 배우고, 몽족 환자들이 보기에 너무나 불가사의한 치료법에 접근할 수 있게 했다. 이 프로그램을 마친 샤먼에겐 배지를 부여하며 이들은 다른 성직자들처럼 입원실을 방문할 수 있게 된다.

머시 메디컬센터는 환자의 머리맡에서 행할 수 있는 의식 아홉 가지를 명시한 PC-369 방침을 마련했다. 명시된 의식은 다음과 같다. "네 종류의 읊조림: 혈액 손실, 내부 손상, 화상, 의식불명을 완화하고자 함. 세 종류의 매듭짓기 의식: 혼을 붙들고, 몸의 힘을 북돋고, 외과수술에 환자를 대비시키고자 함. 두 종류의 혼을 부르는 의식: 아픈 사람의 혼을 되찾는 것, 죽은 사람의 혼을 돌이키는 것." 병원에서 짐승을 잡을 수는 없고(너무 잔

혹하기 때문), 징이나 딸랑이나 방울은 허용되지 않는다(너무 시끄럽기 때문). 현재로서는 부적을 태우거나 향을 피우는 일도 금지되어 있다. 하지만 헬시 하우스 측은 이런 제한도 언젠가는 풀려 화재경보를 잠시 해제한 특별한 방으로 환자들을 데려가 충분한 의식을 치를 수 있기를 희망한다고 전했다.

파트너스 인 힐링 프로그램으로 훈련받은 샤먼은 100명이 넘는다. 몽족 사회에서 치 넹의 위상이 워낙 높아서 그들의 병원에 대한 지지는 병원 바깥에 강력한 파급효과를 가져왔다. 내부적으로는 아직도 문제 되는 경우가 불쑥불쑥 나타나지만 예전보다 빈도도 심각성도 낮다. 이는 헬시 하우스의 노력 덕분일 뿐만 아니라 이제는 대부분의 몽족이 두 언어와 문화를 소화할 수 있어 (양질의 통역이 쉽게 제공된다 하더라도) 통역이 필요한 경우가 줄었고 의사를 신뢰하는 경향이 강해졌기 때문이다. 머세드가 아닌 다른 곳에서도, 또 나이 든 몽족이라 해도 이제는 일반적인 의료행위에 대해 의심을 거두는 경우가 많다. 푸아는 지금도 뒤뜰에서 치료용 허브를 기르지만 당뇨 때문에 인슐린을 맞기도 하고 아이들이 아프면 의사한테 가보라도 보채기도 한다.

문화충돌 문제에 관한 머시 메디컬센터의 관심은 국가적인 유행을 반영한다. 미국 최대의 보건 평가기관인 '조인트 커미션'의 2007년 보고에 따르면 조사 대상인 예순 개 병원 모두 대면 및 전화 통역 서비스를 제공하며 75퍼센트 이상의 병원이 "종교 및 영성 서비스, 식사 서비스, 사회심리 서비스를 통해 문화적 요구에 응하려는 고심을 한다."

문화에 민감한 보건 용어는 너무 빠르게 발전해 최근에 어떤 말들이 자주 쓰이는지 눈 깜빡할 사이에 놓칠 정도였다. 지난 몇 년간 문화적 능숙함(competence)이란 말은 비판을 받아왔다. 마치 누군가가 테니스에 능숙하다고 말하듯 다른 문화권에 능숙한 게 실질적으로 가능하다는 인상을 주기 때문이기도 하고, 아서 클라인먼이 말하듯 "환자의 민족적 배경에 따라 '할 것'과 '하지 말 것'을 나열하는 수준"으로 문화를 전락시키기도 하기 때문이다. 달리 말해 전에는 환자의 문화나 민족을 전혀 고려하지 않던 의사들이 이제는 단지 '체크리스트'로 고려하는 위험에 빠질 수 있다는 것이다. '문화적 겸손'은 의사들이 환자를 대할 때 의사 자신의 문화가 담긴 보따리를, 즉 의사 자신의 민족적 배경과 치료 문화를 함께 병상으로 가져간다는 것을 인정하는 태도다. '문화적 반응'은 의사들에게 환자의 말을 듣고 반응하되 같은 문화권 사람처럼 편견 없이 대할 것을 권하는 개념이다.

이 모든 게 정치적 정의라는 아슬아슬한 정상을 향한 쟁탈전처럼 들린다면 몽족 환자들이 (그리고 다른 이문화 환자들이) 겪었을 어려움에 대해 생각해보라. 문화 차이 때문에 환자들이 피해를 본 사례가 얼마나 많았는지에 대해 의사들이 고려하기 전의 상황을 말이다. 단 하나 내가 우려하는 것은 이 용어들이 진보주의자들에게 더 익숙하게 들려서 보수적인 의사들이 저항감을 가질지 모르겠다는 것이다. 뭐라고 부르든 간에 친숙하지 않은 문화권에서 온 환자들을 대하는 일은 정치적 입장이 아니라 '인간적' 입장에서, 더불어 생명을 살린다는 원칙하에서 고려되어야 한다.

『리아의 나라』는 1990년대에 쓰인 1980년대에 관한 책이다. (리 가족은 1980년에 미국에 왔고, 리아는 1982년에 태어났으며, 리아의 신경 장애는 1986년에 발생했다.) 놀랍게도 세월의 변화를 간과해 그 사이 별 변화가 없었다고 생각하는 사람이 의외로 많다. 그 사이 몽족 미국인의 문화는 동결되어 있었던 게 아니다. 대부분의 몽족 집안은 이제 미국에 온 지 30년이 넘었다. 그 아이들의 경우 미국에서 교육을 받아 몽 언어보다 영어를 더 잘하기 쉽다. 이럴진대 이 책을 읽은 누군가가 '부'나 '방'이나 '타오'라는 이름을 가진 스무 살 청년을 만나 나오 카오 리처럼 행동하기를 기대한다면 미칠 노릇이다. 내가 몽족 미국인 청년이라면 더더욱 괴로울 것이다.

1970년대 중반 처음으로 몽족 난민들의 물결이 미국에 도달했을 때, 대부분 종교가 같았고(애니미즘), 직업이 같았고(농부나 군인), 경제적 지위가 같았고(하층민), 교육 수준이 같았다(초학 또는 무학). 현재 미국에 살고 있는 몽족 26만 명은 (최근에 더 늘었는데, 새로운 이민◆이 많아서가 아니라 결혼을 일찍 해서 한 세대가 짧고 여전히 대가족이 많기 때문이다.) 위 항목들에서 훨씬 더 다원적인 성격을 보인다. 종교의 경우, 애니미즘 신봉자도 있고 기독교인도 있다. 직업은 (공적부조에 의존하는 경우가 줄긴 했지만) 복지 수급자에서 주 상원의원에 이르기까지 다양하며, 의사와 사업가가 수없이 많고 래퍼나 코미디언도 소수 있다. 아직도 몽족 4분의 1 이상은 빈곤선 아래에 있지만 절반 가까이는 자기 집을 소유하고 있다.

정치적 영향력은 2008년에 분명히 드러났다. '몽 내셔널 리더십 네트워크'가 개최한 스톡턴 타운홀 총회에서 1800명의 몽족 가문 대표와 외부

◆ 유일한 주요 예외는 2004년부터 2006년 사이 미국이 태국의 불교 사원인 왓 탐 크라복 지역 난민 1만 5000명을 받아들였을 때다.

활동가들은 선출직 공직자들을 상대로 미국의 테러방지법인 애국자법에 대해 열변을 토했다. 그로부터 2주도 안 되어 부시 대통령은 몽족 상당수를 '테러리스트'로 분류하는 법 조항(이렇게 분류되면 직업이나 운전면허, 영주권을 얻을 수 없다.)에서 몽족을 제외했다. 애초에 그렇게 분류된 것은 애국자법 하에서 불법이 되는 '반정부 행위'에 가담했기 때문이었는데, 이 행위는 베트남전쟁 때 미국을 위해 라오스에서 싸웠던 것이었다.

이러한 변화에도 여전히 몽족 미국인들은 여러 본질적인 측면에서 몽족의 정체성을 가지고 있다. 부모가 자녀에게 전통 설화를 들려주거나 딸에게 방직 기술인 '파 응도'를 가르치는 게 예전만 못할지 모르고, 아이들이 자라서 부모 옆에 사는 것도 예전 같지 않을지 모른다. 하지만 조부모나 증조부모 대부분은 은퇴자 마을이나 요양시설 같은 곳에 떠맡겨지기보다는 여전히 자식들 집에서 살고 있다. 몽족 사회에서 상호부조 조직들은 여전히 구심점 역할을 하며 문중들도 건재하다. 짐승 희생제의는 모두가 하는 것은 아니지만 지금도 행해지고 있다. 가장 중요한 때인 탄생, 결혼, 사망의 시기에는 보편적이진 않더라도 전통의식을 행하는 경우가 흔하다. 댄 무아는 몽족 사회가 전통 없이는 시들어버릴 거라 믿는다.

"식물이 둘 있는데 하나는 뿌리에 묻은 흙을 다 털어버리고, 또 하나는 뿌리 흙을 그대로 둔다고 해봐요. 새로운 화분에 심을 때 어느 게 살아남겠어요?"

댄은 이미 뿌리의 옛 자양분을 다 잃었을지 모른다. 하지만 나는 그의 뿌리가 튼튼히 자리 잡았다고 믿어 의심치 않는다.

몽족을 미국에 정착시키는 과정에서 시행한 정책들은 재앙적이었고,

나는 그것에 너무나 화가 났었다. 차라리 몽족이 라오스나 태국에서 살 수 있게 해줬더라면, 아니면 프랑스령 기아나 같은 외딴 곳에서 농사를 짓게 해줬더라면 더 나았을 거라는 생각을 하기도 했다. 나는 지금도 푸아와 나오 카오, 그리고 그들 동년배의 다른 많은 몽족 난민이 전쟁 전 라오스 마을에서 살던 때처럼 정서적으로 풍요로운 삶을 다른 곳에서 재현하는 건 불가능했으리라 믿는다. 그들 세대는 사실상 희생당한 것이다. 하지만 리 부부의 자손들은 캘리포니아의 자기 집을 떠난다는 선택은 절대 하지 않을 것이다. 미국의 공립학교에서 배운 덕에 얻은 일자리를 통해 벌어들인 소득으로 사거나 빌린 집을 두고 자신들이 태어났던 라오스 산골의 초가집으로 돌아가지는 않을 것이다.

내가 몽족 친구들로부터 가장 흔히 듣는 불만은 미국을 떠나고 싶다는 게 아니라 자신들이 누구이고 어디서 왔는지에 대해 이제는 사람들이 조금이라도 덜 무지했으면 한다는 것이었다.

댄 무아는 이렇게 말한다.

"여기 머세드 길거리를 지나는 몽족 남성 중에는 취객처럼 보이는 이들이 있어요. 이들은 옷도 잘 못 입었고요, 걸음걸이도 멋지지 못해요. 하지만 그들은 취객이 아니에요. 그들은 미국인의 생명을 구하다 부상 당한 영웅들이에요. 우리는 추락한 미군 조종사 한 명을 구하기 위해, 아니면 시신 한 구를 수습하기 위해 수백 명의 목숨을 잃기도 했어요. 이런 걸 미국인들에게 하룻밤에 가르칠 순 없어요. 거듭거듭 해야만 하지요."

하지만 좋지 않은 일이 있을 때에만 몽족에 대해 듣게 되는 미국인들을 어떻게 가르친단 말인가? 근래 '몽'이란 단어가 유난히 두드러지는 헤드라인으로 세 번 등장한 바 있다. 첫째는 2004년 '차이 수아 방'이라는 사슴 사냥꾼이 위스콘신 북부에서 여덟 명의 백인 사냥꾼을 쏘아 그중 여섯 명을 사살한 사건이었다. 언론에서는 방의 살인 동기를 문화적인 이유에서, 즉 그가 몽족이라는 데에서 찾으려고 애썼다. 내가 보기엔 정신 나간 짓이었다. 나처럼 1988년에 수십 명의 몽족과 얘기해보고 그들 모두로부터 미국인 의사를 불신한다는 말을 들었다면, 그런 인식과 문화 사이에 관련성이 있다는 추정을 하는 게 합당할 수도 있다. 하지만 다른 몽족은 저지르지 않는 범죄를 어느 몽족 한 사람이 저지른다고 해서 (스트레스나 공격적인 인성, 정신질환이나 그 밖의 다른 무언가가 다중 살인의 동기가 되는 것 대신) 그 배경에 문화가 있다는 결론을 어떻게 내릴 수 있단 말인가?

그로부터 2년 후 역시 위스콘신의 숲속에서 제임스 니콜라스라는 사냥꾼이 '차 방'이라는 몽족 사냥꾼을 총으로 쏘고 칼로 찌르는 사건이 발생했을 땐 그 누구도 "그가 백인이었기 때문에 그런 짓을 했다."라고 말하지 않았다.

몽족이 다시 뉴스를 장식한 건 2007년 저명한 방 파오 장군이 라오스 정부를 전복하려 했다는 혐의로 체포되었을 때이다.(2009년에 이 사건은 기각되었고, 2011년에 그는 사망했다.) 방 파오가 구매하려 했다는 혐의를 받은 AK-47 소총이나 스팅어 미사일에 관한 보도가 자취를 감춘 것을, 아울러 사냥총 살인사건 이후 위스콘신에서 '몽족을 쏴 사슴을 구하자.'라는 범퍼 스티커가 팔린다는 보도가 사라진 것을 애석해한 미국인들은 2008년 '몽'이라는 단어를 다시 배우지 않을 수 없었다. 바로 클린트 이스트우드의 영화 「그랜 토리노」가 개봉했던 것이다.

편견 많은 한국전쟁 참전용사와 몽족 이웃들을 다룬 이 이야기는 몽족 미국인 사회로부터 복합적인 반응을 끌어냈다. 한편으로는 스무 명 이상의 몽족 역할을 모두 몽족 배우로 채웠다는 장점이 있었다. 다른 한편으로는 문화적으로 부정확한 내용이 가득했다. (예를 들어 몽족 할머니들은 빈랑을 씹지 않기 때문에 갈색 가래침을 뱉지 않는다. 몽족 전통복은 결혼식이나 명절 때 입는 것이지 장례식 때는 입지 않는다. 혼을 부르는 사람은 문간에 서서 하지 거실에서 하지 않는다.) "소녀들은 대학에 가고 소년들은 감옥에 간다."라는 영화 속 대사는 당연히 일반적이지 않았다. 한 몽족 비평가는 이 영화가 몽족을 "자립능력이 부족하고 미국에서 성공할 적절한 수단이 심각하게 결여된 어린아이 같은 존재"로 인식시키는 효과를 낳았다고 평했다.

내 친구이자 내가 가장 좋아하는 논픽션 작가 중 하나인 에이드리언 니콜 르블랑은 내게 이런 말을 한 적이 있다.

"저널리즘이란 언제나 자리에 있는 다른 그 누구보다 내가 아는 게 적은 유일한 직업이다."

맞는 말이었다. 리 부부의 아파트에서 내가 그랬다. 메이 잉과 함께 푸아와 나오 카오를 인터뷰한 다음, 밤에 이스트 12번가의 가로등 아래 주차를 하고서 내가 놓친 문화적 뉘앙스를 메이 잉이 설명해줄 때도 그랬다. '라오스 가족 공동체'의 작은 방에서 바 야오가 내게 몽족 문화와 데카르트적 사고가 다르다고 할 때도 그랬다. MCMC의 카페테리아에서 댄 머피가 리아의 사례가 자신의 이상주의를 깨버렸다고 할 때도 그랬다. 내가 뉴욕의 집 책상에 책과 기사와 논문에 둘러싸인 채 홀로 앉아 집필을 절대 끝내지 못할 거라며, 끝내더라도 내가 보고 들은 걸 제대로 다 표현하지 못할 거라며 절망할 때도 그랬다.

실수도 실패도 워낙 많았다. 메이 잉을 만나기 전에는 통역자들이 다 엉망이어서 나는 왜 몽족 가정 대부분이 나에게 진상을 알려주지 못하는지 의문을 갖곤 했다. 프로젝트에 뛰어든 지 몇 달이 지났을 때, 나는 리 부부가 넹 의식을 치른다는 얘기를 듣고 뉴욕에서 머세드로 날아갔다가 그게 리아가 아니라 푸아를 위한 것임을 알게 되기도 했다. (결과적으론 좋은 일이었다. 푸아의 의식 때 참석하지 못했더라면 이듬해 리아의 의식 때 무엇부터 봐야 할지 몰랐을 것이다.)

가장 큰 좌절은 이 프로젝트를 담당한《뉴요커》의 편집자가 (그리고 너무나 감사하게도 회사를 떠나기 전에 이 프로젝트를 받아준 그가) 다른 사람으로 대체되었을 때였다. 새로 온 사람은 뇌전증을 앓는 몽족 아이에 대해 솔직히 말해 관심이 별로 없었다. 새 편집자는 내 이름 철자를 두 군데나 틀리게 쓴 편지에서 내 기사를 싣지 않겠다고 통보했다. (이 역시 잘되었던 게, 잡지에 기사가 나갔더라면 나는 책을 쓸 생각을 못 했을 것이기 때문이다. 사실 내가 이 프로젝트에 다시 뛰어들어 5년 남짓 몰두할 수 있었던 배경은 부끄러움이었다. 포기한다면 푸아와 나오 카오, 닐, 페기에게 나와 함께했던 수백 시간이 부질없어졌다고 고백해야 했다. 나는 차마 그 말을 할 수 없어 500쪽짜리 책을 쓰기로 한 것이다.)

"우리는 세상을 있는 그대로 보지 않는다. 우리가 보고 싶은 대로 본다." 이 말은 탈무드, 임마누엘 칸트, 셜리 맥클레인에 이르기까지 다양하게 변주되어왔다. 나는 자신의 관점만이 옳은 관점이라는 가정과 싸웠고 지금도 싸우고 있다. 나는 이것이 이 이야기에서 충돌하는 양극단이 빠져 있는 함정이라는 걸 알았다. 하지만 이것은 내 책의 핵심 교훈이 무엇인지 안다고 해서 피할 수 있는 함정이 아니었다. 이 문제는 내 컴퓨터 위에 둔 잭 지글러의 만화에 명료하게 표현되어 있다. 만화에서 개구리는 소를 올려다보며 놀란 표정으로 말한다. "우와! 저거 참 크고 못난 개구리일세!" 소는 개구리를 내려다보며 똑같이 놀란 표정으로 말한다. "이야! 거참 조그맣기도 한 소일세!" 우리는 모두 개구리이거나 소다. 공감이라는 것이 참 어려워서 우리는 언제나 어리둥절한 상태로 생을 살아간다. 공감은 분노보다 어렵고 연민보다도 어렵다.

나는 책을 쓴 당시보다 몇 가지를 더 잘 알게 됐지만 그렇다고 책을 다시 쓰고 싶지는 않다. 『리아의 나라』는 시대의 산물이다. 역사학자들이 '현재주의(끔찍하지만 적합한 신조어)'라고 부르는 것을 적용한다면 적절치 않을 것이다. 가령 '지진아'를 '발달장애'로 고친다거나(물론 나는 이제 '지진아'라는 표현을 쓰지 않는다.) '인터넷 릴레이 채팅 시스템'으로 대화하는 '몽족 학생 수백 명'을 경이로운 참고자료로서 덧붙이는 식 말이다. (내가 이 책을 집필하기 시작할 무렵 인터넷은 없었고 집필 마감 무렵은 인터넷 초창기였다. 나는 메이 잉의 남편 컴퓨터에 한 번 의지한 것을 빼고는 모든 조사를 인터넷 없이 했다.) 다시 쓴 결과가 좋은 책일 수도 있고 더 나은 책일 수도 있다. 하지만 이 책은 아닐 것이다. 약간의 예외◆를 빼놓으면 나는 이 판본을 수정하지 않으려

◆ 나는 몇 가지 실수(끊어진 인터넷 링크들, 잘못 표기한 이름 하나)를 바로잡기 위해 여러 해 동안 안달이었는데, 이 기회가 주어져 기쁘다. 몽족 역사를 다룬 장 「생선국」의 일부도 변경했다. 최근 학

한다. 나이를 더 먹은 내가 젊은 날의 작업을 손보다 보면 전체 균형을 망가뜨릴지 모르기 때문이다.

만일 오늘부터 시작해야 한다면 나는 책을 쓰지 않을 것이며 그럴 수도 없을 것이다. 당시에는 몽족에 관해 쓰인 문헌 대부분을 읽는 게 가능했고, 그러는 데 4년이 걸렸다. 하지만 이제는 몇 번의 생이 필요할 것이다. 이제 몽족 미국인들은 워낙 번성하고 분화되어서 이걸 정리하기 위해 시작하는 것도, 시작할 엄두를 내는 것도, 그럴 상상을 하는 것도 어렵다. 내가 몽족 독자들로부터 받은 편지의 절대다수는 긍정적이었지만 부정적인 내용은 대부분 내가 속하지 않은 것에 대해 이야기했다는 비판이었다. 나는 정체성의 정치학을 옹호하지 않으며, 누구나 무엇에 대해서든 쓸 자격이 있다고 믿는다. 그럼에도 나는 내가 그들이었다 해도 비슷한 유감을 가졌을 수 있다고 생각한다. 30년 전 남성들이 억압했기에 여성의 목소리를 듣기가 더 어려웠던 때 나도 꼭 그런 유감을 느꼈기 때문이다. 이제는 젊은 몽족 작가들(『참나무 숲속의 대나무(*Bamboo Among the Oaks*)』라는 기념비적 문학선집을 펴낸 마이 넹 무아도 있고, 『뒤늦은 귀향자(*The Latehomecomer*)』라는 무섭고

자들(로버트 엔텐만, 니콜라스 탭, 게리 이아 리)의 작업은 내가 참고했던 저작 중 일부에 지속적으로 의문을 제기해왔다. 한때는 정전(正典)과도 같았던 키스 퀸시의 『몽: 한 민족의 역사(*Hmong: History of a People*)』 일부와 그의 더 오래된 문헌 중 일부가 그것이다. 예를 들어 몽족 왕으로 여겨졌던 '소놈'은 지금은 티벳 하위문화에 등장하는 '지아룽'이라는 존재로 여겨진다. 그래서 나는 소놈에 대한 부분을 삭제했다. 앞으로 몽족 학자가 되려는 분들은 본서의 '출처에 대한 설명' 부분에 언급된 '난민 연구센터(the Refugee Studies Center)'가 더 이상 존재하지 않는다는 점도 참고해야 한다. 이 센터의 자료들은 미네소타대학교의 '이민사 연구센터(the University of Minnesota's Immigration History Research Center)'로 이전되었다.

슬픈 회고록을 쓴 카오 칼리아 양도 있다.)이 책을 내기 시작했기에 나는 기꺼이 입을 닫고 들을 생각이다. 나는 『리아의 나라』가 몽족에 관한 책이 아니라 문화 간의 소통과 불통을 다룬 책으로 제자리를 잡아가길 바란다.

지난 15년간 몇백 쪽짜리 몽족 학술서들을 일일이 읽어보는 수고로움에서 면제되는 아마추어라는 지위에 감사하며, 줄어가는 전문지식 대신 식을 줄 모르는 관심으로 한 발 떨어진 곳에서 문제를 지켜봐왔다. 그러나 리 부부와의 우정엔 중간중간 틈과 오해가 있긴 했어도 한 발짝도 떨어지는 법이 없었다. 트루가 밤에 '모텔 식스'에서 사무원으로 일하면서 고등학교 에세이 숙제를 나에게 팩스로 보내던 시기가 있었다. 달리 도움을 청할 곳이 없던 그녀에게 나는 문법을 손본 에세이를 다시 팩스로 보내주곤 했다. (당시 나는 라오스에서 태국으로 탈출한 메이의 가족 이야기를 보고 "짜릿한 인생 경험을 했구나! 과거시제 동사 용법 주의하고."라고 한 작문 교사를 용서할 수 없었다.) 트루는 팩스를 보낼 때면 언제나 에세이와 함께 여의 배구 대회 소식이나 주아의 어린 딸을 위한 후 플리 잔치 소식 등이 담긴 편지도 보냈다.

트루와 여, 그들의 친구인 쿠, 투, 니콜, 셍이 매사추세츠에 있는 내 집을 방문하기도 했다. 어느 밤에는 나에게 줄 깜짝 생일 케이크를 살 슈퍼마켓을 찾느라 버몬트까지 차를 몰고 가기도 했다.(결국은 케이크에 풍선까지 구해왔다.) 내가 캘리포니아의 리 부부 집을 방문했을 때, 메이 잉은 푸아가 바닥을 기어다니는 아기들을 '조카들'이라고 소개한다며 내게 통역한 일이 있다. 나는 메이 잉에게 푸아의 조카들이라고 하기엔 아기들이 너무 어리다고 했다. 그러자 메이 잉은 이렇게 말했다. "아뇨. 그녀는 당신을 딸이라고 생각해요. 그러니까 '당신'의 조카들이란 얘기죠."

푸아가 나에게 몽족 신부 치장을 해주지 않았더라면 조지가 나에게 청혼할 일이 있었을까? 푸아가 나의 모델이 아니었다면 나는 과연 어떤 엄마가 되었을까?(푸아는 법적으로 아동 학대자였지만, 내가 아는 최고의 엄마였다.) 그녀와 나오 카오가 워낙 많은 아이를 낳아서 그들의 집은 종단연구의 장처럼 느껴졌다. 온종일 아기를 돌보며 울 때마다 안아주면 그 영향이 3세, 8세, 10세, 12세, 16세에 어떻게 나타날까? 그 집 아이들이 다 버릇없는 아이들이 되어버릴 거라고 예상하기 쉽지만 리 부부는 그렇지 않다는 걸 증명해 보였다. 나는 아이들을 키울 때 포대기인 '응야'를 쓰는 게 두려웠지만(아기를 포대기에 싸서 등에 업고 있다가 제때 반응하지 못할까봐 걱정이었다.) 곧 집착하다시피 사용했고 푸아의 영향으로 남들에 비해 모유수유를 아주 오래 했다.

나오 카오는 내가 부모님을 잃은 지 몇 년 뒤에 세상을 떠났다. 그의 장례는 사흘 밤낮 동안 진행되었다. 장례가 미국식 장례식장에서 치러졌기 때문에 그 자리에서 짐승을 잡을 수는 없었다. 대신 뿔이 큼지막한 소를 트레일러에 실어 주차장으로 데려왔다. 기다란 끈 한쪽 끝을 소에게 묶고 반대쪽 끝은 뒷문을 통해 홀을 지나 열린 관 속 나오 카오의 손에 묶었다. 그런 다음 소를 다른 어디에선가 잡은 다음 그 머리를 다시 장례식장으로 가져왔다. 친구들과 친척들이 돈을 낸 다른 소머리들이 이 머리와 함께 놓였다. 이것들은 나오 카오의 사후 여정의 동반자가 될 터였다. 그는 지역사회에서 워낙 존경받는 인물이었기에 장례식장이 꽉 찼다. 껭 연주자 여섯 명과 장례 북을 치는 사람이 한 명 있었다. 통곡하는 사람들이 관 주위로 몰려들었다. 어찌나 많이 울던지 나오 카오의 푸른 실크 수의가 그들 눈물에 젖었다.

내 부모님은 두 분 다 화장을 했다. 그들은 오빠와 나에게 장례식을 열지 말아달라고 했다. 어머니는 우리에게 주검을 보지 말라는 엄한 유언을 남겼다. 나는 나오 카오의 관 앞에 서서 눈물을 훔치며(문상객들을 위해 쌓아둔 종이 냅킨을 썼다.) 처음으로 생각해봤다. 우리 문화는 '건조'하구나. 우리는 애도하는 법을 모른다. 우리는 감정이 드러나는 게 꼴사나울까 두려워하여 감정을 목구멍에서 붙든다.

그전에 두 달도 채 지나지 않은 특별한 일이 아니었다면 나오 카오의 죽음은 나에게 더 큰 슬픔으로 다가왔을 것이다. 나는 마이가 다니는 UC 데이비스에서 이 책에 대한 연설을 요청받았다. 나는 메이 잉과 닐, 페기를 불러 모두가 패널로서 대화를 나누고 푸아와 나오 카오도 통역과 함께 참석하면 어떨까 생각했다. 모든 게 내 생각대로 되었다. 푸아와 나오 카오는 마이가 400명의 청중 앞에서 열띠게 발언하는 것을 들었다. 그들은 또 닐이 리아를 가족의 품에서 떼어내 위탁 가정에 맡기는 게 얼마나 힘든 결정이었는지 말할 때 그의 목소리가 갈라지는 것을 들었다. 그는 달리 방법이 없었지만 그가 입힌 상처에 대해 미안하다는 얘기도 했다.

그 뒤 나오 카오는 늙고 병든 모습으로 닐에게 다가갔다. 나는 두 사람이 함께 있는 모습을 처음으로 보았다. 내가 리 부부와 대화를 나누고, 그들의 의사들과 대화를 나눈 것은 모두 다른 시간과 장소에서 이루어진 일이었다. 푸아는 닐과 페기를 오래전에 잊었지만, 나오 카오는 그들에 대해 단 한 번도 상냥하게 말한 적이 없었다. 하지만 그날 오후 나오 카오는 닐과 눈을 맞추며(닐이 기억하기론 처음 있는 일이었다.) 딸의 통역을 통해 이제는 의사들이 리아에게 얼마나 신경을 많이 썼는지 이해한다고 말했다. 그리고 닐에게 고맙다고 했다.

모두가 저녁 식사 자리로 향하기 전이었던 그 순간, 나는 15년 전 이 책의 서문을 쓸 때 상상했던 것을 들었다. 바로 공통의 언어였다.

2012년 매사추세츠주 웨스턴에서

| 감사의 말 |

이 투이 파 와 치 토 이 파이 모 로 요이 와 치 토 이 투이 라 카.

(Ib tug pas ua tsis tau ib pluag mov los yog ua tsis tau ib tug laj kab.)

작대기 하나로는 한 끼니도, 울타리도 만들 수 없다.

내가 이 책을 쓸 수 있도록 해준 분들에게 먼저 감사하고 싶다.

빌 셀비지는 자신의 몽족 환자들 얘기를 나에게 들려줌으로써 이 모든 일의 발단이 되어주었다. 그는 나를 자주 집으로 초대해주었고, 나의 중개인이자 스승이자 상담자이기도 했다.

로버트 고틀리프는 싹이 될 첫 이야기를 써보라고 한 분이다. 저작권 대리인 로버트 레셔는 언제나 내 안 어딘가에 책이 잠재되어 있다는 걸 아는 분이었다. 조너선 갈라시와 엘리셰바 어바스는 언제나 숲과 나무를 함께 보는 탁월한 편집자였다.

스탠퍼드대학교의 존 S. 나이트 펠로우십 프로그램 덕분에 나는 스탠퍼드 의대에서 공부하는 영예를 누렸다. 여러 강의를 청강하며 의학 지식뿐만 아니라 의사가 된다는 것이 무엇인지 더 깊이 이해할 수 있었다.

미셸 살세도는 내 집필의 초기 단계 때 읽을거리를 모으는 데 도움을 주었다. 마이클 카셀, 낸시 코언, 제니퍼 피츠, 제니퍼 비치는 실력과 열정을 바탕으로 사실 확인을 도와주었다. 토니 케이는 나를 괴롭히던 수많은 문제의 답을 수년간 함께 찾아준 뛰어난 연구자였다.

출처에 대한 설명에서 개별 장의 제목 아래에 언급한 조력자 수십 명은 기꺼이 지식을 나눠주려 했다.

MCMC의 의사들과 간호사들은 나에게 도움과 가르침을 주었다. 특히 댄 머피에게 감사하는 바가 크다.

수키 월러는 나를 머세드의 몽족 지도자들에게 소개해주었다. 그들은 그녀를 신뢰했기에 나를 믿었다.

머세드의 몽족 사회 여러분들은 수준 높은 문화를 기꺼이 나와 공유하고자 했으며 나는 그들을 열렬히 존경하게 되었다.

지닌 힐트는 세상을 떠나 나에게 큰 상실감을 남겼다.

라켈 아리아스, 앤드리아 베이커, 존 베델, 드와이트 캉커굿, 짐 패디먼, 애비 케이건, 마틴 킬고어, 펭 리, 수전 미첼, 총 무아, 당 무아, 칼라 레거널드, 데이브 슈나이더, 스티브 스미스, 론다 월턴, 캐럴 휘트모어, 너태샤 위머, 메이코 숑은 여러모로 도움을 준 분들이다.

빌 에이브럼스, 존 블랙먼, 리사 콜트, 샌디 콜트, 바이런 도벨, 애덤 굿하트, 피터 그라드잰스키, 줄리 홀딩, 캐시 홀럽, 찰리 먼하임, 줄리 샐러몬, 캐시 슐러, 앨 실버먼은 원고의 일부나 전부를 읽고 유익한 비평과 열의를 선사해주었다. 제인 콘던, 모드 글리슨, 루 앤 워커는 책을 읽어줄 뿐만 아니라 다년간 그치지 않고 그것에 대해 말해주는 값진 친구들이다.

해리 콜트, 엘리자베스 엥글, 프레드 홀리는 의학 표현의 정확성을 위해 원고를 꼼꼼히 살펴봐주었다. 애니 제이서는 몽 언어에서 이해하기 어려운 부분들을 밝혀주고 내가 잘못 적은 철자를 교정해주었다. 게리 스톤은 라오스와 베트남에서의 전쟁에 관해 중요한 세부사항을 바로잡아주었다. 잘못된 부분이 남아 있다면 그것은 오로지 나의 잘못이다.

나의 통역사이자 문화 중개자이자 친구인 메이 잉 숑은 건널 수 없었을 물에 다리를 놓아주었다.

바 야오 무아와 조나스 방아이는 몽족으로 산다는 것이 어떤 것인지를 가르쳐준 현명하고 자애로운 분들이다. 처음 만난 지 거의 10년이 지나서도 그들은 여전히 나의 질문에 답해주었다. 누구에게나 그런 스승들이 있다면 좋을 것이다.

내 오빠인 킴 패디먼은 밤늦게 한 수십 번의 통화에서 팩스로 보낸 원고 속 표현의 뉘앙스를 면밀히 따져주곤 했다. 그 노력을 제대로 평가할 수 있는 건 같은 성씨를 쓰는 사람뿐일 것이다. 킴은 또 원고 전체를 녹음하여 4년 전에 시력을 잃은 우리 아버지가 들을 수 있게 해주었다.

내 어머니 애널리 저코비 패디먼과 아버지 클리프턴 패디먼은 좋은 보도와 좋은 글쓰기에 대해 내가 아는 바를 사랑과 사례로 가르쳐주신 분들이다.

내 아이들인 수재너와 헨리는 나에게 기쁨을 선사해준 존재들이다.

모니카 그레고리, 다이애나 게바라, 브리기타 콜리는 내 아이들을 지혜롭고 자상하게 돌봐줌으로써 내가 글을 편히 쓸 수 있게 해준 분들이다.

내가 도저히 갚을 수 없는 빚이 세 가지 있다.

첫 번째 빚은 의사로서 훌륭한 자질과 인격을 갖춘 닐 언스트와 페기 필립에게 졌다. 그들은 나를 돕기 위해 의사라면 대부분 잊으려 할 사례에 헤아릴 수 없이 많은 시간을 쏟았다. 그들의 용기와 진솔함은 나에게 큰 영감을 주었다.

두 번째 빚은 리 가족에게 졌다. 그들은 나를 따뜻하게 맞아주었으며 자기네 집, 일상생활, 그리고 풍요로운 문화를 열어 보여줌으로써 내가 세상을 보는 방식을 완전히 바꿔주었다. 나오 카오 리는 인내와 열정으로 나를 가르쳤다. 푸아 양은 자애로운 안내자였으며 때로는 나의 또 다른 부모가 돼주었다. 리 부부의 자녀들 모두에게도 감사한다. 특히 트루는 내 연구의 마지막 단계에 엄청난 도움을 주었고 내 친구가 되어주기도 했다. 리아는 이 책의 축이다. 그런 리아에게 나는 이런 말밖에 할 수가 없다. 이 세상에서 바로잡혔으면 하는 많은 슬픔 중, 리아 너의 삶은 내가 밤중에 가장 자주 생각하는 것이라고.

가장 큰 빚은 남편인 조지 하우 콜트에게 졌다. 그에게 이 책을 바친다. 비유적으로나 문학적으로나 조지는 나의 모든 것이었다. 다년간 그는 사실 확인을 위해 전화를 돌렸고 무수히 많은 조사 자료의 파일 분류를 도와주었다. 내가 일할 때면 아이들을 돌봤고 글의 인물과 문체, 구조와 강조점의 모든 세세한 점을 지적해주었다. 그는 지금 이 감사의 말을 빼고 이 책의 모든 단어를 적어도 두 번은 읽어주었고 훌륭하게 편집해주었다. 의기소침해질 때면 조지가 리아 리를 염려한다는 사실을 떠올리면서 다른 이들도 그러하리라 생각하며 위안을 받았다. 그가 아니었다면 이 책은 절대 쓰이지 못했을 것이며 내 삶은 상상할 수 없이 어두웠을 것이다.

| 옮긴이의 말 |

뜻깊은 책이 새 옷을 입고 재출간된다니 참으로 반가운 일이다. 12년 전 이 책이 번역 출간되었을 당시의 역자 후기를 보니 다분히 감상적이면서 향수로 가득한 내용이었다. 리아라는 몽족 아이와 그 가족이 겪는 비극을 통해, 발전된 사회의 오히려 야만적인 면모를 통탄하며 잃어버린 전통 세계의 지혜를 그리워하기도 했다. 그간의 10여 년 세월이 짧다면 짧지만 반대로 세상은 너무나 빠르게 멀리 흘러온 느낌이고, 코로나19와 우크라이나 전쟁과 지속적인 환경위기라는 현실의 좌절감이 워낙 큰 이즈음이다.

그럼에도 다시 다듬어진 원고를 오랜만에 읽어보며 느끼는 의미는 새롭다. 낯선 문화에 대한 문화인류학적 이해와 근대 의료시스템의 조화가 없이는 언제든 재현될 수 있는 심각한 갈등을 극복하기 위해서인지 지금도 미국에서는 널리 읽히고 있는 이 책은 이제 한국에서도 더 비슷한 당위성을 갖게 되지 않았나 싶다. 한국은 몽족이 겪었던 아픔과 별다르지 않은 수난을 가까운 과거에 거듭 겪던 나라에서 이제는 해가 갈수록 경제적으로나 문화적으로나 대국의 입지에 다가서는 나라가 되어가고 있다. 따라서 문화충돌의 피해자 입장이었다가 어느덧 가해자의 위치를 경계해야 하는 지점에 이른 게 아닌가 하는 생각까지 하게 된다.

그만큼 한국은 스스로를 더 알리려 하지 않아도, 편히 자기표현만을 해도, 심지어 가만있어도 이제는 남들이 알아주려고 다가오는 위상에까지 온 것 같다. 여기서 우리는 과거에 우리가 겪었던 아픔을 지금 우리 사회 안에서 누군가가 똑같이 겪고 있지나 않은지 살펴볼 필요가 있다. 다문화라는 말이 보편화됐지만 단일민족 신화에 대한 집착도 여전히 강한 채인 건 아닐까. 국내에 체류하는 외국인의 비중도, 다문화 가정의 출생아수 비율도 전체의 5퍼센트를 넘어섰으며 앞으로 계속해서 늘어날 것이라고 한다. 세계화가 가속화함에 따라 장기체류 여행자와 난민의 이동은 더욱 증가할 것이고, 앞으로 남북 관계의 변화에 따라 같은 민족 내부의 갈등 요소도 늘어날 것이다. 이와 같은 현상이 보내는 시그널은 우리 안에서도 이질적인 다양한 문화들을 대하는 품이 더욱 넓어져야 더 조화로운 사회를 만들 수 있다는 것이 아닌가 한다.

이 책을 통해 리아라는 아이의 아픔과 몽족의 비극을 이해하고, 미국이라는 선진 세계의 의료라는 접점에서 이해되지 못한 소수 문화와 주류 시스템이 충돌하는 장면들을 다각적으로 살펴보는 것은 그래서 의미 있는 작업이다. 저자가 다년간의 방대한 문헌 섭렵과 오랜 취재 활동을 통해 이룬 이 세밀한 문학적 보고서 덕분에 몽족과 의료계의 갈등으로 대표되는 문화충돌 사례에 대한 이해는 그만큼 높아지지 않았을까. 우리 내부에서도 그런 연구가 이미 진행되고 있고 앞으로도 생겨나겠지만, 그나마 덜 어렵게 접할 수 있는 이 번역서를 잘 활용할 수 있으면 좋겠다. 작업에 참여한 역자로서의 의미 부여가 과한 것은 아닌지 모르겠으나 읽는 사람에 따라 값진 자산이 될 수 있기를 바라는 마음이 크다.

끝으로 적지 않은 분량에 그다지 대중적이지 않은 이 작업에 빛을 주고 많은 공을 들인 출판사 반비 여러분께 심심한 감사를 드린다.

2022년 7월

이한중

| 몽어의 표기법과 발음, 인용에 대하여 |

인류학자 로버트 쿠퍼와 그 동료들이 채집한 민담에 따르면 몽족 언어엔 본래 문자가 있어서 삶이나 죽음과 환생 사이의 여행을 다룬 많은 중요한 이야기를 큰 책에 적어두었는데, 이 책을 안타깝게도 소와 쥐가 먹어 치워버렸다고 한다. 이 책이 없어지자 몽족의 풍부한 문화를 표현할 책이 다시 나오지 않았고 그 결과 몽족의 언어는 글이 아닌 말로만 전해지게 되었다.

이 상태는 19세기까지 그대로 지속되었다. 이 무렵 여러 선교사와 언어학자가 태국, 라오스, 베트남, 러시아, 중국의 문자를 이용해 약 스무 가지의 몽족 언어 표기법을 고안해냈다. 이 밖에 여든한 개의 상징을 이용한 놀라운 표기법인 파오(Pahawh) 몽이란 것도 있다. 이는 이전에 어떤 문자도 익히지 못했던 숑 루 양(Shong Lue Yang)이라는 메시아적 몽족 지도자가 1959년에 만들어낸 표기법으로, 산스크리트어를 좀 닮은 문자였다. 이 표기법은 그 수가 많이 줄기는 했지만 지금도 라오스 공산 체제에 맞서 이따금 게릴라전을 벌이는 저항군인 차오 파 사람들이 사용하고 있다.

몽족 언어를 이 책에서 표기하기 위해 몽족과 언어학자들이 가장 널리 받아들이고 있는 표기법을 사용했다. RPA(Romanized Popular Alphabet)라고 하는 이 방식은 선교사이자 언어학자인 린우드 바니, 윌리엄 스몰리,

이브 베르트레 세 사람이 1953년 라오스에서 고안해낸 것이다. 이 표기법은 몽어의 모든 소리를 발음 부호(예컨대 ā, ă, ä, â, ç 등의 부호) 없이 표현하기에 타자로 옮기는 사람에게는 하늘의 선물과도 같다. 단 RPA를 문자 그대로 읽으려 하면 좀 난감해진다. 예를 들어 txiv neeb은 도무지 '치 넹'이라 발음되지 않을 것 같다. v 발음은 어디 가버렸나? b는 어떻게 되나? 갑자기 '응' 발음은 어디서 왔나? 이런 생각이 들 것이다. 하지만 이 표기법을 하나의 약속으로 보면 대단히 기발하며 별로 어렵지도 않다.

몽족 언어는 많은 아시아 언어들이 그러하듯 단음절어 위주이며(복합어인 경우가 예외다.) 성조가 있다. 성조의 존재는 자음과 모음뿐 아니라 음의 높낮이와 소리의 상승, 하강, 혹은 그대로 이어짐에 따라 단어의 뜻이 달라진다는 것을 의미한다. RPA의 가장 독특한 점은 이런 성조가 단어 끝에 오는 자음으로 표현된다는 사실이다. 소리가 상승하지도 하강하지도 않는 중성인 단어는 예외다. 이럴 땐 끝에 자음을 쓰지 않는다. 몽족 단어의 발음은 대부분 모음으로 끝나기 때문에 끝에 오는 자음은 언제나 성조를 표시하는 부호이며 발음하는 법이 없다.

이를테면 dab를 '다'로 발음하는 것이 그렇다. 끝에 오는 b는 성조를 나타내며 이 경우엔 상성이고 그대로 이어진다는 뜻이다. 성조는 들어보지 않고는 숙달하기 어렵다. 그러니 여기 소개하는 발음 사례들에서는 성조를 무시하기로 한다. Paj ntaub는 '파 웅도'가 된다. Quag dab peg는 '코 다 페이'가 된다.

RPA 발음에 대해선 이 밖에도 설명할 게 많으나 여기서 소개하기엔 너무 복잡하다. 여기서는 세 가지만 언급하겠다. 하나는 x가 s 발음이라는 것이다. 또 하나는 이중모음이 비음을, 즉 sing의 ng 소리를 나타낸다는 점이다. 이 두 가지 특징은 마지막 자음을 발음하지 않는다는 사실과 더불어 txiv neeb이 '치 넹'으로 발음되는 현상을 설명해준다. 세 번째는 w가 모음이며 프랑스어의 u(위) 발음과 비슷하다는 점이다. 예를 들어 이게 발음할 수 있는 단어인가 싶은 txwv는 '취' 비슷한 소리가 되는 것이다.

미국에 사는 몽족들은 미국인들이 발음하기 좋도록 고유명사의 경우에는 RPA 표기법을 쓰지 않는다. 그래서 대문자로 시작하는 단어는 대체로 본래 소리 그대로 발음한다. 예컨대 '몽'은 RPA 식으로 하면 Hmoob로 적겠지만 그냥 Hmong로 적고 그대로 발음하는 것이다.(단 첫소리는 거의 들리지 않을 정도의 호흡이다.) '리아 리'는 RPA 식으로 하면 Liab Lis가 되지만 그냥 Lia Lee라고 적는다.

라오스와 태국엔 크게 백묘(White Hmong)과 청묘(Blue Hmong)라는 두 몽족 집단이 살고 있다.(하양과 파랑은 각 집단이 전통적으로 즐겨 입는 치마 색깔이다.) 두 집단의 방언은 비슷하지만 발음이 약간 다르다. 나는 이 책에서 백묘의 표기법을 따랐다.

이 책에서 몽족과 만나 나눈 대화의 인용문은 내가 들은 그대로 적은 것이다. 달리 말해 영어를 하는 몽족은 그들 말 그대로 적었고 영어를 못하는 몽족의 말은 통역자인 메이 잉 숑이 한 문장씩 통역해주는 대로 적었다. 이는 조나스 방아이나 바 야오 무아 같은 높은 교육 수준을 갖춘 몽족의 말이 (그들의 개성적인 영문법으로 인해) 나오 카오 리나 푸아 양 같은 사람의 말보다 덜 완벽해 보이는 역설적인 효과를 낳고 말았다. 리 부부의 말은 미국에서 교육을 받아 전통적인 문법을 갖춘 통역자에게 한 번 걸러졌기 때문이다. 하지만 다른 방법을 쓴다면(이를테면 메이 잉의 통역을 어눌한 표현으로 고치거나 영어를 구사하는 몽족의 말을 윤문한다면) 더 문제가 될 것 같았다. 첫 번째는 있을 수 없는 일이고 두 번째는 몽족 말과 프랑스어와 그밖에 언어들의 영향을 받은 영어 표현의 풍부한 질감을 앗아갈 뿐만 아니라 내가 들은 느낌을 공유할 기회도 박탈할 것 같았다.

| 출처에 대하여 |

형식에서든 의도에서든 이 책은 2장 서두에서 언급한 몽족식 '생선국'과 닮았다. 몽족이 생선국을 만들거나 이야기를 할 때, 그 내용물은 다른 여러 곳에서 온 경우가 많다. 나의 생선국도 비슷하게 다양한 곳에서 왔다.

리아 리에 관한 자료는 주로 인터뷰로 얻었다. (리아에 관한 모든 장을 쓸 때 같은 출처에 의존했다. 그래서 아래의 개별 장 제목 밑에 그 이름들을 반복하지 않았다.) 가족구성원인 푸아 양, 나오 카오 리, 메이 리, 트루 리, 여 리와 위탁 가정 부모인 디 코르다, 톰 코르다와 대화했다. 또 머세드 커뮤니티 메디컬센터(MCMC)의 테레사 캘러핸, 베니 더글러스, 닐 언스트, 크리스 하트윅, 에벌린 마시엘, 댄 머피, 페기 필립, 글로리아 로드리게스, 데이브 슈나이더, 스티브 세거스트롬, 빌 셀비지, 샤론 예이츠를 인터뷰했다. 밸리 아동병원의 테리 허치슨과 머세드군 보건과의 에피 번치, 쿠아 허, 마틴 킬고어, 키아 리, 아동보호국의 지닌 힐트, 셸비 특별교육센터의 젭 데이비스, 서니 리퍼트와도 대화했다. 또 다음의 자료들도 참고했다: 머세드군 보건과에 있는 리아의 사례 기록, 아동보호국의 파일 및 캘리포니아주 대법원의 재판기록, 밸리 아동병원 및 MCMC의 의료기록, 그리고 MCMC에 있는 푸아 양의 의료기록. (이 책이 완성된 뒤, MCMC는 비영리법인인 '서터 헬스'가 빌려쓰고 있으며 지금은 '서터 머세드 메디컬센터'가 됐다.)

다음 사람들과의 대화는 몽족 문화의 다양한 일면에 대한 통찰을 제공했다: 드와이트 캉커굿(Dwight Conquergood), 에릭 크리스털(Eric Crystal), 쿠아 허, 애니 제이서, 뤼크 잰슨스, 키아 리, 린다 리, 메이 리, 나오 카오 리, 트루 리, 펭 리, 바 야오 무아, 총 무아, 당 무아, 무아 키, 라오 리 무아, 이아 무아, 코트 로빈슨, 롱 타오, 파 부 타오, 리 방, 피터 방, 조나스 방아이, 수키 웰러, 존 숑, 메이코 숑, 메이 잉 숑, 사이 수아 숑, 이아 타오 숑, 푸아 양.

몽족에 관해서는 지난 20년간 많은 저술이 있었다. 미네소타대학교 난민 연구센터에서는 몽족을 다루는 문헌 3종을 발간하며 난민에 관한 최근 저작물들을 다루는 뉴스레터도 발간한다. 이 문헌들이 몽족 연구라는 미궁을 탐험하는 데 도움을 주었다.

모두 아래에서 더 구체적인 맥락과 함께 다시 등장하겠지만 특별히 세 권의 책을 꼽아보고 싶다. 내가 특별히 빚을 지기도 했고 아주 재밌게 보기도 했기 때문이다.

키스 퀸시(Keith Quincy)의 명료하고 포괄적인 『몽: 한 민족의 역사(*Hmong: History of a People*)』는 나에게 없어서는 안 될 역사 참고서가 됐다.

F. M. 사비나(F. M. Savina)의 『몽족의 역사(*Histoire des Miao*)』도 몽족의 특성을 이해하는 데 헤아릴 수 없이 큰 도움이 됐다. 이 책은 몽족을 민족학적, 언어학적으로 다룬 논문인데 라오스와 통킹에서 일했던 인정 많은 프랑스 선교사의 이 저술은 절판된 지 오래됐다. 프랑스어로 읽고 이해해야 할 것이다.

끝으로 찰스 존슨(Charles Johnson)의 『다 넹 몽: 라오스 몽족의 신화, 전설, 민담(*Dab Neeg Hmoob: Myths, Legends and Folk Tales from the Hmong of Laos*)』은 영감을 불러일으켰고 그 자체로 재밌어서 계속해서 보고 또 봤다. 이 책은 두 언어로 된 구전문학 선집으로, 몽족 문화에 대한 뛰어난 서문과 방대한 해설이 달려 있다. 미네소타주에서 최초로 몽족 가정을 후원한 언어학자가 수집한 이야기들이다.

다음의 해설에서 각 저술의 제목은 맨 처음 언급될 때와 마찬가지로 줄임 없이 표기하였으며 그 뒤부터 줄여서 적었다. 541쪽의 참고문헌 목록에는 인용된 문헌이 전부 포함되어 있다.

(1) 탄생

푸아 양, 키아 리, 바 야오 무아, 총 무아, 라오 리 무아, 이아 무아, 존 숑은 이번 장에 언급된 관습에 관해 많은 얘기를 들려주었다.

몽족의 샤머니즘은 다음의 저술에 기술되어 있다. Jean Mottin, "A Hmong Shaman's Seance"; Dwight Conquergood et al., *I Am a Shaman: A Hmong Life Story with Ethnographic Commentary;* and Charles Johnson, ed., *Dab Neeg Hmoob: Myths, Legends and Folk Tales from the Hmong of Laos.* (나는 존슨의 1983년 판본을 참고했다. 새로운 서문을 실은 판본은 1992년에 출간되었다.) 뒤의 두 저작에서는 불임을 방지하고 치유하는 전통 요법에 대해서도 다뤘다.

몽족의 임신, 출산, 산후 관습은 다음의 저술에 설명되어 있다. Kou Vang et al., *Hmong Concepts of Illness and Healing with a Hmong/English Glossary;* Gayle S. Potter and Alice Whiren, "Traditional Hmong Birth Customs: A Historical Study"; Ann Bosley, "Of

Shamans and Physicians: Hmong and the U.S. Health Care System"; and George M. Scott, Jr., "Migrants Without Mountains: The Politics of Sociocultural Adjustment Among the Lao Hmong Refugees in San Diego." 스콧의 저술은 여러 주제에 대해 풍부한 정보를 담고 있다. 이 내용을 책 여러 부분에서 활용했다. 태반이 몽족의 최초, 최고의 옷감이라는 표현은 찰스 존슨의 『다 넹 몽』에서 유래했으며 사후 세계로의 여행 이야기는 루스 해먼드의 글 「전통이 몽족의 선택을 어렵게 만든다(Tradition Complicates Hmong Choice)」에서 가져왔다.

몽족의 문중에 관한 설명의 출처는 투푸 방의 「라오스의 몽족(The Hmong of Laos)」과 티머시 더니건(Timothy Dunnigan)의 「도시사회의 환절적 친족: 세인트폴-미니애폴리스의 몽족(Segmentary Kinship in an Urban Society: The Hmong of St. Paul-Minneapolis)」이다.

몽족 보건의 권위자인 브루스 토파우 바투이(Bruce Thowpaou Bliatout)가 쓴 다음의 다섯 가지 글은 몽족의 전통적인 입장에서 혼을 잃어버리는 일을 포함한 병의 원인을 고찰한다. "Causes and Treatment of Hmong Mental Health Problems"; "Hmong Beliefs About Health and Illness"; "Traditional Hmong Beliefs on the Causes of Illness"; "Guidelines for Mental Health Professionals to Help Hmong Clients Seek Traditional Healing Treatment"; and *Hmong Sudden Unexpected Nocturnal Death Syndrome: A Cultural Study.*

이 주제에 관한 다른 출처는 다음과 같다. Xoua Thao, "Hmong Perception of Illness and Traditional Ways of Healing"; Elizabeth S. Kirton, "The Locked Medicine Cabinet: Hmong Health Care in America"; Nusit Chindarsi, *The Religion of the Hmong Njua;* Ann Bosley, "Of Shamans and Physicians"; Kou Vang et al., *Hmong Concepts of Illness and Healing; and Charles Johnson, Dab Neeg Hmoob.*

어린아이가 혼을 잃는 일과 혼을 붙드는 옷에 관해서는 다음을 보라. Eric Crystal, "Buffalo Heads and Sacred Threads: Hmong Culture of the Southeast Asian Highlands"; Jane Hamilton-Merritt, "Hmong and Yao: Mountain Peoples of Southeast Asia"; and Paul and Elaine Lewis, *People of the Golden Triangle.*

아기 이름 짓기 행사는 여기에 기술되어 있다. Nusit Chindarsi, *The Religion of the Hmong Njua*, and Gayle S. Potter and Alice Whiren, "Traditional Hmong Birth Customs."

(2) 생선국

생선국 이야기를 들려준 사람은 뤼크 잰슨스이다.

키스 퀸시의 『몽』 덕분에 몽족의 역사를 고대로부터 12세기 초까지 요약할 수 있었다. (나는 주로 1988년 판을 참고했고 개정판은 1995년에 발간되었다.)

F. M. 사비나의 『몽족의 역사』에서 많은 아이디어를 가져왔다.

몽족 역사에 관한 유용한 저작들은 매력적으로 쓴 장 모탱의 『몽족 역사(*History of the Hmong*)』와 더불어 다음과 같다. W. R. Geddes, *Migrants of the Mountains: The Cultural Ecology of the Blue Miao (Hmong Njua) of Thailand*, the standard anthropological study of the Hmong; Hugo Adolf Bernatzik, *Akba and Miao: Problems of Applied Ethnography in Farther India;* Sucheng Chan, *Hmong Means Free: Life in Laos and America;* and Yang See Koumarn and G. Linwood Barney, "The Hmong: Their History and Culture."

'먀오', '메오', '몽' 같은 용어들에 대한 설명은 위의 출처에서 가져온 것이며(베르나치크의 책이 가장 자세하다.) 다음에서도 가져왔다. Yang Dao, *Hmong at the Turning Point,* and Christopher Robbins, *The Ravens: The Men Who Flew in America's Secret War in Laos.*

인류학자 로버트 쿠퍼(Robert Cooper)의 문장은 그의 저술 『자원 결핍과 몽족의 반응(*Resource Scarcity and the Hmong Response*)』에서 가져왔다.

(3) 영혼에게 붙들리면 쓰러진다

델로레스 J. 카베주트오티즈는 『머세드 카운티: 황금 수확(*Merced County: The Golden Harvest*)』에서 토니 코엘류가 어떻게 뇌전증 때문에 예수회로부터 배척을 당했는지 설명한다. 바 야오 무아는 코엘류에게 머세드에서 몽족 치유 의식을 거행하자고 제안한 일에 대해 말해 주었다.

치 넹이 되는 과정에 관해서는 다음을 보라. Dwight Conquergood, *I Am a Shaman;* Jacques Lemoine, "Shamanism in the Context of Hmong Resettlement"; Bruce Thowpaou Bliatout, "Traditional Hmong Beliefs"; and Kathleen Ann Culhane-Pera, "Description and Interpretation of a Hmong Shaman in St. Paul."

몽족 부모가 자녀를 어떻게 대하는지에 대해서는 다음의 저작을 참고했다. Hugo Adolf Bernatzik, *Akha and Miao;* Nusit Chindarsi, *The Religion of the Hmong Njua;* Brenda Jean Cumming, "The Development of Attachment in Two Groups of Economically Disadvantaged Infants and Their Mothers: Hmong Refugee and Caucasian-American"; E. M. Newlin-Haus, "A Comparison of Prozemic and Selected Communication Behavior of Anglo-American and Hmong Refugee Mother-Infant Pairs"; Charles N. Oberg et al., "A Cross-Cultural Assessment of Maternal-Child Interaction: Links to Health and Development"; and Wendy Walker-Moffat, *The Other Side of the Asian American Success Story.*

MCMC에 관한 정보를 제공해준 분들은 다음과 같다. 비 코룽가, 아서 드니오, 도린 파엘료, 에드 휴얼, 리즈 로렌지, 베티 마달레나, 매릴린 모첼, 댄 머피, 테레사 쉴, 빌 셀비지, 베티 웨터스, 제니스 윌커슨.

머세드시의 몽족 인구 수는 1990년 인구조사를 바탕으로 했다. 태국으로부터 새로 온 난민, 미국의 다른 지역에서 온 2차 이민, 출산율(미국인 출산율이 아니라 몽족 출산율)을 고려했다. 캘리포니아주 재무부의 인구통계 연구소와 머세드 복지국의 론다 월턴이 도움을 주었다.

뇌전증의 의학적 이모저모에 관한 정보 상당수는 보스턴 아동병원의 신경학자 엘리자베스 엥글 그리고 MCMC의 닐 언스트, 페기 필립과 나눈 대화에서 가져왔다. 아울러 다음의 저작들로부터도 도움을 받았다. Owen B. Evans, *Manual of Child Neurology;* Orrin Devinsky, *A Guide to Understanding and Living with Epilepsy;* Robert Berkow, ed., *The Merck Manual of Diagnosis and Therapy;* Alan Newman, "Epilepsy: Light from the Mind's Dark Corner"; and Jane Brody, "Many People Still Do Not Understand Epilepsy." 이브 러플랜트는 『사로잡힌 사람들』에서 뇌전증과 창조성 사이의 관계를 논한다. 오세이 템킨(Owsei Temkin)은 그의 매혹적인 저작 『쓰러지는 질환: 그리스 시대부터 현대 신경학 태동기까지의 뇌전증의 역사(*The Falling Sickness: A History of Epilepsy from the Greeks to the Beginnings of Modern Neurology*)』에서 뇌전증의 역사에 대해 설명한다. 히포크라테스 인용은 리처드 레스탁의 『뇌(*The Brain*)』에 인용된 바 있는 『신성한 질병에 관하여(*On the Sacred Disease*)』에서, 도스토옙스키 인용은 『백치』에서 가져왔다.

(4) 의사가 뇌를 먹나요?

마오 타오가 반 비나이를 방문하는 장면은 다음을 참조했다. "Hmong Medical Interpreter Fields Questions from Curious," and Marshall Hurlich et al., "Attitudes of Hmong Toward a Medical Research Project."

몽족 의료의 금기사항 그리고 치 넹과 의사의 차이점은 다음의 저술에서 논의되고 있다. Charles Johnson, *Dab Neeg Hmoob;* Dwight Conquergood et al., *I Am a Shaman;* Ann Bosley, "Of Shamans and Physicians"; Elizabeth S. Kirton, "The Locked Medicine Cabinet";

John Finck, "Southeast Asian Refugees of Rhode Island: Cross-Cultural Issues in Medical Care"; Joseph Westermeyer and Xoua Thao, "Cultural Beliefs and Surgical Procedures"; Marjorie Muecke, "In Search of Healers: Southeast Asian Refugees in the American Health Care System"; Scott Wittet, "Information Needs of Southeast Asian Refugees in Medical Situations"; and two works by Bruce Thowpaou Bliatout, "Hmong Refugees: Some Barriers to Some Western Health Care Services" and "Hmong Attitudes Towards Surgery: How It Affects Patient Prognosis." 1장에 인용된 병의 원인에 관한 바투이의 출처 다섯 곳도 참고하길 바란다.

아시아의 피부 치료에 관해서는 다음의 저술을 보라. Donna Schreiner, "Southeast Asian Folk Healing"; Lana Montgomery, "Folk Medicine of the Indochinese"; and Anh Nguyen et al., "Folk Medicine, Folk Nutrition, Superstitions." 쿠아 허, 키아 리, 총 무아, 푸아 양도 치료법에 대해 설명해준 바가 있다.

장피에르 빌럼(Jean-Pierre Willem)은 자신의 책 『자유의 난파(*Les naufragés de la liberté*)』에서 남 야오 수용소에서의 장티푸스 유행에 대해 설명했다. 캐서린 페이크(Catherine Pake)는 파낫니콤에서 조사한 내용을 「태국 몽족 난민의 의료민족식물학(Medicinal Ethnobotany of Hmong Refugees in Thailand)」에서 펼쳐보인다. 드와이트 캉커굿은 반 비나이에서 자신이 행한 의료 프로그램을 통해 몽족과 교류한 사실을 내가 가장 좋아하는 방식으로 「몽족 난민 캠프의 보건 극장: 수행성, 의사소통, 그리고 문화(Health Theatre in a Hmong Refugee Camp: Performance, Communication, and Culture)」에서 설명하고 있다.

(5) 지시대로 복용할 것

나는 '앙고르 아니미' 개념을 올리버 색스의 『편두통』에서 처음으로 접했다.

항경련제의 부작용은 다음의 저술에 기술되어 있다. Orrin Devinsky, *A Guide to Understanding and Living with Epilepsy;* Warren Leary, "Valium Found to Reduce Fever Convulsions"; *and Physicians' Desk Reference.* (나는 PDR(『의사들의 책상 매뉴얼(*Physicians' Desk Reference*)』) 1987년판을 참고했는데, 리아의 경우와 시기가 비슷했기 때문이다.) 보스턴 아동병원의 소아 신경학과 의사 엘리자베스 엥글의 의견에 따르면 페노바비탈 진정제와 지능 저하 간 연관성에 관한 연구는 결론이 나지 않았다고 한다. 그녀는 페노바비탈이 안전하다고 믿는다.

바 야오 무아, 디아 숑, 비슈와 커푸어, 본다 크루스는 나에게 아니 방 이야기를 해주었다. 이것은 파블로 로페즈의 글 「몽족 어머니가 아이를 염려해 경찰을 제지하다(Hmong Mother Holds Off Police Because of Fear for Her Children)」에도 등장한다.

(6) 고속 초피질 납 치료

4장에서 인용되었던 저술 대부분이 여기서도 유용하게 사용되었다. 몽족의 의료에 관하여 특히 도움이 되었던 소개글 두 종류는 다음과 같다. Ann Bosley, "Of Shamans and Physicians," and Elizabeth S. Kirton, "The Locked Medicine Cabinet."

미국 생활에 관한 루머는 다음 저술에서 언급된다. Bruce Thowpaou Bliatout, *Hmong Sudden Unexpected Nocturnal Death Syndrome,* and Marc Kaufman, "Why the Hmong Spurn America." 메이 잉 숑과 롱 타오는 그중 몇 가지를 나에게 들려주었다.

쿠아 허, 키아 리, 린다 리, 나오 카오 리, 바 야오 무아, 총 무아, 당 무아, 무아 키, 라오 리 무아, 롱 타오, 파 부 타오, 리 방, 피터 방, 조나스 방아이, 수키 월러, 존 숑, 사이 수아 숑, 이아 타오 숑, 푸아 양은 몽족이 의사를 어떻게 보는지 설명해 이해를 도왔다. 존 에일먼, 스티브 에임스, 라켈 아리아스, 낸시 브로킹턴, 테레사 캘러핸, 릭 덴, 베니 더글러스, 도나 얼, 닐 언스트, 도린 파엘로, 로저 파이프, 크리스 하트윅, 팀 존스턴, 마틴 킬고어, 필리스 리, 메리 모쿠스, 댄 머피, 캐런 올모스, 페기 필립, 데이브 슈나이더, 스티브 세거스트롬, 빌 셀비지, 바버라 쇼월터, 로버트 스몰, 톰 슐트, 리처드 웰치, 펀 윅스트롬은 의료 종사자들이 몽족을 어떻게 보는지 설명해 이해를 도왔다.

앨런 M. 크라우트는 이민자 의료 문제의 역사를 설득력 있게 요약한 글 「치료자와 이방인: 미국 의사들에 대한 이민자들의 태도-역사적 관점에서의 관계(Healers and Strangers: Immigrant Attitudes Toward the Physician in America—A Relationship in Historical Perspective)」를 썼으며 같은 주제를 광범위하게 다룬 책 『조용한 여행자: 세균, 유전자, 그리고 '이민 위협'(*Silent Travelers: Germs, Genes, and the "Immigrant Menace"*)』도 썼다.

머세드 몽족 환자들을 다루는 어려움은 다음 글들에 묘사되어 있다. "Salmonellosis Following a Hmong Celebration"; Thomas Neil Ernst et al., "The Effect of Southeast Asian Refugees on Medical Services in a Rural County"; and Doreen Faiello, "Translation Please."

이 장에 언급된 몽-영어 의료용어는 타이 팡(Thai Fang)의 『몽어 사용자를 위한 기본 인체 및 의료 정보(*Tuabneeg Lubcev Hab Kev Mobnkeeg Rua Cov Haslug Hmoob*)』를 참고했다.

몽족 의료에 관한 다른 출처는 다음과 같다. Scott Wittet, "Information Needs of

Southeast Asian Refugees"; Kathleen Ann Culhane-Pera, "Analysis of Cultural Beliefs and Power Dynamics in Disagreements about Health Care of Hmong Children"; Marjorie Muecke, "Caring for Southeast Asian Refugee Patients in the USA"; Amos S. Deinard and Timothy Dunnigan, "Hmong Health Care: Reflections on a Six-Year Experience"; Debra Buchwald et al., "Use of Traditional Health Practices by Southeast Asian Refugees in a Primary Care Clinic"; Roy V. Erickson and Giao Ngoc Hoang, "Health Problems Among Indochinese Refugees"; Agatha Gallo et al., "Little Refugees with Big Needs"; and Rita Bayer Leyn, "The Challenge of Caring for Child Refugees from Southeast Asia."

신체화 장애에 대해서는 조지프 웨스터마이어 등이 쓴 「난민 간 신체화 장애: 유행병 연구(Somatization Among Refugees: An Epidemiologic Study)」를 참고했다.

임신과 출산에 대해서는 다음을 참고했다. James M. Nyce and William H. Hollinshead, "Southeast Asian Refugees of Rhode Island: Reproductive Beliefs and Practices Among the Hmong"; Andrea Hollingsworth et al., "The Refugees and Childbearing: What to Expect"; Linda Todd, "Indochinese Refugees Bring Rich Heritages to Childbearing"; Peter Kunstadter, "Pilot Study of Differential Child Survival Among Various Ethnic Groups in Northern Thailand and California"; Helen Stewart Faller, "Hmong Women: Characteristics and Birth Outcomes, 1990"; Deanne Erickson et al., "Maternal and Infant Outcomes Among Caucasians and Hmong Refugees in Minneapolis, Minnesota"; and Deborah Helsel et al., "Pregnancy Among the Hmong: Birthweight, Age, and Parity."

몽족의 높은 출산율에 대해서는 다음을 참고했다. Ruben Rumbaut and John R. Weeks, "Fertility and Adaptation: Indochinese Refugees in the United States"; Wendy D. Walker(워커모펏의 예전 이름), "The Other Side of the Asian Academic Success Myth: The Hmong Story"; George M. Scott, Jr., "Migrants Without Mountains"; "Making Up for the Ravages of Battle: Hmong Birthrate Subject of Merced Study"; and Donald A. Ranard, "The Last Bus."

미국 백인과 흑인의 출산율은 미국 인구조사국의 인구분과에서 가져왔다. '출산율'이란 다양한 연령의 여성 그룹이 주어진 시간 동안 낳는 아기 숫자의 평균을 뜻하는 게 아니라 가임기간 전체 동안 낳는 아기 숫자의 평균임을 알아야 한다. 전자의 경우 가임기간이 아직 끝나지 않은 여성을 포함하기 때문에 수치가 더 낮을 것이다.

(7) 정부 소유의 아이

아동 학대에 관한 보고 자료는 「아동학대법: 당신의 의무는 무엇인가?(Child Abuse Laws: What Are Your Obligations?)」를 참고했다. 아동 학대 및 방치에 관한 정부 정보기관의 자료도 참고했다. 종교적 자유와 자식들에 대한 의료 제공의 의무 사이의 법적 충돌은 다음 자료에 보고되어 있다. Martin Halstuk, "Religious Freedom Collides with Medical Care"; David Margolick, "In Child Deaths, a Test for Christian Science"; "Court Says Ill Child's Interests Outweigh Religion"; James Feron, "Can Choosing Form of Care Become Neglect?"; and Caroline Fraser, "Suffering Children and the Christian Science Church." 캐슬린 앤 컬헤인페라의 글 「문화적 신념과 권력역학의 분석(Analysis of Cultural Beliefs and Power Dynamics)」은 이 문제를 몽족의 관점에서 접근한 예리한 연구이다.

부모가 자식을 순교자로 만들고 있다는 로버트 잭슨 판사의 발언은 다음에서 가져왔다. *Prince v. Massachusetts,* 321 U.S. 158, 170 (1943).

린다 그린하우스의 글 「대법원 판결에 크리스천 사이언스의 의견이 묵살되다(Christian Scientists Rebuffed in Ruling by Supreme Court)」와 스티븐 L. 카터(Stephen L. Carter)의 「기도의 힘, 부인되다(The Power of Prayer, Denied)」는 '매콘 대 룬드먼 사건'을 다룬다.

한때 크리스천 사이언스에 속했으며 18개월 된 아들을 뇌수막염으로 잃었던 리타 스완이 창설한 단체 CHILD(Children's Healthcare Is a Legal Duty, 아이들의 보건은 법적 의무이다)가 유용한 배경자료를 제공해주었다.

(8) 푸아와 나오 카오 이야기

몽족의 예절을 다룬 자료는 다음과 같다. Charles Johnson, *Dab Neeg Hmoob;* Don Willcox, *Hmong Folklife;* and "Social/Cultural Customs: Similarities and Differences Between Vietnamese—Cambodians—H'Mong—Lao."

자신을 구해준 존재를 배고픈 독수리로 잘못 알아본 몽족 공주 이야기는 찰스 존슨의 『다 넹 몽』이 출처이다. 생쥐가 되어버린 오만한 관리 이야기의 출처는 W. R. 게디스의 『산악의 이주자들(*Migrants of the Mountains*)』이다. 키스 퀸시의 『몽』은 몽족이 라오스 관리들에게 다가갈 때 기어야만 했다고 서술한다.

한 해와 하루를 분류하는 몽족의 전통적인 방식은 다음의 저술에 기술되어 있다. W. R. Geddes, *Migrants of the Mountains;* Yang See Koumarn and G. Linwood Barney, "The

Hmong"; Charles Johnson, *Dab Neeg Hmoob;* and Ernest E. Heimbach, *White Hmong-English Dictionary.*

'파 응도'에 대한 더 자세한 설명은 다음을 참고하라. Paul and Elaine Lewis, *Peoples of the Golden Triangle;* George M. Scott, Jr., "Migrants Without Mountains"; Egle Victoria Žgas, "Flower Cloth"; and Michele B. Gazzolo, "Spirit Paths and Roads of Sickness: A Symbolic Analysis of Hmong Textile Design."

(9) 약간의 약과 약간의 넹

자크 르모안의 「샤머니즘(Shamanism)」과 드와이트 캉커굿의 『나는 샤먼이다(*I Am a Shaman*)』는 몽족의 짐승 희생제의에 대한 공감적인 해석을 담고 있다. 다음의 자료들은 다른 종교(주로 산테리아교)에서의 희생제의를 다루고 있다. Jeffrey Schmalz, "Animal Sacrifices: Faith or Cruelty?"; Richard N. Ostling, "Shedding Blood in Sacred Bowls"; Larry Rohter, "Court to Weigh Law Forbidding Ritual Sacrifice"; Russell Miller, "A Leap of Faith"; and Lizette Alvarez, "A Once-Hidden Faith Leaps into the Open."

머세드의 동물 학살 금지령은 다음 자료에 보고되어 있다. Ken Carlson, "Hmong Leaders Seek Exemption" and "Sacrifice Ban Remains," and Mike De La Cruz, "Animal Slaughtering Not All Ritualistic" and "Charges Filed After Animal Slaughtering Probe."

혼을 훔치는 '다'를 속이기 위해 병자의 이름을 바꾸는 술책에 대해서는 브루스 토파우바투이의 『몽족의 심야 돌연사 증후군(*Hmong Sudden Unexpected Nocturnal Death Syndrome*)』을 참고하라.

리아의 기도 감염은 토마스 닐 언스트와 마거릿 필립의 「브란하멜라 카타랄리스가 일으키는 세균성 기관염(Bacterial Tracheitis Caused by Branhamella catarrhalis)」을 참고했다.

(10) 몽의 전쟁

다른 부분과 마찬가지로 여기 나오는 F. M. 사비나의 모든 이야기와 인용은 그의 『몽족의 역사』에서 가져온 것이다. 조나스 방아이는 몽족 언어의 풍부한 고산지대 관련 어휘를 설명해주었다. 장 모탱의 『몽족 역사』에서는 라오스의 인종을 고도별로 분류하고 있다. 조지 M. 스콧 주니어의 「산을 떠난 이주민들(Migrants Without Mountains)」에서는 라오스 평지대 사람들을 대하는 몽족의 태도를 다층적으로 묘사한다. 라오스의 몽족과 그들의 자연환경 사이의 긴밀한 연관성에 대해서는 다음 자료에 상세히 설명되어 있다. Eric Crystal, "Buffalo Heads and Sacred Threads"; Keith Quincy, *Hmong;* Paul and Elaine Lewis, *Peoples of the Golden Triangle;* Don Willcox, *Hmong Folklife;* Charles Johnson, *Dab Neeg Hmoob;* and Charles Johnson and Ava Dale Johnson, *Six Hmong Folk Tales Retold in English.* 몽족 전통의 마을 생활에 관한 훌륭한 기초자료는 다음에서 제공한다. Christine Sutton, ed., "The Hmong of Laos," and Yang See Koumarn and G. Linwood Barney, "The Hmong."

의성어 표현들은 마사 라틀리프(Martha Ratliff)의 매력적인 언어학 연구인 「백묘 언어의 두 단어 표현(Two-Word Expressives in White Hmong)」을 참고했다. 라틀리프는 이 표현들을 번역할 때 뜻을 정의하기보다는 연상에 중점을 뒀다고 한다. 표현 중 상당수가 다중적인 연상을 불러일으킨다.

윌리엄 스몰리(William Smalley)의 두 저술 『음소와 철자법(*Phonemes and Orthography*)』, 「몽족의 언어 적응 전략: 아시아의 산에서 미국의 게토로(Adaptive Language Strategies of the Hmong: From Asian Mountains to American Ghettos)」에서는 흥미롭게도 문자 문화권 안에서 글을 읽지 못하는 문맹(illiteracy)과 구어 문화권 안에서 아직 글을 읽지 못하는 문맹(preliteracy)을 구분한다.

구전문화 내에서 단어가 갖는 마술적 잠재력에 대해서는 W. J. 옹의 『구술성과 문해력: 단어의 기술화(*Orality and Literacy: The Technologizing of the Word*)』를 참고하라.

아편에 관한 내용의 출처는 다음과 같다. Sucheng Chan, *Hmong Means Free;* Alfred W. McCoy, *The Politics of Heroin: CIA Complicity in the Global Drug Trade;* Yang Dao, "Why Did the Hmong Leave Laos?"; Ken Hoffman, "Background on the Hmong of Laos"; W. R. Geddes, *Migrants of the Mountains;* Robert Cooper, *Resource Scarcity;* Christopher Robbins, *The Ravens;* Yang See Koumarn and G. Linwood Barney, "The Hmong"; Paul and Elaine Lewis, *Peoples of the Golden Triangle;* and Keith Quincy, *Hmong.* 문란한 몽족 소녀의 무덤에서 피어난 양귀비 전설은 퀸시의 저술에서 나온다.

위의 저술 중 다수에서 몽족 이민자들의 정체성을 논한다. 누싯 친다르시의 『몽의 종교(*The Religion of the Hmong Njua*)』에서도 마찬가지이다. 가장 상세한 내용은 추 타오의 「라오스와 미국에서 본 몽족의 이주와 리더십(Hmong Migration and Leadership in Laos and in the United States)」을 참고하라. 몽족의 이주가 문화적인 현상이라는 인식에 대한 깊이 있는 반박에 관해서는 라이 허치슨의 『몽족 공동체의 사회화(*Acculturation in the Hmong Community*)』를 참고하기 바란다.

라오스에서의 전쟁에 관한 이야기는 다음 분들의 도움을 받아 더 풍부해졌다. 조나스 방아이, 미국 육군 역사관의 빈센트 뎀마, 공군 연구부의 이본 킨케이드, 작가 게일 모리슨, 역사가 게리 스톤.

전쟁에 관한 방대한 문헌 중 비학술 문헌 세 종류를 특별히 언급할 만하다. 첫째는 제인 해밀턴메릿의 『비극의 산악지대: 라오스의 몽족, 미국인, 그리고 비밀전쟁, 1942~1992(*Tragic Mountains: The Hmong, the Americans, and the Secret Wars for Laos, 1942~1992*)』이다. 이 야심 가득한 책은 몽족에 관심이 있는 이라면 누구라도 꼭 봐야 할 저술이다. 이 책은 학계에서 논란이 되기도 했다. 저자가 방 파오의 게릴라전과 '황우'를 지지하기 때문이다. 하지만 저자의 풍부한 실제 경험과 몽족에 대한 열렬한 헌신은 탁월하다. 둘째는 크리스토퍼 로빈스의 『큰 까마귀들: 라오스 비밀전쟁의 비행사들(*The Ravens: The Men Who Flew in America's Secret War in Laos*)』이다. 이 책은 라오스전쟁에 투입하기 위해 CIA가 모집한 미국 공군 조종사들을 다룬 활극적이면서도 잘 연구된 저술로, 나도 자세히 인용했다. 셋째는 로저 워너(Roger Warner)의 『백 파이어: CIA의 라오스 비밀전쟁 그리고 베트남전쟁과의 연관성(*Back Fire: The CIA's Secret War in Laos and Its Link to the War in Vietnam*)』이다. 이 책은 몇 명의 주요 인물에 초점을 맞춰 전쟁을 이야기식으로 전달한다. 대부분 미국인이지만 방 파오와 관련해 다른 어디에서도 보지 못했던 내용이 있다. 그의 책은 이후 형식을 바꿔 『달을 쏘다: 미국의 은밀한 라오스전쟁(*Shooting at the Moon: The Story of America's Clandestine War in Laos*)』이라는 책으로 다시 출간되었다.

전쟁에 대한 나의 이해를 도운 것으로는 앞서 언급했던 여러 저작이 있는데, 특히 다음과 같다. Keith Quincy, *Hmong*; Yang Dao, *Hmong at the Turning Point*; Jean Mottin, *History of the Hmong*; and Elizabeth S. Kirton, "The Locked Medicine Cabinet." 전쟁을 다룬 것 중 가장 명쾌한 요약은 조안 스트라우스의 「이민자와 난민을 위한 미국 교육 정책의 꾸준한 주제들: 몽족의 경험(Continuing Themes in U.S. Educational Policy for Immigrants and Refugees: The Hmong Experience)」이었다. 나는 또 다음의 저술에도 의지한 바 있다. Victor Marchetti and John D. Marks, *The CIA and the Cult of Intelligence*; Stan Sesser, "Forgotten Country"; Tom Hamburger and Eric Black, "Uprooted People in Search of a Home"; Donald A. Ranard, "The Hmong: No Strangers to Change"; W. E. Garrett, "No Place to Run"; Clark Clifford, *Counsel to the President*; William E. Colby, testimony to the House Subcommittee on Asia and the Pacific, April 26, 1994; Toby Alice Volkman, "Unexpected Bombs Take Toll in Laos, Too"; and Henry Kamm, "Decades-Old U.S. Bombs Still Killing Laotians."

라오스 및 베트남에 관한 국제협정을 이해하는 데 도움을 준 저술은 다음과 같다. *American Foreign Policy, 1950–1955: Basic Documents; American Foreign Policy: Current Documents, 1962;* "Text of Cease-Fire Agreement Signed by Laotian Government and the Pathet Lao"; and *Dictionary of American History*

다음의 동시대 보고서도 인용했다. Hugh Greenway, "The Pendulum of War Swings Wider in Laos"; Don Schanche, "The Yankee 'King' of Laos"; "Laos: The Silent Sideshow"; Michael T. Malloy, "Anti-Communists Also Win Battles in War-Torn Laos"; "Reds' Advance in Laos Menaces Hill Strong-holds of Meo Tribe"; Henry Kamm, "Meo General Leads Tribesmen in War with Communists in Laos"; Robert Shaplen, "Letter from Laos"; Nancy Shulins, "Transplanted Hmong Struggle to Adjust in U.S."; and "Rice in the Sky."

방 파오를 칭송한 CIA 영상물의 제목은 「'파 동'으로부터의 여행(Journey from Pha Dong)」이었다. 대본은 방 양이 썼다.

다음 저술은 라오스전쟁에서 아편이 차지한 역할을 고찰한다. Roger Warner, *Back Fire;* Victor Marchetti and John D. Marks, *The CIA;* and Alfred W. McCoy, *The Politics of Heroin.* PBS 방송 「전선: 총, 마약, 그리고 CIA(Frontline: Guns, Drugs and the CIA)」도 같은 내용을 다뤘다. 이 방송과 맥코이의 책은 CIA와 아편 거래의 연관성을 깊이 조사했다. 워너는 이 혐의에 과장된 점이 있다고 생각한다.

진균독을 사용한 '황우'의 존재는 다음의 저술에서 제시된다. Jane Hamilton-Merritt, *Tragic Mountains,* and Sterling Seagrave, *Yellow Rain: Chemical Warfare—The Deadliest Arms Race.* 반대 의견은 다음의 저술에서 철저히 다루고 있다. Lois Ember, "Yellow Rain"; Thomas Whiteside, "The Yellow-Rain Complex," and Thomas Seeley et al., "Yellow Rain."

(11) 큰 것이 닥치다

이 책의 여러 부분에서 그러했듯 닐 언스트와 페기 필립은 이번 장과 관련된 의료문헌을 이해하는 데 도움을 주었다. 엘리자베스 엥글, 로버트 케이, 그리고 특히 프레드 할리가 이해하기 어려운 부분들을 해결해주었다. 셔윈 B. 눌랜드의 『사람은 어떻게 죽음을 맞이하는가』는 내가 패혈성 쇼크를 이해하는 데 도움을 준 저술이다. 파종성 혈관 내 응고를 이해하기 위해 로버트 버코우의 『머크 매뉴얼(*The Merck Manual*)』을 참고했다.

(12) **탈출**

메이 리는 나에게 자전적 에세이를 보내주었다.

조지 댈리, 랜들 플린, 밥 헌, 토니 케이, 바 야오 무아, 조나스 방아이, 제니퍼 비치는 모두 리 부부의 옛 마을인 '후아이수이'의 정확한 위치와 스펠링을 찾아내는 데 참여했다. 트루 리는 그 장소를 확실히 골라냈다. 라오스 지리에 관해 도움이 되었던 출처로는 라오스 인민공화국 지리국에서 펴낸 10만분의 1 지도와 『라오스: 미국 지명 위원회에서 인증하는 공식 지명(*Laos: Official Standard Names Approved by the United States Board on Geographic Names*)』이 있다.

양 다오, 폴 딜레이, 데니스 그레이스, 밥 헌, 마크 카우프만, 바 야오 무아, 당 무아, 무아키, 코트 로빈슨, 히람 루이스, 방 포즈, 조나스 방아이, 메이 잉 숑, 사이 수아 숑, 이아 타오 숑은 전후 라오스와 태국의 양상에 대해 많은 점을 알려주었다.

10장에 언급된 출처 상당수가 이 장에 쓰인 전후 라오스 몽족의 운명에 대해 말해준다. (가장 유익했던 것은 스탠 세서의 「잊힌 나라(Forgotten Country)」와 양 다오의 『전환점의 몽족(*Hmong at the Turning Point*)』, 「몽족은 왜 라오스를 떠났는가?(Why Did the Hmong Leave Laos?)」였다.) 수바나 푸마의 몽족 학살에 대한 언급은 양 다오의 『전환점의 몽족』, 키스 퀸시의 『몽』, 로저 워너의 『백 파이어』에서 여러 번역본으로 인용된다. 제인 해밀턴메릿의 『비극의 산악지대』는 몽족의 탈출을 보도한 비엔티안 내무국의 라디오 방송을 인용한다. 네오 홈의 배경은 다음을 참조했다. Marc Kaufman, "As Keeper of the Hmong Dream, He Draws Support and Skepticism"; Ruth Hammond, "Sad Suspicions of a Refugee Ripoff"; and Seth Mydans, "California Says Laos Refugee Group Has Been Extorted by Its Leadership."

다음 저술은 몽족이 걸어서 도주한 경험을 재구성하는 데 도움이 되었다. Thailand: Henry Kamm, "Meo, Hill People Who Fought for U.S., Are Fleeing from Laos"; May Xiong and Nancy D. Donnelly, "My Life in Laos"; David L. Moore, *Dark Sky, Dark Land: Stories of the Hmong Boy Scouts of Troop 100;* Arlene Bartholome, "Escape from Laos Told"; Dominica P. Garcia, "In Thailand, Refugees' 'Horror and Misery,'"; and Matt Franjola, "Meo Tribesmen from Laos Facing Death in Thailand."

몽족의 장례풍습은 코우 방의 『몽족의 병과 치료 개념(*Hmong Concepts of Illness and Healing*)』에 잘 설명되어 있다. 우연하게 엄마에게 질식사 당한 이스라엘 아기 이야기의 출처는 로저 로젠블랫의 『전쟁 속 아이들(*Children of War*)』이다.

태국 난민캠프와 난민 정책에 관해서는 다음 문헌을 참고했다. David Feith, *Stalemate: Refugees in Asia;* Lynellen Long, "Refugee Camps as a Way of Life" and *Ban Vinai: The Refugee Camp;* Court Robinson, "Laotian Refugees in Thailand: The Thai and U.S. Response, 1975 to 1988"; Jean-Pierre Willem, *Les naufrages de la liberte;* Henry Kamm, "Thailand Finds Indochinese Refugees a Growing Problem"; Donald A. Ranard, "The Last Bus"; Marc Kaufman, "Why the Hmong Spurn America"; Joseph Cerquone, *Refugees from Laos: In Harm's Way;* and Jim Mann and Nick B. Williams, Jr., "Shultz Cool to New Indochina Refugee Effort." 드와이트 캉커굿 인용은 그의 저서 「보건 극장(Health Theatre)」에서 가져왔다.

라오스로의 자발적 송환과 비자발적 송환을 공정하게 다룬 문헌 두 종류는 다음과 같다. Marc Kaufman, "Casualties of Peace," and Lionel Rosenblatt, testimony to the House Subcommittee on Asia and the Pacific, April 26, 1994.

세계적으로 난민 문제에 관해 가장 신뢰할만한 출처는 워싱턴 D.C.의 미국 난민위원회에서 매년 발간하는 『세계 난민 조사(*World Refugee Survey*)』이며 나도 여기서 많은 사실과 수치를 가져왔다.

세 예 이야기는 찰스 존슨의 『다 녱 몽』에서 가져왔다. 많이 축약했지만, 존슨의 정보원인 파 추 양이 들려준 얘기를 최대한 따랐다.

(13) 코드 X

몽족의 새해는 다음의 문헌에 소개되어 있다. Kou Vang, *Hmong Concepts of Illness and Healing;* Keith Quincy, *Hmong;* and W. R. Geddes, *Migrants of the Mountains.* 캐슬린 앤 컬헤인페라의 글 「문화적 신념과 권력역학의 분석」은 쿠아 허, 키아 리, 총 무아, 롱 타오와의 대화와 마찬가지로 죽음을 미리 거론하는 것에 대한 몽족의 터부를 이해하는 데 도움이 되었다.

(14) 도가니

앞서 인용되었던 여러 저술은 접근하기 쉽고 흥미로워 몽족이 미국에서 겪은 생활을 이해하는 데 좋다. 샌디에고 몽족을 다룬 조지 스콧의 논문 「산을 떠난 이주민들」은 내가 본 몽족 문화적응에 관한 연구 중 가장 지적인 작업이다. 장문의 역사적 개론이 담긴 인터뷰 모음인 수쳉 챈의 『몽은 자유를 뜻한다(*Hmong Means Free*)』는 캘리포니아에 사는 다섯 몽족 가정의 구전 역사를 몰입도 있게 전한다.(인터뷰 대상이 기독교로 개종한 사람들에 많이 편향되어 있긴 하지만 말이다.) 위스콘신 북부의 몽족을 연구한 레이 허친슨의 『몽족 사회의 문화적응(*Acculturation in the Hmong Community*)』은 많은 고정관념에 도전하고 있다. 짧지만 유용하게 개요를 제시하는 문헌으로는 티머시 더니건 등이 쓴 「몽족(Hmong)」과 스탠퍼드 J. 엉거의 『새로운 피: 새로운 미국 이민자들(*Fresh Blood: The New American Immigrants*)』 중 몽족을 다룬 장이 있다. 정부의 포괄적 보고서인 『몽족 재정착 연구(*The Hmong Resettlement Study*)』는 난민 프로그램을 개선할 방안와 인터뷰, 권고가 가득한 보물창고다.

에드워드 애버리 신부, 토요 비들, 로렌 버서트, 예 창, 에릭 크리스털, 폴 딜레이, 티머시 더니건, 프란체스카 파, 팀 고든, 글렌 헨드릭스, 마크 카우프만, 수 레비, 바 야오 무아, 당 무아, 론 멍거, 조지 슈레이더, 피터 방, 조나스 방아이, 더그 빈센트, 존 숑, 메이 잉 숑은 유용한 배경 자료를 제공해주었다.

포드 자동차 회사의 미국화 수업은 다음 저작에 기술되어 있다. Stephen Meyer, *The Five Dollar Day;* Stephan Thernstrom, "Ethnic Groups in American History"; and Joan Strouse, "Continuing Themes in U.S. Educational Policy." 자크 르모안의 「샤머니즘」은 동화에 저항하는 몽족을 다룬다. 마크 카우프만의 「왜 몽족은 미국의 도움에서 달아나는가(Why the Hmong Are Fleeing America's Helping Hand)」는 방 파오의 땅 요구와 이번 장에서 내가 살펴본 문화적응의 다른 세부사항을 설명한다. 에릭 마틴의 「프랑스 기아나의 몽족: 있을 리 없는 도박(Hmong in French Guyana: An Improbable Gamble)」은 몽족의 남미 정착지들을 다루며 브루스 다우닝, 다니엘 타이예스 신부, 양 다오는 더 자세한 내용을 제공했다.

재정착 정책은 다음의 문헌에 기술되어 있다. Richard Lee Yamasaki, "Resettlement Status of the Hmong Refugees in Long Beach," and Robert E. Marsh, "Socioeconomic Status of Indochinese Refugees in the United States: Progress and Problems." 미국 기관에 대한 몽족의 불평을 담은 적응 연구는 우드로 존스 주니어와 폴 스트랜드가 쓴 「인도차이나 난민의 적응과 조정 문제(Adaptation and Adjustment Problems Among Indochinese Refugees)」이다. 몽족을 기독교로 개종시키려는 노력에 대해서는 다음을 참고하라. Ruth Hammond, "Tradition Complicates Hmong Choice," and Joseph Westermeyer, "Prevention of Mental Disorder Among Hmong Refugees in the U.S.: Lessons from the Period 1976–1986."

웨스터마이어의 글은 몽족 난민을 흩뜨리는 정책에 대해서도 비판적으로 묘사한다. 다음의 문헌들도 마찬가지이다. Stephen P. Morin, "Many Hmong, Puzzled by Life in U.S., Yearn for Old Days in Laos"; Simon M. Fass, "Through a Glass Darkly: Cause and Effect in Refugee Resettlement Policies"; and Frank Viviano, "Strangers in the Promised Land."

아이오와주 페어필드의 양 가족이 겪은 시련은 다음 자료에 연대기 형식으로 작성되어 있다. Calvin Trillin, "Resettling the Yangs," and Wayne King, "New Life's Cultural Demons Torture Laotian Refugee."

동남아에서 온 새로운 난민에 대한 유용한 힌트는 「당신의 미국에서의 새로운 삶(Your New Life in the United States)」에서 가져왔다. 몽족을 묘사하는 기자들의 글은 다음의 자료에서 가져왔다. Seth Mydans, "California Says Laos Refugee Group Has Been Extorted"; Frank W. Martin, "A CIA-Backed Guerrilla Who Waged a Secret War in Laos Puts Down Roots in Montana"; Nancy Shulins, "Transplanted Hmong Struggle to Adjust"; Stephen P. Morin, "Many Hmong"; and Susan Vreeland, "Through the Looking Glass with the Hmong of Laos." '원시적'이라는 별명에 분노를 표하고자 편집자에게 편지를 쓴 사람은 폴 파오 허이며, 편지의 제목은 「몽족 난민을 '원시인'이라고 부르지 마라(Don't Call Hmong Refugees 'Primitive')」이다.

「방웅엇(Bangungut)」은 돌연사 증후군에 관한 아주 흥미로운 사설이다. 낮에도 사망한 사례가 여러 번 보고되기 전까지 심야 돌연사 증후군이라 불리던 이 증후군에 대해서는 다음을 보라. Jacques Lemoine and Christine Mougne, "Why Has Death Stalked the Refugees?"; Bruce Thowpaou Bliatout, *Hmong Sudden Unexpected Nocturnal Death Syndrome*; Ronald Munger, "Sudden Death in Sleep of Asian Adults" and "Sudden Death in Sleep of Laotian-Hmong Refugees in Thailand: A Case-Control Study"; and Ronald Munger and Elizabeth Booton, "Thiamine and Sudden Death in Sleep of South-East Asian Refugees."

앨런 심슨 상원의원이 몽족을 '소화불능'에 비유했다는 내용은 드와이트 캉커굿의 「보건 극장」에서 가져왔다. 몽족에 관한 루머는 다음 글에 소개되어 있다. Charles Johnson, "Hmong Myths, Legends and Folk Tales," and Roger Mitchell, "The Will to Believe and Anti-Refugee Rumors."

몽족에 반대하는 기물파손이나 폭력 사례는 다음 글에서 가져왔다. Tom Hamburger and Eric Black, "Uprooted People"; Eddie A. Calderon, "The Impact of Indochinese Resettlement on the Phillips and Elliot Park Neighborhoods in South Minneapolis"; David L. Moore, *Dark Sky, Dark Land*; Stephen P. Morin, "Many Hmong"; Margot Hornblower,

"'Hmongtana'"; Dennis R. Getto, "Hmong Families Build New Lives"; Richard Abrams, "Cross Burnings Terrify, Bewilder Hmong"; "Slaying of Boy Stuns Refugee Family"; Jane Eisner, "Hearings on Attacks on Asians"; William Robbins, "Violence Forces Hmong to Leave Philadelphia"; and Marc Kaufman, "Clash of Cultures: Ill Hmong Rejects Hospital" and "At the Mercy of America."

조지 M. 스콧 주니어의 「산을 떠난 이주민들」은 왜 몽족 난민들이 자기방어를 일부러 하지 않았는지 설명한다. 에이미 파일의 글 「난민이 복지사들을 위협하다(Refugees Allegedly Threaten Welfare Workers)」는 프레즈노에서 성난 몽족이 살해 위협을 가한 내용을 보고한다. 미국인 운전자를 공격한 몽족 남성들에 관한 내용은 다음을 참조했다. "Hmong Sentenced to Study America," and Jack Hayes, "Ching and Bravo Xiong, Laotian Hmong in Chicago." 몽족의 형벌 제도에 관해서는 찰스 존슨의 『다 넹 몽』을 참조했다. 차오 왕 방의 자살 이야기는 셜리 엠브루스터의 「몽족이 프레즈노에 뿌리를 내리다(Hmong Take Root in Fresno)」에 나온다.

다음은 2차 이주의 배경을 제공하는 유익한 자료다. *The Hmong Resettlement Study* and Cheu Thao, "Hmong Migration and Leadership." 돈 윌콕스의 『몽족 민중생활(Hmong Folklife)』에 인용된 티모시 더니건은 몽족이 다른 친족에 편입되려고 애쓰는 사람들을 '박쥐'라 부른다는 이야기를 들려준다. 캘리포니아 센트럴밸리 지역의 몽족에 관한 이야기의 출처에는 다음과 같은 것들이 있다. John Finck, "Secondary Migration to California's Central Valley"; Mike Conway, "The Bill Stops Here in Refugee Policy"; David Abramson, "The Hmong: A Mountain Tribe Regroups in the Valley"; and Kevin Roderick, "Hmong Select San Joaquin to Sink Roots."

1982년 미네소타주 호머에서 훈련 프로그램에 제시된 빡빡한 농업 과정 계획은 『몽족 재정착 연구(*The Hmong Resettlement Study*)』에서 인용했다. 몽족의 집단윤리에 대한 드와이트 캉커궂의 표현은 「세계 규명: 몽족 샤먼(Establishing the World: Hmong Shamans)」에서 가져왔다.

몽족과 여타 난민 집단의 경제적 자립을 장려하는 미국 정부 프로그램들은 난민 재정착 사무국의 다음 저술에 정리되어 있다. Teng Yang et al., *An Evaluation of the Highland Lao Initiative: Final Report; Evaluation of the Key States Initiative; and annual Reports to the Congress.* 사이먼 M. 패스의 「경제개발 및 고용 프로젝트(Economic Development and Employment Projects)」는 1980년대 몽족의 취업에 관한 훌륭한 참고자료이다. 루스 해먼드의 「이상한 땅의 이방인(Strangers in a Strange Land)」은 복지 문제를 감상 없이 바라본다. 조지 M.

스콧 주니어의 「산을 떠난 이주민들」에서는 동료들보다 높은 지위를 가져다줄 일자리를 거부한 남성을 언급한다. 찰리 추 창과 누종 리나오루는 '전미몽족발전협회'에 관한 정보를 제공해주었다. '양 왕 멩 협회'에서는 몽족의 직업별 정보를, 로빈 부벤슨은 전자 문서자료를 제공해주었다. 부벤슨은 온라인 학술 정기간행물인 《몽족 연구 저널(Hmong Studies Journal)》의 창립 편집인이다.

복지통계자료는 미네소타주 복지국, 위스콘신주 보건복지국, 캘리포니아주 복지국이 제공해준 정보를 바탕으로 했으며 수치는 추정치이다.

다음 저술에는 CIA가 라오스에서 몽족에게 한 '약속'이 묘사되어 있다. *The Hmong Resettlement Study* and Christopher Robbins, *The Ravens.* 루이 방과 주디 루이스가 쓴 「할아버지의 길, 할아버지의 방식(Grandfather's Path, Grandfather's Way)」은 복지 의존적인 사람들을 남은 음식을 기다리는 개에 비유한다.

나는 정신건강에 관한 다음의 연구를 참고했다. Ruben Rumbaut, "Mental Health and the Refugee Experience: A Comparative Study of Southeast Asian Refugees"; Perry M. Nicassio, "Psychosocial Correlates of Alienation: Study of a Sample of Indochinese Refugees"; Joseph Westermeyer, "Acculturation and Mental Health: A Study of Hmong Refugees at 1.5 and 3.5 Years Postmigration"; and Westermeyer et al., "Psychosocial Adjustment of Hmong Refugees During Their First Decade in the United States." 또 다음의 자료도 참고했다. Elizabeth Gong-Guy, *California Southeast Asian Mental Health Needs Assessment,* and Bruce Thowpaou Bliatout, "Understanding the Differences Between Asian and Western Concepts of Mental Health and Illness."

두아 허(Doua Her)의 시 「내 나라를 떠나는 애통함(Lament upon Leaving Our Country)」은 돈 윌콕스의 『몽족 민중생활』에서 가져왔다. 미국의 몽족 난민들에겐 새도 나무도 꽃도 낯설다는 말도 같은 출처에서 가져왔다. 플리머스 플랜테이션 야외박물관에 관한 이야기, 대대장을 지냈던 왕 셍 캉 소령 이야기는 스티븐 P. 모린의 「몽 사람들(Many Hmong)」에서 가져왔다. 1982년 미네소타대학교에서 행했고, 톰 햄버거와 에릭 블랙의 「뿌리 뽑힌 사람들(Uprooted People)」에 인용되었던 '몽족 사회 조사'에는 미국에서 끝까지 살겠다는 몽족 사람들의 이야기가 나온다. 그 뒤로 어떻게 되었는지는 알 수 없지만 그런 사람들이 상당히 늘었을 것이며 특히 젊은 몽족이 더 그러리라고 생각한다.

리처드 몰리카는 다음 저술에서 인도차이나 난민들의 정신질환을 다룬 그의 작업을 사무친 어조로 이야기한다. "The Trauma Story: The Psychiatric Care of Refugee Survivors of Violence and Torture," and, with James Lavelle, in "Southeast Asian Refugees." 역할상실에 관한 훌륭한 기초 서술은 브루스 토파우 바투이 등이 쓴 「동남아시아 난민을 대상으로 하는 정신건강 및 예방활동(Mental Health and Prevention Activities Targeted to Southeast Asian Refugees)」에 담겨 있다.

세스 마이덴스의 글 「라오스인의 살인을 체포해 세대차이를 드러내다(Laotians' Arrest in Killing Bares a Generation Gap)」에는 몽족 10대가 독일인 관광객을 살해한 사건이 나온다. 조지 M. 스콧 주니어는 「샌디에고 몽족 난민 공동체: 지속적 민족연대의 이론적·실용적 의미(The Hmong Refugee Community in San Diego: Theoretical and Practical Implications of Its Continuing Ethnic Solidarity)」에서 역경이 몽족의 정체성을 강화했다고 지적한다.

(15) **황금과 불순물**

다음의 저술이 지속적인 식물인간 상태에 대한 이해를 도왔다. Robert Berkow, *The Merck Manual,* and Lawrence K. Altman, "Quinlan Case Is Revisited and Yields New Finding." 조지 M. 스콧 주니어는 「산을 떠난 이주민들」에서 몽족 부모들이 기형아를 특히 예뻐한다고 말한다.

(16) **그들은 왜 머세드를 택했나?**

다음 자료들은 머세드의 역사, 민족 구성, 경제에 관해 귀중한 배경지식을 제공해주었다. *Merced Sun-Star Centennial Edition;* "A Chronicle in Time"; Gerald Haslam, "The Great Central Valley: Voices of a Place"; Delores J. Cabezut-Ortiz, *Merced County;* Kevin Roderick, "Hmong Select San Joaquin." 또 머세드군 상공 회의소와 머세드군 경제발전연구소, 라오스 가족 공동체로부터 자료 문헌을 얻었다. 댄 캠벨, 버트 포글버그, 잰 하우드, 뤼크 잰슨스, 제프 맥마흔, 카이 무아, 신디 머피, 로버트 스몰, 데비 브라나도 유익한 일반 배경자료를 제공해주었다. 로지 로차는 《머세드 선스타(Merced Sun-Star)》에서 여러 기사를 찾아주었다.

몽족의 음악과 악기에 관해서는 다음 자료를 참고했다. Amy Catlin, "Speech Surrogate Systems of the Hmong: From Singing Voices to Talking Reeds"; Don Willcox, *Hmong Folklife;* Charles Johnson, *Dab Neeg Hmoob;* Megan McNamer, "Musical Change and Change in Music"; Rick Rubin, "Little Bua and Tall John"; Mike Conway, "Recording the

Ways of the Past for the Children of the Future"; and "New People/Shared Dreams: An Examination of Music in the Lives of the Hmong in Merced County."

당 무아 이야기의 세부 사항 일부는 다음을 참고했다. Frank Viviano, "Strangers in the Promised Land," and Arlene Bartholome, "Future Is Uncertain for Area Refugees." 당 무아와 조나스 방아이는 방 파오가 지역의 과수원을 매입하려 한 계획에 대해 말해주었다. 제프 맥마흔은 이 구매 제안에 관한 머세드군 감독위원회의 1977년 6월 7일 회의록과 같은 해 6월 21일 회의록을 제공해주었다. 이 내용은 「라오스인들이 농장 계획을 포기하다(Laotians Drop Ranching Plan)」라는 글로 다루어졌다. 《머세드 선스타》에서는 몽족의 유입에 관해 기사를 게재했는데, 1983년 1월 21일 자, 1982년 10월 20일 자, 1983년 5월 11일 자가 그러하다. 존 스타인벡 인용은 『분노의 포도』에서 가져왔다.

머세드의 경제 복지 현황에 대한 많은 유익한 정보는 앤드리아 베이커와 론다 월턴이 제공해주었다. 이외에도 짐 브라운, 존 큘런, 마이클 하이더, 베브 모스, 조지 로드리게스, 반 밴더사이드, 후아 방, 찰스 윔블리가 도움을 주었다. 캘리포니아주 재무국과 캘리포니아주 인구통계자료센터에서도 도움을 받았다. 론 댄거런, 진 무아, 테리 실바는 머세드 학교에 관한 배경자료를 제공해주었다. 조 브루시아, 랜디 캐로더스, 찰리 루카스, 팻 러니, 릭 올스는 범죄 관련 자료를 제공해주었다. 존 맥도니엘, 마거릿 오그덴은 운전면허 시험에 관해 말해주었다. 「갱 패거리(Gang Pak)」는 머세드의 신생 갱단에 대한 내용을 담고 있다. 팻 맥널리와 다니엘 실바는 「아시안과 수렵법의 충돌(Asians, Game Laws in Conflict)」이라는 글에서 몽족의 사냥과 낚시를 다룬다. 마크 아락스의 「마지막 영역싸움(A Final Turf War)」은 'CIA 출신' 추아 차 차가 묻혀 있는 톨하우스 묘지를 다룬다.

몽족의 교육에 관한 가장 권위 있는 출처는 웬디 워커모펏의 『아시아계 미국인의 성공담의 이면(*The Other Side of the Asian American Success Story*)』이다. 또 다음을 참고하라. Wendy D. Walker, "The Other Side of the Asian Academic Success Myth"; Ruben Rumbaut and Kenji Ima, *The Adaptation of Southeast Asian Youth: A Comparative Study;* Donald A. Ranard, "The Hmong Can Make It in America"; Chia Vang, "Why Are Few Hmong Women in Higher Education?"; George M. Scott, Jr., "Migrants Without Mountains"; Miles McNall and Timothy Dunnigan, "Hmong Youth in St. Paul's Public Schools"; and Susan Dandridge Bosher, "Acculturation, Ethnicity, and Second Language Acquisition: A Study of Hmong Students at the Post-secondary Level."

말렉미스라 셰바니의 글 「문화적 방어: 누군가의 문화는 다른 누군가의 범죄이다(Cultural Defense: One Person's Culture Is Another's Crime)」는 보쌈결혼 풍습을 다룬다. 몽족의 혼인에 관한 더 자세한 내용은 다음 자료를 참고하라. T. Christopher Thao, "Hmong Customs on Marriage, Divorce and the Rights of Married Women," and William H. Meredith and George P. Rowe, "Changes in Lao Hmong Marital Attitudes After Immigrating to the United States."

폴 딜레이, 카렌 올모스, 코트 로빈슨, 조나스 방아이는 '다른 윤리'의 사례를 내게 얘기해주었다. (그들은 모두 몽족과 미국의 윤리 체계가 얼마나 다른지를 설명하기 위해 그런 예들을 들어주었다. 몽족의 윤리를 폄하하기 위함이 아니었다.) 다음의 저술도 몽족의 윤리를 분석한다. Charles Johnson, *Dab Neeg Hmoob*, and Ruth Hammond, "Strangers in a Strange Land."

머세드의 경우와 비슷한 몽족의 유입에 도발적으로 반응한 사례(내가 보기엔 일방적으로 몽족을 거부하는 반응이었다.)에 대해서는 로이 벡의 글 「고난 속 워소로의 이민(The Ordeal of Immigration in Wausau)」을 보라.

(17) 여덟 가지 질문

아서 클라인먼(Arthur Kleinman)의 '여덟 가지 질문'은 조금씩 다른 버전으로 여러 번 출간되었다. 최초 버전은 클라인먼 등이 쓴 「문화, 질병 및 치료: 인류학 및 이종문화 연구를 통한 임상 수업(Culture, Illness, and Care: Clinical Lessons from Anthropologic and Cross-Cultural Research)」에 수록되어 있다. 이번 장에 나오는 표현들에 대해서는 클라인먼에게 자문했다.

(18) 삶이냐 혼이냐

사회의학과 비교문화의학에 관한 문헌은 풍부하며 점점 더 풍부해지고 있다. 관심 있는 독자라면 아서 클라인먼의 통찰력 있는 작업부터 접해보는 게 확실할 것이다. 그는 앞에서도 인용한 중요한 글을 쓴 바 있으며 다음의 저술도 영향력이 있다. *Patients and Healers in the Context of Culture; The Illness Narratives: Suffering, Healing, and the Human Condition.* 이외에도 관련 저술이 더 있다.

비교문화의학에 관한 간단한 소개자료로 추천할만한 것들은 다음과 같다. Shotsy C. Faust, "Providing Inclusive Healthcare Across Cultures"; Debra Buchwald et al., "The Medical Interview Across Cultures"; Karen Olness, "Cultural Issues in Primary Pediatric Care"; and

Daniel Goleman, "Making Room on the Couch for Culture." 이 주제에 대해 더 알아보고 싶다면 훌륭한 비교문화 참고문헌인 로버트 C. 라이크 등이 쓴 「문화에 민감하고 유능한 의료에 대한 권장 핵심 커리큘럼 지침(Recommended Core Curriculum Guidelines on Culturally Sensitive and Competent Health Care)」을 권한다.

이번 장에 관한 아이디어와 세부사항을 제공해준 분들은 다음과 같다. 하버드 의대의 대니얼 구디너프, 아서 클라인먼. 스탠퍼드 의대의 로널드 가르시아, 게리 래피드. 샌프란시스코 종합병원 난민 의료병원의 쇼치 파우스트, 클로이 워. 미국 가정의학학회의 제럴드 헤덕. 『머크 매뉴얼』의 로버트 버코우, 윌리엄 R. 해리슨. *STS*(Simulation Training Systems)사의 개리 셔츠. 퍼시픽 의료센터의 비교문화 보건 프로그램 소속인 이라 센굽타. MCMC의 댄 머피. 그리고 머세드군 보건과의 머세드 난민 보건 프로그램 소속인 매릴린 모첼. 여기서 소개한 주제 중 상당수는 내가 스탠퍼드 의대에서 '질병의 사회심리학적 측면' 강의를 청강하고, 스탠퍼드 해부학 연구실에서 시간을 보낸 덕에 나왔다.

이번 장의 앞부분에 간단히 소개한 의료 사례들은 여러 강연에서 가져온 것이거나 투안 응우옌, 롱 타오, 바 야오 무아, 로저 파이프, 이아 타오 숑, 토마스 본만, 도린 파엘료, 프란체스카 파와의 대화에서 따왔다. 브루스 토파우 바투이가 제안하는 몽족의 의료를 개선하는 방안들은 다음의 자료에서 가져왔다. "Hmong Refugees," "Hmong Attitudes Toward Surgery," "Mental Health and Prevention Activities," "Guidelines for Mental Health Professionals," "Prevention of Mental Health Problems," and *Hmong Sudden Unexpected Nocturnal Death Syndrome*. 여기 언급된 몽-영 의료용어집은 타이 팡이 쓴 『몽어 사용자를 위한 기본 인체 및 의료 정보』를 참조했다.

팜 벨럭의 글 「두 의학계를 뒤섞다(Mingling Two Worlds of Medicine)」는 민간 치료사들과 함께 일하는 뉴욕시 의사들을 다룬다. 샤머니즘에 관한 내용은 다음 자료에서 가져왔다. Dwight Conquergood et al., *I Am a Shaman*, and Jacques Lemoine, "Shamanism." '청결의 어머니'가 노래하는 시는 드와이트 캉커굿의 「보건 극장」에서 가져왔다.

여러 병 중 담낭이나 음경이 아플 때 추천되는 치 넹을 통한 정신건강 프로그램은 코우 방의 『몽족의 병과 치료 개념』에서 소개하고 있다. 수키 월러는 「카운티 정신 건강 환경 속 몽족 샤먼: 라오스 산악민족을 치료하는 두 문화 모델(Hmong Shamans in a County Mental Health Setting: A Bicultural Model for Healing Laotian Mountain People)」에서 치 넹과 협력한 사례를 설명한다.

하버드 의대의 '환자와 의사가 함께하는 강좌 I'의 한 분과인 '지역사회에 기반한 환자와 의사 I'의 1996년 강좌 소개 자료에는 도움이 되는 글들이 재수록되어 있다. 샌프란시스코 종합병원의 「난민 병원 오리엔테이션 교본(Refugee Clinic Orientation Manual)」도 비슷하게 쓸 수 있는 유익한 자료이다.

의사들에게 자기감정에 대한 인식 방법을 알려주는 글은 윌리엄 M. 진(William M. Zinn)의 「의사에게도 감정이 있다(Doctors Have Feelings Too)」이다. 에스더 B. 페인의 「전문의와 일반의: 젊은 의사들이 길을 바꾸다(Specialty or General Practice: Young Doctors Change Paths)」는 전문의가 아닌 일반의를 택하는 의대생 수에 대한 통계를 보여준다.

(19) 희생제의

몽족의 치유의식에 관한 소개와 해석은 다음 자료를 참고했다. Dwight Conquergood, "Establishing the World," and Conquergood et al., *I Am a Shaman;* Eric Crystal, "Buffalo Heads and Sacred Threads"; Kathleen Ann Culhane-Pera, "Description and Interpretation of a Hmong Shaman"; Jacques Lemoine, "Shamanism"; Jean Mottin, "A Hmong Shaman's Seance"; Kou Vang, *Hmong Concepts of Illness and Healing;* Don Willcox, *Hmong Folklife;* and Sukey Waller, "Hmong Shamanism."

가장 철저한 연구는 기 모레샹의 『몽족 샤머니즘(*Le chamanisme des Hmong*)』에서 찾아볼 수 있다. 치 넹의 의식은 짧은 다큐멘터리 영화인 「두 세계 사이: 미국의 몽족 샤먼(Between Two Worlds: The Hmong Shaman in America)」에 소개되어 있다. 태거트 시겔과 드와이트 캉커굿이 제작했다.

드와이트 캉커굿, 세이 항, 바 야오 무아, 총 무아, 수키 월러, 메이 잉 숑, 메이코 숑도 유익한 배경자료를 제공해주었다.

셰 예 신화의 버전은 수없이 많으며 서로 내용이 다른 경우가 많다. 초반부에 제시된 이야기의 경우, 찰스 존슨이 쓴 『다 넹 몽』의 표현을 충실히 따랐다. 후반부에 인용된 내용에 대해서는 다음 자료의 새로운 버전을 따랐다. Kathleen Ann Culhane-Pera, "Description and Interpretation of a Hmong Shaman"; Bruce Thowpaou Bliatout, *Hmong Sudden Unexpected Nocturnal Death Syndrome;* Kou Vang, *Hmong Concepts of Illness and Healing;* Keith Quincy, *Hmong;* and Jean Mottin, "A Hmong Shaman's Seance."

15주년판 후기: 공통의 언어◆

이 새 후기를 쓰기 위해 (직접 만나거나, 통화하거나, 이메일을 통해) 나와 대화를 나누었던 다음의 여러분께 고마움을 전한다. 캔디스 애덤메더핀드, 닐 언스트, 메이 리, 메이 잉 숑, 바 야오 무아, 댄 무아, 메이 넹 무아, 파레 무아, 댄 머피, 캐런 로스, 빌 셀비지, 조나스 방아이, 리 파오 숑이 그들이다. 사실 확인은 로라 메리스에게 빚을 졌다. 이 책이 출간된 뒤 15년 동안 계속해서 도와주고 우정을 보여준 리 가족 전부에게도 감사를 드린다.

장기 식물인간 상태인 환자의 예후 데이터는 『머크 매뉴얼』 19판에서 가져왔다.

머시 메디컬센터 머세드의 비교문화 관련 활동들은 다음 자료를 참고했다. Patricia Leigh Brown, "A Doctor for Disease, a Shaman for the Soul"; Laurie Udesky, "Modernity: A Matter of Respect—Training Hmong Shaman in the Ways of Western Medicine Is Saving Lives in Merced"; Barbara Anderson, "Hmong Shamans Help at Valley Hospitals"; and "Use of Spiritual Healers Reduces Cultural Misunderstandings and Conflicts and Increases Satisfaction Among Hospitalized Hmong Patients."

국제의료평가위원회의 「병원, 언어, 그리고 문화: 국가의 스냅숏(Hospitals, Language, and Culture: A Snapshot of the Nation)」은 미국 예순 개 병원의 문화 서비스 및 언어 서비스에 관한 조사 결과를 담고 있다. 아서 클라인먼과 피터 벤슨이 쓴 「병원의 인류학: 문화역량의 문제와 해법(Anthropology in the Clinic: The Problem of Cultural Competency and How to Fix It)」은 문화적 능숙함의 개념을 설득력 있게 비판한다.

몽족의 인구통계는 2010년 미국 인구조사에서 가져왔다. 「대비되는 공동체: 2011년 미국의 아시아계 미국인들(A Community of Contrasts: Asian Americans in the United States: 2011)」은 정의사회 구현을 위해 아시아계 미국인 센터가 발간한 보고서로, 최근의 사회경제 통계를 가득 담고 있는 유익한 자료이다. 미국에 사는 몽족의 문화에 대해 더 알고 싶은 사람에게는 나에게 꼭 필요했던 다음의 자료가 도움이 될 것이다. Chia Youyee Vang, *Hmong America: Reconstructing Community in Diaspora,* and Paul Hillmer, *A People's History of the Hmong.* 에리카 페레즈의 글 「애국자법이 몽족을 테러리스트로 규정하다(Provision of Patriot

◆ 출처에 대한 앞의 설명들과 마찬가지로 15주년판 후기의 출처도 인용된 저술의 제목과 저자를 밝힌다. 하지만 이 새로운 출처 전부가 1997년 초판에 수록되었던 참고문헌 목록에 있는 건 아니다.

Act Treats Hmong as Terrorists)」는 테러방지법인 애국자법이 몽족 미국인들에게 끼친 영향을 설명한 글 중 하나이다. 인용한 영화 리뷰는 리 총 통 잘라오의 글 「그랜 토리노의 눈을 바라보다(Looking Gran Torino in the Eye)」이다.

몽족의 역사에 관한 내 서술 중에서 틀린 부분(지리적 기원, '먀오'라는 단어, 소놈 왕 신화)을 바로잡는 데 함께 한 최근의 학술 저작은 다음과 같다. Nicholas Tapp, "The State of Hmong Studies"; Robert Entenmann, "The Myth of Sonom, the Hmong King"; Gary Yia Lee, "Diaspora and the Predicament of Origins: Interrogating Hmong Postcolonial History and Identity"; Nicholas Tapp, "Perspectives on Hmong Studies"; and Gary Yia Lee and Nicholas Tapp, "Current Hmong Issues: 12-point statement."

내가 좋아하는 젊은 몽족 작가들의 회고록이나 소설은 다음과 같다. 카오 칼리아 양(Kao Kalia Yang)의 『뒤늦은 귀향자: 어느 몽족 가정의 회고록(*The Latehomecomer: A Hmong Family Memoir*)』은 라오스의 전쟁 직후 사정과 저자가 태어났던 태국 반 비나이 난민캠프의 삶에 대해 나보다 훨씬 더 완전한 그림을 그린다. 『참나무 숲속의 대나무: 동시대의 글(*Bamboo Among the Oaks: Contemporary Writing by Hmong Americans*)』은 마이 넹 무아(Mai Neng Moua)가 펴낸 책으로 몽족 미국인들의 글을 모은 것이다. 『어떻게 시작할까? 몽족 미국인 문학선집(*How Do I Begin? A Hmong American Literary Anthology*)』은 몽족 미국인 작가연합에서 발간한 것으로, 몽족 미국인의 문학이 어떻게 발전해왔는지에 대해 부레 방이 유익한 서문을 달았다. 몽족의 문학과 예술을 다룬 학술지 『파 응도 소리(*Paj Ntaub Voice*)』도 즐겨 본 자료이다.

몽어의 표기법과 발음, 인용에 대하여

소와 쥐가 먹어 치웠다는 몽족의 위대한 책에 관한 민담의 출처는 로버트 쿠퍼 등이 쓴 『몽족(*The Hmong*)』이다.

숑 루 양이 만들어낸 표기법은 다음 자료에 요약되어 있다. William A. Smalley, "The Hmong 'Mother of Writing': A Messianic Figure," and Gary Yia Lee and William A. Smalley, "Perspectives on Pahawh Hmong Writing." 더 자세한 내용은 다음을 참고하라. Smalley et al., *Mother of Writing: The Origin and Development of a Hmong Messianic Script,* and Chia Koua Vang et al., *The Life of Shong Lue Yang: Hmong "Mother of Writing."*

알파벳을 이용한 RPA(Romanized Popular Alphabet) 표기법은 글렌 L. 헨드릭스의 『과도기의 몽족(*The Hmong in Transition*)』에 수록된 「몽 맞춤법에 관한 메모(A Note on Hmong

Orthography)』에 설명되어 있다. 조나스 방아이가 머세드대학에서 몽족 언어 강의용으로 집필했던 미발간 자료들도 참고했다.

두 권의 유익한 사전도 참고했다. 언스트 E. 하임바흐의 『백묘-영 사전(*White Hmong-English Dictionary*)』과 브라이언 매키븐의 『영-백묘 사전(*English-White Hmong Dictionary*)』이 그것이다.

몽족에게 전화를 걸어 통역이 필요할 때 AT&T 언어지원 서비스부서(800-628-8486)에 전화하면 유료로 서비스를 제공한다.

| 참고문헌 |

Abrams, Richard. "Cross Burnings Terrify, Bewilder Hmong." *Sacramento Bee*, March 3, 1988.

Abramson, David. "The Hmong: A Mountain Tribe Regroups in the Valley." *California Living Magazine*, San Francisco Examiner, January 29, 1984.

Altman, Lawrence K. "Quinlan Case Is Revisited and Yields New Finding." *New York Times*, May 26, 1994.

Alvarez, Lizette. "A Once-Hidden Faith Leaps into the Open." *New York Times*, January 27, 1997.

American Foreign Policy, 1950-1955: *Basic Documents*. Washington, D.C.: Department of State, 1957.

American Foreign Policy: *Current Documents*, 1962. Washington, D.C.: Department of State, 1966.

Arax, Mark. "A Final Turf War." *Los Angeles Times*, June 14, 1992.

Armbruster, Shirley. "Hmong Take Root in Fresno." In "The Hmong: A Struggle in the Sun," *Fresno Bee*, October 9-12, 1984.

"Bangungut." *New York Times*, June 7, 1981.

Bartholome, Arlene. "Escape from Laos Told." *Merced Sun-Star*, December 8, 1978.

______. "Future Is Uncertain for Area Refugees." *Merced Sun-Star*, October 19, 1977.

Beck, Roy. "The Ordeal of Immigration in Wausau." *Atlantic*, April 1994.

Belluck, Pam. "Mingling Two Worlds of Medicine." *New York Times*, May 9, 1996.

Berkow, Robert, ed. *The Merck Manual of Diagnosis and Therapy*, 16th ed. Rahway, N.J.:

Merck & Co., 1993.

Bernatzik, Hugo Adolf. *Akha and Miao: Problems of Applied Ethnography in Farther India*. New Haven: Human Relations Area Files, 1970.

"Between Two Worlds: The Hmong Shaman in America." Taggart Siegel and Dwight Conquergood, producers. Filmmakers Library, New York.

Bliatout, Bruce Thowpaou. "Causes and Treatment of Hmong Mental Health Problems." Unpublished lecture, 1980.

_____. "Guidelines for Mental Health Professionals to Help Hmong Clients Seek Traditional Healing Treatment." In Hendricks et al., *The Hmong in Transition*.

_____. "Hmong Attitudes Towards Surgery: How It Affects Patient Prognosis." *Migration World*, vol. 16, no. 1, 1988.

_____. "Hmong Beliefs About Health and Illness." Unpublished paper, 1982.

_____. "Hmong Refugees: Some Barriers to Some Western Health Care Services." Lecture, Arizona State University, 1988.

_____. *Hmong Sudden Unexpected Nocturnal Death Syndrome: A Cultural Study*. Portland, Oreg.: Sparkle Publishing Enterprises, 1982.

_____. "Prevention of Mental Health Problems." Unpublished paper.

_____. "Traditional Hmong Beliefs on the Causes of Illness." Unpublished paper.

_____. "Understanding the Differences Between Asian and Western Concepts of Mental Health and Illness." Lecture, Region VII Conference on Refugee Mental Health, Kansas City, 1982.

Bliatout, Bruce Thowpaou, et al. "Mental Health and Prevention Activities Targeted to Southeast Asian Refugees." In Owan, *Southeast Asian Mental Health*.

Bosher, Susan Dandridge. "Acculturation, Ethnicity, and Second Language Acquisition: A Study of Hmong Students at the Post-secondary Level." Ph.D. dissertation, University of Minnesota, 1995.

Bosley, Ann. "Of Shamans and Physicians: Hmong and the U.S. Health Care System." Undergraduate thesis, Division III, Hampshire College, 1986.

Brody, Jane. "Many People Still Do Not Understand Epilepsy." *New York Times*, November 4,

1992.
Buchwald, Debra, et al. "The Medical Interview Across Cultures." *Patient Care*, April 15, 1993.
_____. "Use of Traditional Health Practices by Southeast Asian Refugees in a Primary Care Clinic." *Western Journal of Medicine*, May 1992.
Cabezut-Ortiz, Delores J. Merced County: The Golden Harvest. Northridge, Calif.: Windsor Publications, 1987.
Calderon, Eddie A. "The Impact of Indochinese Resettlement on the Phillips and Elliot Park Neighborhoods in South Minneapolis." In Downing and Olney, *The Hmong in the West*.
Carlson, Ken. "Hmong Leaders Seek Exemption." *Merced Sun-Star*, September 28, 1995.
_____. "Sacrifice Ban Remains." *Merced Sun-Star*, December 2, 1995.
Carter, Stephen L. "The Power of Prayer, Denied." *New York Times*, January 31, 1996.
Catlin, Amy. "Speech Surrogate Systems of the Hmong: From Singing Voices to Talking Reeds." In Downing and Olney, *The Hmong in the West*.
Cerquone, Joseph. *Refugees from Laos: In Harm's Way*. Washington, D.C.: American Council for Nationalities Service, 1986.
Chan, Sucheng. Hmong Means Free: *Life in Laos and America*. Philadelphia: Temple University Press, 1994.
"Child Abuse Laws: What Are Your Obligations?" *Patient Care,* April 15, 1988.
Chindarsi, Nusit. *The Religion of the Hmong Njua*. Bangkok: The Siam Society, 1976.
"A Chronicle in Time." Merced, Calif.: Merced Downtown Association, 1995.
Clifford, Clark. *Counsel to the President*. New York: Random House, 1991.
Conquergood, Dwight. "Establishing the World: Hmong Shamans." *CURA Reporter*, University of Minnesota, April 1989.
_____. "Health Theatre in a Hmong Refugee Camp: Performance, Communication, and Culture." *The Drama Review*, vol. 32, no. 3, 1988.
Conquergood, Dwight, et al. *I Am a Shaman: A Hmong Life Story with Ethnographic Commentary*. Minneapolis: Center for Urban and Regional Affairs, University of

Minnesota, 1989.

Conway, Mike. "The Bill Stops Here in Refugee Policy." *Merced Sun-Star*, January 21, 1983.

_____. "Recording the Ways of the Past for the Children of the Future." *Merced Sun-Star*, November 11, 1988.

Cooper, Robert. *Resource Scarcity and the Hmong Response*. Singapore: Singapore University Press, 1984.

Cooper, Robert, et al. *The Hmong. Bangkok*: Art Asia Press, 1991.

"Court Says Ill Child's Interests Outweigh Religion." *New York Times*, January 16, 1991.

Crystal, Eric. "Buffalo Heads and Sacred Threads: Hmong Culture of the Southeast Asian Highlands." *In Textiles as Texts: Arts of Hmong Women from Laos*, edited by Amy Catlin and Dixie Swift. Los Angeles: The Women's Building, 1987.

Culhane-Pera, Kathleen Ann. "Analysis of Cultural Beliefs and Power Dynamics in Disagreements About Health Care of Hmong Children." M.A. thesis, University of Minnesota, 1989.

_____. "Description and Interpretation of a Hmong Shaman in St. Paul." Unpublished paper, Department of Anthropology, University of Minnesota, 1987.

Cumming, Brenda Jean. "The Development of Attachment in Two Groups of Economically Disadvantaged Infants and Their Mothers: Hmong Refugee and Caucasian-American." Ph.D. dissertation, Department of Educational Psychology, University of Minnesota, 1988.

Dao, Yang. See Yang Dao.◆

Deinard, Amos S., and Timothy Dunnigan. "Hmong Health Care: Reflections on a Six-Year Experience." *International Migration Review*, vol. 21, no. 3, fall 1987.

De La Cruz, Mike. "Animal Slaughtering Not All Ritualistic." *Merced Sun-Star*, February 2, 1996.

◆ 대표적인 몽족 학자 양 다오는 미국에 사는 대부분의 몽족과 달리 이름의 전통적인 형태를 유지하고자 성씨를 이름 앞에 놓았다. 양은 그의 성이다.

_____. "Charges Filed After Animal Slaughtering Probe." *Merced Sun-Star*, March 21, 1996.

Devinsky, Orrin. *A Guide to Understanding and Living with Epilepsy*. Philadelphia: F. A. Davis, 1994.

Dictionary of American History. New York: Charles Scribner's Sons, 1976.

Downing, Bruce T., and Douglas P. Olney, eds. *The Hmong in the West: Observations and Reports*. Minneapolis: Center for Urban and Regional Affairs, University of Minnesota, 1982.

Dunnigan, Timothy. "Segmentary Kinship in an Urban Society: The Hmong of St. Paul-Minneapolis." *Anthropological Quarterly*, vol. 55, 1982.

Dunnigan, Timothy, et al. "Hmong." *In Refugees in America in the 1990s: A Reference Handbook*, edited by David W. Haines. Westport, Conn.: Greenwood Press, 1996.

Eisner, Jane. "Hearings on Attacks on Asians." *Philadelphia Inquirer*, October 4, 1984.

Ember, Lois. "Yellow Rain." *Chemical and Engineering News*, January 9, 1984.

Erickson, Deanne, et al. "Maternal and Infant Outcomes Among Caucasians and Hmong Refugees in Minneapolis, Minnesota." *Human Biology*, vol. 59, no. 5, October 1987.

Erickson, Roy V., and Giao Ngoc Hoang. "Health Problems Among Indochinese Refugees." *American Journal of Public Health*, vol. 70, September 1980.

Ernst, Thomas Neil, and Margaret Philp. "Bacterial Tracheitis Caused by *Branhamella catarrhalis*." *Pediatric Infectious Disease Journal*, vol. 6, no. 6, 1987.

Ernst, Thomas Neil, et al. "The Effect of Southeast Asian Refugees on Medical Services in a Rural County." *Family Medicine*, vol. 20, no. 2, March/April 1988.

Evaluation of the Key States Initiative. Washington, D.C.: Office of Refugee Resettlement, U.S. Department of Health and Human Services, 1995.

Evans, Owen B. *Manual of Child Neurology*. New York: Churchill Livingstone, 1987.

Faiello, Doreen. "Translation Please." Unpublished paper, 1992.

Faller, Helen Stewart. "Hmong Women: Characteristics and Birth Outcomes, 1990." *Birth*, vol. 19, September 1992.

Fang, Thai. *Tuabneeg Lubcev Hab Kev Mobnkeeg Rua Cov Haslug Hmoob: Basic Human Body and Medical Information for Hmong Speaking People*. Pinedale, Calif.:

Chersousons, 1995.

Fass, Simon M. "Economic Development and Employment Projects." In Hendricks et al., *The Hmong in Transition.*

_____. "Through a Glass Darkly: Cause and Effect in Refugee Resettlement Policies." *Journal of Policy Analysis and Management*, vol. 5, no. 1, 1985.

Faust, Shotsy C. "Providing Inclusive Healthcare Across Cultures." *In Advanced Practice Nursing: Changing Roles and Clinical Applications*, edited by Joanne V. Hickey et al. Philadelphia: Lippincott-Raven, 1996.

Fein, Esther B. "Specialty or General Practice: Young Doctors Change Paths." *New York Times*, October 16, 1995.

Feith, David. *Stalemate: Refugees in Asia*. Victoria, Australia: Asian Bureau Australia, 1988.

Feron, James. "Can Choosing Form of Care Become Neglect?" *New York Times*, September 29, 1990.

Finck, John. "Secondary Migration to California's Central Valley." In Hendricks et al., *The Hmong in Transition.*

_____. "Southeast Asian Refugees of Rhode Island: Cross-Cultural Issues in Medical Care." *Rhode Island Medical Journal,* vol. 67, July 1984.

Franjola, Matt. "Meo Tribesmen from Laos Facing Death in Thailand." *New York Times*, August 15, 1975.

Fraser, Caroline. "Suffering Children and the Christian Science Church." *Atlantic*, April 1995.

"Frontline: Guns, Drugs and the CIA." PBS broadcast, May 17, 1988.

Gallo, Agatha, et al. "Little Refugees with Big Needs." *RN*, December 1980.

"Gang Pak." Merced, Calif.: Merced Union High School District, Child Welfare and Attendance Office, 1993.

Garcia, Dominica P. "In Thailand, Refugees' 'Horror and Misery.' " *New York Times,* November 14, 1978.

Garrett, W. E. "No Place to Run." *National Geographic*, January 1974.

Gazzolo, Michele B. "Spirit Paths and Roads of Sickness: A Symbolic Analysis of Hmong Textile Design." M.A. thesis, University of Chicago, 1986.

Geddes, W. R. *Migrants of the Mountains: The Cultural Ecology of the Blue Miao (Hmong Njua) of Thailand*. Oxford: Clarendon Press, 1976.

Getto, Dennis R. "Hmong Families Build New Lives." *Milwaukee Journal,* August 18, 1985.

Goleman, Daniel. "Making Room on the Couch for Culture." *New York Times*, December 5, 1995.

Gong-Guy, Elizabeth. *California Southeast Asian Mental Health Needs Assessment*. Oakland, Calif.: Asian Community Mental Health Services, 1987.

Greenhouse, Linda. "Christian Scientists Rebuffed in Ruling by Supreme Court." *New York Times*, January 23, 1996.

Greenway, Hugh. "The Pendulum of War Swings Wider in Laos." *Life*, April 3, 1970.

Halstuk, Martin. "Religious Freedom Collides with Medical Care." *San Francisco Chronicle*, April 25, 1988.

Hamburger, Tom, and Eric Black. "Uprooted People in Search of a Home." *Minneapolis Star and Tribune*, April 21, 1985.

Hamilton-Merritt, Jane. "Hmong and Yao: Mountain Peoples of Southeast Asia." Redding, Conn.: SURVIVE, 1982.

_____. *Tragic Mountains: The Hmong, the Americans, and the Secret Wars for Laos*, 1942–1992. Bloomington: Indiana University Press, 1993.

Hammond, Ruth. "Sad Suspicions of a Refugee Ripoff." *Washington Post*, April 16, 1989.

_____. "Strangers in a Strange Land." *Twin Cities Reader*, June 1–7, 1988.

_____. "Tradition Complicates Hmong Choice." *St. Paul Pioneer Press*, September 16, 1984.

Haslam, Gerald. "The Great Central Valley: Voices of a Place." Exhibition catalog, California Academy of Sciences, 1986.

Hayes, Jack. "Ching and Bravo Xiong, Laotian Hmong in Chicago." Unpublished editorial memorandum, *Life*, July 7, 1988.

Heimbach, Ernest E. *White Hmong-English Dictionary*. Ithaca: Cornell University, Southeast Asia Program Data Paper No. 75, 1969.

Helsel, Deborah, et al. "Pregnancy Among the Hmong: Birthweight, Age, and Parity." *American Journal of Public Health*, vol. 82, October 1992.

Hendricks, Glenn L., et al., eds. *The Hmong in Transition*. New York and Minneapolis: Center for Migration Studies and Southeast Asian Refugee Studies Project, University of Minnesota, 1986.

Herr, Paul Pao. "Don't Call Hmong Refugees 'Primitive.' " Letter to the editor, *New York Times*, November 29, 1990.

"Hmong Medical Interpreter Fields Questions from Curious." *St. Paul Sunday Pioneer Press*, March 20, 1983.

The Hmong Resettlement Study, vols. 1 and 2. Washington, D.C.: Office of Refugee Resettlement, U.S. Department of Health and Human Services, 1984 and 1985.

"Hmong Sentenced to Study America." *Modesto Bee*, July 1, 1988.

Hoffman, Ken. "Background on the Hmong of Laos." Unpublished memorandum, 1979.

Hollingsworth, Andrea, et al. "The Refugees and Childbearing: What to Expect." *RN*, November 1980.

Hornblower, Margot. " 'Hmongtana.' " *Washington Post*, July 5, 1980.

Hurlich, Marshall, et al. "Attitudes of Hmong Toward a Medical Research Project." In Hendricks et al., *The Hmong in Transition*.

Hutchison, Ray. "Acculturation in the Hmong Community." Green Bay: University of Wisconsin Center for Public Affairs, and Milwaukee: University of Wisconsin Institute on Race and Ethnicity, 1992.

Jaisser, Annie. *Hmong for Beginners*. Berkeley: Centers for South and Southeast Asia Studies, 1995.

Johns, Brenda, and David Strecker, eds. *The Hmong World*. New Haven: Yale Southeast Asia Studies, 1986.

Johnson, Charles. "Hmong Myths, Legends and Folk Tales." In Downing and Olney, *The Hmong in the West*.

_____. ed. *Dab Neeg Hmoob: Myths, Legends and Folk Tales from the Hmong of Laos*. St. Paul: Macalester College, 1983.

Johnson, Charles, and Ava Dale Johnson. *Six Hmong Folk Tales Retold in English*. St. Paul: Macalester College, 1981.

Jones, Woodrow, Jr., and Paul Strand. "Adaptation and Adjustment Problems Among Indochinese Refugees." *Sociology and Social Research*, vol. 71, no. 1, October 1986.

"Journey from Pha Dong." Vang Yang, transcriber. Minneapolis: Southeast Asian Refugee Studies Project, University of Minnesota, 1988.

Kamm, Henry. "Decades-Old U.S. Bombs Still Killing Laotians." *New York Times*, August 10, 1995.

_____. "Meo General Leads Tribesmen in War with Communists in Laos." *New York Times*, October 27, 1969.

_____. "Meo, Hill People Who Fought for U.S., Are Fleeing from Laos." *New York Times*, March 28, 1978.

_____. "Thailand Finds Indochinese Refugees a Growing Problem." *New York Times*, July 1, 1977.

Kaufman, Marc. "As Keeper of the Hmong Dream, He Draws Support and Skepticism." *Philadelphia Inquirer*, July 1, 1984.

_____. "At the Mercy of America." *Philadelphia Inquirer*, October 21, 1984.

_____. "Casualties of Peace." *Philadelphia Inquirer*, February 27, 1994.

_____. "Clash of Cultures: Ill Hmong Rejects Hospital." *Philadelphia Inquirer*, October 5, 1984.

_____. "Why the Hmong Are Fleeing America's Helping Hand." *Philadelphia Inquirer*, July 1, 1984.

_____. "Why the Hmong Spurn America." *Philadelphia Inquirer*, December 31, 1984.

King, Wayne. "New Life's Cultural Demons Torture Laotian Refugee." *New York Times*, May 3, 1981.

Kirton, Elizabeth S. "The Locked Medicine Cabinet: Hmong Health Care in America." Ph.D. dissertation, Department of Anthropology, University of California at Santa Barbara, 1985.

Kleinman, Arthur. *The Illness Narratives: Suffering, Healing*, and the Human Condition. New York: Basic Books, 1988.

_____. *Patients and Healers in the Context of Culture*. Berkeley: University of California

Press, 1980.

Kleinman, Arthur, et al. "Culture, Illness, and Care: Clinical Lessons from Anthropologic and Cross-Cultural Research." *Annals of Internal Medicine*, vol. 88, 1978.

Koumarn, Yang See, and G. Linwood Barney. "The Hmong: Their History and Culture." New York: Lutheran Immigration and Refugee Service, 1986.

Kraut, Alan M. "Healers and Strangers: Immigrant Attitudes Toward the Physician in America—A Relationship in Historical Perspective." *Journal of the American Medical Association*, vol. 263, no. 13, April 4, 1990.

_____. *Silent Travelers: Germs, Genes, and the "Immigrant Menace"*. New York: Basic Books, 1994.

Kunstadter, Peter. "Pilot Study of Differential Child Survival Among Various Ethnic Groups in Northern Thailand and California." Study proposal, University of California at San Francisco, 1987.

Laos: Official Standard Names Approved by the United States Board on Geographic Names. Washington, D.C.: Defense Mapping Agency, 1973.

"Laos: The Silent Sideshow." *Time*, June 11, 1965.

"Laotians Drop Ranching Plan." *Merced Sun-Star*, July 22, 1977.

LaPlante, Eve. *Seized: Temporal Lobe Epilepsy as a Medical, Historical, and Artistic Phenomenon*. New York: HarperCollins, 1993.

Leary, Warren. "Valium Found to Reduce Fever Convulsions." *New York Times*, July 8, 1993.

Lee, Gary Yia, and William A. Smalley. "Perspectives on Pahawh Hmong Writing." *Southeast Asian Refugee Studies Newsletter*, spring 1991.

Lemoine, Jacques. "Shamanism in the Context of Hmong Resettlement." In Hendricks et al., *The Hmong in Transition.*

Lemoine, Jacques, and Christine Mougne. "Why Has Death Stalked the Refugees?" *Natural History,* November 1983.

Lewis, Paul and Elaine. *Peoples of the Golden Triangle.* London: Thames and Hudson, 1984.

Leyn, Rita Bayer. "The Challenge of Caring for Child Refugees from Southeast Asia." *American Journal of Maternal Child Nursing*, May/June 1978.

Like, Robert C., et al. "Recommended Core Curriculum Guidelines on Culturally Sensitive and Competent Health Care." *Family Medicine*, vol 28, no 4, April 1996.

Long, Lynellen. *Ban Vinai: The Refugee Camp.* New York: Columbia University Press, 1993.

______. "Refugee Camps as a Way of Life." Lecture, American Anthropological Association, Chicago, 1987.

Lopez, Pablo. "Hmong Mother Holds Off Police Because of Fear for Her Children." *Merced Sun-Star*, January 12, 1988.

"Making Up for the Ravages of Battle: Hmong Birthrate Subject of Merced Study." *Merced Sun-Star*, November 16, 1987.

Malloy, Michael T. "Anti-Communists Also Win Battles in War-Torn Laos." *New York World-Telegram and Sun*, April 1, 1961.

Mann, Jim, and Nick B. Williams, Jr. "Shultz Cool to New Indochina Refugee Effort." *Los Angeles Times*, July 8, 1988.

Marchetti, Victor, and John D. Marks. *The CIA and the Cult of Intelligence.* New York: Alfred A. Knopf, 1974.

Margolick, David. "In Child Deaths, a Test for Christian Science." *New York Times,* August 6, 1990.

Marsh, Robert E. "Socioeconomic Status of Indochinese Refugees in the United States: Progress and Problems." *Social Security Bulletin*, October 1980.

Martin, Eric. "Hmong in French Guyana: An Improbable Gamble." *Refugees*, July 1992.

Martin, Frank W. "A CIA-Backed Guerrilla Who Waged a Secret War in Laos Puts Down Roots in Montana." *People*, August 29, 1977.

McCoy, Alfred W. *The Politics of Heroin: CIA Complicity in the Global Drug Trade*. Brooklyn, N.Y.: Lawrence Hill Books, 1991.

McKibben, Brian. *English-White Hmong Dictionary*. Provo, Utah: 1992.

McNall, Miles, and Timothy Dunnigan, "Hmong Youth in St. Paul's Public Schools." *CURA Reporter*, University of Minnesota, 1993.

McNally, Pat, and Daniel Silva. "Asians, Game Laws in Conflict." *Merced Sun-Star*, December 6, 1983.

McNamer, Megan. "Musical Change and Change in Music." In Johns and Strecker, *The Hmong World.*

Merced Sun-Star Centennial Edition. April 1, 1989.

Meredith, William H., and George P. Rowe. "Changes in Lao Hmong Marital Attitudes After Immigrating to the United States." *Journal of Comparative Family Studies,* vol. 17, no. 1, spring 1986.

Meyer, Stephen. *The Five Dollar Day.* Albany: State University of New York Press, 1981.

Miller, Russell. "A Leap of Faith." *New York Times,* January 30, 1994.

Mitchell, Roger. "The Will to Believe and Anti-Refugee Rumors." *Midwestern Folklore*, vol. 13, no. 1, spring 1987.

Mollica, Richard F. "The Trauma Story: The Psychiatric Care of Refugee Survivors of Violence and Torture." *In Post-traumatic Therapy and Victims of Violence*, edited by Frank M. Ochberg. New York: Brunner/Mazel, 1988.

Mollica, Richard F., and James Lavelle. "Southeast Asian Refugees." In *Clinical Guidelines in Cross-Cultural Mental Health*, edited by Lillian Comas-Diaz and Ezra E.H. Griffith. New York: John Wiley & Sons, 1988.

Montgomery, Lana. "Folk Medicine of the Indochinese." San Diego: Refugee Women's Task Force.

Moore, David L. *Dark Sky, Dark Land: Stories of the Hmong Boy Scouts of Troop 100.* Eden Prairie, Minn.: Tessera Publishing, 1989.

Morechand, Guy. *Le chamanisme des Hmong*. Paris: Bulletin de l'Ecole Francaise d'Extreme-Orient, vol. 54, 1968.

Morin, Stephen P. "Many Hmong, Puzzled by Life in U.S., Yearn for Old Days in Laos." *Wall Street Journal*, February 16, 1983.

Mottin, Jean. *History of the Hmong*. Bangkok: Odeon Store, 1980.

_____. "A Hmong Shaman's Seance." *Asian Folklore Studies*, vol. 43, 1984.

Muecke, Marjorie. "Caring for Southeast Asian Refugee Patients in the USA." *American Journal of Public Health*, vol. 73, April 1983.

_____. "In Search of Healers: Southeast Asian Refugees in the American Health Care

System." *Western Journal of Medicine*, December 1983.

Munger, Ronald. "Sudden Death in Sleep of Asian Adults." Ph.D. dissertation, Department of Anthropology, University of Washington, 1985.

_____. "Sudden Death in Sleep of Laotian-Hmong Refugees in Thailand: A Case-Control Study." *American Journal of Public Health*, vol. 77, no. 9, September 1987.

Munger, Ronald, and Elizabeth Booton. "Thiamine and Sudden Death in Sleep of South-East Asian Refugees." Letter to the editor, *The Lancet*, May 12, 1990.

Mydans, Seth. "California Says Laos Refugee Group Has Been Extorted by Its Leadership." *New York Times*, November 7, 1990.

_____. "Laotians' Arrest in Killing Bares a Generation Gap." *New York Times*, June 21, 1994.

Newlin-Haus, E.M. "A Comparison of Proxemic and Selected Communication Behavior of Anglo-American and Hmong Refugee Mother-Infant Pairs." Ph.D. dissertation, Indiana University, 1982.

Newman, Alan. "Epilepsy: Light from the Mind's Dark Corner." *Johns Hopkins Magazine*, October 1988.

"New People/Shared Dreams: An Examination of Music in the Lives of the Hmong in Merced County." Exhibition brochure, Merced County Library, 1988.

Nguyen, Anh, et al. "Folk Medicine, Folk Nutrition, Superstitions." Washington, D.C.: TEAM Associates, 1980.

Nicassio, Perry M. "Psychosocial Correlates of Alienation: Study of a Sample of Indochinese Refugees." *Journal of Cross-Cultural Psychology*, vol. 14, no. 3, September 1983.

Nuland, Sherwin B. *How We Die: Reflections on Life's Final Chapter*. New York: Vintage, 1995.

Nyce, James M., and William H. Hollinshead. "Southeast Asian Refugees of Rhode Island: Reproductive Beliefs and Practices Among the Hmong." *Rhode Island Medical Journal*, vol. 67, August 1984.

Oberg, Charles N., et al., "A Cross-Cultural Assessment of Maternal-Child Interaction: Links to Health and Development." In Hendricks et al., *The Hmong in Transition*.

Olness, Karen. "Cultural Issues in Primary Pediatric Care." In *Primary Pediatric Care*, edited by R. A. Hoeckelman. St. Louis: Mosby Year Book, 1992.

Ong, W. J. *Orality and Literacy: The Technologizing of the Word*. London: Methuen and Co., 1982.

Ostling, Richard N. "Shedding Blood in Sacred Bowls." *Time*, October 19, 1992.

Owan, Tom Choken, ed. *Southeast Asian Mental Health: Treatment, Prevention, Services, Training, and Research*. Washington, D.C.: National Institute of Mental Health, 1985.

Pake, Catherine. "Medicinal Ethnobotany of Hmong Refugees in Thailand." *Journal of Ethnobiology*, vol. 7, no. 1, summer 1987.

Physicians' Desk Reference, 41st edition. Oradell, N.J.: Medical Economics Company, 1987.

Potter, Gayle S., and Alice Whiren. "Traditional Hmong Birth Customs: A Historical Study." In Downing and Olney, *The Hmong in the West*.

Pyle, Amy. "Refugees Allegedly Threaten Welfare Workers." *Fresno Bee*, March 27, 1986.

Quincy, Keith. *Hmong: History of a People*. Cheney, Wash.: Eastern Washington University Press, 1988.

Ranard, Donald A. "The Hmong Can Make It in America." *Washington Post*, January 9, 1988.

_____. "The Hmong: No Strangers to Change." *In America: Perspectives on Refugee Resettlement*, November 1988.

_____. "The Last Bus." *Atlantic*, October 1987.

Ratliff, Martha. "Two-Word Expressives in White Hmong." In Hendricks et al., *The Hmong in Transition*.

"Reds' Advance in Laos Menaces Hill Strongholds of Meo Tribe." *New York Times*, April 3, 1961.

Report to the Congress. Washington, D.C.: Office of Refugee Resettlement, U.S. Department of Health and Human Services.

Restak, Richard. *The Brain*. New York: Bantam, 1984.

"Rice in the Sky." *Time*, June 3, 1966.

Robbins, Christopher. *The Ravens: The Men Who Flew in America's Secret War in Laos*. New York: Crown, 1987.

Robbins, William. "Violence Forces Hmong to Leave Philadelphia." *New York Times*, September 17, 1984.

Robinson, Court. "Laotian Refugees in Thailand: The Thai and U.S. Response, 1975 to 1988." Unpublished paper.

Roderick, Kevin. "Hmong Select San Joaquin to Sink Roots." *Los Angeles Times*, March 18, 1991.

Rohter, Larry. "Court to Weigh Law Forbidding Ritual Sacrifice." *New York Times*, November 3, 1992.

Rosenblatt, Lionel. Testimony to the House Subcommittee on Asia and the Pacific, April 26, 1994.

Rosenblatt, Roger. *Children of War*. New York: Anchor Press, 1983:

Rubin, Rick. "Little Bua and Tall John." *Portland Oregonian*, July 22, 1984.

Rumbaut, Ruben. "Mental Health and the Refugee Experience: A Comparative Study of Southeast Asian Refugees." In Owan, *Southeast Asian Mental Health*.

Rumbaut, Ruben, and John R. Weeks. "Fertility and Adaptation: Indochinese Refugees in the United States." *International Migration Review*, vol. 20, no. 2, summer 1986.

Rumbaut, Ruben, and Kenji Ima. *The Adaptation of Southeast Asian Youth: A Comparative Study*, vols. 1 and 2. San Diego, Calif.: Southeast Asian Refugee Youth Study, Department of Sociology, San Diego State University, 1987.

Sacks, Oliver. *Migraine*. Berkeley: University of California Press, 1985.

"Salmonellosis Following a Hmong Celebration." *California Morbidity*, September 19, 1986.

Savina, F. M. *Histoire des Miao*, 2nd ed. Hong Kong: Imprimerie de la Societe des Missions-Etrangeres de Paris, 1930.

Schanche, Don. "The Yankee 'King' of Laos." *New York Daily News*, April 5, 1970.

Schmalz, Jeffrey. "Animal Sacrifices: Faith or Cruelty?" *New York Times*, August 17, 1989.

Schreiner, Donna. "Southeast Asian Folk Healing." Portland, Oreg.: Multnomah Community Health Services, 1981.

Scott, George M., Jr. "The Hmong Refugee Community in San Diego: Theoretical and Practical Implications of Its Continuing Ethnic Solidarity." *Anthropological Quarterly*, vol. 55, 1982.

_____. "Migrants Without Mountains: The Politics of Sociocultural Adjustment Among the Lao Hmong Refugees in San Diego." Ph.D. dissertation, Department of Anthropology, University of California at San Diego, 1986.

Seagrave, Sterling. *Yellow Rain: Chemical Warfare—The Deadliest Arms Race*. New York: Evans, 1981.

Seeley, Thomas, et al. "Yellow Rain." *Scientific American*, September 1985.

Sesser, Stan. "Forgotten Country." *New Yorker*, August 20, 1990.

Shaplen, Robert. "Letter from Laos." *New Yorker*, May 4, 1968.

Sheybani, Malek-Mithra. "Cultural Defense: One Person's Culture Is Another's Crime." *Loyola of Los Angeles International and Comparative Law Journal*, vol. 9, 1987.

Shulins, Nancy. "Transplanted Hmong Struggle to Adjust in U.S." *State Journal*, Lansing, Mich., July 15, 1984.

"Slaying of Boy Stuns Refugee Family." *New York Times*, January 2, 1984.

Smalley, William A. "Adaptive Language Strategies of the Hmong: From Asian Mountains to American Ghettos." *Language Sciences*, vol. 7, no. 2, 1985.

_____. "The Hmong 'Mother of Writing': A Messianic Figure." *Southeast Asian Refugee Studies Newsletter*, spring 1990.

_____. *Phonemes and Orthography*. Canberra: Linguistic Circle of Canberra, 1976.

Smalley, William A., et al. *Mother of Writing: The Origin and Development of a Hmong Messianic Script*. Chicago: University of Chicago Press, 1990.

"Social/Cultural Customs: Similarities and Differences Between Vietnamese—Cambodians—H'Mong—Lao." Washington, D.C.: TEAM Associates, 1980.

Strouse, Joan. "Continuing Themes in U.S. Educational Policy for Immigrants and Refugees: The Hmong Experience." Ph.D. dissertation, Educational Policy Studies, University of Wisconsin, 1985.

Sutton, Christine, ed. "The Hmong of Laos." Georgetown University Bilingual Education Service Center, 1984.

Temkin, Owsei. *The Falling Sickness: A History of Epilepsy from the Greeks to the*

Beginnings of Modern Neurology. Baltimore: Johns Hopkins University Press, 1971.

"Text of Cease-Fire Agreement Signed by Laotian Government and the Pathet Lao." *New York Times*, February 22, 1973.

Thao, Cheu. "Hmong Migration and Leadership in Laos and in the United States." In Downing and Olney, *The Hmong in the West*.

Thao, T. Christopher. "Hmong Customs on Marriage, Divorce and the Rights of Married Women." In Johns and Strecker, *The Hmong World*.

Thao, Xoua. "Hmong Perception of Illness and Traditional Ways of Healing." In Hendricks et al., *The Hmong in Transition*.

Thernstrom, Stephan. "Ethnic Groups in American History." In *Ethnic Relations in America*, edited by Lance Leibman. Englewood Cliffs, N.J.: Prentice-Hall, 1982.

Todd, Linda. "Indochinese Refugees Bring Rich Heritages to Childbearing." *ICEA News*, vol. 21, no. 1, 1982.

Trillin, Calvin. "Resettling the Yangs." In *Killings*. New York: Ticknor & Fields, 1984.

Ungar, Sanford J. *Fresh Blood: The New American Immigrants*. New York: Simon & Schuster, 1995.

Vang, Chia. "Why Are Few Hmong Women in Higher Education?" *Hmong Women Pursuing Higher Education*, University of Wisconsin-Stout, December 1991.

Vang, Chia Koua, et al. *The Life of Shong Lue Yang: Hmong "Mother of Writing."* Minneapolis: CURA, University of Minnesota, 1990.

Vang, Kou, et al. *Hmong Concepts of Illness and Healing with a Hmong/English Glossary*. Fresno: Nationalities Service of Central California, 1985.

Vang, Lue, and Judy Lewis. "Grandfather's Path, Grandfather's Way." In Johns and Strecker, *The Hmong World*.

Vang, Tou-Fou. "The Hmong of Laos." In *Bridging Cultures: Southeast Asian Refugees in America*. Los Angeles: Asian American Community Mental Health Training Center, 1981.

Viviano, Frank. "Strangers in the Promised Land." *San Franciso Examiner Image*, August 31, 1986.

Volkman, Toby Alice. "Unexpected Bombs Take Toll in Laos, Too." Letter to the editor, *New York Times,* May 23, 1994.

Vreeland, Susan. "Through the Looking Glass with the Hmong of Laos." *Christian Science Monitor*, March 30, 1981.

Walker, Wendy D. "The Other Side of the Asian Academic Success Myth: The Hmong Story." Ph.D. qualifying paper, Harvard Graduate School of Education, 1988.

Walker-Moffat, Wendy. *The Other Side of the Asian American Success Story.* San Francisco: Jossey-Bass, 1995.

Waller, Sukey. "Hmong Shamanism." Unpublished lecture, 1988.

_____. "Hmong Shamans in a County Mental Health Setting: A Bicultural Model for Healing Laotian Mountain People." In *Proceedings of the Fifth International Conference on the Study of Shamanism and Alternate Modes of Healing*, edited by Ruth-Inge Heinze. Berkeley: Independent Scholars of Asia, 1988.

Warner, Roger. *Back Fire: The CIA's Secret War in Laos and Its Link to the War in Vietnam*. New York: Simon & Schuster, 1995.

_____. *Shooting at the Moon: The Story of America's Clandestine War in Laos.* South Royalton, Vt.: Steerforth Press, 1996.

Westermeyer, Joseph. "Acculturation and Mental Health: A Study of Hmong Refugees at 1.5 and 3.5 Years Postmigration." *Social Science and Medicine*, vol. 18, no. 1, 1984.

_____. "Prevention of Mental Disorder Among Hmong Refugees in the U.S.: Lessons from the Period 1976-1986." *Social Science and Medicine*, vol. 25, no. 8, 1987.

Westermeyer, Joseph, and Xoua Thao. "Cultural Beliefs and Surgical Procedures," *Journal of the American Medical Association*, vol. 255, no. 23, June 20, 1988.

Westermeyer, Joseph, et al. "Psychosocial Adjustment of Hmong Refugees During Their First Decade in the United States." *Journal of Nervous and Mental Disease*, vol. 177, no. 3, 1989.

_____. "Somatization Among Refugees: An Epidemiologic Study." *Psychosomatics*, vol. 30, no. 1, 1989.

Whiteside, Thomas. "The Yellow-Rain Complex." *New Yorker*, February 11 and 18, 1991.

Willcox, Don. *Hmong Folklife*. Penland, N.C.: Hmong Natural Association of North Carolina, 1986.

Willem, Jean-Pierre. *Les naufrages de la liberte: Le dernier exode des Meos*. Paris: Editions S.O.S., 1980.

Wittet, Scott. "Information Needs of Southeast Asian Refugees in Medical Situations." M.A. thesis, Department of Communications, University of Washington, 1983.

World Refugee Survey. Washington, D.C.: U.S. Committee for Refugees.

Xiong, May, and Nancy D. Donnelly. "My Life in Laos." In Johns and Strecker, *The Hmong World*.

Yamasaki, Richard Lee. "Resettlement Status of the Hmong Refugees in Long Beach." M.A. thesis, Department of Psychology, California State University, Long Beach, 1977.

Yang Dao. *Hmong at the Turning Point*. Minneapolis: WorldBridge Associates, 1993.

______. "Why Did the Hmong Leave Laos?" In Downing and Olney, *The Hmong in the West*.

Yang, Teng, et al. *An Evaluation of the Highland Lao Initiative: Final Report*. Washington, D.C.: Office of Refugee Resettlement, U.S. Department of Health and Human Services, 1985.

"Your New Life in the United States." In *A Guide for Helping Refugees Adjust to Their New Life in the United States*. Washington, D.C.: Language and Orientation Resource Center, Center for Applied Linguistics, 1981.

Zinn, William M. "Doctors Have Feelings Too." *Journal of the American Medical Association*, vol. 259, no. 22, June 10, 1988.

Žygas, Egle Victoria. "Flower Cloth." *American Craft*, February/March 1986.

리아의 나라

문화의 경계에 놓인 한 아이에 관한 기록

1판 1쇄 찍음 2022년 8월 25일
1판 1쇄 펴냄 2022년 9월 2일

지은이 앤 패디먼
옮긴이 이한중

편집 최예원 조은 조준태
미술 김낙훈 한나은 이민지
전자책 이미화
마케팅 정대용 허진호 김채훈 홍수현 이지원 이지혜 이호정
홍보 이시윤 박그림
저작권 남유선 김다정 송지영
제작 임지헌 김한수 임수아 권혁진
관리 박경희 김도희 김지현

펴낸이 박상준
펴낸곳 반비

출판등록 1997. 3. 24.(제16-1444호)
(06027) 서울시 강남구 도산대로1길 62 강남출판문화센터
대표전화 515-2000, 팩시밀리 515-2007
편집부 517-4263, 팩시밀리 514-2329

ISBN 979-11-92107-92-9 (03380)

반비는 민음사출판그룹의 인문·교양 브랜드입니다.

만든 사람들
편집 조준태 최예원
디자인 이민지